【제7판】

# 사회복지법제와 실천

남기민 · 홍성로 공저

KNOWLEDGE COMMUNITY 공동체

# 제7판 머리말

그동안 저자들은 2007년 「사회복지법제론」을 출간한 후 수차례에 걸친 개정판을 내면서 독자들과 만나왔다. 이 책은 「사회복지법제론」의 제7판으로 책의 제명을 기존의 「사회복지법제론」 에서 「사회복지법제와 실천」으로 변경하여 출간하게 되었다. 이는 사회복지사의 전문성을 강화하기 위하여 사회복지사 자격 취득에 필요한 사회복지학 전공교과목과 사회복지관련 교과목 및 학점기준을 강화하고 사회복지현장실습을 내실화하려는 목적으로 개정된 사회복지사업법 시행규칙이 2020년 1월 1일부터 시행됨에 따른 것이다.

이번 개정판에서는 먼저 사회복지사업법 시행규칙 개정 취지를 반영하여 무엇보다도 3개의 장을 새로이 추가하였다. 제5장 '사회복지법의 입법절차'에서는 입법 및 입법절차, 국회의 입법절차, 정부의 입법절차에 대하여 살펴보았고, 제7장 '사회복지법과 사회복지실천'에서는 사회복지법과 사회복지실천의 관계, 사회복지법에 표현된 사회복지실천의 가치, 사회복지법과 사회복지실천가로서 사회복지사의 역할, 전문직으로서 사회복지사와 변호사의 관계에 대한 내용을 새로이 기술하였다. 그리고 제8장 '인권 및 기본권과 사회복지의 권리성'에서는 인권과 기본권, 인권관념의 형성과 발전, 생존권 및 사회복지수급권에 대하여 살펴보았다.

사회복지법과 사회복지실천은 서로 밀접한 관련을 맺고 있으며 상호보완적이다. 사회복지법은 사회복지를 구현하기 위한 정책이나 구체적인 사업들을 법의 형태로 제도화한 것이다. 국가는 각종 사회복지법을 통하여 누가, 어떤 내용의 도움을, 어떤 과정을 거쳐서 지원받을 수 있으며, 재정(비용) 문제는 어떻게 해결하며, 지원을 받지 못했을 경우의 권리구제 방법은 무엇이며, 벌칙조항 등은 어떠한지에 대하여 국민들에게 구체적으로 제시함으로써 현실에서의 사회복지실천을 약속하는 것이다. 사회복지법은 사회복지실천의 근거이자 도구이다. 따라서 사회복지법은 사회복지실천현장에 깊숙이 침투되어 클라이언트의 삶과 연결되어 있다. 사회복지실천을 수행하는 사회복지사는 다양한 분야의 사회복지실천현장에서 클라이언트와 함께 사회복지법을 만난다. 사회복지사가 사회복지법 지식을 포함한 일반적인 법 지식을 충분히 갖추고 사회복지실천 현장에서 각종 클라이언트의 문제에 대처해 나간다면 사회복지실천의 효과성은 더 높아질 것이다.

반면 사회복지법에 의한 사회복지실천이 이루어지지만, 사회복지현장에서는 법과 현실의 괴리 문제 등 사회복지법이 적용되는 데 한계가 존재한다. 사회복지법 자체는 사회변화에 대해 능동적 대처가 미흡할 수 있다. 기존의 법 규정만으로는 클라이언트의 새로운 욕구와 문제를 포괄하지 못하는 한계가 존재할 수밖에 없다. 「사회복지사의 윤리강령」 중 사회복지사의 '사회에 대한 윤리기준'에 사회복지사는 필요한 사회서비스 개발, 사회 환경 개선, 사회정의를 증진시키기 위한 사회정책의 수립 · 발전 · 입법 등에 적극적으로 참여하고 요구하여야 한다는 규정이 있다. 사회복지실천현장을 누구보다도 잘 알고 있는 사회복지사는 사회복지법을 형식적 관점에서만 보지 말고, 실천적 관점에서 법을 이해하고 클라이언트가 처한 법적 환경을 개선하려는 자세를 가짐으로써 클라이언트를 위한 보다 나은 사회복지를 구현할 수 있을 것이다.

이번 개정판을 내면서 저자들은 먼저 독자들에게 심심한 감사의 마음을 표하지 않을 수가 없다. 2016년 제6판 이후 4년여 동안 개정판을 내지 못하였지만, 많은 교수님들께서 제 · 개정된 법조문은 법제처 법령정보센터 사이트를 통해 활용하면서 대학에서의 강의교재로 본서를 꾸준히 선택해 주시는 사실에 송구스러운 마음이 컸다. 출판사에서도 이 같은 사정과 본서를 통해 수업을 받은 학생이 교수가 되어 본서를 강의교재로 쓰고 있는 사례를 전하며 개정작업을 독려하였다. 그러나 저자들의 게으름 탓으로 응하지 못하다가 이제야 개정작업을 마무리하여 짐을 덜게 되었다. 이번 개정작업에서는 최근까지 제·개정된 법령 내용을 반영하였다.

2007년에 「사회복지법제론」이라는 책을 처음 낼 때 집필동기이기도 했지만, 저자들은 무엇보다도 첫째, 독자들이 쉽게 이해하고 공부할 수 있도록 간결하고 명료하게 설명하고, 둘째, 사회복지법의 핵심에 바로 접근할 수 있도록 체계적으로 정리하고, 셋째, 사회복지개별법들을 가능한 한 포괄하여 상세하게 해설한 책을 쓰고 싶었다. 이번에 「사회복지법제와 실천」으로 책 제명을 변경하여 제7판을 내면서 본서가 얼마만큼 처음 취지를 살려나가고 있는지를 성찰하며 앞으로 더 노력할 것을 다짐해 본다.

끝으로 본서 및 저자들에 대한 한결같은 믿음과 애정을 보내주면서 개정작업을 격려해 주신 공동체의 김동훈 사장님과 편집·교정 작업에 애써주신 직원들에게 감사한다.

2020년 8월

남기민·홍성로

# 제6판 머리말

이번 개정 6판에서는 기초노령연금법에 대체하여 제정된 기초연금법과 복지대상자 선정과 지원에 필요한 일련의 절차 및 방법 등에 관하여 구체적으로 규정하기 위해 제정된 「사회보장급여의 이용·제공 및 수급권자 발굴에 관한 법률」에 대한 해설을 새로이 썼다. 그리고 국민기초생활보장법이 절대적 빈곤선인 최저생계비 기준을 폐지하고 상대적 빈곤선인 기준 중위소득에 의한 보장대상자 선정기준에 따라 급여종류별로 다층화한 맞춤형 급여체계를 도입함에 따라 관련 내용을 손질하였다. 또한 「아동학대범죄의 처벌 등에 관한 특례법」의 제정에 따른 아동복지법의 관련 조문을 정비하였고, 어린이집의 폐쇄회로 텔레비전(CCTV) 설치 의무화 등 아동학대예방조치를 강화하기 위한 영유아보육법이 개정됨에 따른 내용을 확충하였다. 장애인복지법상 장애인학대 관련 규정의 개정내용과 실업크레딧 제도를 도입하는 국민연금법의 개정 관련 내용을 담았다(실업크레딧 내용을 담은 고용보험법 개정안은 국회 계류 중). 그밖에 그동안 바뀐 법령들을 빠짐없이 반영하려고 노력하였다.

산업화·민주화 시대를 거쳐 21세기 정보화 시대에 이른 우리 사회는 참으로 빠르게 변하고 있다. 이렇게 빠른 사회변화와 더불어 사회복지 욕구가 다양하게 분출되고 있으며, 이에 따라 사회복지법령의 제·개정이 잇따르고 있다. 그런데 아쉬운 점은 복지욕구에 따라 사회복지 정책, 제도 및 법제가 선제적으로 촘촘한 그물망처럼 짜여져서 모든 국민의 인간다운 생활을 보장하지 못하고 사회적 문제가 발생한 이후에 사후적으로 허둥대며 대책을 만들고, 또한 그 대책이라는 것도 단편적 땜질식 처방에 머무는 경우가 많다는 점이다. 경칩이 지났지만 겨울 날씨가 아직은 춥고, 서민들의 겨울나기는 많이 힘들다고 한다. 거리에는 20대 총선을 향한 국회의원 예비후보들의 현수막이 화려하게 수를 놓고, 매스컴은 온통 정치얘기로 넘친다. 정치가 국민들의 복지수요를 반영하여 법과 제도를 정치(精緻)하게 만들어가는 제 기능을 다 할 수 있는 때가 빨리 오기를 고대해 본다.

본 서가 출간된 지 어언 9년이란 세월이 흘렀다. 이번에 개정 6판을 내게 되었는데, 이는 전적으로 독자들의 성원 덕분이라고 할 수 있다. 독자들에게 감사할 뿐이다. 초판 당시 서문에서 밝혔던 집필동기처럼 저자들은 앞으로도 본 서가 사회복지법의 법적 성격·체계·법률관계 등 핵심에 접근하기가 용이하고, 개별법들을 해설함에 있어서는 해당 법조문을 충실하게 살림으로써 사회복지 전공 학생은 물론 현장에서의 사회복지실천에 종사하고 있는 사회복지전문가 또는 실무자들에게 유용하게 활용될 수 있는 책이 될 수 있도록 지속적인 노력해 나갈 것임을 다짐해 본다.

끝으로 본 서 및 저자들에 대한 한결같은 애정을 보내주면서 개정작업을 격려하여 주신 공동체의 김동훈 사장님과 편집·교정 작업에 애써주신 직원들에게 감사한다.

2016년 2월

남기민·홍성로

# 제5판 머리말

개정 4판을 낸 지 1년 만에 개정 5판을 내게 되었다. 이번 개정에서는 개정 4판 이후 지난 1년간 바뀐 법령들을 반영하였다. 또한 이번 개정작업에서는 개정 4판 작업 시 교정을 제대로 보지 못하여 오・탈자, 법조문 인용오류 등이 있었고, 일부 중복 편집된 부분 등이 있었는데 그것을 조속히 바로잡게 되었다.

이 책이 초판 출간 이래 각지의 다수의 대학교에서 꾸준히 교재로 활용되는 등 독자들로부터 호응을 받고 있어 독자들의 성원에 부응하기 위해서라도 사회복지법제의 빠른 변화 내용을 신속히 반영하여 앞으로도 최소한 1년에 한 번씩은 개정판을 내어 독자들의 성원에 답할 것을 다짐해 본다.

끝으로 이 책 및 저자들에 대한 한결같은 애정을 보내주면서 개정작업을 격려하여 주신 공동체의 김동훈 사장님과 편집・교정 작업에 애써주신 김영애 부장님 등 직원들에게 감사한다.

2014년 2월

남기민・홍성로

# 제4판 머리말

개정 3판을 낸 지 2년 만에 개정 4판을 내게 되었다. 그동안 우리 사회가 겪은 저출산·고령화 문제와 소득 양극화 현상의 심화 등으로 치열한 복지논쟁이 전개되는 것을 배경으로 약 20년 만에 사회보장기본법이 전부 개정되었다. 이는 모든 국민이 평생 동안 겪는 다양한 사회적 위험에 대하여 사회정책과 경제정책을 통합적으로 고려하여 국민의 보편적·생애주기적인 특성에 맞게 소득과 사회서비스를 함께 보장하는 방향으로 사회복지제도를 확대·재정립하기 위한 것으로 향후 한국사회의 복지 패러다임의 변화를 지향한다고 하겠다. 또한 사회복지사업법이 시설이용자의 인권보호와 사회복지법인의 시설운영의 투명성 강화를 위해 개정되었고, 장애인활동지원에 관한 법률, 장애아동복지지원법, 사회복지사 등의 처우 및 지위 향상을 위한 법률, 노숙인 등의 복지 및 자립지원에 관한 법률 등이 제정·시행되고, 건강보험법, 아동복지법 등이 개정되는 등 사회복지법제의 큰 변화가 이루어졌다.

이번 개정에서는 그동안 바뀐 법령들, 즉 제·개정된 법령들을 빠짐없이 반영하여 수정하려고 노력하였다. 바뀐 법령의 내용이 광범위하여 수정해야 할 내용도 그만큼 광범위하였는데, 이는 한국 사회의 사회복지분야의 발전 및 변화 속도가 빠름을 보여준다고 할 수 있다. 또한 이번 개정 작업에서는 처음 책을 집필할 때의 집필동기이기도 하였지만, 어떻게 하면 이 책이 독자들에게 사회복지법이 무엇인지 쉽게 핵심에 접근할 수 있고, 사회복지법의 전반적인 체계를 일목요연하게 파악하고 이해하는 데에 장점을 가진 책이 될 수 있을까 하는 점에 관심을 가지고 간결하고 일목요연한 편제가 되도록 하는 노력을 지속하였다. 그리고 이번에 공공부조법 분야에서 긴급복지지원법을, 사회서비스법 분야에서 다문화가족지원법을 추가로 해설하였다.

이 책이 초판 이래 다수의 대학교에서 교재로 활용되는 등 독자들로부터 꾸준한 호응을 받는 것은 저자들에게 분에 넘치는 일이 되고 있다. 그러나 한편 부담감도 크지 않을 수 없다. 그것은 사회복지법제의 빠른 변화를 신속히 반영하여 수정하고 또한 법리 및 내용에 대한 보완 작업을 꾸준히 해나가야 함에도 불구하고 저자들의 능력 부족과 게으름 탓으로 부응치 못하고 있음에 대한 송구스러움 때문일 것이다. 앞으로 최소한 1년에 한 번씩은 개정판을 내어 독자들의 성원에 보답할 것을 다짐해 본다.

끝으로 이 책 및 저자들에 대한 한결같은 애정을 보내주면서 개정작업을 격려하여 주신 공동체의 김동훈 사장님과 편집·교정 작업에 애써주신 김영애 부장님 등 직원들에게 감사한다.

2013년 3월

남기민·홍성로

# 제3판 머리말

개정판을 낸 지 3년 만에 제3판을 내놓게 되었다. 우리 사회는 빠른 속도의 사회적·경제적 변화를 겪고 있고, 이에 따라 다양한 형태의 사회복지 욕구가 분출되고 있다. 국가는 이에 대응하여 사회복지분야의 새로운 법제도를 만들어 낼 뿐만 아니라 기존 법제도를 국민들의 욕구에 맞게 발 빠르게 고쳐 나감으로써, 궁극적으로는 헌법상 보장된 국민들의 생존권을 보장하기 위한 현대 복지국가의 면모를 보여줄 수 있는 것이다. 최근 사회복지분야는 다른 어느 분야보다 역동적인 변화의 모습을 보이고 있다.

따라서 사회복지에 관한 법은 늘 변화의 와중에 있다고 할 수 있다. 또한 사회복지법제론은 사회복지분야의 다른 어느 교과목보다 법령변화에 따른 내용변화의 폭이 커서 그 변화된 법령들을 반영하여 개정을 서둘러야 했음에도 불구하고 저자들의 게으름 탓으로 늦어지게 된 점 송구스럽게 생각하며 독자 여러분들께서 크게 양해해 주시기 바란다.

이번 제3판에서는 그동안 바뀐 법령들, 즉 새로이 제정되거나 개정된 법령들을 빠짐없이 정확히 반영하여 수정하려고 노력하였다. 또한 총론 부분에서는 초판 이후 그동안 미루어져 왔던 미흡하거나 보완이 필요하다고 여겨졌던 부분들을 수정·보완하였다. 그리고 각론 부분에서는 각 개별법들의 문제점 및 개선방향을 보완하였다. 그러나 아직도 미흡한 부분이 많다고 여겨지는데, 그것은 앞으로 좀 더 깊은 연구를 통하여 보완작업을 계속해나갈 것임을 다짐하며 독자들의 질정(叱正)을 바란다.

끝으로 제3판이 나오기까지 자료수집 등에 수고를 하여준 국민건강보험공단 문현배 후배에게 감사하며, 아울러 제3판을 낼 수 있도록 격려와 지원을 아끼지 않은 도서출판 공동체의 김동훈 사장님과 편집 · 교정 작업 등에 노고가 많았던 직원 여러분들께 감사의 뜻을 전한다.

2011년 2월

남기민 · 홍성로

# 개정판 머리말

지난 해 봄 사회복지법제론을 세상에 처음으로 내놓으면서 실은 많은 걱정을 하였다. 그것은 무엇보다도 방대한 양의 사회복지법을 체계적으로 정리한다는 일이 지난한 작업일 수밖에 없었기 때문에 혹여 저자들로서 미처 생각지 못한 법리적인 오류나 모순을 노정하지나 않나 하는 우려와 또 한편으로는 본 서가 저자들의 집필의도대로 과연 얼마만큼 독자들의 호응을 받아 쉽게 읽힐 수 있을까 하는 우려 때문이었다. 그러나 본 서가 출간된 지 한 학기 정도 지나면서 독자들로부터는 좋은 반응을 얻게 되었다. 무엇보다 독자들로부터는 본 서를 통하여 사회복지법이 무엇인지 쉽게 핵심에 접근할 수 있고, 사회복지법의 전반적인 체계를 일목요연하게 파악하고 이해하는 데에 장점을 지니고 있는 책이라는 평가를 받게 되었다.

독자들의 분에 넘치는 성원에 한편 감사하면서도, 또 다른 한편으로는 본 서의 부족한 부분을 어느 누구보다 잘 알고 있는 저자들로서 일말의 자괴감(自愧感)을 숨길 수 없었다. 특히 시간에 쫓겨 신학기에 맞춰 출간하다 보니 여러 곳에서 오자(誤字), 중복된 표현, 일부 내용상의 오류 등이 발견되어 그 때마다 독자들께 매우 송구스런 마음을 금할 수 없었다. 그리고 조속히 개정판을 내어 보완함으로써 독자들에게 좀 더 가까이 다가가고 싶다는 희망과 책임감을 함께 갖게 되었다.

책이 출간된 이후 그동안 노인장기요양보험법이 새로 제정되어 그 시행을 눈앞에 두고 있다. 또한 국민연금법이 오랜 논란과 진통 속에서 개정되었다.

그리고 기초노령연금법이 새로이 제정되었을 뿐 아니라, 기존의 사회복지법 분야의 제 법령들 중 상당 부분이 개정되었거나 개정을 위한 입법예고 중인 형편이다. 그만큼 우리나라의 사회복지분야에서는 국민들의 새로운 사회복지 욕구가 끊임없이 분출하고 있고, 이러한 사회복지욕구에 부응하기 위한 제반 정책과 제도를 새로 만들어 나가고, 한편으로는 고쳐 나가면서 그야말로 역동적인 변모의 움직임을 보이고 있다고 할 수 있다. 따라서 사회복지법제론이 독자들의 요구에 부응하기 위해서는 늘 개정판을 서둘러야 할 입장에 놓이게 될 것이다.

이번 개정판에서는 초판의 기본 틀을 유지하면서 최근에 새로이 제정되거나 개정된 주요한 법령내용을 중심으로 추가하고, 수정・보완하였다.

먼저 노인장기요양보험법과 기초노령연금법을 새로이 추가하여 상세하게 해설하였다. 또 국민연금법, 산업재해보상보험법, 고용보험법, 건강보험법 등 4대 사회보험의 내용을 대폭 수정하였다. 기타 노인복지법, 장애인복지법, 영유아보육법을 대폭 손질하고 보강하였다. 아울러 제9장 사회복지법의 생성과 발전에서는 최근까지의 제・개정된 주요 사회복지관련 법들을 반영함으로써 사회복지법의 변화추이를 일별할 수 있게 하였다. 그리고 다른 법들도 개정된 법령 내용을 최대한 정확하게 반영하려고 노력하면서 수정・보완하였고, 전반적으로 오자, 오 표현, 일부 내용상 오류 등을 바로 잡았다.

개정판 작업을 시작하면서는 여러 가지 목표를 세우고 노력했지만, 막상 마무리하고 보니 그 결과는 많이 부족하여 아쉽기 짝이 없다. 저자들의 게으름과 무능을 탓할 수밖에 다른 방법이 없다. 독자 제현의 기탄없는 비판과 질정을 바란다.

끝으로 본 개정판이 나오기까지 많은 분들로부터 도움을 받았다. 특히 사회보장분야 실무현장에서 제도발전을 위한 큰 역할을 수행하면서, 본 서에 대한 관심과 애정을 가지고 여러 정보와 아이디어를 제공해 준 국민건강보험공단의 문현배 후배와 국민연금공단의 김은경 홍보실장께 심심한 감사의 마음을 전한다. 또한 늘 따뜻한 격려와 지원을 아끼지 않는 도서출판 공동체 김동훈 사장님과 편집·교정작업 등에 노고가 많았던 직원들에게 심심한 감사의 뜻을 전하고 싶다.

이제 곧 새로운 정부가 출범하게 된다. 국정 전반에 걸쳐서 많은 변화가 예상되지만, 특히 사회복지분야에서도 커다란 변화의 물결이 일 것으로 예측할 수 있다. 새 정부와 여·야 정치인들은 무엇보다도 국민들의 뜻이 무엇인지, 국민들이 무엇을 바라고 있는지를 겸허한 자세로 수렴할 줄 알아야 할 것이다. 나아가 보다 성숙한 정치과정을 통하여 사회 전반적으로 심화되고 있는 양극화 현상을 해소하고, 사회통합을 이룰 수 있는 양질의 제도와 정책을 펼쳐 나가길 고대한다. 그리하여 모든 국민이 인간으로서의 존엄과 가치를 가지고 그에 상응한 건강하고 문화적인 기본생활을 영위할 수 있는 생존권적 기본권을 실질적으로 보장받음은 물론, 더 나아가 안락하고 풍족한 삶을 누릴 수 있는 선진사회를 만들어 가길 염원해 본다.

2008년 2월

남기민·홍성로

# 머리말

한국사회는 21세기에 들어와 새로운 도전에 직면하고 있다. IMF 경제위기를 벗어나긴 했지만 그 후유증이 크고, 세계화로 상징되는 국가 간의 경쟁격화 현상 및 사회 각 분야의 양극화 현상으로 인하여 심각한 사회갈등이 야기되고 있다. 따라서 이를 해결하는 문제는 국가적인 핵심과제가 되고 있다. 특히 중산층의 붕괴와 함께 확대된 빈곤층의 기본생활을 보장하고, 헌법상의 생존권 이념인 모든 국민의 인간다운 생활, 즉 인간으로서의 존엄성에 상응한 건강하고 문화적인 생활을 보장하기 위한 사회복지제도를 확립하는 것은 국가의 중요한 책무이고 목표로서 강조된다.

사회복지를 전공하는 학생은 물론이고 현장에서 사회복지 실천에 종사하고 있는 사회복지전문가 또는 실무자에게 있어 사회복지법에 대한 학습은 매우 중요하다. 현실적으로 사회복지법은 사회복지문제를 해결하는 바탕이 되고, 사회복지를 실천하는 능력이 되기 때문이다. 사회복지를 위한 대안들은 입법화됨으로써 비로소 사회복지당사자(주로 국가와 국민) 간에 법적인 권리·의무관계를 성립시키며, 사회복지법을 통한 국민의 구체적인 권리와 이에 상응한 국가의 책무를 명확하게 이해하는 일은 사회복지실현에 중요한 관건이 될 것이다. 또한 사회복지법의 이념은 사회복지를 실현하는 수준이 된다고 할 수 있다. 사회복지법에 대한 역사적 접근은 장래에 대한 전망과 안목을 갖게 할 것이다. 즉, 사회복지법에 대한 이해와 분석능력 그리고 통찰력을 통하여 사회복지제도 및 정책, 사회복지행정 및 실천을 통합적으로 이해하고 활용하는 능력을 가질 수 있을 것이다. 사회복지법의 중요성이 여기에 있다.

그러나 우리나라의 사회복지법은 아직 그 역사가 짧아 이론적인 면에서 체계화가 덜 되었다고 할 수 있고, 또한 그 범위가 넓고 양적으로 많은 수의 사회복지 개별법들을 포함하므로 사회복지법을 체계적으로 이해하면서 구체적인 내용을 파악하기란 결코 쉽지 않다. 그리고 법학이라고 하면 대부분의 사람들이 막연하게 법조문이 주는 느낌처럼 딱딱하고 복잡하여 이해하기 어렵다는 선입견을 가지고 있다. 따라서 사회복지법도 일반적으로 공부하기 까다로운 과목으로 생각하게 되는 것 같다.

그동안 사회복지법에 관한 책들이 많이 저술되었고, 그중에는 학문적인 깊이나 체계화수준에서, 또는 법학적인 사고와 이론의 틀 안에서 사회복지법을 법리적으로 분석해 낸 수준에서 출중한 저서들이 출간되었다.

그럼에도 불구하고 이 책을 쓰게 된 것은 저자들 나름대로의 집필동기가 있었다. 그것은 대학에서 사회복지법제론을 강의하면서 갖게 된 생각인데, 이 책의 집필기준이기도 하였다. 첫째, 독자들이 쉽게 이해하고 공부할 수 있도록 간결하고 명료하게 설명하고, 둘째, 사회복지법의 법적 성격 및 체계, 법률관계, 권리구제 등 핵심에 쉽게 접근할 수 있도록 체계적으로 정리하고, 셋째, 사회복지개별법들을 가능한 한 포괄하여 해설한 책을 쓰고 싶었다. 저자들의 주장을 길게 펼치기보다 사회복지법을 공부하는 사회복지전공학생 및 현장에서의 사회복지실천가들, 그리고 사회복지에 관심있는 일반 독자들이 유용하게 활용할 수 있는 책이 되느냐에 관심이 있었다.

본 서는 그 구성에 있어 모두 2부 13장으로 되어 있다. 제1부는 제1장에서 제9장까지 총론으로, 제2부는 제10장에서 제13장까지 각론으로 구성되었다. 제1장에서는 사회복지법을 공부하기 앞서 법에 대한 이해를 돕기 위하여 법의 개념과 이념에 대하여 정리해 보았고, 제2장에서는 사회복지법의 등장과 전개를 다루었다. 제3장에서는 사회복지법의 법원을, 제4장에서는 사회복지법의 개념과 체계를 다루었다. 제5장에서는 사회복지법의 이념을, 제6장에서는 사회복지법의 법률관계를, 제7장에서는 사회복지법상의 권리구제 문제를,

제8장에서는 사회복지법의 해석과 적용을 다루었고, 그리고 제9장에서는 한국 사회복지법의 형성과 발전에 관하여 살펴보았다. 제2부 각론에서는 우리나라의 개별 사회복지법을 다루었다. 먼저 제10장에서는 사회보장기본법을, 제11장에서는 사회보험법으로서 4대 사회보험법을 분석해 보았다. 그리고 제12장에서는 공공부조법으로 국민기초생활보장법과 의료급여법을 다루었다. 마지막으로 제13장에서는 사회복지서비스법을 다루었는데 그중 가장 기본이 되는 법인 사회복지사업법을 먼저 다루었고, 다음으로 아동복지법, 노인복지법, 장애인복지법, 한부모가족지원법을 다루었고, 영유아보육법, 정신보건법, 가정폭력방지 및 피해자보호 등에 관한 법률, 사회복지공동모금회법도 정리해 보았다.

전체적으로는 일관성 있는 법리와 체계를 유지하려고 고심하였다. 또한 각론에 있어서 개별법들을 해설함에 있어서는 분량이 좀 많아지더라도 해당 법의 조문을 충실하게 살려가면서 상세하게 풀어서 설명하려는 입장을 견지하였다. 앞에서 밝힌 저자들의 집필동기가 조금이라도 효과가 있기를 바랄 뿐이지만, 어느 정도 독자들의 요청에 부응할 수 있는지 저자들로서 솔직히 걱정이 앞선다.

우리 사회는 매우 빠른 속도로 변화하고 있고, 이러한 변화속도에 맞추려는 듯 각종 사회문제의 속출 및 국민들의 새로운 복지욕구의 분출 등 사회복지의 현실은 그야말로 역동적인 것 같다. 이에 따라 사회복지법도 끊임없이 변화되어 갈 것이다. 이 책도 이에 따라 계속 수정 · 보완해 나갈 과제를 안고 있다. 독자 여러분의 아낌없는 비판과 질정을 기대한다.

책을 집필하는 일이 힘든 과정이긴 하지만, 마음 맞는 친구와 함께 호흡을 맞추며 작업을 진행하는 일은 행복감을 안겨주는 일이기도 하였다. 포스텍 대학원의 홍원기 군은 바쁜 와중에도 방학기간을 이용하여 워드작업을 도와주었다. 홍군의 노고를 치하한다.

끝으로 이 책의 출판을 기꺼이 지원해 준 도서출판 공동체 김동훈 사장님과 편집, 교정 등 많은 도움을 준 편집부 직원들께 심심한 감사의 뜻을 표한다.

2007년 2월

남기민 · 홍성로

# 차 례

# PART 01 총 론

## 제1절 법의 개념

법의 개념을 한마디로 정의하기는 매우 어렵다. 그것은 학자마다 개인적인 사상, 인생관, 세계관 등에 따라 다양한 정의를 내리고 있기 때문이다. 그러나 그동안 학자들의 연구성과를 종합하여 다음과 같이 정리해 볼 수 있을 것이다.

### 1. 법은 사회규범이다

법은 사회규범이다. 사회규범이란 인간의 사회생활에 관한 규범이라는 의미이다. 인간은 혼자서는 살아갈 수 없고 반드시 다른 사람들과 함께 살아가는 사회적 존재로서 공동생활을 하기 마련이다. 그런데 인간이 공동생활을 하자면 서로 이해의 충돌과 대립이 있을 수밖에 없는데, 이들 사이에 무질서하게 자기의 이익만을 추구하고 충동에 따라 행동한다면 영국의 철학자 홉스(T. Hobbs, 1588~1679)가 말한 대로 '만인의 만인에 대한 투쟁'으로 인간의 사회생활은 제대로 영위될 수 없을 것이다. 이러한 이익투쟁적인 혼란 없이 질서가 유지되기 위해서는 서로 모종의 약속이 있어야 한다. 이 질서유지를 위한 약속이 사회규범으로서의 법이다. 이러한 사회규범에는 법 이외에 도덕, 종교, 관습 등이 있다.

법은 마땅히 해야 할, 또는 해서는 아니 될 당위(sollen)규범으로서 "모든 사람은 죽는다" 또는 "해는 동쪽에서 뜨고 서쪽으로 진다"와 같이 인간의 의사와는 독립된 존재(sein)의 법칙, 필연(müssen)의 법칙인 자연법칙과 대비된다. 자연법칙에서는 위반을 생각할 수 없으나, 법과 같은 당위의 법칙에서는 위반이 있을 수 있다.

### 2. 법은 강제규범이다

법은 강제규범이다. 법은 스스로의 목적을 관철시키기 위하여 강제라는 수단을 뒷받침으로 가지고 있다. 즉, 법은 정치적으로 조직된 사회인 국가 속에서 권력적·물리적 강제력을 발동할 수 있는데 이것이 법의 본질적 속성이고 다른 사회규범들, 예컨대 도덕이나 종교 또는 관습과 구별되는 결정적 요소이다. 법 이외의 사회적 규범을 위반한 자는 비난을 받을 뿐이지만, 법을 위반한 자는 강제적 제재를 받게 된다. 그러나 법에 이러한 강제력이 있다는 것은 법 일반원칙에 관하여 말할 수 있는 것이고, 개개의 법규가 완벽한 강제력을 갖는 것은 아니다. 법규범 체계의 전체로서 강제성이 인정되어 있으면 강제력이 있는 법으로 이해하여야 한다. 법학자 예링(Rudolf von Jhering, 1818~1892)은 "강제가 없는 법은 타지 않는 불꽃과 같다"고 할 정도로 법의 강제적 속성을 중요시하였다.

### 3. 법은 문화규범이다

법은 문화규범이다. 법은 그 사회가 지향하는 문화가치에 대한 그 사회의 합의의 산물이다. 법은 법의 생명인 정의라는 가치를 향하여 끊임없이 노력하는 가운데 생성되는 문화규범이다. 어느 사회나 독특한 문화가 있듯이 법문화도 나라마다 그 나라의 특색을 반영하여 독특한 면을 가지고 있다.

법의 문화규범성은 법이 단순히 당위(가치)만을 나타내는 것이 아니라 존재(현실)를 반영한다는 의미다. 문화적 가치에 배치된다 하여 법을 부정할 수는 없으나 법은 문화적 요인에 의하여 발전한다. 법은 그 국가의 문화적 수준과 직결되는 문화의 척도가 된다.

## 4. 법은 행위규범이다

법은 행위규범이다. 법이 행위규범이라는 것은 법의 대상이 되는 것은 행위라는 의미이다. 인간의 행위는 일반적으로 의사에 기인하여 발현하지만, 의사만 있고 그 의사가 외부행위로 표현되지 않는 이상 인간의 내심·심리적 작용은 원칙적으로 문제 삼지 않는다. 법이 사회생활의 질서인 이상 그 의사가 외부행위로 옮겨졌을 때 그 외부적인 행위를 규율하는 것이 법규범인 것이다. 즉, 행위규범이란 사람에게 어떠한 행위를 명하거나 금지하는 것에 관한 판단의 근거가 되는 준칙이다.

## 5. 법은 조직규범이다

법은 조직규범이다. 법은 국가기관의 조직과 그 조직의 권한과 역할을 부여하는 사항을 규정하는 규범이 된다. 국가의 기본적인 조직규범은 헌법이지만, 헌법의 일반적인 조항을 위임받아서 다시 국가기관의 조직과 권한을 규정하는 모든 법, 예컨대 국회법, 법원조직법, 정부조직법, 지방자치법 등이 이 범주에 속한다. 근대국가에 있어서는 권력분립의 이념에 따라 법의 제정, 적용, 집행 등이 조직적으로 각 기관에 분립되어 있다.

## 6. 법은 재판규범이다

법은 재판규범이다. 재판규범이라 함은 재판할 때 판결의 기준을 제시해 주는 규범이다. 법조항이 행위규범적 성격을 지닌 경우 대개는 동시에 재판규범적 성격을 띠고 있다. 즉, 행위규범과 재판규범은 원칙적으로 동일한 법규범을 다른 측면에서 본 것에 불과하다고 할 것이다. 그러나 어떤 법조항은 행위규범적 성격은 전혀 없고 오직 재판규범적 성격만 지닌 경우도 있다. 예컨대 구민법 제828조는 “부부간의 계약은 혼인 중에 언제든지 부부의 일방이 이를 취소할 수 있다”라고 규정하고 있는데, 이는 “부부간의 약속은 언제든지 파기하라"라고 행위를 명하기보다는, 부부간에 이러한 문제로 인해 소송이 제기될 경우 법관은 이 조항을 토대로 재판해 줄 수 있다는 것뿐이다. 따라서 이 규정은 재판할 경우에만 의미가 있는 것으로서 재판규범의 전형적인 예라 할 것이다(조선대학교 법학연구소, 2009 : 51-52).

## 제2절 법의 이념

법의 이념이란 법은 무엇을 위하여 존재하는가 하는 문제로서 법의 존재가치를 말한다. 법은 결코 맹목적으로 존재하는 것이 아니라 무엇인가 이념과 가치를 실현하기 위하여 존재한다. 따라서 법의 이념이란 법이 존재하는 이유이며, 법의 정당성 판단의 근거가 되고, 법의 가치를 평가하는 척도이며, 법을 준수해야 하는 근거가 된다. 그러나 정설은 없다.

독일의 법학자 라드브루흐(G. L. Radburch, 1878~1949)는 법의 이념으로서 정의, 합목적성, 법적 안정성의 세 가지를 제시하였다.

### 1. 정의(正義)

정의는 인간과 인간, 인간과 사회와의 관계에 있어서 추구해야 할 최고의 가치라고 할 수 있다. 정의는 특정한 가치에서 나오는 것이 아니라 이를 실현하려는 높은 이상이라고 할 수 있다. 정의는 공동생활을 하는 사람들에게 권리·의무·포상·제재 등의 배분·부여에 있어서 자의적인 불평등한 취급을 금지하고 합리적 기준에 의하여 공평한 취급을 요청하는 데 있다.

아리스토텔레스는 정의의 개념을 체계화하여 평균적 정의, 배분적 정의, 일반적 정의로 분류하였다. 평균적 정의는 평등자 간의 병렬관계에 타당하고, 절대적·산술적 평등을 요구하는데, 이것은 급부와 반대급부, 손해와 배상, 범죄와 형벌 등에서처럼 등가가치의 균형을 유지하는 것을 말한다.

배분적 정의는 불평등자 간의 상하관계에 타당하고, 상대적 · 비례적 평등을 의미한다. 이것은 한 사회 내에서 일정한 가치를 그 구성원들에게 어떻게 분배할 것인가에 관계되는 정의로서, 사회가 각 개인에 대하여 그 능력과 공헌에 대응하여 명예, 재화, 기타 이익을 공정하게 배분하여야 한다는 것이다. 그러므로 여기에는 각각의 가치 또는 공적에 따른 개인차에 의한 대우가 있고, 그 개인차는 국가 사회에 공헌하는 비율에 따라 결정하게 된다. 예컨대 부자에게는 세율을 높게 하고, 능력 있는 자에게는 봉급을 더 많이 주는 것이다.

일반적 정의는 사회의 일원인 개인으로 하여금 사회를 위하여 공동생활의 일반원칙에 따라 의무를 다하는 것으로, 국가의 위기해결을 위한 순국(殉國)이 이런 경우에 해당된다.

이러한 아리스토텔레스의 정의론은 개인주의와 단체주의의 양 측면을 고려하고 그 조화를 꾀한 것으로서 후세의 정의론에 결정적인 영향을 미쳤다.

라드브루흐는 이 아리스토텔레스의 정의론을 원용하여 평균적 정의는 평등한 입장에 있는 자끼리의 정의이므로, 그 전제로서 배분적 정의가 적용되어 당사자에게 평등한 입장을 만들어 주어야 한다고 한다. 그러므로 배분적 정의야말로 정의의 근원적인 형태이고, 법개념의 기본이 되는 정의의 궁극적인 이념은 배분적 정의에서만 찾을 수 있다고 논하고 있다. 이렇게 볼 때 대체로 정의라는 것은 사회구성원 각자에게 그의 몫을 귀속시키는 배분적 정의에 가장 중요한 의미를 두고 있다고 생각된다.

그리고 정의는 추상적인 개념이므로 그 실질적인 내용이 영구불변의 보편적 · 절대적인 정의는 있을 수 없고, 어디까지나 시대, 민족, 문화, 정치형태 등에 따라 달라진다. 정의의 원칙은 명문화와 관계없이 그 자체로서 존재하고 있는 자연법의 내용을 이루고 있으며, 이성적인 인간에 의해서 발견되고 준수되어야 하는 원리다. 라드브루흐는 법철학적인 상대주의에 입각하여 “정의는 절대적인 내용을 인식하거나 규정할 수 없는 형식적인 개념이기 때문에, 그 실체적 내용을 결정하는 과정이 필요하다”라고 하면서 다음의 합목적성 이념을 제시하였다.

### 2. 합목적성(合目的性)

법의 이념으로서의 정의는 같은 것을 같게, 다른 것을 다르게 취급하라는 형식적인 이념이므로, 같은 것과 같지 않은 것을 구별할 표준은 다른 곳에서 구할 수밖에 없다. 따라서 법의 이념으로서의 합목적성이 필요한 것이다.

무엇이 법의 목적이고 합목적적이냐 하는 것은 사회의 가치관에 따른 상대적인 개념으로 사회적 · 정치적 · 사상적 배경에 의해 구체적 내용이 결정된다. 정의가 법의 내용을 일반화하는 데 반하여 합목적성은 법을 개별화하는 경향이 있다. 즉, 법의 합목적성은 법이 요구하는 가치관에 따라 법의 목적을 현실화하는 데 있다.

라드브루흐는 법의 목적은 세계관의 차이에 근거하여 개인주의, 단체주의, 문화주의와 같은 여러 입장으로 나뉘어 대립하고 있다고 하면서 이들 사이의 선택의 문제로 파악하였다. 개인주의는 개인의 가치를 중시하여 다수의 이익으로부터 개인의 가치를 보호하는 것이 법의 목적이다. 단체주의(초개인주의)는 전체의 이익을 중시하여 전체가 그 구성원들을 위하여 존재하는 것이 아니고 구성원들이 전체를 위해 존재하는 것이며, 국가이익이 개인이익에 우선한다는 것을 법의 목적으로 보는 것이다. 문화주의(초인격주의)에서는 문화를 중시하며 개인은 문화적 가치 실현에 봉사하고 법과 국가는 문화에 봉사하는 것이 법의 목적이 된다고 하였다.

오늘날 법의 목적은 개인의 권리와 자유를 중시하는 개인주의와 공공의 복리라는 단체적 가치를 추구하는 단체주의와의 대립 · 모순되는 가치관을 조절하는 데 있다. 두 이익의 대립은 그중 어느 하나를 결정하는 선택의 문제가 아니라 양자를 포함하고 이해하는 상대적인 문제라고 할 수 있으며, 개개인의 이익을 최대한 보장하면서 공익을 실현하는 것이 법의 합목적성이라 할 것이다.

### 3. 법적 안정성(法的 安定性)

법적 안정성이라 함은 모든 사람들에 의하여 법이 준수됨으로써 법에 의하여 보호되는 사회생활의 안정을 도모하는 데 있다. “부정의로운 법도 무질서보다는 낫다”는 괴테의 표현도 있듯이, 법의 제1차적 기능은 질서를 유지하고 분쟁이 발생한 경우에 평화를 회복하고 유지하는 데 있다.

법적 안정성은 법 자체의 안정성과 사회질서의 안정성을 요구한다. 법은 법의 일관성을 통하여 그 안정성이 보장될 때 사회질서의 안정성과 예측 가능성이 보장된다. 왜냐하면 법이란 행위규범인 동시에 재판규범이기 때문에 그것이 자주 변경되어서는 국민이 행동의 지침을 잃게 될 것이요, 사회도 안정될 수 없기 때문이다. 따라서 법의 제정과 개정은 신중히 이루어져야 한다.

법적 안정성을 위하여 다음과 같은 몇 가지 사항이 요구된다.

첫째, 법의 내용이 명확해야 한다. 둘째, 법이 쉽게 변경되어서는 안 되며, 특히 입법자의 자의에 영향을 받아서는 안 된다. 셋째, 법이 실제로 실행 가능한 것이어야 하며 너무 높은 이상만 추구하여서는 안 된다. 넷째, 법은 시민들의 법의식에 합치되는 것이어야 한다.

### 4. 법이념의 상호관계

정의, 합목적성, 법적 안정성의 세 이념은 서로에게 무관한 독자적 이념이 아니라 상호 긴장과 협조의 관계에 있을 수 있다.

정의는 사람을 자의적인 불평등한 취급을 금지하고 합리적 기준에 따라 공평하게 대우할 것을 요구한다는 점에서 그것을 실증적으로 보장하는 법적 안정성을 요구한다. 정의와 법적 안정성은 상반될 수 있는데, 법적 안정성은 실정법을 원하는 반면 실정법은 정의 및 합목적성을 고려하지 않고 효력을 가질 것을 원할 수도 있기 때문이다. 즉, 위법한 사실이 법을 폐지하고, 권리가 위법한 사실을 바탕으로 발생하거나 소멸하는 경우가 있다. 예를 들면, 소멸시효,[1] 취득시효,[2] 사법상의 점유의 보호[3] 등에서 알 수 있다. 이것들은 법적 안정성을 정의보다 우선시하는 사례라고 보인다. 정의와 합목적성은 서로 상반되는 경우도 있다. 이것은 정의는 평등을 중시하지만 합목적성은 가능한 한 개별화되지 않으면 안 되는 것이다.

이 세 가지 법의 이념은 시대에 따라 각각 비중을 달리한다. 즉, 자연법 시대에는 목적적 의미로서 정의의 이념이 강조되었고, 경찰국가 시대에는 국가의 목적을 위하여 수단적 의미로서 합목적성의 이념이 강조되고, 정의나 법적 안정성은 희생시켰다. 법실증주의 시대에는 법적 안정성을 유지하기 위하여 정의나 합목적성이 소홀히 되었다. 또한 법체계에 있어서도 형법에서는 정의의 이념이, 행정법에서는 합목적성이, 민법이나 소송법에서는 법적 안정성이 강조된다.

정의, 합목적성, 법적 안정성은 법의 이념이나 목적으로 변하지 않을 것이다. 그러나 시대 또는 사회에 따라 그 내용이 상대적으로 변화할 것이다.

1 권리자가 권리를 행사할 수 있음에도 불구하고, 권리를 행사하지 않는 사실상태가 일정 기간 계속된 경우에 그 권리의 소멸을 인정하는 제도를 말한다(민법 제162~184조 참고).

2 일정한 기간 동안 어떤 사실상의 점유상태가 계속된 경우, 권리취득의 효과를 부여하는 것을 말한다(민법 제245~248조 참고).

3 점유자가 점유를 방해당하거나 방해될 염려가 있을 때, 방해자에게 방해의 제거를 요구할 수 있도록 하여 점유를 보호하는 것을 말한다(민법 제205~206조 참고).

# 제2장 사회복지법의 등장과 전개

사회복지법은 산업화와 자본주의의 발달, 그리고 정치・경제・사회체제의 변동에 따라 나타난 사회문제를 해결하기 위한 사회복지제도와 함께 형성되고 발전해 온 법이다. 이하에서 사회복지법이 어떠한 역사적 맥락 속에서 형성되고 전개되었는지 그 정치・경제・사회적 배경과 함께 살펴보기로 한다.

## 제1절 자본주의의 전개와 사회복지법의 형성

사회복지법은 매우 최근에 전개, 발전된 법으로서 그 자체의 법리와 체계, 특징 및 내용을 지니고 있다. 사회복지법은 시민법의 한계에 대한 비판적 견지에서 출현한 사회법으로서, 독립된 법영역을 확보해 나가고 있다.

사회복지법은 시민사회의 성숙과 자본주의의 발달, 두 차례의 세계대전과 민주주의의 우수성이 혼합되어 나타난 역사적 산물로 파악할 수 있다. 근대국가의 자본주의 경제는 경제적 약자와 강자, 노사대립 등의 문제를 발생시켰다(신섭중 외, 2001 : 28).

전통적인 농경사회에서는 개인의 기본적 욕구의 충족이 주로 가족과 지역사회라는 공동체 내에서 이루어졌다. 생산수단인 토지를 소유한 일종의 경영주인 가장이 가족구성원을 총체적으로 지휘하면서 가족구성원의 무상노동을 지배했다. 당시 가족의 생활 및 소비지출은 가장이 관리・지배하는 농업경영에 의한 수입에 의존했다. 이에 가장은 소유, 경영, 수입 등에 지배적인 권능과 책임을 가지면서 동시에 가족구성원의 생활보장까지 담당했던 것이다.

그러나 자본주의 사회의 출현은 가족이 가지고 있었던 생산과 소비의 기능을 분리시켰다. 가족은 단순한 소비생활의 공동체로 전락하게 되고 농민은 임금노동자화된 것이다. 그리하여 가족의 생존과 부양문제는 임금노동자인 가장의 노동수입에 의존하게 되었다.

따라서 법적 부양 책임자인 가장이 받는 임금은 단순히 노동력의 대가로서만이 아니라 그 가족구성원의 생존비용까지 포함할 수 있어야 하는 것이었다. 그러나 자본주의 사회에서 임금이란 노동력의 가격일 뿐 노동력을 소유한 '인간'과 그 가족에 대한 배려는 하지 않는다. 따라서 시민사회의 가족법상 부양책임과 자본주의의 분배기제 사이에 모순이 발생하게 되었으며, 이는 사회적 차원에서 생존과 부양에 대한 새로운 법리를 요구하게 되었던 것이다 (윤찬영, 2001 : 28).

이처럼 자본주의가 발전함에 따라 기존의 법체계인 시민법으로 해결할 수 없는 새로운 문제현상에 대응하기 위한 시민법 원리의 수정은 먼저 노동법의 발전을 필두로 하여 경제법, 사회보장법, 사회복지법의 순서로 각기 그 발전이 이어졌다.

자본주의 발전에 따라 여러 가지 사회구조의 변화와 새로운 문제의 발생으로 사회복지법이 해결해야 할 영역이 확대되어 왔다. 따라서 정상적인 사회생활을 영위할 수 없는 이른바 사회적 약자를 대상으로 최저한도의 인간다운 생활을 할 수 있도록 국가의 책임을 강제하는 방향으로 사회복지법이 변화되고 발전해 왔다.

# 제2절 사회복지법의 기원

사회복지법의 기원이 언제부터인가에 대한 해답은 학자와 나라에 따라 다를 수밖에 없다. 여기서는 사회복지 역사에서 보편적으로 거론되는 영국과 독일, 그리고 미국의 사회복지 역사를 살펴봄으로써 그 기원을 고찰해 보고자 한다.

## 1. 영국의 빈민법

영국의 경우 1601년 빈민법(Poor Law)[1]을 사회복지법의 기원으로 볼 수 있다. 일단 국가적 차원에서 빈민문제를 다루었고, 19세기 말 이후 공공부조법으로 발전하였다는 점에서 그렇다.

그러나 빈민법 자체를 사회복지법으로 보기는 어렵다. 이 법은 영국 자본주의의 본원적 축적기에 있었던 빈민의 대량발생과 질서유지와 치안방위적인 입장에서 제정된 빈민관리법과 조례들을 집대성한 것에 지나지 않기 때문이다(김동국, 1997 : 56). 이 법은 빈민구제보다는 오히려 빈민을 통제하려는 데 보다 초점을 두고 있다.

이 시기의 빈민법이 가지고 있는 일반적인 특징은 다음과 같다(박광준, 2002 : 92-99).

첫째, 빈민을 속성에 따라 분류하여 그 각각에 맞는 대책을 강구하기 위한 대상자 선정기준을 법제화했다. 즉, 1601년 빈민법은 빈민을 세 가지로 분류하고 그 각각에 상응하는 대책을 강구하였고 구빈세에 의한 구빈대책을 강구하였다는 데에 그 특징과 의의가 있다.

① 노동능력이 있는 빈민(able bodied poor) : 노동을 강제하고 거부하는 자는 투옥

1 1601년 법을 Friedlander(1980 : 14)는 구빈민법, 엘리자베스 빈민법 등과 동일한 용어로 사용하고 있다. 이에 반해 김동국(1997 : 56)은 이러한 용어들을 다음과 같이 구별하여 사용하고 있다.
- 엘리자베스 빈민법 : 엘리자베스 1세의 재임기간(1558~1603) 동안에 제정된 모든 빈민법
- 구빈민법 : 1834년의 신빈민법에 대칭되는 용어로서, 1834년 이전에 성립되었던 모든 빈민법

② 노동능력이 없는 빈민(impotent poor) : 구빈원(almshouse) 또는 자선원에 수용되어 제한된 보호받음

③ 빈곤아동(dependent children) : 강제적으로 도제(apprentice)로 보냄

둘째, 엘리자베스 빈민법에 나타난 커다란 진보는 빈민에 대한 징벌조치만으로는 충분하지 않다는 것, 사회는 보다 불행한 사람들과 그 가족들을 위하여 어떠한 책임을 지지 않으면 안 된다는 것, 더구나 그 책임을 실행에 옮기기 위한 적절한 실행기구를 설치하였던 것이다. 그 실행기구로 지역 차원에서는 '치안판사'의 총괄 지도하에서 각 교구에 '빈민감독관'의 임명이 의무화되었다.

셋째, 빈민사업에 소요되는 재원의 확보는 교구(parish)를 단위로 주민이 납부하는 일종의 고정자산세 성격의 구빈세(poor rate)였다. 그리고 그 재정은 교구단위로 자치적으로 운영되었다. 이러다 보니 빈민의 수가 많은 교구와 그렇지 않은 교구 간에는 구빈세 부담의 수준에 있어서 큰 격차가 날 수밖에 없었다. 이것은 결국 빈민이나 부랑인이 자신의 교구로 들어오는 것을 적극적으로 저지하려고 하는 극도의 교구이기주의를 만들어 내는 원인이 되었다.

넷째, 빈곤구제의 국가책임을 인정하였던 점에서 사회복지 역사상 큰 의의를 가진다. 영국 국내에 있어서는 빈곤문제를 억압적인 조치만으로 대처하려고 하는 시도가 이루어진 이래, 빈곤구제의 책임과 주체가 국가가 되어야 함을 분명히 하고 빈곤문제는 중앙정부의 책임하에 공적인 자금을 투입함으로써 비로소 대처할 수 있었다.

한편 빈민법이 유랑빈민을 프롤레타리아화하는 기능을 수행하고 있을 때 빈민아동의 노동문제가 대두되어 공장법의 출현을 보게 되었으며 이는 노동법으로 발전해 나갔다. 빈민법에서 보호아동을 도제로 할 수 있도록 규정한 것이 산업화의 진전에 따라 결국 소년노동의 문제로 등장하게 되었던 것이다. 따라서 빈민법의 노동에 대한 규제적 부분들이 공장법에 의해 부분적으로 대체되었던 것이다(김치선, 1992 : 18-19). 공장법은 1802년 최초로 제정된 이후 1833년에는 근대적인 최초의 사회정책적 공장법이 제정되었다.

1601년 빈민법은 이후 많은 변화를 거쳐 1662년의 정주법, 1722년의 작업

장선서법(혹은 나치블법), 1782년의 길버트법, 1795년의 스핀햄랜드법을 거쳐, 1834년의 신빈민법으로 이어졌다. 신빈민법의 세 가지 주요 내용은 첫째, 열등처우의 원칙, 둘째, 작업장제도의 원칙, 셋째, 전국적 통일의 원칙이다. 이는 자유주의적인 시민법의 원리가 반영된 법으로서 산업자본주의가 등장함에 따라 전면적인 시장사회의 출현과 지배를 필요로 했던 당시의 지배계급이 노동력을 상품화하기 위해 만든 생존권 박탈의 입법이었다. 이러한 사회적 변화는 아담 스미스(Adam Smith)를 대표로 하는 자유방임의 사상에 잘 나타나 있다. 즉, 국가는 정치적·경제적으로 시민의 생활에 간섭하지 않고 범죄와 전쟁의 공격으로부터 시민을 지킨다는 '야경국가'의 역할을 가져야 한다는 것이었다.

그 후 빈민법은 20세기 초 자유당 정부의 대대적인 사회정책 입법에 의해 주요 원칙들이 변화되었고, 제2차 세계대전 이후 베버리지 보고서(1942)[2]의 출현으로 사회복지법으로 발전되었다. 베버리지 구상은 전후 1945년 총선거에서 압승한 노동당 정부에 의하여 구체적으로 입법되어 1945년 가족수당법(Family Allowances Act), 1946년 국민보험법(National Insurance Act), 1946년 국민보건서비스법(National Health Service Act) 등으로 점차 구체화되고 공적부조에 관한 입법은 1948년 국가부조법(National Assistance Act)으로서 제정되었다. 이 법의 제정을 계기로 빈민법은 350년간의 역사를 마무리하고, 기초보장이라는 이념에 기반을 둔 공공부조법으로 전환하였던 것이다(조원탁 외, 2006 : 33-34 참고).

## 2. 독일의 사회보험법

후발 산업국가인 독일은 산업화가 매우 빠른 속도로 진행되면서 급속한 도시화, 노동계급의 형성, 사회주의 사상의 영향 등으로 전통적인 지배계급인

2 베버리지는 그의 보고서에서 사회보장계획의 기본적인 세 가지 원칙을 제시하고 있다. 첫째, 미래를 위한 어떤 제안도 이해관계자 집단에 의하여 제약받아서는 안 된다. 둘째, 사회보험은 결핍(want)에 대한 공약일 뿐, 소위 5대 악(five giant evils)의 나머지인 질병(disease), 무지(ignorance), 불결(squalor), 나태(idleness)까지 해결할 수 있는 것은 아니었기 때문에 사회보험의 조직은 사회진보를 위한 포괄적인 정책의 한 부분으로 간주되어야 한다. 셋째, 사회보장은 정부와 민간의 협력에 의해 이루어져야 한다. 즉, 국가의 역할도 중요하지만 국가가 사회보장을 조직하는 데 있어 개인의 인센티브나 기회 그리고 책임감을 저해해서는 안 되고, 개인이 국민최저한(national minimum)을 초과하는 여유 있는 삶을 영위하기 위한 자원활동을 장려할 수 있는 여지를 남겨두어야 한다는 것이었다(김기태 외, 2004 : 95). 문서의 정식명칭은 사회보험 및 그 관련 서비스에 관한 관계부처 합동위원회에 의해 작성·제출된 것이다.

지주계급(junker), 신흥자본가계급, 노동계급 사이에 치열한 계급갈등이 전개되었다(윤찬영, 2001 : 27). 독일에서 세계 최초로 사회보험제도가 출범하게 된 배경에는 노동계급의 성장과 국가주의적 전통이 있다. 즉, 당시 독일의 집권자인 비스마르크(Bismarck)는 지주계급 출신으로 사회주의 운동을 전개하는 노동계급을 사회주의자 진압법(Sozialistengesetz, 1878)이라는 한시법을 통해 억압하면서 동시에 경쟁계급인 자본가계급을 통제하고 노동계급을 끌어들이기 위해서 질병보험법(1883), 산재보험법(1884), 노령 및 폐질보험법(1889) 등의 사회보험입법을 추진하였다.

독일이 세계 최초로 사회보험입법을 제정할 수 있었던 것은 법사적으로 보면 독일이 집단주의적 경향을 띠는 게르만법의 전통을 가지고 있었기 때문이라고 할 수 있을 것이다. 이러한 사회보험법들은 근대적 의미의 사회보장입법으로서의 형식을 갖추고 있었기 때문에 급여청구권이 단순한 반사적 이익이 아니라 법적인 청구권으로 존재했다(이상광, 1988 : 157). 그럼에도 불구하고 노동자의 권리나 참여보다는 가부장적인 국가의 권리를 강조한 특징으로 미루어 볼 때 아직은 전통적인 법사상과 단절되지 못한 것으로 볼 수 있다(윤찬영, 2001 : 31-32).

그러나 비스마르크의 사회보험법은 사회민주주의와 노조운동을 와해시키기는커녕 오히려 노동자들의 참여와 권리의식을 향상시키고 노동자조직의 강화를 초래하여 비스마르크의 정치적 의도와는 달리 사회복지 발전에 기여하게 되었다(윤찬영, 1998 : 28). 어쨌든 독일은 산업화가 늦게 진행되긴 했지만, 세계 최초로 사회보험법을 제정했다는 점에서 그 의의를 높이 평가할 만하다.

### 3. 미국의 사회보장법

루즈벨트[3] 정부의 사회보장법(Social Security Act, 1935)은 세계 최초로 '사회보장'

3 Franklin Delano Roosevelt(1882~1945)는 뉴욕 명문가 출신 변호사로 1910년 뉴욕 주 상원의원으로 정계에 진출하였다. 1920년 대통령 선거에서 민주당 부통령 후보로 출마했으나 낙선, 1928년 뉴욕 주지사로 정계에 복귀, 1932년 대선에서 후보로 지명되자, 그 수락연설에서 대공황에 대한 대응책으로서 '뉴딜'을 선언하였으며 제32대 대통령(1933~1945)에 당선되었다.

이라는 용어를 공식화하고 사회보장법이라는 새로운 법영역을 탄생시켜 현대 미국 사회복지제도의 근간을 이루었다. 루즈벨트 사회보장법은 미국 사회복지 역사에서 하나의 분수령이 되었다. 그 이전까지 미국인에게 자유주의 또는 개인주의는 삶 그 자체였다고 해도 과언이 아니며, 국가가 국민 개개인의 사회·경제생활에 관여한다는 것은 상상할 수조차 없었다. 그러던 미국인이 1929년의 대공황을 계기로 정부의 간섭을 수용한 것이다. 대공황은 미국사회를 유례없이 마비시키고 시민들의 경제적 생존권을 심각하게 위협했다. 대공황의 참상은 미국의 전통적 자유방임주의 가치관을 변화시켜 시장경제에 대한 국가의 개입을 요구하는 제반 움직임으로 나타났다. 루즈벨트 행정부는 직접구호와 공공사업의 발주를 내용으로 하는 대규모의 공공구호사업을 통해 실업을 감소시킴과 동시에 사회보장제도의 수립으로 이를 보완하는 이른바 뉴딜(New Deal)정책[4]을 마련하였다.

뉴딜정책의 기본 입장은 노동자로 하여금 민간기업에 취업하여 스스로의 힘으로 살아가게 하는 것이었다. 취로구호사업을 중심으로 한 경기부양정책이 주된 정책수단이었으며 사회보장제도는 이를 보완하는 기제였다(이인재 외, 1999 : 82). 따라서 사회보장제도는 복지국가의 이념을 담은 사회복지 입법이라고 평가하기는 어렵다. 즉, 이 법은 사회복지를 '권리'로서 국가가 보장하고자 하는 현대적 의미의 사회복지법과는 거리가 멀었다(윤찬영, 2001 : 32-33).

4 루즈벨트의 뉴딜정책은 흔히 3R정책, 즉 구호(Relief), 경제회복(Recovery), 그리고 개혁(Reform)의 정책으로 알려져 있다. 뉴딜정책은 일하는 국민의 구매력 회복을 도모함으로써 유효수요를 창출하여 경기를 부양하는 접근이었던 것이다. 따라서 미국의 사회보장법은 국민의 생활보장에 대한 연방정부의 책임을 명백히 한 것이었다. 또한 이것은 상당한 결함을 가지고 있었음에도 불구하고 미국에서 사회보장의 첫 출발에 신기원을 이룩하는 대전환의 시작이었고, 미국 사회권의 발전에 획기적인 계기를 마련한 것이었다. 또한 미국 내의 사회보장 발전뿐만 아니라 많은 다른 국가들에게도 영향을 미쳤다(박광준, 2002 : 338).

# 제3절 시민법에서 사회복지법으로 전환

## 1. 전통사회의 법질서

전통사회의 법질서는 현대적 사회보장제도의 성립 이전의 빈민법(Poor Law) 체제를 의미한다. 나라마다 차이가 있지만 빈민법 체제는 대부분의 선진 자본주의 국가들이 현대적 사회보장제도를 출범시키기 이전에 빈곤문제에 개입하던 방식으로, 대략 1870년대 이전인 절대왕정기(ancient regime)와 자유방임적 야경국가 시기에 구빈정책의 중심으로 자리 잡았다(이인재 외, 1999 : 55).

그러나 빈민법 체제는 시민권을 기반으로 하는 현대적 사회보장제도와는 거리가 멀었고 특히 생존권의 개념이 부재했다고 할 수 있다.

## 2. 시민법 원리와 그 한계

시민법은 근대 시민사회를 전제로 하여 출현한 법이다. 시민사회란 18세기 말부터 19세기 초에 중세 봉건사회를 타파하고 자본주의를 확립한 시민계급(부르주아)이 시민혁명을 통해 건설한 새로운 시대를 말한다. 시민사회의 성립 배경에는 경제적 능력과 지식을 갖춘 시민계층(부르주아)이 있었고, 사상적 배경으로는 개인의 자유와 권리를 쟁취하기 위한 자연법 사상을 이념적 기초로 하였다. 이 시민사회는 상하 신분지배체제의 부정, 시민의 천부인권 인정, 자유·평등·독립적 인격을 특징으로 하여 경제적 자본주의와 정치적 민주주의를 확립하는 기초가 되었다.

시민사회를 지배한 시민법은 다음과 같은 원칙을 지도원리로 삼았다.

첫째, 사유재산존중의 원칙으로서 근대 시민사회에 있어서 개인은 봉건사회의 신분적 종속관계에서 해방된 대신 타인의 보호를 받아서는 생활할 수 없다는 것에 기초한다. 따라서 각 개인의 사유재산권에 대한 절대적 지배를 인정하여 소유권의 행사 및 처분을 소유자 개인의 절대적 자유에 맡기고 국가와 다른 개인은 이에 간섭하거나 제한을 가할 수 없는 것이다. 사유재산권의 가장 전형적인 것은 소유권이므로 '소유권 절대의 원칙'이라고 한다.

둘째, 계약자유의 원칙으로 법적으로 평등한 시민들 간의 자유로운 의사표시에 의한 구체적 합의에 의해서 법적인 권리·의무관계가 형성된다는 원칙이다. 이 원칙에 의해 자유롭게 교환관계가 형성되었다. 사법상의 법률관계에서 개인의 자유로운 의사에 의해 발생하는 것을 '사적 자치의 원칙'이라 한다. 계약자유의 원칙은 사람은 누구나 합리적인 판단력을 가지고 있으며, 개인의 활동에 있어서 국가가 간섭하지 않고 각자의 자유에 맡겨두면 사회는 조화 있게 된다는 생각을 바탕으로 한다.

셋째, 과실책임의 원칙으로서 개인이 타인에게 준 손해에 대해서 그 행위가 위법할 경우뿐만 아니라 고의 또는 과실에 기인하는 경우에만 손해배상책임을 지고, 고의나 과실이 없을 때에는 어떠한 책임도 지지 않는다는 것을 말한다. 과실이나 고의의 입증책임은 피해 당사자가 지도록 하고 있다.

시민법의 원리는 초기 자본주의 발전에 지대한 공헌을 하였지만, 자본주의가 고도로 발전함에 따라 그 자체에 내포되어 있는 여러 가지 결함과 폐해로 인하여 자본의 독점과 부의 편재가 초래되었고, 이것은 결국 개인 간의 심한 빈부의 차이를 가져와 사회구성원을 이분화하였고, 계급 간에는 적대감과 대립이 고조되었다.

소유권 절대의 원칙은 유산자가 대다수의 무산자를 지배하는 무기로 이용되어 무산대중에게는 한낱 장식물에 지나지 않았으며, 계약자유의 원칙은 경제적 강자가 경제적 약자에 대하여 일방적으로 계약을 강제하는 수단으로 전환되었고, 과실책임의 원칙은 경제적 강자가 경제적 약자에 대한 손해배상책임을 면제하는 방패로 이용되었다.

특히 제1차 세계대전 이후 1929년에 발생한 세계 경제대공황은 실업 등의 사회문제를 심각하게 야기하였고, 실업이 만성화되었던 당시의 사회적 상황하에서는 추상적이고 형식적인 개인의 자유가 결코 구체적이며, 실질적인 정의를 보장할 수 없다는 것이 판명되었다. 이에 따라 자본주의 경제의 구조적 폐해로부터 국민을 구제하기 위해서는 국가권력이 경제과정에 개입하여야 한다는 것이 허용되지 않으면 안 된다는 사실을 인식하게 되었다.

이에 따라 시민법의 근본 원리인 법 앞의 자유와 평등에 기초한 추상적 인간관과 최소한의 국가 개입과 간섭을 원리로 한 근대 시민사회의 야경국가관은 수정이 불가피하였다.

### 3. 사회법의 등장과 그 원리

시민법은 자본주의 사회를 유지・발전시키는 법적인 지주로서 존재했으나, 그 현실적・역사적 한계로 인해 수정되지 않을 수 없었다. 단순히 개인의 행복과 이익을 추구하는 법리는 전체 공동체의 안녕을 추구하는 법리로 전환될 수밖에 없었다. 이렇게 시민법의 원칙은 변용될 수밖에 없었고, 더 나아가 새로운 내용을 갖는 사회법의 등장을 보게 된 것이다.

시민법의 원칙에 대한 수정원리인 사회법의 성격을 시민법과 비교해 살펴보면 다음과 같다.

첫째, 계약의 공정성이다. 시민법상 계약자유의 원칙은 자본과 노동의 불평등을 심화시켰다. 계약 당사자의 자유로운 결정과 평등한 권리주체만 강조할 뿐, 기업주에 비해 상대적으로 열세에 있는 노동자와 그러한 열세를 보완하기 위한 노동자계급의 연대성은 고려하지 못했다. 그 결과 계약자유의 원칙은 인간에 의한 인간의 지배를 정당화시켰다.

그러나 상대적으로 열세에 있는 노동자가 자본가와 어느 정도 대등하게 계약을 맺기 위해서는 새로운 법영역이 필요했다. 그 결과 계약자유의 원칙을 수정하고 계약의 공정성을 기하기 위해 사회법으로서의 노동법이 등장하게 된 것이다. 그러나 초기의 노동법은 노동자에게만 적용되었고, 노동자와 그 가족의 질병, 재해, 사망 시 생존권의 문제에 대한 대책은 없었다. 그리하여 노동자와 그 가족의 생존권을 확보하는 차원에서 사회보장법이 등장하게 되었다.

이러한 사회보장법은 국가가 시장경제에 개입할 수 있어야 가능한데, 누구나 겪을 수 있는 사회적 위험은 개인적인 문제가 아니라 사회적인 문제로서 사회 공동으로 해결하여야 한다는 인식이 싹텄고, 이로 인해 국가가 개입하게 된 것이다. 따라서 사회보장법은 계약자유의 원칙을 수정했다고 볼 수 있다. 그 이유는 사회보험법이 국가와 개인 사이에 강제계약을 통해 이루어지기 때문이다.

둘째, 소유권의 사회성이다. 이는 소유권 절대의 원칙에 대한 수정을 의미하며, 소유권의 행사는 절대적 자유가 아니라 사회적·국가적 견지에서 필요한 제한과 구속을 받아야 한다는 것이다. 예컨대 조세법상 조세를 통한 통제, 이자의 상한선을 규제하는 법, 각종 경제활동의 규제에 관한 법 등이 자본의 무제한적 소유에 제한을 가하게 된 것이다.

이러한 사회법은 주로 경제법으로서, 경제법은 정치권력의 개입을 긍정하고, 국가가 국민경제의 건전성을 보존하고 복지증진을 위해 경제를 통제하기 위한 법이다. 또한 사회복지법도 소유의 물적인 기초가 취약한 자에게 소득의 재분배를 통해 상대적으로 가진 자의 소유권 및 재산권을 통제하는 기능을 가지고 있다.

셋째, 무과실책임(집합적 책임)이다. 자본주의의 구조적 모순의 심화와 그에 따른 사회문제의 대두·심화로 사용자(자본가)의 과실책임주의에서 집합적 책임주의로의 전환이 이루어졌다. 예컨대 시민법하에서는 과실책임의 원칙에 따라 산업재해를 피해자(노동자)가 자신의 과실로 인정하였다. 그러나 산업재해보상법이 등장하면서 사용자가 산업재해에 대해 공동부담하게 되는데, 이는 집합적 책임을 인정한 것이다. 빈곤의 경우도 마찬가지다. 과거에는 빈곤이 개인의 책임이었으나, 사회법하에서는 빈곤 역시 사회의 책임임을 인정하게 된 것이다.

집합적 책임의 원칙은 재해, 질병, 빈곤 등의 본질적인 원인이 개인의 결함에 있는 것이 아니라 사회구조 자체에 있다는 것을 인식하고 사회가 공동으로 책임질 수 있는 제도를 마련해야 한다는 것을 뜻한다. 이렇게 자기책임의 원칙을 수정하여 집합적인 책임의 원칙으로 전환시키고자 하는 사회법은 주로 사회보장법, 사회복지서비스법 등을 중심으로 전개되어 나갔다(윤찬영, 2001 : 53-54).

이상에서 살펴본 시민법의 수정원리로서의 사회법의 성격을 시민법과 비교해 정리해 보면 <표 2-1>과 같다.

〈표 2-1〉 시민법과 사회법의 비교

| 구 분 | 시민법(근대법) : 자본주의적 법질서 | 사회법(현대법) : 수정자본주의적 법질서 |
|---|---|---|
| 이념과 사상 | 개인주의, 자유방임주의 | 집단주의, 사회민주주의 |
| 경제체제 | 자본주의 초기(상업·산업자본주의) | 독점자본주의, 수정자본주의 |
| 국가의 역할 | 국가는 시민사회의 질서유지자로 권리의 다툼이나 질서 문란에 대해 사후적 대응. 경제생활에 대해서는 개입, 간섭, 통제, 조정을 하지 않았음 | 경제발전을 위해 사전적 개입·통제·조정을 하게 됨(시장기구에 대한 통제·조정, 공공사업을 통한 경기회복 주도) |
| 권 리 | 자유권 | 사회권(생존권, 복지권) |
| 인간관 | 평등한 추상적 인간 | 불평등한 현실적 인간 |
| 법원칙(원리) | · 계약자유의 원칙<br>· 소유권 절대의 원칙<br>· 과실책임의 원칙 | · 계약의 공정성－특정 계약행위의 금지<br>· 소유의 사회성－소유권 행사의 제한<br>· 집합적 책임－무과실책임의 인정 |
| 법영역 | 민법, 상법 | 사회복지법, 노동법, 경제법 |

# 제3장 사회복지법의 개념과 법적 성격

## 제1절 사회복지법의 개념

사회복지법의 체계를 확립하고, 사회복지법의 정체성을 규명함으로써 다른 법과의 경계를 구분하고 사회복지법의 독자성을 확립하기 위해서는 사회복지법의 개념정립이 필요하다.

사회복지법의 개념정의는 필요한 작업이지만 어려움이 따른다. 그것은 사회복지법이 다른 법과 달리 최근에 출현하여 빠른 속도로 변화하고 있고, 정의자의 개인적 철학과 가치관을 반영하며, 또한 국가에 따라, 시대에 따라, 이념에 따라 사회복지법의 개념이 다양하게 나타나고 있기 때문이다. 그럼에도 사회복지법의 정의가 필요한 것은 사회복지법의 대상과 영역을 확정하는 문제와 직결되기 때문이다.

### 1. 일반적 정의

사회복지법이라는 용어는 '사회복지'와 '법'이라는 단어의 합성어이다. 사회복지란 어의상 만족스럽고 안락한 삶을 누리기 위한 사회구성원들의 집합적인 노력(남기민, 2005 : 14)을 말하며, 법은 사회 속의 인간의 행위를 안내하는 행위규범이다. 따라서 사회복지법은 만족스럽고 안락한 삶을 누리기 위한 사회구성원들의 노력에 관한 행위규범이다. 또한 사회복지법은 '사회복지에 관한 법'으로서 법의 일반적인 성격과 틀을 지니고 있되 그 내용은 사회복지를 다루는 법 또는 사회복지를 그 대상으로 하는 공사의 제반 법규를 말한다고 정의할 수 있다.

## 2. 사회복지법의 구분

### 1) 형식적 의미의 사회복지법과 실질적 의미의 사회복지법

사회복지법은 일반적인 분류방법으로서 법의 존재형식에 따라 형식적 의미의 사회복지법과 실질적 의미의 사회복지법으로 분류할 수 있다.

형식적 의미의 사회복지법이라 함은 사회복지법전이라는 외적 형식을 가진 성문법규를 말한다. 우리나라는 독일의 사회법전이나 우리의 민법전, 형법전과 같은 형식의 총괄 법전은 없다 하더라도 사회복지 관련 개별 실정법들이 있는 이상, 이들을 형식적 의미의 사회복지법으로 보아야 한다.

실질적 의미의 사회복지법이란 법의 존재형식이나 명칭 여하를 불문하고 법규범의 내용, 목적, 기능 등이 사회정의, 사회형평, 사회통합, 인간다운 생활, 행복추구권 등과 같이 사회복지법 규범에 내재하는 공통된 법원리 내지 가치에 부합되는 법규를 의미한다.

사회복지법은 실질적 의미의 사회복지법 개념으로 파악하는 것이 바람직하며 협의의 사회복지법과 광의의 사회복지법으로 구분할 수 있다(최정섭, 2010 : 91; 김기원, 2009 : 58).

### 2) 협의의 사회복지법과 광의의 사회복지법

협의의 사회복지법은 소극적·보충적 사회복지에 관한 법을 의미한다. 윌렌스키와 르보(Wilensky & Lebeaux)의 보충적 개념에 따른 사회복지에 관한 법이라 할 수 있다. 사회복지의 보충적 개념에서는 가족과 시장을 통해 각 개인의 욕구가 충족될 수 있음을 전제로 하고 있으며, 가족 또는 시장과 같은 정상적인 공급구조가 제 기능을 발휘하지 못하는 경우에만 사회복지가 활동을 시작하는 것으로 본다. 즉, 그 대상을 사회적 도움을 필요로 하는 사회적 취약계층으로 한정한다. 사회복지의 보충적 개념은 가족이나 시장으로부터 탈락된 개인에게 정상적인 삶을 살 수 있도록 주로 응급조치의 기능을 수행하는 보충적 활동이 사회복지라고 간주하고 있으며, 정상적인 사회조직인 가족과 시장이 제 기능을 발휘할 때는 사회복지는 활동을 중지해야 하는 것으로 보고 있다. 사회복지를 보충적 개념으로 보면, 보충적이고 임시적이며 대체적인 특성 때문에 시혜(dole)나 자선(charity)과 같은 오명(stigma)을 수반하게 된다(남기민, 2004 : 14-15). 이 개념의 사회복지법에는 노인복지법, 아동복지법, 영유아보육법, 장애인복지법과 같은 사회복지서비스법과 공공부조법인 국민기초생활보장법, 의료급여법 등이 해당된다.

광의의 사회복지법은 적극적·보편적 사회복지에 관한 법을 의미한다. 윌렌스키와 르보(Wilensky & Lebeaux)의 제도적 개념에 따른 사회복지법이다. 사회복지의 제도적 개념에서는 현대 산업사회의 복잡성을 인정하며, 개인이 가족이나 시장을 통해 모든 욕구를 충족시킬 수 없기 때문에 사회복지 대상이 되는 것은 정상적이며, 따라서 복잡한 현대 산업사회에서 사회복지는 최일선의 기능을 수행해야 한다고 주장한다. 따라서 전체 사회구성원을 사회복지 대상으로 본다. 또한 제도적 개념은 사회복지를 각 개인이나 집단 및 지역사회가 만족할 만한 수준의 삶과 건강을 누릴 수 있도록 돕기 위한 사회복지제도의 조직화된 체계로 보고 있으며, 사회복지가 오명이나 응급조치적인 요소, 그리고 비정상성을 수반하지 않으므로 현대 산업사회에서 각 개인의 자아완성을 돕기 위해 타당하고 정당한 기능을 수행하는 것으로 받아들인다. 제도적 개념은 국가의 보다 많은 역할을 강조한다. 이 개념의 사회복지법은 협의의 사회복지법인 사회복지서비스법, 공공부조법을 포함하여, 사회보험법 및 보건, 주거, 교육, 고용 등 인간다운 생활이 보장될 수 있도록 지원하는 각종 관련 복지제도에 관한 법률들을 포함한다(남기민, 2004 : 14-15).

# 제2절 사회복지법의 법적 성격

## 1. 사회복지법의 발전

1919년 독일 바이마르 헌법이 인간다운 생활의 보장이라는 생존권 규정을 최초로 헌법에 명문화한 이래, 세계 각국의 헌법이 생존권을 헌법상에 규정하기 시작하여 이제는 보편적인 현상이 되었다. 생존권 사상은 현대국가로 하여금 사회법을 제정하도록 하였다.

사회법이라 함은 역사적인 소산으로서 자본주의 체제와 시민사회의 발전 과정에서 자본주의의 구조적 모순에서 발생하는 사회적 부조리 및 사회문제를 해결하며, 사회적 약자에게 실질적 자유와 권리를 확보해 주기 위하여 제정되고 발전해 왔다.

사회법은 크게 세 가지의 분야에서 발전해 왔다. 처음에는 사법 중의 계약법을 수정하여 노동자의 노동조건을 향상시키는 노동법 분야의 발전을 본 이후로, 국민경제의 균형 있는 발전을 목적으로 국가경제의 통제를 다루는 경제법 분야, 그리고 빈부격차를 해소하고 실업 · 질병 · 노령 · 장애 등 사회문제를 해결함으로써 모든 국민의 인간다운 삶을 보장해 주기 위한 국가의 제도적 관여를 규정한 사회보장법, 사회복지법 분야에서 발전하여 왔다. 즉, 헌법의 생존권 이념하에서 사회법이 발전되고 여러 영역으로 분화되어 가면서 사회복지법이 하나의 독립된 법규로서 체제를 형성하게 되었다.

## 2. 사회복지법의 법적 성격

사회법 또는 사회복지법은 공법도 아니고 사법도 아닌 그 중간에 있는 혼합된 법으로서, 전혀 새로운 '제3의 법'으로서 현대 자본주의 사회의 구조적 모순을 극복하기 위하여 19세기 말경에 생성된 법이다.

법을 공법과 사법으로 나누는 것은 로마법 이래의 전통적인 분류방법이다. 공법과 사법으로 구별하는 실익은 공법원리와 사법원리가 서로 다르기 때문이다. 그러나 오늘날에는 그 구별의 표준에 관하여는 정설이 없다. 공법과 사법의 구별에 관하여 이익설, 주체설, 법률관계설 등이 있다. 이익설에 따르면, 공익의 보호를 목적으로 하는 법이 공법이고, 사익의 보호를 목적으로 하는 법을 사법이라 한다. 주체설에 따르면, 공법은 국가 또는 공공단체가 법률관계의 주체가 되는 경우의 법을 말하고, 사법은 사인이 법률관계의 주체가 되는 경우의 법을 말한다. 법률관계설에 따르면, 공법은 권력관계, 즉 법률상의 불평등의 관계(권력복종관계 또는 상하수직적·종적인 생활관계)를 규율하는 법이고, 사법은 대등의 관계, 즉 횡적인 평등의 생활관계를 규율하는 법이다.

양 법의 구분은 법 그 자체의 본질적·절대적인 구별이 아니고, 특정한 정치적·경제적·사회적인 기반 위에서 실제상의 필요에 의하여 나타난 상대적인 구별에 불과하고 법기술적인 요청에 따른 구분일 뿐이다. 공사법의 구분은 근대사회에 있어서의 국가와 사회와의 이원화를 전제로 국가에 대해서는 특별한 법적 지위를 인정하려는 정치적 이데올로기 내지 법률관의 소산이라고 할 수 있다. 즉, 국가에 대하여 개인보다 우월한 지위를 인정하는 국가지상주의에서 나온 이론이다.

그러나 법의 실재는 다양하게 서로 연관성을 갖는 것인데, 이것을 일정한 기준에 의해 공법과 사법으로 이분화하려는 것은 무리라 하겠다. 특히 양 법의 구별이 강조되는 시기는 강력한 중앙집권적 전제국가가 존재하던 로마시대 및 근세였다. 19세기적 자유방임주의 시대에서 개인에 대한 국가의 간섭은 최소한으로 그치고, 사적 자치가 최대한으로 보장되었을 때에는 사법의 영역이 확대되었다. 그러나 20세기적 복지주의를 지향하는 근대국가에 있어서는 사적 자치를 제한하여 사법의 공법화 경향이 나타남으로써 점차 공법의 영역이 확대되었으며, 마침내 양자의 구별이 명확하지 않게 되었고, 급기야 양 법이 서로 융합하는 사회법의 발달을 가져왔다(홍성찬, 2002 : 110).

근대 자본주의의 발전은 자본주의 경제의 모순과 함께 빈부의 격차, 노사갈등, 독점 자본가의 출현, 실업의 급증 등 많은 사회문제를 야기함에 따라 불평등을 초래하여 시민의 사회생활을 불안하게 함으로써 그 수정이 불가피하였다. 부익부 빈익빈의 부의 불균형에서 오는 사회적 대립갈등을 자본주의 체제 내에서 해결하려고 하였다. 모든 사람에게 인간다운 생활을 보장하기 위해 국가는 종래의 자유방임적 태도를 지양하고, 복지국가 실현을 위하여 국민생활에 적극적으로 관여하여 사익과 공익의 조화를 시도하였다. 단순히 개인의 행복과 이익을 추구하는 개인주의적 법원리는 전체 공동체의 안녕을 추구하는 단체주의적 법원리로 수정이 가하여지고, 사법적인 생활관계인 소유권의 절대주의, 그리고 개인의 자유의사에 따른 계약자유, 과실책임 등에 대하여 공법적 통제가 가하여졌다. 그 결과 사법의 공법화 또는 공법에 의한 사법의 간섭현상이 나타났다. 공법원칙과 사법원칙이 공존하는 이른바 공법과 사법의 혼합 내지 상호보완으로 일컬어지는 법영역에 속하는 사회법이 탄생하였다.

# 제4장 사회복지법의 법원

## 제1절 개 념

법원(法源)이란 '법의 연원'의 축약어이다. 넓게는 법을 형성하는 원동력 또는 법규범의 타당성의 근원을 의미하지만, 보통은 좁은 의미로 법의 존재형태를 가리키는 것으로서 법관이 재판의 기준으로 적용하는 객관적인 법규범을 법원이라고 한다.

사회복지법의 법원은 그 존재형식에 따라 성문법과 불문법으로 나누어진다.

## 제2절 성문법으로서의 법원

성문법이란 문서로 표현되며, 일정한 형식과 절차에 따라서 제정·공포된 법을 말하며, 제정법 또는 실정법이라고도 한다. 오늘날 대부분의 국가는 원칙적으로 성문법을 법원으로 하는 성문법주의를 채택하고 있으며, 예외적으로 불문법을 병용하고 있다. 성문법의 장점은 문서의 형식으로 표현되므로 내용이 명확하고 국민에게 예측 가능성과 법적 안정성을 보장해 준다는 점이다. 그러나 형식적이고 고정적이어서 사회변천에 적절히 대응할 수 없다는 단점이 있다.

현행 성문법으로는 헌법, 법률, 명령(대통령령, 총리령, 부령), 규칙, 자치법규(조례, 규칙) 및 국제법(국제조약, 국제법) 등이 있다.

## 1. 헌 법

1919년 독일 바이마르 헌법 이래 헌법상 생존권 조항이 규정됨으로써 헌법은 가장 중요하고 기본적인 사회복지법의 법원이 되었다. 헌법은 한 국가의 조직과 통치작용, 그리고 국민의 기본권을 규정한 기본법이고 최상위법이다. 하위의 법체계인 법률, 명령, 규칙 등은 상위규범인 헌법에 구속되어 그것을 위반할 수 없다. 헌법은 사회복지법을 지도하고 있는 최고의 규범이다.

우리 헌법은 전문을 비롯하여 제10조 인간의 존엄성 보장과 행복추구권, 제31조 교육을 받을 권리, 제32조 근로의 권리, 제33조 노동기본 3권, 제34조 인간다운 생활을 할 권리, 제35조 환경권 및 주거권, 제36조 혼인과 가족생활의 보호 및 보건권 등의 헌법규정은 사회복지의 범위와 내용을 규정한 최상위의 규범이다.

## 2. 법 률

법률은 국민의 대표기관인 국회의 의결을 거쳐 제정·공포된 법을 말한다. 법률은 상위법인 헌법을 위반하여 제정할 수 없다. 사회복지법의 법원으로서의 법률은 실질적으로 사회복지의 구체적인 내용을 규정하고 있는 대부분의 법규가 이에 해당한다. 이러한 개별 사회복지법률 등에 의해서 국민의 생존권이 실현된다. 현대 법치주의 국가에서의 국민의 권리·의무에 관한 중요한 사항은 반드시 법률로써 규정할 것을 요구하므로 사회복지에 있어서 사회복지법은 가장 중요한 법원이 될 것이다.

## 3. 명령, 규칙

명령과 규칙은 입법기관인 국회의 의결을 거치지 않고 권한 있는 행정기관에 의하여 제정된 성문법을 말한다. 입법권은 국회에 있는 것이 원칙이지만, 국회는 근본적인 중요한 사항만 법률의 형식으로 정하고, 실제로 법률을 집행하는 데 필요한 세부적인 사항을 각 행정기관으로 하여금 정하도록 하고 있는데, 그것이 명령과 규칙이다. 오늘날 사회복지의 내용은 복잡성, 다양성, 전문성, 기술성, 임기응변성의 성질이 많지만 국회에서의 입법능력에는 한계가 있기 때문이다. 따라서 행정기관에서 제정한 명령과 규칙이 사회복지법의 법원으로서 중요한 역할을 한다.

명령에는 제정주체에 따라 대통령령, 총리령, 부령 등이 있고, 명령의 목적에 따라서 집행명령과 위임명령으로 나누어진다. 대통령은 법률에서 구체적으로 범위를 정하여 위임받은 사항에 관해서는 위임명령을 발하고, 법률을 집행하기 위하여 필요한 사항에 관해서는 집행명령을 대통령령으로 발할 수 있는데 이를 일반적으로 시행령이라 한다(헌법 제75조). 국무총리, 행정 각부의 장은 소관사무에 관하여 법률이나 대통령령의 위임 또는 직권으로 총리령 또는 부령을 발할 수 있는데 이를 보통 시행규칙이라 한다(동법 제95조).

행정규칙은 단지 행정부 내부에서 법에 따른 행정적 집행을 위해 필요한 사항들을 정리한 자신들의 방침으로 그 형식에 따라 훈령, 예규, 지침, 고시, 기준 등의 명칭으로 사용되고 있으며, 입법절차와 공포 여부 등에서 법령, 특히 부령과는 차이가 있다. 행정규칙은 법규범은 아니고 행정기관이 헌법상의 근거를 요하지 아니하고, 그 고유권한으로서 일반 국민의 권리·의무와 직접 관계가 없는 비법규사항을 규정하는 것으로, 행정조직의 내부에서만 효력을 가질 뿐 대외적 구속력을 가지지 아니한다(권영성, 2006 : 993-994).[1] 따라서 법원성을 인정하지 않는 것이 통설이다. 그러나 오히려 이러한 행정규칙이 국민 개개인의 현실 생활과 권리실현에 직접적으로 영향을 미치는 법규를 보충하는 의미를 가지므로 그 법규성을 인정해야 한다는 주장이 제기된다.

1 우리 판례는 행정규칙의 법규성을 부인하는 태도를 유지해 왔으나, 최근에 법규성을 인정하려는 경향이 강하게 대두되고 있다. 대법원은 '행정규칙은 대외적인 구속력을 갖는 것은 아니지만, 법령의 규정이 특정 행정기관에서 그 법령 내용의 구체적 사항을 정할 수 있는 권한을 부여하면서 그 권한행사의 절차나 방법을 특정하고 있지 아니한 관계로 수임행정기관이 행정규칙의 형식으로 그 법령의 내용이 될 사항을 구체적으로 정하고 있다면, 그와 같은 행정규칙은 행정규칙이 갖는 일반적 효력으로서가 아니라, 행정기관에 법령의 구체적 내용을 보충할 권한을 부여한 법령규정의 효력에 의하여 그 내용을 보충하는 기능을 갖게 된다 할 것이므로, 이와 같은 행정규칙은 당해 법령의 위임한계를 벗어나지 않는 한 그것들과 결합하여 대외적인 구속력이 있는 법규명령으로서의 효력을 갖게 된다'고 판시함으로써 예외적으로 법규성을 인정한 바 있다(대판 87누 654 등, 1988. 3. 22).

### 4. 자치법규

지방자치단체는 주민의 복리에 관한 사무를 처리하고 재산을 관리하며, 법령의 범위 안에서 자치에 관한 규정을 제정할 수 있다(헌법 제117조). 이와 같이 지방자치단체가 자치권에 기하여 제정하는 법령을 자치법규라고 한다. 자치법규는 그 자치단체의 지역 안에서만 효력을 갖는다. 자치법규는 조례와 규칙으로 나누어지는데, 조례는 지방자치단체의 의회가 법령에 반하지 않는 범위 안에서 그 권한에 속하는 사항에 대하여 의결로서 제정한 것이며, 규칙은 지방자치단체의 장이 법령과 조례에 반하지 않는 범위 안에서 그 권한에 속하는 사항에 관하여 제정한 것이다. 조례와 규칙의 관계는 법률과 명령의 관계와 같이 상하관계에 있으므로 조례에 위반하는 규칙은 제정할 수 없다. 지방자치단체가 제정하는 조례와 규칙이 사회복지에 관한 내용을 규정한 것이라면 이러한 자치법규는 마땅히 사회복지법의 법원으로 인정된다.

그렇다면 왜 지방자치단체에서 조례와 규칙을 제정해야 하는가? 그것은 일반적으로 법률이 추상성이나 보편성을 띠고 있고, 시행령이나 시행규칙은 중앙정부의 판단과 사정에 따라 제정되므로 지역에 거주하는 사람들의 사정을 충족시키기 어려운 점이 있기 때문이다. 따라서 조례의 제정이 활성화되면 지역주민의 의사를 최대한 반영하고, 법규범의 구체성을 확보할 수 있게 되며, 중앙행정과 조화를 꾀할 수 있게 되는 것이다(윤찬영, 1998 : 131-132).

### 5. 국제법

국제법에는 국제조약과 국제법규가 있다. 국제조약은 조약, 협정, 협약, 약정 등 그 명칭이 어떠하더라도 국가와 국가 간, 국가와 국제기관 사이에 법적 효력이 있는 합의를 말한다. 국제법규는 우리나라가 당사국이 아닌 조약으로 국제사회에서 일반적으로 규범성이 승인된 것(예 국제연합헌장)과 국제관습법을 말한다(김도창, 1985 : 134). 우리나라 헌법은 "헌법에 의해 체결・공포된 조약과 일반적으로 승인된 국제법규는 국내법과 같은 효력을 가진다(헌법 제6조 제1항)" 고 규정하고 있어 사회복지와 관련된 것이면 사회복지법의 법원으로 인정해야 한다.

## 제3절 불문법으로서의 법원

불문법은 성문법 이외의 모든 문서화되지 않은 법을 말한다. 불문법에는 관습법, 판례법, 조리가 있다. 사회가 복잡하게 변화해 가는 오늘날에는 질서의 명확화라는 요청에서 성문법이 중요하다. 그러나 성문법으로서 모든 생활관계를 전부 규율하기에는 적당하지 못한 분야도 있으므로 불문법의 역할이 필요하다고 본다.

### 1. 관습법

관습법이란 장기간에 걸쳐 사회적 관행으로 준수되어 온 사회생활의 규범이 사회구성원의 법적 확신을 얻게 되어 국가에 의해 불문의 형태로서 승인되고 강행되는 불문법을 말한다.

관습법은 영·미와 같은 불문법주의 국가에서는 법원의 주종을 이루고 있다. 성문법주의 국가에서도 성문법이 발달하기 전에는 관습법이 중요한 역할을 하여 왔으나, 제정법이 정비되어 감에 따라 관습법의 역할이 줄게 되었다. 그러나 사회현상이 매우 복잡하고, 유동적이며, 변화무쌍하기 때문에 모든 사회현상을 성문법으로만 규율할 수 없으므로 성문법과 더불어 관습법이 법원으로서 인정되어야 할 것이다. 관습법은 원칙적으로 성문법의 규정이 없을 때에 이를 보충하는 보충법으로서의 효력을 가진다.

민법 제1조에는 관습법을 법원으로 인정한다는 조항이 명시되어 있다.

## 2. 판례법

판례법이란 구체적인 법률문제에 대한 동일한 취지의 법원판결이 반복됨으로써 그러한 문제의 해결방향이 대체로 확정되게 되는데, 이 경우 그 판결은 유사한 사건을 다루어야 하는 후속법원의 의사결정에 영향을 주고 하위법원을 기속한다.

우리나라의 경우 성문법주의 국가로서 판례의 법원성을 부정하고 있다. 법원조직법 제8조에 따르면 "상급법원의 재판에서의 판단은 해당 사건에 관하여 하급심을 기속(羈束)한다"고 규정하고 있는데, 이는 상급법원의 판단은 오직 해당 사건에 한정될 뿐이므로 일반적으로 하급심을 구속하는 효력이 없다는 것을 의미한다. 그러나 판례의 법률적 구속력이 인정되지 않는다고 하지만 상급법원의 판례가 사실상의 구속력을 가진다는 점은 부인할 수 없으며, 이 사실상의 힘을 통해서 대륙법계 여러 국가에서도 사실상 많은 판례법이 생기는 것이다. 그 이유는 무엇보다도 법적 안정성을 기하기 위해서이다. 이러한 의미에서 판례는 판례법으로서 법원이 된다.

지금까지는 사회복지에 관한 역사가 짧아 사회복지에 관한 판례가 판례법으로 인정된 사례는 거의 없지만 앞으로는 국민들의 복지의식이 고양될수록 재판을 통한 권익보호활동이 활발히 전개될 것이기 때문에 판례법이 사회복지법의 보충적 법원으로서의 중요성을 더해갈 것으로 보인다.

## 3. 조 리

조리(條理)란 사물의 본성 또는 일반원칙을 말한다. 조리는 당연히 그러해야 할 것이라고 인정되는 법해석의 기본 원리이며, 성문법, 관습법, 판례법이 없을 경우 최종적으로 적용되는 보충적 법원이다. 일반적으로 국가가 법적 규범의식으로서 승인한 사회통념, 신의성실의 원칙, 공서양속, 비례원칙, 형평, 경험칙 등은 조리로서 법적 규범력을 가지는 것으로 인정된다.

우리 민법 제1조는 "민사에 관하여 법률에 규정이 없으면 관습법에 의하고, 관습법이 없으면 조리에 의한다"라고 규정함으로써 조리의 법원성을 명문으로 인정하고 있다.

사회복지법에서도 조리법은 중요한 법원이 되는데, 그것은 현행 사회복지법이 대상자들의 욕구를 적절히 수렴하지 못하고 있고, 또한 법체계의 미비와 개별 법률의 모호한 내용 때문에 조리에 의해 판단 내지 해석할 수밖에 없는 법령이나 조항 또는 용어가 많기 때문이다(신섭중 외, 1999 : 38). 특히 사회복지법이 가지는 법의 미비점을 보충해 줄 뿐만 아니라, 사회복지법의 이념인 인간다운 생활의 보장을 위해서 조리는 사회복지법의 법원으로서 매우 중요한 의미를 가진다.

## 제1절 입법 및 입법절차

입법을 형식적 의미로 이해하는 입장에서는 입법이란 국회가 특수한 법형식인 형식적 의미의 법률을 제정하는 작용이라고 보지만, 실질적 의미로 이해하는 입장에서는 입법이란 국가기관이 일반적이고 추상적인 성문의 법규범을 정립하는 작용이라고 보게 된다. 이때의 법규범은 일반적 · 추상적 법규범을 의미하는 것일 뿐, 그 내용이 반드시 국민의 권리 · 의무와 직접 관계가 있는 것에 한정되지 아니하고, 이때의 국가기관도 의회에 한정되지 아니하며, 그 법규범의 형식도 법률에 한정되지 아니 한다[1](권영성, 2006 : 780-782). 따라서 입법은 국회가 중심적 역할을 담당하는 의회입법뿐만 아니라, 행정부가 제정하는 행정입법과 자치입법인 조례 · 규칙은 물론 헌법상 독립기관인 국회, 대법원, 헌법재판소, 중앙선거관리위원회, 감사원의 운영규칙 제정까지도 포함하는 넓은 의미의 입법과정을 포함한다.

현대 민주국가의 헌법은 의회입법의 원칙을 채택하고 있고 입법권은 원칙적으로 의회가 행사하는 본질적이고 고유한 권한으로 간주된다. 그러나 복지국가의 이념 및 행정현상의 복잡화 · 전문화 추세에 따라 입법 분야도 전문

1 헌법은 입법의 유형으로 헌법개정, 법률제정, 명령제정(긴급명령, 긴급재정경제명령, 위임명령, 집행명령), 자치법규제정(조례, 규칙), 규칙제정(국회규칙, 대법원규칙, 헌법재판소규칙, 선관위규칙, 행정규칙)을 규정하고 있고, 법규범의 형식으로 법률, 긴급명령, 대통령령, 총리령, 부령, 국회규칙, 대법원규칙, 헌법재판소규칙, 중앙선관위원회규칙, 자치법규를 규정하고 있다. 이 중에서 법률, 명령, 자치법규와 국회규칙, 대법원규칙, 헌법재판소규칙 중 위임명령 및 집행명령에 해당하는 규칙만이 대국민적 효력을 가지는 법규범이고, 내부규율을 위한 규칙(행정규칙, 국회규칙, 대법원규칙, 헌법재판소규칙, 선관위규칙)은 대국민적 효력을 가지지 아니하고 또 가질 수도 없는 당해 기관의 내규일 뿐이다.

화·기술화·구체화 등을 요청하고 있어 입법사항을 의회가 단독으로 다루기에는 사실상 역부족이다. 이에 따라 의회는 전문적인 관료조직을 가진 행정부에 그 입법권을 행정입법으로써 위임하거나 행정부의 도움을 받아 입법권을 행사하고 있는 것이 현실이다. 따라서 입법에 있어서 행정부의 역할이 증대되고 있다. 우리 「헌법」도 제40조에서 "입법권은 국회에 속한다"라고 하여 국회입법의 원칙을 규정하고 있지만, 법률제정에 있어서 대통령의 법률안 제출권(헌법 제52조), 법률안거부권(헌법 제53조) 등을 인정함으로써 행정부가 입법과정을 실질적으로 주도하고 있는 실정이다.

일반적으로 입법절차라 함은 법령안의 입안부터 공포까지의 일련의 절차를 의미한다. 사회복지법의 입법절차는 일반적인 법령의 입법절차와 다르지 않다. 사회복지법의 입법절차를 입법주체에 따라 국회의 입법절차와 정부의 입법절차로 나누어 살펴보고자 한다.

## 제2절 국회의 입법절차

헌법에 따르면 법률의 입법권은 국회에 속하나(헌법 제40조), 법률안 제출권은 국회의원과 정부에 있다(헌법 제52조). 국회의원은 10인 이상의 찬성으로 법률안을 발의할 수 있으며(국회법 제79조), 국회의 위원회도 법률안을 스스로 입안하여 국회의장에게 제출할 수 있다(국회법 제51조). 한편 정부에서 법률안을 제출하는 경우는 국무회의의 심의를 거쳐 대통령의 재가를 받아 국회에 제출한다. 국회의원이 제출한 법률안을 의원발의 법률안이라 하고, 정부가 제출한 법률안을 정부제출 법률안이라고 하는데, 법안이 제출되기 이전에는 절차상 차이가 있으나, 일단 법안이 국회에 제출된 이후에는 절차상 차이가 없다.

국회의장은 법률안이 제출되면 이를 본회의에 보고한 후 소관 상임위원회에 회부한다. 상임위원회에서는 법률안 제안자의 취지 설명, 국회 전문위원의 검토보고, 대체토론을 거쳐 해당 상임위원회 내 소위원회를 구성하여 법률안을 심사하며 필요한 경우 공청회를 개최하여 이해관계인의 의견을 듣는다. 소관 상임위원회 전체회의의 의결을 거친 후 법률안은 다시 법제사법위원회에 회부되며 여기서 법률안의 체계 자구심사가 이루어진다. 법사위에서 정리된 법률안은 국회 본회의에 회부된 후 의결된다. 국회에서 통과된 법률안은 정부로 이송되며 대통령이 거부권을 행사하지 않는 한 관보에 게재되어 공포됨으로써 법률로서 성립된다. 국회의 입법절차를 그림으로 나타내면 ┃그림 5-1┃과 같다.

| | |
|---|---|
| 제안(제출) | ■ 국회의원 10인 이상 – 제안 : 국회의원 10인 이상의 찬성<br>※ 위원회도 그 소관에 속하는 사항에 관하여 법률안 제안<br>■ 정부 – 제출 : 국무회의 심의를 거쳐 대통령이 서명하고, 국무총리 · 관계 국무위원이 부서하여 제출 |
| 위원회 회부 | ■ 국회의장 – 국회의장은 법률안이 발의 또는 제출되면 이를 의원에게 배부하고 본회의에 보고한 후(폐회 · 휴회 등으로 보고할 수 없을 때에는 생략), 소관위원회에 회부하여 심사하게 함. |
| 입법 예고 | |
| 위원회 심사 | ■ 상임위원회 – 위원회는 회부된 법률안에 대하여 위원회 상정 → 제안자 취지설명 → 전문위원 검토보고 → 대체토론 → 소위원회심사보고 → 축조심사 → 찬반토론 → 의결(표결)의 순서로 심사 |
| 법제사법위원회 체계 자구심사 | ■ 법제사법위원회 – 위원회의 심사를 마친 법률안은 법제사법위원회에 회부되어 체계 · 자구 심사를 거치게 됨. |
| 전원위원회 심사 | – 위원회의 심사를 거치거나 위원회가 제안하는 의안 중 정부조직에 관한 법률안, 조세 또는 국민에게 부담을 주는 법률안 등 주요 의안에 대해서는 당해 안건의 본회의 상정 전이나 상정 후 재적의원 4분의 1 이상의 요구가 있으면 의원 전원으로 구성되는 전원위원회의 심사를 거침. |
| 본회의 심의 · 의결 | – 체계 · 자구심사를 거친 법률안은 본회의에 상정되어 심사보고, 질의 · 토론을 거쳐 재적의원 과반수의 출석과 출석의원 과반수의 찬성으로 의결됨. |
| 정부이송 | – 국회에서 의결된 법률안은 정부에 이송되어 15일 이내에 대통령이 공포함 |
| 대통령의 거부권 행사 | – 법률안에 이의가 있을 때에는 대통령은 정부이송 후 15일 이내에 이의서를 붙여 국회로 환부하고, 그 재의를 요구할 수 있음.<br>– 재의요구된 법률안에 대하여 국회가 재적의원 과반수의 출석과 출석의원 3분의 2 이상의 찬성으로 전과 같은 의결을 하면 그 법률안은 법률로서 확정됨.<br>– 정부이송 후 15일 이내에 대통령이 공포하지 않거나 재의요구를 하지 않는 경우 그 법률안은 법률로서 확정됨. |
| 공포 | – 대통령은 법률안이 정부에 이송된 지 15일 이내에 공포하여야 함.<br>– 법률로 확정되거나, 확정 법률의 정부 이송 후 5일 이내에 대통령이 이를 공포하지 않을 경우 국회의장이 공포함.<br>– 법률은 특별한 규정이 없으면 공포한 날로부터 20일을 경과함으로써 효력을 발생함 |

**| 그림 5-1 | 국회의 입법절차**

출처 : 국회 홈페이지.

## 제3절 정부의 입법절차

정부의 입법절차에는 정부제출 법률안이 법안준비에서부터 국무회의의 심의를 거쳐 대통령의 재가를 받아 국회에 제출되기 전까지의 정부 내에서의 입법절차와 대통령령, 총리령, 부령 같은 행정입법의 입법절차가 포함된다. 정부제출 법률안의 정부 내 입법절차와 대통령령의 입법절차는 동일한 절차를 밟는데, 총리령, 부령의 입법절차와는 차이가 있다.

행정입법은 권한 있는 행정기관에 의하여 제정된 법규범을 의미한다. 행정입법은 법률에서 위임된 사항에 관한 규정을 제정(시행령, 시행규칙)하거나, 정책집행을 위한 행정기관 내부의 일관성 있는 행정사무처리기준이 되는 행정규칙(고시, 훈령, 지침 등)을 제정하는 방식으로 정립된다. 행정규칙은 입법절차와 공포 여부 등에서 법령 특히 부령과는 차이가 있다. 행정입법절차에 관해서는 상위법규범인 대통령령의 입법절차를 중심으로 살펴보고자 한다.

대통령령의 입법절차는 먼저 ① 어떤 정책을 결정한 후에 그 시행과 관련하여 입법이 필요하다고 판단되면, 정책의 주무부처인 중앙행정기관이 법령안을 입안하며, ② 법령안에 대한 이견을 사전에 조정하기 위하여 관계기관과의 협의과정을 거친다. 다음은 ③ 법령안의 내용을 국민에게 미리 예고하고 다양한 의견을 수렴하는 입법예고 과정을 거친다. 입법예고기간은 통상 40일 이상 걸리는데, 입법내용이 국민의 일상생활과 관련이 없거나 예고가 필요 없다고 판단되는 경우에는 법제처장과 협의하여 예고를 생략하거나 예고기간을 단축할 수 있다. ④ 규제를 신설 또는 강화하는 내용의 법령을 제정·개정하려는 경우에는 규제개혁위원회의 규제심사를 받는다. 이후 ⑤ 법제처에서 법령안의 체계 등의 형식적 내용뿐만 아니라 헌법이념 및 상위법과의 위반 여부, 다른 법령과의 중복·충돌 여부, 입법내용의 적법성 등 실질적인 내용에 대해서도 심사를 받는다. ⑥ 차관회의 및 ⑦ 국무회의 심의를 거친 후 ⑧ 대통령이 재가하고 국무총리 및 관계 국무위원이 부서한다. 이 과정이 완료된 후 ⑨ 법제처에서 공포번호를 부여한 후 행정안전부에 공포를 위한 관보게재 의뢰를 하여 공포하게 된다. 대통령령의 입법절차는 ❙그림 5-2❙와 같다.

총리령과 부령은 각각 국무총리와 행정 각부의 장관이 발하는 명령으로서, 차관회의·국무회의의 심의를 요하지 않는다. 따라서 법제처 심사가 끝나면 법령안 소관 중앙행정기관은 법제처로부터 심사안과 심사확인증을 송부받아 관보에 게재함으로써 공포절차를 마치게 된다. 다만, 총리령의 경우 국무총리가 발령하는 것이므로 법제처 심사안에 대하여 국무총리의 결재를 받은 후 법제처로부터 총리령 공포번호를 부여받아 공포한다. 부령의 경우는 행정 각부의 장관이 발령하는 것이므로 장관의 결재를 받은 후 각부 법무담당관실로부터 부령 공포 번호를 받아 공포하면 된다(법제처, 2018).

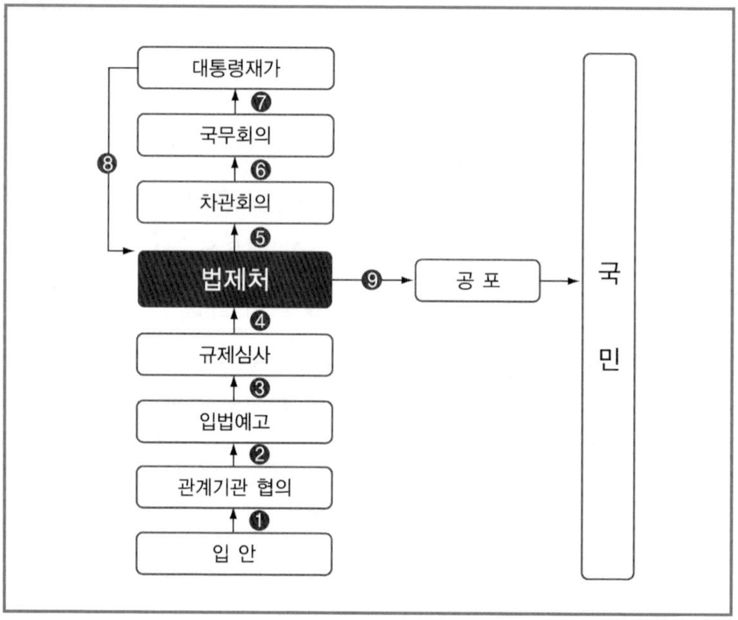


❙그림 5-2❙ 대통령령의 입법절차

출처 : 법제처(2018). 2019년 법제업무편람.

# 제6장 사회복지법의 체계 및 타법과의 관계

## 제1절 사회복지법의 체계

일반적으로 법은 일정한 조직체계를 이루고 있으며, 일정한 제정절차를 거쳤느냐에 따라 자연법[1]과 실정법[2]으로 대별된다. 실정법은 다시 국내법과 국제법으로 대별되고, 국내법은 공법과 사법 그리고 사회법으로 구분한다.

사회복지법은 일반 법체계 속에서 실정법 중 주로 국내법에 해당되며, 공법도 아니고 사법도 아닌, 제3의 법영역으로서의 사회법에 속한다. 그리고 사회법이 발전되면서 노동법, 경제법, 사회복지법 등 여러 영역으로 분화되어 가면서 사회복지법이 하나의 독립된 법규로서 체제를 형성하게 되었다.

사회복지법은 「사회보장기본법」을 기본법으로 삼고 있다. 사회복지법은 내용적으로 크게 사회보험법, 공공부조법, 사회서비스법으로 구분된다(사회보장기본법 제3조 참고). 사회보험법은 「국민연금법」, 「국민건강보험법」, 「고용보험법」, 「산업재해보상보험법」, 「노인장기요양보험법」을 주된 내용으로 하며, 공공부조법은 「국민기초생활보장법」, 「의료급여법」 등으로 구성된다.

사회서비스법은 국가·지방자치단체 및 민간 부문의 도움이 필요한 모든 국민에게 복지, 보건의료, 교육, 고용, 주거, 문화, 환경 등의 분야에서 인간다

---

1 자연법이란 시간과 공간을 초월하는 영구불변의 초경험적이고 이상적인 법을 말한다. 자연법은 이성에 의해 선험적으로 인식되고 정의의 이념을 그 내용으로 한 초실정법적인 법규범으로서 시대·민족·사회 등을 초월하여 보편타당성을 가지기 때문에 법의 근원이 된다.

2 실정법은 인간사회의 질서유지를 목적으로 인간이 제정한 인위적인 법으로서 제정법, 관습법, 판례법 등이 실정법에 해당한다. 실정법은 인간이 제정한 법으로서 완벽하지 않은 불완전성을 가지고 있기 때문에 국가적·사회적 상황에 따라 다른 모습으로 변천, 발전하였다.

운 생활을 보장하고 상담, 재활, 돌봄, 정보의 제공, 관련 시설의 이용, 역량 개발, 사회참여 지원 등을 통하여 국민의 삶의 질이 향상되도록 지원하는 제도인 사회서비스를 보장하는 제반 법규를 말한다. 개정 「사회보장기본법」(2012. 1. 26. 전부개정, 2013. 1. 27. 시행)에서는 사회서비스를 기존의 사회복지서비스와 관련 복지제도를 합한 것으로 새로이 규정함으로써 사회서비스의 정의가 대단히 넓은 개념을 채택하고 있다. 따라서 사회서비스법의 영역도 매우 광범위함을 알 수 있다. 즉, 「아동복지법」, 「노인복지법」, 「장애인복지법」, 「한부모가족지원법」, 「영유아보육법」, 「정신건강증진 및 정신질환자복지서비스지원에 관한 법률」, 「건강가정기본법」, 「청소년기본법」, 「장애인고용촉진 및 직업재활법」 등으로 구성된다.

「사회보장급여의 이용·제공 및 수급권자발굴에 관한 법률」은 "사회보장급여의 이용 및 제공에 필요한 기준, 방법, 절차와 지원대상자의 발굴 및 지원 등에 관하여는 다른 법률에 특별한 규정이 있는 경우를 제외하고는 이 법에 따른다"(제3조)라고 규정하고 있어, 이 법이 복지대상자 선정과 지원에 필요한 절차 및 방법 등에 관하여 기본법의 성격을 갖는다고 할 수 있다. 「사회복지사업법」은 제3조 제1항에서 "사회복지사업의 내용 및 절차 등에 관하여 제2조 제1호 각목의 개별적인 사회복지사업법에 특별한 규정이 있는 경우를 제외하고는 이 법에서 정하는 바에 따른다"고 규정하고 있고, 같은 조 제2항에서는 "각종 사회복지사업의 근거법인 개의 법률을 개정하는 경우에는 이 법에 부합하도록 하여야 한다"라고 규정한다. 따라서 「사회복지사업법」은 사회복지사업에 관한 기본법적 성격을 갖는다.

이상의 논의를 바탕으로 전체적인 법체계 속에서 사회복지법이 차지하고 있는 위치 및 범위를 체계화하고 도식화하면 ┃그림 6-1┃과 같다.

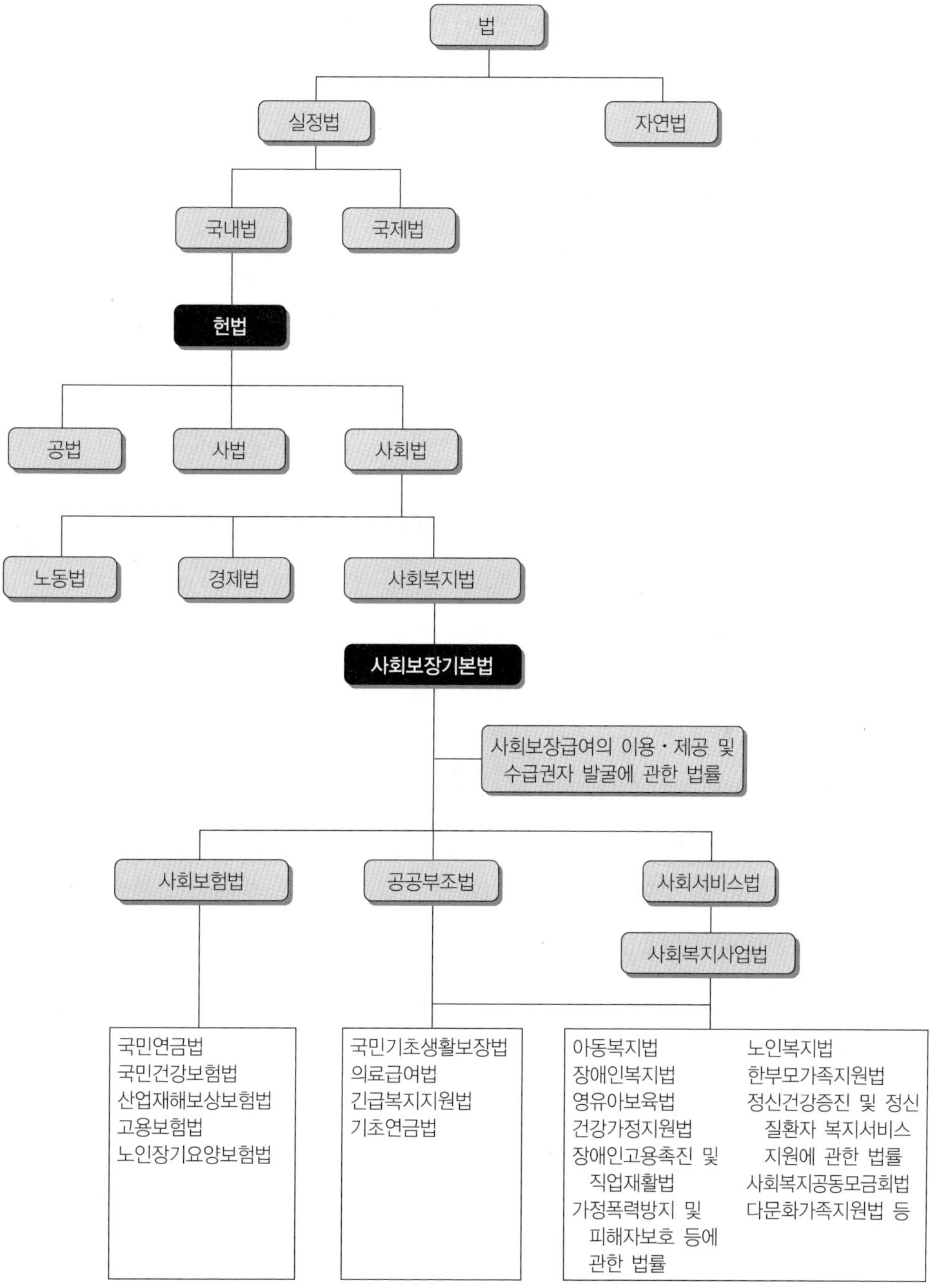


| 그림 6-1 | 사회복지법의 체계상의 위치 및 범위

# 제2절 사회복지법과 타법과의 관계

사회복지법의 고유성과 독자성을 확보하고, 사회복지법의 개념범주를 명확하게 설정하기 위해 이하에서 사회복지법과 헌법, 노동법, 행정법, 조세법, 민법, 경제법과의 관계를 고찰하고자 한다.

## 1. 헌법과 사회복지법

1919년 독일 바이마르 헌법 이래 헌법상 생존권 조항이 규정됨으로써 헌법은 가장 중요하고 기본적인 사회복지법의 법원이 되었다. 헌법상 보장된 생존권은 헌법에서 일의적으로 규정하는 것이 아니라 국가가 적극적으로 정책을 강구하여야 하고, 그것을 구체화할 법의 제정이 필요하다. 사회복지법은 헌법에서 보장된 생존권(사회권)을 구체적으로 실현하기 위하여 제정된 입법이다. 헌법과 사회복지법은 상위법과 하위법의 관계에 있다. 헌법은 국가의 기본법으로서 모든 법 가운데서 최상위의 법이다. 헌법은 사회복지법을 지도하고 있는 최고의 규범이다. 사회복지법은 상위규범인 헌법에 구속되어 그것을 위반할 수 없으며, 동시에 상위규범인 헌법의 추상성을 구체화시켜 주는 역할도 하게 된다. 사회복지법은 헌법에 근거하여 제정된 법이므로 헌법규정에 위반한 사회복지법은 위헌법률이 되며 그 효력이 상실된다. 우리 헌법 제34조에서는 "모든 국민은 인간다운 생활을 할 권리를 가진다", "국가는 사회보장·사회복지 증진에 노력할 의무를 진다"고 규정함으로써 국민의 생존권 보장의 이념을 천명하고 국가의 사회보장·사회복지 증진 의무를 헌법상 명시하여 국민의 사회복지권을 보장하고 있다.

## 2. 노동법과 사회복지법

노동법과 사회복지법은 넓은 의미의 사회법에 포함된다. 이 두 법은 인간다운 생활을 보장하기 위한 생존권적 기본권에 기초하여 현대 사회법 원리를 실현하기 위한 법률로서 규범목적상 동질성을 갖는다. 또한 두 법은 기원적으로 상호 밀접하게 연관되는 역사적 배경을 갖고 있는데, 모두 빈민법을 그 기원으로 한다. 1601년 빈민법의 대상은 노동능력 있는 빈민, 노동능력 없는 빈민, 요보호아동이었다. 여기서 노동능력 있는 빈민을 대상으로 발전한 법이 노동법의 전신이라 할 수 있는 1833년 영국의 공장법이라면, 노동능력 없는 빈민을 대상으로 발전한 법이 오늘날의 공공부조법이다. 이처럼 이 둘은 같은 법에서 출발했다.

그러나 노동법과 사회복지법은 많은 차이점을 가지고 있다.

첫째, 노동법이 노동계약관계(고용관계)를 매개로 하여 노동자의 생존권 실현을 목적으로 한다면, 사회복지법은 모든 국민에 대하여 직접적으로 생존권을 실현하기 위한 법인 것이다.

둘째, 노동법은 노동자와 동시에 노동조합을 대상으로 하는 반면, 사회복지법은 특정 개개인, 나아가 국민 전체를 대상으로 한다. 즉, 주 대상이 누구인가 하는 점에서 차이가 있다.

셋째, 노동법은 적극적 소득재분배를 지향하지 않는 반면, 사회복지법은 보험료 차등 부과, 조세를 통한 급여제공 등 소득재분배를 지향하고 있다.

넷째, 노동법은 시민법상의 계약자유의 원칙에 대해 국가 개입을 통해 이를 수정·보완한 법이라면, 사회복지법은 계약자유의 원칙을 근본적으로 수정한 법이라고 할 수 있다. 예를 들어, 사회보험의 강제가입 원칙, 사회보험료의 차등 부과 등은 가진 자의 소유권에 대한 통제를 의미한다.

이상에서 살펴본 것을 토대로 노동법과 사회복지법은 서로 다른 법이라고 결론지을 수 있다. 왜냐하면 노동법은 근로계약하의 노동자를 보호하고자 하는 법인 반면, 사회복지법은 실업, 노령, 질병 등 근로계약이 중단되거나 종료되었을 때 노동자를 보호하는 법이며, 또한 노동법은 노동자라는 신분을 가지고 있는 자를 대상으로 하는 반면, 사회복지법은 노동자 이전의 모든 생활인과 그 가족을 대상으로 하기 때문이다(황인옥 외, 2005 : 77-78).

### 3. 행정법과 사회복지법

사회복지법의 대부분이 국가의 주요 행정의 일부로서 행정관청에 의하여 실시되어 왔다는 점과 국가의 강한 입법의지를 담은 사회정책적 입법이라는 점, 그리고 인간다운 생활의 보장이 국가의 강한 행정행위에 의하여 실현된다는 점에서 사회복지법과 행정법은 관련성을 가지고 있다(윤찬영, 1998 : 87). 또한 복지국가를 달성하기 위해서는 국가의 개입이 필요하므로 오늘날 사회복지급여는 국가에 의한 사회복지행정을 통해 국민에게 전달된다. 따라서 사회복지법은 기본적으로 행정법적 속성을 가지고 있다고 보아야 할 것이다(신섭중 외, 2001 : 114).

그러나 행정법과 사회복지법은 몇 가지 측면에서 차이가 있다. 먼저 행정법이 국가의 행정권을 확보하는 법이라면, 사회복지법은 국민의 사회복지권을 확보하는 법이다. 또한 행정법이 급여주체의 하나인 국가조직과 급여 및 서비스 전달과 절차에 관련된 법이라면, 사회복지법은 국민의 생존권 확보를 위한 국가책임이라는 규범목적을 달성하기 위한 기술적이고 절차적인 법이라는 점에서도 차이가 있다(윤찬영, 1998 : 88-89).

이상과 같이 행정법과 사회복지법은 상호 밀접하게 관련되어 있지만 몇 가지 측면에서 차이점을 가지고 있는 것이 사실이다. 따라서 행정법과 사회복지법은 서로 다른 법이며, 사회복지법의 특성상 행정법의 원리를 그대로 사회복지법의 원리에 적용해서는 안 된다.

### 4. 조세법과 사회복지법

조세법과 사회복지법은 두 가지 측면에서 유사점을 가지고 있다. 첫째, 조세법과 사회복지법은 그 본래의 목적은 다르지만 특정 기능에서 유사한 점이 있다. 예를 들어, 조세법상의 소득공제제도와 조세감면제도, 부(負)의 소득세(NIT : Negative Income Tax)제도 등은 소득의 재분배(특히 수직적 재분배)가 가능하다는 측면에서 비록 소극적이긴 하지만 적극적인 사회복지법상의 급여제도와 거의 유사한 기능을 담당하고 있다고 말할 수 있다(이두호 외, 1991; 윤찬영, 1998 : 89). 둘째, 사회보험에서의 기여금(보험료)과 직접세인 소득세는 그 양태가 매우 유사하다(윤찬영, 1998 : 89). 이는 사회보험의 강제성으로 인하여 기여금이 조세화되고 있다는 것을 뜻한다(이상광, 1988 : 117).

사회보장의 재원조달이 조세법과 밀접한 관계를 지니고 있다고 하더라도 사회복지법과는 차이가 있다. 첫째, 입법목적상의 차이이다. 조세법은 국가가 그 경비를 충당하기 위해 국민들로 하여금 구체적 대가 없이 조세를 강제 징수하여, 불특정 다수의 국민을 위한 사업에 활용한다(장재식, 1990 : 5). 이에 반해 사회복지법은 특정인을 대상으로 급여를 제공한다는 측면에서 서로 차이가 있다. 둘째, 반대급부의 면에서도 명확히 구별된다. 조세법의 경우 납부한 조세에 대해 국민이 국가에 대해 구체적으로 반대급부를 요구할 수 없는 반면, 사회보험법은 보험료를 납부한 대신 보험급여에 대한 권리를 갖게 된다.

## 5. 민법과 사회복지법

민법과 사회복지법은 다음과 같은 세 가지 측면에서 유사점이 있다.

첫째, 사회복지법에는 "민법의 해당 조항을 준용한다"는 규정이 많다. 예를 들어, 사회복지사업법 제32조에서는 "민법의 법인 규정을 준용"하도록 규정하고 있다. 즉, 사회복지법은 사법적(私法的) 요소를 가지고 있는 것이다.

둘째, 민법 중 친족상속법이 사회복지법과 밀접한 관계를 가지고 있다. 친족법은 일반적으로 부양의무자로 하여금 피부양자를 부양하도록 규정하고 있다. 이것은 피부양자의 인간다운 생존을 목적으로 하는 사회복지법과 상호 보완적이면서도 중복되는 측면이 있다(윤찬영, 1998 : 94). 국민기초생활보장법 제8조 제2항을 보면, "생계급여수급권자는 부양의무자가 없거나, 부양의무자가 있어도 부양능력이 없거나 부양을 받을 수 없는 사람으로서 그 소득인정액이 제20조 제2항에 따른 중앙생활보장위원회의 심의·의결을 거쳐 결정하는 금액 이하인 사람으로 한다"라고 규정하고 있는데, 이것은 친족법에서와 같이 일반적으로는 부양의무자가 피부양자를 부양해야 하는 것으로 해석할 수 있다.

셋째, 사회복지법이 제3자와의 관계를 인정하고 있는 점 역시 민법적 요소로 볼 수 있다. 이러한 예로 국민건강보험법 제58조, 국민연금법 제114조, 산업재해보상보험법 제87조 등이 있다. 이 경우에 발생하는 법률관계는 명백히 사법적 관계이지만 사회복지법 관계와 밀접한 관계를 갖는 것으로 볼 수 있다(윤찬영, 1998 : 95).

그러나 민법은 개인 당사자 간의 법률관계를 규정한 법으로 사법적 요소가 강한 반면, 사회복지법은 국가와 개인 간의 법률관계, 즉 공법적 요소가 강하다는 측면에서 차이가 있다.

## 6. 경제법[3]과 사회복지법

경제법은 사회적 시장경제 원리를 기반으로 국민경제 전체의 이익을 도모하고 경제질서의 실질적 민주화를 꾀하며 근로자의 경제적 · 사회적 최저생활을 보장한다는 측면에서 사회복지법과 공통점을 가지고 있다. 또한 국가의 적극적 개입을 추구하는 공법과 사법의 혼합 분야로서의 사회법의 영역에 속한다는 점에서 역시 양 법은 공통점이 있다.

그러나 경제법은 경제정책적 입법으로서의 성격이 강한 반면, 사회복지법은 사회정책적 입법으로서의 성격이 강하다. 이처럼 경제법과 사회복지법은 동질성을 가지면서도 법체계의 이념이나 대상에서 차이가 있으며 또한 독자성을 가진다(오규석, 1994 : 14-15).

3 경제법의 범주에 속하는 법률로는 「독점규제 및 공정거래에 관한 법률」, 「물가안정에 관한 법률」, 소비자기본법 등이 있다.

## 제1절 사회복지법과 사회복지실천의 관계

사회복지법과 사회복지실천은 동떨어진 것처럼 생각하는 경향이 있어 왔다. 그러나 사회복지법과 사회복지실천은 서로 밀접한 관련을 맺고 있으며 상호보완적이다(남기민, 2015 : 28). 사회복지법은 사회복지를 구현하기 위한 정책이나 구체적인 사업들을 법의 형태로 제도화한 것이다. 따라서 사회복지법은 사회복지실천의 근거이자 도구이다. 국가는 각종 사회복지법을 통하여 누가, 어떤 내용의 도움을, 어떤 과정을 거쳐서 지원받을 수 있으며, 재정(비용) 문제는 어떻게 해결하며, 지원을 받지 못했을 경우의 권리구제 방법은 무엇이며, 벌칙조항 등은 어떠한지에 대하여 국민들에게 구체적으로 제시함으로써 현실에서의 사회복지실천을 약속하는 것이다. 사회복지와 관련한 제반 활동을 법으로 정하는 이유는 법을 통하여 사회복지를 권리로서 누릴 수 있게 하기 위함이다. 사회복지가 생존권보장 차원에서 발달하여 왔으며 인간다운 생활의 보장은 현실적으로 법적 권리가 마련되어야 그 실현이 가능하기 때문이다.

사회복지법은 사회복지실천현장에 깊숙이 침투되어 클라이언트의 삶과 연결되어 있다. 사회복지실천을 수행하는 사회복지사는 다양한 분야의 사회복지실천현장에서 클라이언트와 함께 사회복지법을 만난다. 따라서 사회복지사가 사회복지법 지식을 포함한 일반적인 법 지식을 충분히 갖추고 사회복지실천 현장에서 각종 클라이언트의 문제에 대처해 나간다면 사회복지실천의 효과성은 더 높아질 것이다.

반면 사회복지법에 의한 사회복지실천이 이루어지지만, 사회복지현장에서는 법과 현실의 괴리 문제 등 사회복지법이 적용되는 데 한계가 존재한다. 사회복지법 자체는 사회변화에 대해 능동적 대처가 미흡할 수 있다. 기존의 법규정만으로는 클라이언트의 새로운 욕구와 문제를 포괄하지 못하는 한계가 존재할 수밖에 없다. 「사회복지사의 윤리강령」 중 사회복지사의 '사회에 대한 윤리기준'에 보면 사회복지사는 필요한 사회서비스 개발, 사회 환경 개선, 사회정의를 증진시키기 위한 사회정책의 수립 · 발전 · 입법 등에 적극적으로 참여하고 요구하여야 한다는 규정이 있다. 사회복지실천현장을 누구보다도 잘 알고 있는 사회복지사는 사회복지법을 형식적 관점에서만 보지 말고, 실천적 관점에서 법을 이해하고 클라이언트가 처한 법적 환경을 개선하려는 자세를 가짐으로써 클라이언트를 위한 보다 나은 사회복지를 구현할 수 있을 것이다.

Stein(2004 : 15)은 사회복지법을 포함한 일반적인 법 지식이 사회복지실천에 필요한 이유를 다음과 같이 요약하고 있다.

첫째, 사회복지프로그램의 개발과 수행 및 매일매일의 사회복지실천은 입법체계가 제정한 사회복지법에 의해 정당성이 인정되고 재정지원이 이루어지기 때문이다. 둘째, 경찰 및 법정과 같은 사법체계가 법을 해석하고 클라이언트의 권리에 영향을 미치기 때문이다. 셋째, 클라이언트 문제의 만족할 만한 해결은 사회복지사와 변호사 등의 법률 전문직과의 협력적인 노력이 없이는 가능하지 않기 때문이다. 넷째, 사회복지사는 클라이언트의 소송에 취약하고 따라서 전문적 책임을 보장하는 효과적인 사회복지실천이 이루어지려면 사회복지법을 포함한 일반적인 법 지식이 필요하다.

사회복지실천을 수행하는 사회복지사가 사회복지법 지식을 포함한 일반적인 법 지식을 충분히 갖추고 사회복지실천 현장에서 각종 클라이언트의 문제에 대처해 나간다면 사회복지실천의 효과성은 더 높아질 것이다.

# 제2절 사회복지법에 표현된 사회복지실천의 가치

## 1. 사회복지실천의 가치

우리나라 사회복지사 윤리강령의 전문에서는 사회복지사는 인본주의와 평등주의 사상에 기초하여 인간의 존엄성과 가치, 천부의 자유권과 생존권의 보장, 사회정의와 평등, 자유와 민주주의 가치실현에 앞장서야 함을 선언하고 있다. 또한 사회복지사는 개인의 주체성과 자기결정권을 보장하는 데 최선을 다하고 어떠한 여건에서도 개인이 부당하게 희생되는 일이 없도록 해야 함을 강조하고 있다. 또한 사회복지사 윤리강령 본문에서는 사회복지실천의 가치에 기초한 다섯 가지 윤리기준이 제시되고 있다(남기민, 2011 : 109-112).

미국의 전국사회복지사협회의 윤리강령(NASW Code of Ethics) 전문에 나타난 사회복지실천의 핵심가치로는 서비스(service), 사회정의(social justice), 인간의 존엄성 및 가치(dignity and worth of the person), 인간관계의 중요성(importance of human relationship), 성실성(integrity), 역량(competence)을 들고 있다. 또한 캐나다 사회복지사협회의 윤리강령(CASW Code of Ethics)에서는 인간의 천부적인 존엄성과 가치의 존중(respect for the inherent dignity and worth of persons), 사회정의 추구(pursuit of social justice), 인간적인 서비스(service to humanity), 전문적 실천에서의 성실성(integrity in professional practice), 전문적 실천에서의 비밀보장(confidentiality in professional practice), 전문적 실천에서의 역량(competence in professional practice)을 사회복지실천의 핵심가치로 제시하고 있다(Kirst-Ashman & Hull, Jr., 2009 : 373-389).

## 2. 사회복지법에 표현된 사회복지실천의 가치

사회복지실천의 제반 가치가 우리나라 주요 사회복지법에 어떠한 방식으로 표현되어 있는지 살펴보면 다음과 같다(정진경, 2019 : 171-175; 남기민, 2011 : 27-29; 이순민, 2016 : 55-63).

### 1) 인간의 존엄성

모든 인간은 인간으로서의 존엄과 가치(dignity and worth)를 갖는다는 것은 사회복지실천의 가장 기본적인 가치이다. 이와 같은 가치는 인권존중의 사상에 기초한 것으로 모든 인간은 존엄성을 갖고 있기 때문에 존중받아야 된다는 것이다(남기민, 2011 : 27). 우리나라 헌법 제10조에서는 "모든 국민은 인간으로서의 존엄과 가치를 가지며 행복을 추구할 권리를 가진다"고 선언하고 있으며 사회보장 기본법 제2조에서도 '모든 국민이 다양한 사회적 위험으로부터 벗어나 행복하고 인간다운 생활을 향유할 수 있도록 보장함'을 기본 이념으로 제시하고 있다. 사회복지사업법 제1조 역시 '사회복지를 필요로 하는 사람에 대하여 인간의 존엄성과 인간다운 생활을 할 권리를 보장함'을 규정하고 있다(정진경, 2019 : 171).

### 2) 클라이언트의 이익 우선

사회복지사는 클라이언트의 권익옹호를 최우선으로 해야 하며, 클라이언트의 복지를 증진하는 것이 사회복지사의 주요 책임이다. 사회복지사는 개인적 이익 또는 부당한 이익을 위해 클라이언트와의 전문적 관계를 이용하여서는 안 된다. 실질적 잠재적인 이해관계의 상충이 발생할 경우 이를 클라이언트에게 고지하고 가능한 한 최대로 클라이언트의 이익을 보호하도록 해야 한다(이순민, 2016 : 58). 클라이언트 이익 우선의 가치는 아동복지법 제15조 '아동의 최상의 이익을 위하여' 규정과 입양특례법 제4조 "입양은 아동의 이익이 최우선이 되도록 하여야 한다"는 규정을 통해 발견된다(정진경, 2019 : 172).

### 3) 자기결정권

자기결정권은 모든 사람은 자신이 무엇을 요구하며 그것을 어떻게 충족할 것인가를 스스로 선택하고 결정을 내릴 수 있는 자유로운 권리를 갖고 있다는 가치이다. 인간이 천부적인 존엄성을 갖고 있다면 인간은 가능한 한 자신의 생활유형을 결정하여 자신이 원하는 존재가 되도록 허용되어야 한다. 따라서 사회복지사는 클라이언트를 대신하여 결정을 내리는 것을 피해야 하며 클라이언트로 하여금 자신의 이익과 기회를 극대화할 수 있는 결정을 내리도록 도와주어야 한다(남기민, 2011 : 28-29). “사회복지를 필요로 하는 사람은 누구든지 자신의 의사에 따라 서비스를 신청하고 제공받을 수 있다”는 사회복지사업법 제1조의2 제1항의 기본이념은 자기결정권의 가치를 규정한 것으로 볼 수 있다. 또한 자기결정권은 “시설운영자는 시설이용자의 사생활 및 자기결정권의 보장을 위하여 노력하여야 한다”는 장애인복지법 제60조의4 제3항 규정에서도 찾아볼 수 있다(정진경, 2019 : 172).

#### 4) 비밀보장과 사생활 존중

사회복지사는 클라이언트의 사생활을 존중하고 보호하며, 직무수행과정에서 얻은 정보에 대해 철저하게 비밀을 보장해야 한다. 사회복지사는 서비스 제공이나 사회복지 평가연구에 필수적인 경우가 아닌 한 클라이언트의 사적 정보를 요청할 수 없으며, 일단 얻은 사적인 정보는 비밀이 보장된다. 사회복지사는 비밀보장의 한계, 정보를 얻어야 하는 목적 및 활용에 대해 구체적으로 알려야 한다(이순민, 2016 : 59-60). 그러나 클라이언트의 위법행위 등과 관련해서는 법적 절차와 범위에 따라 자료의 내용을 공개해야 하는 예외 또한 존재한다(정진경, 2019 : 173). 사회보장기본법 제38조 제1항에서 “사회보장 업무에 종사하거나 종사하였던 자는 사회보장 업무수행과 관련하여 알게 된 개인·법인 또는 단체의 정보를 관계 법령에서 정하는 바에 따라 보호하여야 한다”라고 규정하고 있고 사회복지사업법 제47조에서도 “사회복지사업 또는 사회복지업무에 종사하였거나 종사하고 있는 사람은 그 업무수행과정에서 알게 된 다른 사람의 비밀을 누설하여서는 아니 된다”고 규정하고 있다(정진경, 2019 : 173).

#### 5) 차별의 금지

클라이언트의 평등과 인권의 보장은 사회복지실천에서 차별대우 금지를 통해 구현된다. 따라서 사회복지사는 인종, 국적, 피부색, 성별, 성적 취향, 성

정체성 및 표현, 결혼 여부, 정치적 신념, 정신적·신체적 능력 등에 따른 어떠한 형태의 차별이 담긴 실천을 해서는 안 되며 이를 묵인, 조장 또는 협조해서도 안 된다(이순민, 2016 : 55-56). 사회복지사업법 제5조에서 "복지업무에 종사하는 사람은 그 업무를 수행할 때에 사회복지를 필요로 하는 사람을 위하여 인권을 존중하고 차별 없이 최대로 봉사해야 한다"고 규정하고 있다. 장애인복지법 제8조 제1항에서도 "누구든지 장애를 이유로 정치·경제·사회·문화 생활의 모든 영역에서 장애인을 차별하여서는 아니 된다"고 규정하고 있다(정진경, 2019 : 174).

### 6) 역량강화 및 성실성

사회복지사는 클라이언트에게 최상의 서비스를 제공하기 위해 전문적 지식과 기술을 개발하는 데 최선을 다하며 클라이언트를 위해 이를 적극 활용하여야 한다. 그러나 전문성 개발을 위해 노력하되 이를 이유로 서비스 제공을 소홀히 해서는 안 된다. 사회복지사는 높은 수준의 실천을 유지하고 증진하기 위해 노력해야 한다(이순민, 2016 : 55-56). 사회보장기본법 제31조에서는 "국가와 지방자치단체는 사회보장제도의 발전을 위하여 전문인력의 양성, 학술조사 및 연구, 국제교류 증진 등에 노력하여야 한다"고 규정하고 있는데, 이와 같은 규정은 사회복지사의 역량강화를 위한 조항으로 볼 수 있으며 또한 "복지업무에 종사하는 사람은 그 업무를 수행할 때에 사회복지를 필요로 하는 사람을 위하여 인권을 존중하고 차별 없이 최대로 봉사하여야 한다"는 사회복지사업법 제5조 제1항의 규정은 사회복지실천에 있어 차별의 금지와 함께 성실성 의무를 규정한 것으로 볼 수 있다.

# 제3절 사회복지법과 사회복지실천가로서 사회복지사의 역할

사회복지 실천에 있어 사회복지법과 관련한 사회복지사의 역할이 요구되는데 이와 같은 역할을 다음과 같이 두 가지로 구분하여 살펴보고자 한다.

## 1. 입법체계에서의 역할

사회복지사는 사회복지법 제정 및 개정 등의 입법과정에 참여자로 활동하여야 한다. 전국 각지에 흩어져 있는 사회복지사들은 클라이언트의 삶을 가까이에서 보면서 보완해 주고 법의 사각지대에서 고통받는 사람들을 파악할 수 있는 존재이기 때문에 입법과정에 있어서 사회적 합의를 이끌어 내기에 중요한 인력이다. 사회복지사가 옹호해야 하는 클라이언트는 스스로 사회에서 목소리를 내기에 어려운 사람들이 많다. 따라서 사회복지사가 사회적 분위기를 주도하는 것과 함께 사회복지법의 제정 및 개정에 대한 필요성 제기, 서명운동, 집회 등을 전개함으로써 사회복지의 입법과정에 중심적 역할을 해야 할 것이다(김수정, 2019 : 22).

사회복지사는 사회복지법의 제정 및 개정과정에서 입법청원자, 정보제공자, 조직·행동가, 로비스트, 입법감시자의 역할을 할 수 있으며(정진경, 2019 : 188) 이와 같은 거시적 실천가로서의 역할을 수행하기 위해서 사회복지사는 사회복지법뿐만 아니라 입법절차와 관련된 일반적인 법적 지식과 실천기술을 갖추는 것이 필요하다.

## 2. 사법체계에서의 역할

사회복지사는 클라이언트와 함께하는 사회복지실천 과정에서 경찰 및 법정과 같은 사법체계와 밀접한 연관성을 보여준다. 사회복지사가 개입하는 사례가 경찰 조사가 필요하거나 위법의 위험성이 분명할 경우 등에는 사법체계와 연계하는 역할을 수행한다. 만약 학대 부모가 경찰에 연행될 경우 사회복지사는 그 아동 자녀의 상태를 체크하고 안녕을 보장해야 한다. 또한 사법체계 내에서 의견의 청취, 기록의 보고, 법정진술 등과 같은 광범위한 역할이 사회복지사에게 부여되기도 한다(정진경, 2019 : 191).

사법체계 내에서 좀 더 구체적인 사회복지사의 역할을 살펴보면(정진경, 2019 : 191-192) 사회복지사는 아동학대나 가정폭력의 가해자, 장애인 인권유린 시설의 장 등을 상대로 법원에 직접 사건을 소송하는 원고가 될 수 있다. 또한 변호사나 판사 등 법 전문가들은 증인으로서 사회복지사의 전문적 판단을 기대할 수 있으며 사회복지사는 법정에서 자료의 제공을 요청받으면 이를 제출해야 한다. 그 밖에 법원의 심리과정에서 사회복지사는 아동이나 장애인, 노인 클라이언트와 같은 약자들을 위한 옹호자 또는 보호자로서의 역할을 수행하기도 한다. 이와 같은 사법체계와 관련된 역할을 수행하기 위해 또한 사회복지사는 사회복지법을 포함한 일반적인 법 지식과 실천기술을 갖추는 것이 필요하다.

## 제4절 전문직으로서 사회복지사와 변호사의 관계

전문직으로서 사회복지사와 변호사는 자치적 기구(사회복지사협회, 변호사협회)가 있고 훈련과 경험에 의해 축적된 전문화된 지식 영역이 있으며 전문가가 되기 위한 별도의 자격시험이나 훈련기간을 거쳐야 하고 윤리강령과 같은 자기규제 요소를 갖추고 있다(정진경, 2019 : 193). 오늘날 아동, 노인, 장애인 등과 같은 클라이언트의 문제를 해결하기 위해 사법적 개입에 의존하는 사례가 늘어나는 추세에 따라 사회복지사와 변호사가 전문적 맥락에서 만나는 빈도도 증가하고 있다.

변호사 등 법 전문가와의 협업에 있어 사회복지사의 기본적인 역할은 법 전문가를 지원할 수 있도록 클라이언트 인터뷰, 클라이언트의 심리사회적 욕구 사정, 전문서비스 알선 의뢰이다. 또한 법적 쟁송 외부에 있는 문제들에 대한 다양한 시각을 제공할 수 있으며, 클라이언트가 필요한 법적 과정에 참여할 수 있도록 지속적으로 영향을 미친다. 무엇보다 사회복지사와 변호사 간의 명확하고 개방적인 의사소통이 강한 협업관계에 있어 중요하며, 각자를 동일한 전문직으로 대하면서 특징적인 역할 규정을 수립하는 것 역시 필요하다(Pierce, et al., 2001; Zajac, 2012; 정진경, 2019 : 193 재인용).

사회복지사와 변호사가 좋은 협업관계를 구축하기 위해서는 사례와 관련된 각자의 역할이 무엇이며 서로의 역할이 어떠한 방식으로 매개되는지를 명확히 하는 것이 중요하다. <표 7－1>은 아동학대의 사례가 법원으로 이송되기까지 진행되는데 필요한 과정과 그 역할의 주된 책임이 누구에게 있는가를 예시한 것이다(Burry, et al., 2011; 정진경, 2019 : 193-194, 재인용).

〈표 7-1〉 법원의 아동학대 사례에서 변호사와 사회복지사의 역할

| 책임역할 | 누가 해야 하는가? |
|---|---|
| • 조사보고서 | • 사회복지사 |
| • 경찰, 의료전문가, 교사, 관계자와 사실논의 | • 사회복지사(변호사와 논의하기도 함) |
| • 진정서 준비 | • 변호사의 지도와 사회복지사로부터의 정보를 토대로 법원과 연결 |
| • 청문 당사자에게 알림 | • 사회복지사, 법원 |
| • 증인찾기 | • 변호사, 사회복지사 |
| • 아동증인 준비 | • 아동의 변호사 |
| • 법정 보고서 준비 | • 사회복지사, 변호사가 법적 충분성 검토 |
| • 청문을 위한 증거물 준비 | • 변호사(사회복지사가 정리된 사례파일을 제공해야 함) |
| • 법원/사법 절차에서 사건 발표 | • 변호사 |
| • 당사자 간 법정 합의 | • 변호사 |
| • 당사자 간 기관 합의 | • 사회복지사, 부모와 아동의 변호사가 참석해야 함 |
| • 자료제출 지속 | • 사회복지사 |
| • 가족과 면담 참석 | • 사회복지사 |
| • 케이스워크 지속 | • 사회복지사(필요시 다른 부서에 사건 이관) |
| • 부모의 권리 종료시점 결정 | • 변호사 자문하에 사회복지사, 법원 |
| • 범죄소추를 위한 사례이관 | • 사회복지사 |

사회복지사와 변호사의 협업이 클라이언트에 대한 서비스를 개선하고 클라이언트 문제에 대한 더 광범위한 시각을 제공해 줄 수 있는 반면 때로는 전문직의 속성과 시각차이(disciplinary differences)로 부터 협업관계에 다음과 같은 몇 가지 어려움을 가져올 수 있다(Stein, 2004 : 10-16).

미국의 예를 보면 비밀보장에 있어서 아동학대나 방임의 경우 사회복지사는 반드시 이를 보고해야 하나 변호사에게는 이 의무가 종종 적용되지 않는다. 또한 윤리적 갈등의 문제가 사회복지사와 변호사 간에 생겨날 수 있는데 거의 예외 없이 변호사는 법정의 명령에 불복하는 것이 아닌 한 클라이언트의 요구를 옹호해야 하는 반면에 사회복지사는 때로는 클라이언트의 판단을 자신의 판단으로 대체할 수 있다. 그 밖에 문제를 정의하는 데 관련된 사실을 확인하는 데 있어서 문제의 인지와 관점의 차이로부터 갈등이 생겨날 수 있다. 마지막으로 사회복지사와 변호사는 각각의 전문직의 영역에 명확히 규정되지 않은 업무를 누가 맡아서 할 것인가에 대해 의견이 일치하지 않을 때, 또는 훈련받지 않는 업무를 떠맡아 각각의 전문적 능력의 범위를 벗어날 때 역할갈등의 어려움이 발생할 수 있다.

# 제8장 인권 및 기본권과 사회복지의 권리성

## 제1절 인권 및 기본권

인권 또는 인간의 권리(Menschenrecht)라 함은 인간이 인간으로서 당연히 누리는 권리를 말한다. 이러한 의미의 인권은 버지니아권리장전과 프랑스인권선언에서 최초로 표현되었다. 인권 또는 인간의 권리를 독일 등에서는 기본적 인권 또는 기본권(Grundrecht)이라고 한다.

엄밀한 의미에서 인권과 기본권은 동일한 개념이 아니다. 인권은 인권사상을 바탕으로 하여 인간이 인간이기 때문에 당연히 누리는 인간의 생래적・천부적 권리, 자연권을 의미하지만, 기본권은 헌법이 보장하는 국민의 기본적 권리를 의미하기 때문이다(권영성, 2006 : 285). 대륙법계 국가들은 인권의 실정법주의를 택하여 인권이 법적 보장을 받자면 헌법에 규정하여야 하기 때문에 인권과 기본권을 동일시하고 있으며 또한 헌법이 보장한 기본권은 인간의 권리와 맥을 같이하고 있기 때문에 인권과 기본권을 동일시하여도 무방하다고 할 수 있다(홍성찬, 2002 : 244-245; 권영성, 2006 : 85).

보통 각국이 보장하는 기본권으로는 자유권을 중심으로 참정권, 청구권, 생존권이 있다. 이러한 권리들은 인권사상을 근거로 한 인간의 권리와 밀접한 관련을 가지고 있다고 할 수 있다. 즉, 기본권은 생래적인 인권뿐만 아니라 헌법에 의하여 비로소 형성되었거나 구체화한 것들이다(김 훈, 2004 : 30).

## 제2절 인권관념의 형성과 발전

인권관념은 계몽주의적 자연법론자들에 의하여 천부적 인권론이 주장된 18세기에 이르러서 형성되었다. 특히 존 로크(J. Locke)는 그의 「시민정부론」에서 국가성립이전의 자연상태에서 인간은 자연법의 지배를 받았으며 인간은 누구나 자연법상의 생명, 자유 및 재산에 관한 고유의 권리인 자연권을 가졌다고 하였다. 그리고 이 자연권 보장을 위하여 사회구성원 간에 체결된 계약이 사회계약이라고 하였는데, 이러한 그의 주장이 인권관념의 형성에 주요한 이론적 근거가 되었다.

인권은 인간이 스스로 노력하여 쟁취한 고귀한 인권보장의 역사를 가지고 있다. 인권은 국가권력으로부터 인권을 획득하고자 하는 인간의 끊임없는 투쟁의 과정에서 얻어진 자유주의적 인권사상으로부터, 현대에 이르러 인간다운 생활의 보장을 위하여 국가의 적극적인 역할을 요구하는 인권관념으로 발전하고 있다.

인권사상이 인권보장을 위해 구체적인 행동으로 나타난 것은 1215년 영국의 대헌장(Magna Carta)이었다. 이는 국왕과의 타협의 산물이긴 했으나, 신체의 자유를 보장한 인권선언의 효시였다. 대헌장을 비롯한 1628년 권리청원, 1689년 권리장전 등 영국의 일련의 인권선언은 1776년 미국의 독립선언과 1789년 프랑스 인권선언 등에 사상적 영향을 주었다. 미국은 1776년 6월 '버지니아 권리장전'에서 국민주권과 더불어 인권을 천부적 자연권으로 규정했으며, 7월 '미국 독립선언'은 인권에 자연법적 기초를 부여하고 생명, 자유, 행복추구의 권리를 천부적 권리로 선언했다. 프랑스에서도 1789년 시민혁명을 통한 '인간과 시민의 권리선언'에서 자연권으로서 평등권, 신체의 자유, 종교의 자유, 표현의 자유 등을 규정하였으며, 특히 소유권은 신성불가침의 권리로서 보장하였다. 이러한 내용은 1791년 헌법에 수용되어 근대헌법에 있어서 자유주의 사상의 기본이념이 되었다.

인권사상은 봉건사회의 모든 압제와 불평등으로부터 시민계급을 해방하여 근대 시민사회를 탄생시켰으며, 자유권의 보장을 통한 개인의 창의성의 발달과 경제활동의 자유로 자본주의의 비약적인 발전을 가져왔다. 그러나 산업혁명 이후 자본주의가 급격히 발전하면서 빈부의 격차, 계층 간의 대립격화, 실업문제 등 많은 사회적·경제적 문제가 야기되었다. 그 결과 개인생활의 자유를 위하여 방임적 불간섭주의를 취하던 국가에 대하여 오히려 적극적인 관여를 요청하기에 이르렀다. 모든 사람에게 인간다운 생활을 보장하기 위하여 형식적인 국가로부터의 자유의 보장 대신 국가의 적극적인 개입에 의한 실질적인 자유를 보장하여야 한다는 주장이 제기되었다. 자유만으로 인권을 실질적으로 보장할 수 없기 때문에 국가에 대하여 생존권을 요구한 것이다. 근대적 자유권 중심의 인권관념에서 현대적 생존권 중심의 인권관념으로 발전한 것이다. 1919년 독일의 바이마르헌법이 생존권 규정을 처음으로 명문화한 이후 각국의 헌법이 이를 뒤따르게 되었다.

그러나 현대 민주국가 헌법의 이념이 인간의 존엄성존중과 자유로운 인격의 발현이라면, 자유권과 생존권은 헌법의 이념을 실현함에 있어 목적과 수단의 관계에 있다고 할 수 있다. 생존권은 자유권을 뒷받침하고 실효적인 것이 되게 하기 위한 수단의 하나이며, 자유권을 보완하는 것이라 할 수 있다. 따라서 헌법이념의 구현이라는 관점에서 본다면 양자는 조화를 이루고 합일하는 것이라 할 수 있다(권영성, 2006 : 639-640).

제2차 세계대전을 경험한 인류는 인권보장 문제를 개별국가의 국내사정으로만 보지 않고 국제법 영역에서 다루게 되었다. 인권에 관한 대표적인 국제규범으로는 1948년 유엔총회에서 채택된 세계인권선언이 있다. 세계인권선언은 전문에서 모든 구성원의 고유한 존엄성과 평등하고 양도할 수 없는 권리를 인정하는 것이 세계의 자유, 정의, 평화의 기초가 됨을 인정하면서, 제22조에서 모든 사람은 사회의 일원으로서 사회보장제도에 대한 권리를 가지며, 국가적 노력과 국제적 협력을 통하여 그리고 각국의 조직과 자원에 따라 자신의 존엄성과 인격의 자유로운 발전을 위하여 불가결한 경제적·사회적 및 문화적 권리의 실현에 관한 권리를 가진다고 규정하여 사회보장을 받을 권리를 선언하였다. 1966년 유엔총회에서는 국제인권규약을 채택하여 인권의 보편화 · 세계화가 이루어졌다. 이는 도덕적 선언에 그친 세계인권선언과는 달리 법적 구속력을 갖는 조약으로서 '경제적 · 사회적 및 문화적 권리에 관한 국제규약'(A규약)과 '시민적 및 정치적 권리에 관한 국제규약'(B규약) 등으로 구성되어 있다. 이 가운데 사회복지권리에 관한 내용은 주로 A규약에 포함되어 있다.

## 제3절 생존권과 사회복지수급권

인권은 헌법에 규정됨으로써 헌법상 기본권이라는 실정법적 권리가 되고, 헌법에 의한 보장을 받게 된다. 헌법상 기본권은 자유권, 평등권, 생존권, 참정권, 청구권 등으로 나눌 수 있는데, 사회복지와 관련이 깊은 것은 생존권적 기본권이다. 우리 「헌법」은 제10조를 통해 "모든 국민은 인간으로서의 존엄과 가치를 가지며, 행복을 추구할 권리를 가진다. 국가는 개인이 가지는 불가침의 기본적 인권을 확인하고 이를 보장할 의무를 진다"고 규정함으로써 기본권 보장의 대원칙을 선언하고 있다.

헌법에 보장된 생존권은 인간다운 생활을 할 권리(제34조), 교육을 받을 권리(제31조), 근로의 권리(제32조), 근로3권(제33조), 환경권(제35조), 보건권(제36조) 등이 있다.

「헌법」 제34조 제1항에서는 "모든 국민은 인간다운 생활을 할 권리를 가진다"라고 규정하여 주된 기본권으로서의 생존권의 원칙을 선언하고 있다. 이는 사회복지 권리성의 헌법적 근거라고 할 수 있다. 그리고 동조 제2항에서 "국가는 사회보장 · 사회복지의 증진에 노력할 의무를 진다"고 규정하고 있어 생존권을 보장하는 것이 국가의 의무임을 밝히고 있다. 동조 제3항 이하에서 국가는 여자의 복지와 권익의 향상을 위하여 노력하여야 한다(제34조 제3항). 국가는 노인과 청소년의 복지향상을 위한 정책을 실시할 의무를 진다, 신체장애자 및 질병·노령 기타의 사유로 생활능력이 없는 국민은 법률이 정하는 바에 의하여 국가의 보호를 받는다(제34조 제5항). 국가는 재해를 예방하고 그 위험으로부터 국민을 보호하기 위하여 노력하여야 한다(제34조 제6항)고 규정하고 있다. 또 제119조 제2항에서는 국가가 생존권을 보장하기 위하여 경제에 관한 규제와 조정을 할 수 있다고 규정하고 있다.

그리고 헌법상 보장된 생존권을 실현하기 위하여 제정된 개별 사회복지법에 근거하여 갖는 구체적 권리가 사회복지수급권이다. 사회복지에 관한 권리는 인권으로부터 출발하여 기본권 보장, 특히 생존권의 보장과 개별 사회복지법에 따른 사회복지수급권으로 구체화된다.

생존권적 기본권의 상세한 내용은 제9장 '사회복지법의 이념'에서 살펴본다. 그리고 사회복지수급권에 대하여는 제10장 '사회복지법의 법률관계'에서 상세히 살펴보기로 한다.

# 제9장 사회복지법의 이념

사회복지법의 이념이란 사회복지법이 추구하고자 하는 가치의 총체 또는 사회복지법이 구현하고자 하는 목표를 말한다.

오늘날 복지국가에서 사회복지법의 이념은 국민의 기본권 중 하나인 생존권 보장에 있다. 헌법상 보장된 기본권 중에서 종래에는 자유권에 무게가 있었으나 현대에는 생존권 보장이 중시되고 있다.

## 제1절 생존권의 의의

18, 19세기의 기본권으로서의 자유권은 전근대적인 모든 제약, 즉 신분제도 및 종교적 속박으로부터 시민을 해방하였고, 자본주의 경제질서의 이념이 되어 고도의 번영과 발전을 가져다줄 것으로 기대되었다. 그러나 고도로 발달한 자본주의는 빈부의 격차, 계급 간 대립의 격화, 실업자의 급증 등 많은 사회문제를 야기함으로써 실질적인 부자유, 불평등을 초래하였다.

20세기에 접어들면서 자유권적 기본권 사상을 수정할 새로운 전기가 마련되었다. 무산대중의 인간다운 생활을 보장하기 위해서는 형식적인 국가로부터의 자유의 보장 대신 국가의 적극적인 개입에 의해 실질적인 자유를 보장하여야 한다는 주장이 제기되었는데, 이러한 자유권적 이념의 수정에서 생긴 것이 생존권이다.

생존권은 헌법상의 권리로서 국민이 자신의 최저생활 유지를 위해 필요한 조건을 국가로 하여금 확보해 주도록 요구할 수 있는 권리를 말한다. 생존권이 보장되기 위해서는 인간이 살아가기 위한 기본적 조건, 즉 소득의 보장, 의료의 보장은 물론 손상된 사회적 기능의 회복을 위한 사회적 서비스의 보장 등이 충족되어야 한다. 의·식·주의 생활조건은 물론이고, 심리적·사회적 욕구도 기본적인 것은 반드시 충족될 수 있어야 한다(장동일, 2006 : 37).

생존권이 최초로 헌법에 규정된 것은 1919년에 제정된 독일의 바이마르 헌법이다. 동 헌법은 제151조 제1항 전단에서 "경제생활의 질서는 모든 사람들에게 인간다운 생활을 보장하는 목적을 갖는 정의의 원칙에 적합하지 않으면 안 된다"는 규정과 "소유권(소유물의 사용·수익·처분)은 의무를 수반한다"는 규정 및 '노동력에 대한 국가의 보존' 등의 규정에 의하여 생존권적 기본권을 보장하고 있다.

이러한 바이마르공화국 헌법의 규정은 제2차 세계대전 이후 각국 헌법과 세계인권선언, 유럽사회헌장 등에 계승되었다. 우리 헌법은 건국헌법 이래 생존권적 기본권을 규정해 왔다.

## 제2절 생존권의 법적 성격

우리 헌법은 제34조 제1항의 인간다운 생활을 할 권리를 정점으로 교육의 권리, 근로권, 사회복지 또는 사회보장에 대한 권리, 환경권, 건강권 등 생존권을 규정하고 있는데, 기본권으로서의 생존권의 법적 성질을 어떻게 이해하느냐에 따라 국민의 복지실현을 위한 해답이 달라질 수 있다. 생존권의 법적 성질에 관해서는 프로그램 규정설과 법적 권리설로 크게 나누어진다. 법적 권리설은 다시 추상적 권리설, 구체적 권리설, 불완전한 구체적 권리설로 분리된다.

## 1. 프로그램 규정설

헌법상 생존권 규정은 구체적이고 현실적인 권리가 아니고 단지 국가의 사회정책적 목표 내지 입법의 방향을 선언한 프로그램 규정에 지나지 않는다고 본다. 따라서 국가가 생존권의 실현에 필요한 입법을 하지 않는 한 헌법규정만으로 국민은 국가에 대하여 그 의무이행을 재판상 청구할 수 없으며, 또한 그에 관한 입법의 태만을 헌법위반이라 하여 사법적 구제를 구할 수도 없다고 한다.

## 2. 법적 권리설

헌법상 규정된 생존권을 단순히 프로그램 규정으로 보는 것은 생존권의 본질적 이념에 불성실한 것이라고 보는 견해이다. 따라서 생존권의 헌법규정은 국민의 국가에 대한 법적 권리를 규정한 것으로 보고, 국가는 이에 대응하는 법적 의무를 진다고 이해하고 있다.

법적 성격을 어떻게 이해하느냐에 따라 학설이 나뉜다.

### 1) 추상적 권리설

생존권이 헌법에 명시적으로 규정되어 있는 이상 추상적이기는 하나 법적 권리이며, 국가는 생존권 보장을 위한 입법 등을 강구할 추상적 의무를 진다고 보는 설이다. 현재 우리나라의 다수설이며, 헌법재판소도 기본적으로 이 입장을 취하고 있다.

프로그램 규정설이 기본적으로 생존권의 권리성을 부인하고, 국가의 의무도 강제할 수 없으며 단지 정치적·도덕적 책임으로 해석함에 반하여, 추상적 권리설은 생존권이 추상적이기는 하지만 원칙적으로 법적 권리이고, 국가의 의무이행이 재판에 의하여 강제될 수는 없더라도 헌법에 기인한 법적 의무가 있다고 보는 것이다.

프로그램 규정설과 추상적 권리설은 구체적인 입법이 없는 한 생존권은 현실적 권리로서 사법적 구제를 받을 수 없다고 보는 점에서 일치하고 있으므로, 양 설의 실질적인 내용에는 차이가 없다.

#### 2) 구체적 권리설

생존권에 관한 헌법규정은 그것을 구체화하는 입법이 존재하지 않는 경우에도 현실적으로 국가에 대하여 일정한 급부를 청구할 수 있는 구체적 권리이며, 국가는 이를 적극적으로 보장할 법적 의무를 진다고 보는 설이다. 즉, 생존권을 구체화하기 위한 입법이 존재하지 않더라도 현실적으로 효력을 가지는 완전한 권리라고 보는 것이다.

생존권을 구체적 권리로 이해하는 한 이것은 자유권적 기본권과 마찬가지로 구체적 입법이 없이도 헌법규정 그 자체에 의해 재판상 구제를 받을 수 있는 권리가 되어야 한다고 한다. 다만, 어느 정도로 재판규범으로서의 효력을 인정할 것인가에 대해서는 견해가 나뉜다(권영성, 1986 : 375). 이러한 종류의 권리구제소송이 현행법상의 소송유형에는 존재하지 않기 때문에 이러한 권리구제소송을 수용하기 위해서는 그에 관한 헌법소송법을 제정할 필요가 있다는 설, 행정소송법 제1조의 규정에 따라 국가의 부작위위법확인소송 또는 작위의무화소송을 제기할 수 있다는 설, 헌법상 보장되는 권리가 절차법이라는 하위법의 흠결 때문에 보장될 수 없다는 것은 역논리이며, 기본적 침해에 대해서는 반드시 법적 구제가 가능해야 한다는 설 등이 있다.

#### 3) 불완전한 구체적 권리설

생존권에 대해 불완전하나마 구체적 권리로 파악하는 적극적인 자세가 필요하다는 것을 강조한다(권영성, 1994 : 641-642). 그 이유는 첫째, 모든 헌법규정은 공동체 구성원들의 헌법생활에서 반드시 실현되어야 할 재판규범이라는 점이다. 어떤 규정은 재판규범이고 어떤 규정은 프로그램 규정이라는 해석은 헌법에 그에 관한 명문규정이 없는 한 독단적이고 자의적 해석일 수밖에 없다는 것이고, 둘째, 경제적으로 열악한 상황에 처한 절대빈곤층과 사회적 빈곤층에게는 자유권이나 정치적 기본권이 아니라 생존권의 실질적 보장이 가장 절실한 의미를 가지기 때문이며, 셋째, 복지국가적 성격을 지향하거나 그러한 성격을 가지는 국가인 경우에는 생존권의 실현에 중점을 두지 않으면 안 된다는 것이다. 국가의 성격을 복지국가의 원리 구현에 두면서 생존권을 프로그램적인 것 또는 추상적 권리로 이해한다는 것은 논리적 모순일 수밖에 없다는 것이고, 넷째, 헌법재판제도가 확립된 경우 헌법재판을 통해 헌법불일치, 입법촉구 결정을 하는 것이 불가능한 일은 아니라는 것 등이다.

생존권은 자유권처럼 직접적으로 효력이 발생하는 완전한 의미에서의 구체적 권리는 아니지만, 일부 청구권적 기본권이나 정치적 기본권과 동일한 수준의 권리로 이해되고 있다. 이 입장의 특징은 입법이 없거나 불완전한 경우에 헌법재판소는 헌법불합치 결정은 물론 입법촉구 결정까지 할 수 있다는 점을 강조한다.

결론적으로 생존권, 특히 인간다운 생활을 할 권리가 정신적 자유에 못지않게 중요한 의미를 가진다는 점을 감안하고, 생존권의 법적 권리성에 관하여 보다 적극적인 이론구성이 필요하다는 입장에서 생존권을 불완전하나마 구체적인 법적 권리의 범주에 속하는 것으로 해석하고자 한다(권영성, 1994 : 653).

## 제3절 생존권의 내용과 구조

헌법은 제10조에서 모든 기본권 보장의 이념적 전제와 목적으로서 인간의 존엄성 존중과 행복추구권을 규정하고, 전문에서는 모든 영역에 있어서 각인의 기회균등과 국민생활의 균등한 향상을 기할 것을 선언하여 생존권 보장의 기본 방향을 제시하고 있다. 제34조 제1항에서는 “모든 국민은 인간다운 생활을 할 권리를 가진다”라고 규정하여 주된 기본권으로서의 생존권의 원칙을 밝힘과 동시에 인간다운 생활을 할 권리를 선언하고, 동조 제2항은 "국가는 사회보장·사회복지의 증진에 노력할 의무를 진다"라고 하여 국가의 사회보장과 사회복지의 증진의무를 규정하였다. 이에 근거하여 동조 제3~6항은 여자, 노인, 청소년, 장애인, 생활무능력자에 대한 국가의 보호정책 실시의무와 법률이 정하는 바에 의한 국가의 보호의무를 규정하여 적극적인 국가의 책임을 규정하고 있다. 또 제119조 제2항에서는 국가가 생존권적 기본권을 보장하기 위하여 경제에 관한 규제와 조정을 할 수 있다고 규정하고 있다.

그 밖에 헌법은 교육을 받을 권리(제31조), 근로의 권리(제32조), 근로3권(제33조), 환경권(제35조), 보건권(제36조 제3항) 등 생존권의 이념과 목적을 구체적으로 실현하기 위한 수단으로서의 성격을 갖는 개별적 생존권들을 규정하고 있다(권영성, 2006 : 637-638). 이하에서 헌법에서 규정하고 있는 일련의 생존권 규정 중 핵심인 인간다운 생활을 할 권리(제34조)에 대하여 살펴보기로 한다.

## 제4절 인간다운 생활을 할 권리

### 1. 의 의

헌법 제34조 제1항은 "모든 국민은 인간다운 생활을 할 권리를 가진다"라고 하여 인간다운 생활권을 보장하고 있는데, 인간다운 생활권 조항은 일련의 생존권적 기본권의 핵심이며 이념적·총칙적 규정이라고 할 수 있다.

### 2. 인간다운 생활을 할 권리의 주체

헌법 제34조 제1항의 인간다운 생활을 할 권리의 주체는 국민이다. 이때의 국민에는 자연인만이 포함되고 법인은 포함되지 않는다.

## 3. 인간다운 생활을 할 권리의 내용

### 1) 인간다운 생활의 의미

헌법 제34조 제1항에서 규정한 '인간다운 생활'은 헌법 제10조에서 규정한 인간으로서의 존엄과 가치의 유지에 상응하는 건강하고 문화적인 생활을 말한다. 그런데 인간으로서의 존엄과 가치의 유지에 상응하는 건강하고 문화적인 생활의 구체적인 수준은 역사적 단계마다, 그리고 그 사회의 경제·문화적 구조에 따라 상이하기 때문에 어느 정도 수준의 생활이 이 권리의 내용을 구성하는가는 일률적으로 규정하기 어렵다. 그러나 헌법에 규정된 인간다운 생활의 내용을 불확정적·추상적 개념이라 하여 계속 법적 평가의 대상에서 제외한다면, 그 권리의 내용은 불안정한 것이 되고 말 것이다. 그러므로 건강하고 문화적인 생활수준은 특정의 시점에서 그리고 특정한 국가에서 일단 이론적으로 결정될 수 있을 것이다(사회보장기본법 제10조 제3항 참조). 따라서 그 수준은 결코 한때의 국가예산상의 형편에 따라서 좌우될 것이 아니라 그것이 예산편성을 지도하고 지배해야 할 것이다(권영성, 2006 : 643). 우리 헌법재판소는 "인간다운 생활이란 그 자체가 추상적이고 상대적인 개념으로서 그 나라의 문화의 발달, 역사적·사회적·경제적 여건에 따라 어느 정도는 달라질 수 있는 것이고, '최소한도의 조치' 역시 국민의 사회의식의 변화, 사회·경제적 상황의 변화에 따라 가변적인 것이므로, 국가가 인간다운 생활을 보장하기 위한 생계급여의 수준을 구체적으로 결정함에 있어서는 국민 전체의 소득수준과 생활수준, 국가의 재정규모와 정책, 국민 각 계층의 상충하는 갖가지 이해관계 등 복잡 다양한 요소를 함께 고려해야 한다(헌재 2004. 10. 28.[2002 헌마328])"라고 판시하고 있다.

### 2) 인간다운 생활의 수준

헌법상 보장하는 인간다운 생활수준은 어느 정도의 수준인가? 첫째, 현상적 인간이 생물학적 차원에서 생명을 보전하고 건강을 유지할 수 있는 정도의 생물학적 최저생존수준설, 둘째, 육체적 · 정신적 통일체로서의 인간이 정상적인 사회생활을 할 수 있는 정도의 인간적 최저생존수준설, 셋째, 정신적 존재로서의 인간이 자신의 인생을 자신의 가치관에 따라 자율적으로 설계하고 추구할 수 있는 정도의 이상적 생존수준설 등의 입장에서 검증해 볼 수 있다. 결국 인간존엄성의 완전한 실현을 보장하는 수준은 셋째의 이상적인 생존수준이겠지만, 현실적인 실현 가능성에 일정한 한계가 있으므로 둘째의 인간적인 최저생활수준에 머무를 수밖에 없을 것이다(권영성, 2006 : 643).

## 4. 국가의 인간다운 생활을 보장해야 할 의무

헌법 제34조 제1항에서 규정한 모든 국민의 인간다운 생활을 보장하기 위하여 제2항에 "국가는 사회보장 · 사회복지의 증진에 노력할 의무를 진다"라고 규정하여 사회보장 · 사회복지의 증진의무를 국가에 부과하고 있다.

사회보장 · 사회복지는 국민의 생존권을 보장하기 위한 국가의 종합적인 시책이다. 특히 저소득층이나 근로자계층 등 모든 국민의 생활안정을 위한 정책이나 제도를 말하며, 여기에는 의료보장, 소득보장뿐만 아니라 사회복지서비스를 통한 재활과 사회복귀까지 보장하는 것이다.

헌법 제34조 제1항과 제2항은 국민 일반에 대해서 기술하고 있지만, 제3~6항은 여자, 노인, 청소년, 장애자, 빈곤자 및 재해자의 특별한 보호를 규정하고 있다. 구체적으로 살펴보면, 제3항에서 "국가는 여자의 복지와 권익의 향상을 위하여 노력하여야 한다"라고 규정하고, 제4항에서 "국가는 노인과 청소년의 복지 향상을 위한 정책을 실시할 의무를 진다"라고 규정하였으며, 제5항에서는 "신체장애자 및 질병, 노령, 기타의 사유로 생활능력이 없는 국민은 법률이 정하는 바에 의하여 국가의 보호를 받는다"라고 하였다. 또한 제6항에서는 "국가는 재해를 예방하고 그 위험으로부터 국민을 보호하기 위하여 노력하여야 한다"라고 하였다. 일반적으로 생활 미자립자는 생활능력이 미흡하거나 생활능력을 상실한 사람들이며, 이러한 특성은 여성, 아동, 노인, 장애인, 빈곤자에게 주로 나타나기 때문에 국가에서 이들의 보호에 특별히 관심을 보이도록 한 것이다.

국민의 인간다운 생활을 보장하기 위해서 경제질서에 관한 규제와 조정의 방법을 이용할 수 있다. "헌법은 개인과 기업의 경제상의 자유와 창의를 존중함을 경제질서의 기본으로 삼으면서도(제119조 제1항), 국가는 균형 있는 국민경제의 성장 및 안정과 적절한 소득의 분배를 유지하고, 시장의 지배와 경제력의 남용을 방지하며, 경제주체 간의 조화를 통한 경제의 민주화를 위하여 경제에 관한 규제와 조정을 할 수 있다(제119조 제2항)"라고 규정한 것이 그것이다.

# 제10장 사회복지법의 법률관계

사회복지법의 법률관계란 사회복지법상의 당사자가 가지는 권리와 의무의 관계를 말한다. 사회복지법을 통해 개인은 국가에 대하여 급여 및 서비스를 청구할 수 있는 법적 권리를 갖게 되고, 국가는 이에 상응하는 의무를 지게 된다. 사회복지법의 실행과정에서 구현하려는 권리의 핵심은 각 사회복지법상의 대상자가 향유하는 사회복지수급권이므로 이를 중심으로 사회복지법의 법률관계를 논하여 본다.

## 제1절 사회복지수급권

### 1. 의 의

사회복지수급권이란 사회복지법상의 사회복지서비스를 받을 권리를 말한다.

헌법은 제34조 제1항에서 "모든 국민은 인간다운 생활을 할 권리를 가진다"라고 규정하여 헌법상 주된 기본권으로서의 생존권의 원칙을 밝힘과 동시에 인간다운 생활을 할 권리를 선언하고, 동조 제2항은 "국가는 사회보장·사회복지의 증진에 노력할 의무를 진다"라고 하여 국가의 사회보장과 사회복지의 증진의무를 규정하였다. 또한 헌법은 동조 제3~6항에서 여자, 노인, 청소년, 장애인, 생활무능력자에 대한 국가의 보호정책 실시의무와 법률이 정하는 바에 의한 국가의 보호의무를 규정하여 적극적인 국가의 책임을 규정하고 있으며, 또한 교육을 받을 권리(제31조), 근로의 권리(제32조), 근로3권(제33조), 환경권(제35조), 보건권(제36조 제3항) 등 개별적 생존권 규정과 제119조 제2항에서는 경제에 관한 규제와 조정권을 규정하고 있다.

사회복지수급권은 이와 같이 헌법상 보장된 생존권을 실현하기 위하여 제정된 개별 사회복지법에 근거하여 갖는 구체적인 권리를 말한다. 즉, 금전적 급여를 통한 최저한도의 생활보장과 자립을 목적으로 하는 생활보호, 비금전적 급여를 통한 재활, 생활안정과 복지의 증진을 목적으로 하는 사회복지서비스에 대한 급여청구권을 말한다.

사회복지수급권이 단순히 국가 행정행위의 반사적 이익[1]이거나 또는 구빈의 관점에서 부여된 시혜적인 것이 아니고, 법적 권리로서 인정받게 된 배경은 정치적·경제적·사회적 변화와 관련된다. 자유권을 중심으로 하는 시민법체계가 한계에 부딪히게 됨에 따른 그 수정의 원리로, 시민의 권리로서 생존권이 헌법상 주요한 기본권으로 등장하였다. 즉, 18, 19세기의 기본권으로서의 자유권은 전근대적인 모든 제약, 즉 신분제도 및 종교적 속박으로부터 시민을 해방하였고, 자본주의 경제질서의 이념이 되어 고도의 번영과 발전을 가져다줄 것으로 기대되었다. 그러나 고도로 발달한 자본주의는 빈부의 격차, 계급 간 대립의 격화, 실업자의 급증 등 많은 사회문제를 야기함으로써 실질적인 부자유, 불평등을 초래하였다.

20세기에 접어들면서 무산대중의 인간다운 생활을 보장하기 위해서는 형식적인 국가로부터의 자유의 보장 대신 국가의 적극적인 개입에 의해 실질적인 자유를 보장하여야 한다는 주장이 제기되었는데 이러한 자유권적 이념의

1 ① 반사적 이익 : 법규가 권리를 부여하였기 때문에 받는 이익이 아니라, 법규가 사회 일반을 대상으로 하여 정한 규정의 반사적 효과로서 받는 간접적인 이익이다. 법규시행의 결과 그 반사로서 일정한 이익을 누릴 뿐 개인은 그것을 권리로서 적극적으로 청구할 수 없다. 예컨대 각종 교통법규 덕분에 사람들이 안전하게 왕래할 수 있는 것은 법률에 의한 반사적 이익에 지나지 않는다.

② 권리 : 특정인에게 일정한 이익을 향수하도록 하기 위하여 부여된 법이 인정하는 힘(권리법력설)이다.

③ 권한 : 타인에게 일정한 법률효과를 발생하게 하는 행위를 할 수 있는 법률상의 자격을 말한다. 예컨대 사회복지법인 조직에서 이사의 대표권이나 이사회의 의결권 등은 법인에 법적 효력을 발생하게 하는 것이기 때문에 권리라기보다는 권한으로 보아야 할 것이다.

④ 권능 : 권리의 내용을 이루고 있는 각 법률상의 힘을 말한다. 예컨대 소유권은 권리이지만, 그 내용인 사용권, 수익권, 처분권 등은 권능이다. 따라서 권리의 내용이 하나의 권능으로 성립하는 경우에 권리와 권능은 같다.

수정에서 생긴 것이 생존권이다.

이 사회복지수급권은 헌법상 생존권적 기본권의 법적 성격을 어떻게 보느냐에 따라 그 보장의 정도가 달라질 것이다. 생존권의 법적 성격에는 프로그램 규정설과 법적 권리설이 있으며, 법적 권리설은 다시 추상적 권리설, 구체적 권리설, 불완전한 구체적 권리설 등으로 나뉜다(제6장 사회복지법의 이념에서 전술함).

## 2. 사회복지수급권의 규범적 구조

사회복지수급권의 규범적 구조란 사회복지법상의 수급권의 내용과 형식의 체계화를 말한다. 역사적으로 볼 때 수급권의 내용과 실현방식은 각 국가의 발달 정도나 정치 · 경제 · 사회 · 문화적 성숙도에 따라 다르게 나타나고 있다.

사회복지수급권의 규범적 구조에 관하여는 일반적으로 실체적 권리, 수속적 권리, 절차적 권리로 분류한다.

첫째, 실체적 권리란 사회복지수급권이 보장되는 핵심적 권리로서 사회복지대상자들이 해당 사회복지법에 의거하여 실체적인 사회복지급여를 청구할 수 있는 구체적인 권리인 사회복지수급권을 말한다. 실체적 권리의 내용에는 수급권자, 수급요건, 급여종류 및 수준, 재정조달, 전달체계, 수급권의 보호와 제한 등이 포함되어야 한다. 실체적 권리의 유형에는 사회보험법에 의한 사회보험청구권, 공공부조법에 의한 공공부조청구권, 사회서비스법에 의한 사회서비스청구권이 있다.

둘째, 수속적 권리란 사회복지급여를 받기 위해 적절한 절차에 참가하는 권리를 말한다. 즉, 수급권자가 사회복지급여청구권의 실현을 위한 일련의 과정이 본래의 수급권 보장의 목적에 알맞게 진행되어야 할 것을 요구하는 권리를 말한다. 사회복지급여를 받기 위해서는 복지대상자의 신청에서 시작하여 조사를 거쳐 수급권의 내용이 결정되고, 마지막에 급여가 실시되는 일련의 모든 과정이 필요한데, 이 모든 과정이 인간다운 생활에 알맞게 전개되도록 요구하는 권리인 것이다. 수속적 권리의 내용은 수속 전 단계와 수속단계로 나누어져 있는데, 수속 전 단계에서 권리는 사회복지급여에 대한 각종 정보를 요구하는 권리, 상담과 조언을 요구할 수 있는 권리, 각종 사회복지기관을 이용할 권리가 있고, 수속단계에서 권리는 신청, 조사, 결정, 실시의 각 단계에서 사회복지대상자의 권리가 침해되지 않도록 진행될 것을 요구하는 권리이다.

셋째, 절차적 권리란 실체적 권리의 실현이 보장되지 않는 경우 이를 보전, 이행, 강제를 구체적으로 실현하는 절차와 관계된 권리를 말한다. 절차적 권리에는 사회복지급여쟁송권, 사회복지행정참여권, 사회복지입법청구권이 있다.

사회복지급여쟁송권이란 실체적 권리인 사회복지급여청구권이 위법 또는 부당한 행정기관의 조치에 의하여 침해되었을 때 이의 구제를 신청하는 권리를 의미한다. 여기에는 행정심판인 행정적 구제와 행정소송을 통한 사법적 구제가 있다. 사회복지행정참여권이란 사회복지행정 과정에 사회복지대상자나 국민이 참여할 권리를 의미한다. 사회복지행정은 전문적이며, 기술적인 경우가 많고, 급여도 금전적 급여뿐만 아니라 비금전적 급여가 많아 사회복지행정기관의 재량의 여지가 많다. 그러므로 이러한 재량권의 남용을 막고, 적절한 욕구의 충족에 기여하기 위해서 사회복지행정참여권은 중요한 의미를 가진다. 사회복지입법청구권이란 생존권 보장을 위해 사회복지급여를 제공하는 구체적인 법률이 제정되지 않았거나 제정되었더라도 불충분한 경우 사회복지 입법을 추진하거나 그 개정을 청구할 수 있는 권리를 말한다.

이상과 같은 사회복지수급권을 도식화하면 ❙그림 10-1❙과 같다.

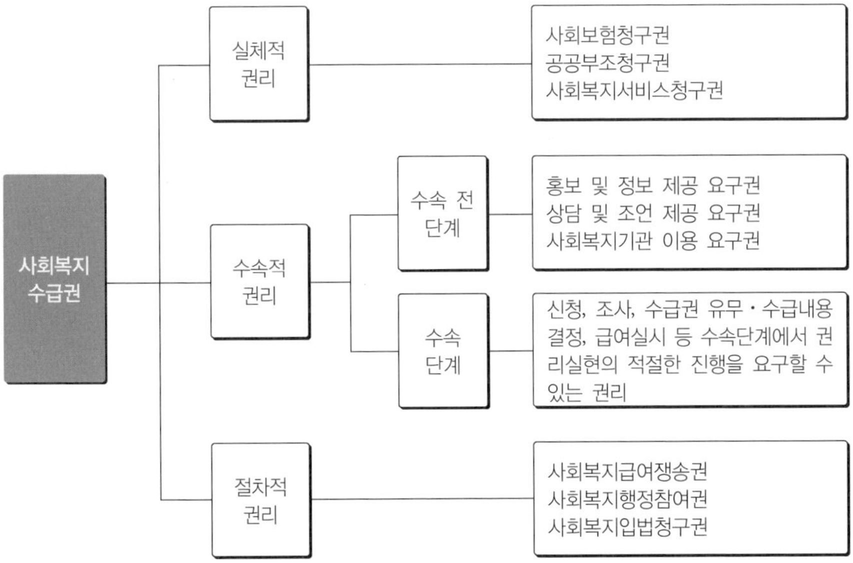


**| 그림 10-1 |** 사회복지수급권의 구조

## 제2절 수급자의 권리보호

사회복지수급권은 그 권리실현이 취약하다. 그 이유는 다음과 같다.

첫째, 사회복지수급권이 헌법상 생존권을 구체적으로 실현하기 위한 사회복지법상의 사회복지서비스에 대한 급여청구권이지만, 현실적으로 우리나라와 같이 사회복지의 역사가 짧은 경우에는 사회복지급여가 국민의 권리인 동시에 국가의 의무관계로서 수급되지 않고, 단순히 국가 행정행위의 반사적 이익이거나 또는 구빈의 관점에서 부여된 시혜적인 것으로 인식되는 경향이 많기 때문에 권리로서 취약성을 가지는 것이다.

둘째, 사회복지급여는 현금이나 현물급여 이외에 사회복지서비스라는 비금전적이고 전문기술적인 급여에 의해서 이루어지는 점이 강한데, 이러한 급여는 유동적이고 개별적이기 때문에 그 권리실현을 계량화한다거나 표준화하여 법률로 규정하기가 곤란하다는 것이다.

셋째, 사회복지법은 공법적 성격과 사법적 성격을 가지고 있는데, 사회복지법의 사법적 성격은 개인 간의 계약관계에 관한 사적 자치가 중요하다. 이 사적 자치의 측면이 사회복지수급권의 권리성을 취약하게 하는 요인이 되고 있다.

이처럼 사회복지수급권의 권리성 약화의 위험 때문에 수급자의 권리를 보호할 필요가 있고, 따라서 사회복지법에서는 침해당한 권리를 구제하기 위한 다양한 방법을 규정하고 있다.

## 1. 처분 · 압류 · 상계의 금지

민법상의 채권은 일반적으로 법률행위에 의하여 양도할 수 있지만 공법상의 권리는 양도할 수 없음이 원칙이다. 공법상의 권리 · 의무는 일신전속적이므로 그렇다. 공법적 성격을 지닌 사회복지수급권도 일신전속적[2]이어서 양도 · 담보제공 · 압류를 금지하고 있다. 사회보장기본법 제12조는 사회복지수급권의 양도, 담보제공, 압류금지를 규정하고 있다. 그리고 국민연금법 제58조, 국민건강보험법 제59조, 고용보험법 제38조, 산업재해보상보험법 제88조, 국민기초생활보장법 제35 · 36조에서도 양도 · 담보제공 · 압류 등을 금지하고 있다. 또한 사회복지사업법 제48조를 비롯한 사회복지서비스법에도 압류를 금지하는 규정들이 있다. 이러한 규정들은 수급권자의 사회복지수급권을 보호하기 위한 일련의 조치라 할 수 있을 것이다.

사회복지급여가 실제로 수급권자에게 직접 귀속될 필요에서 압류를 금지 · 제한하고 있는 것과 같이 상계[3]도 금지 · 제한되어야 함은 물론이다. 우리나라는 상계에 관한 규정을 전혀 두고 있지 않거나 또는 부당이득 등의 반환청구권을 능동채권으로 할 때에 한하여 인정하는 등 일부 사회복지법[4]이 인정하는 규정을 두고 있다(이상광, 2002 : 637-649).

---

2 '일신전속성'이란 권리의 향유 및 행사가 특정 권리자의 일신에 전속하여 권리자와 분리할 수 없는 성질을 말한다. 따라서 양도, 상속이 허용되지 않는 성질을 가지고 있다. 예컨대 일신전속적 권리에는 인격권, 가족권, 부양청구권, 친권 등이 있다.

3 '상계'란 채권자와 채무자가 동종의 채권과 채무를 가지는 경우 그 채권과 채무를 대등액에 있어서 소멸하게 하는 일방적 의사표시를 말한다(민법 제492~499조 참조).

4 국민연금법 제57조 제5항, 국민건강보험법 제47조 제4항, 군인연금법 제38조의2.

## 2. 불이익변경금지의 원칙

불이익변경금지란 이미 결정된 사회복지급여에 대하여 정당한 이유 없이 변경하는 것은 기득권을 침해하는 행위가 되므로 이를 금지한다는 것이다. 국민기초생활보장법 제34조에서는 "수급자에 대한 급여는 정당한 사유 없이 수급자에게 불리하게 변경할 수 없다"고 하여 불이익변경의 금지를 규정하고 있고, 일정 사유로 수급자에 대하여 수급품의 전부 또는 일부의 반환을 명할 때에도 "이미 이를 소비하였거나 그 밖에 수급자가 부득이한 사유가 있는 때에는 그 반환을 면제할 수 있다"라고 한 반환명령의 제한규정(제47조 제1항 단서조항)은 불이익변경금지를 나타낸 것이다. 이러한 불이익변경금지는 다른 여타의 다른 사회복지법규에 규정되어 있지 않더라도 동일한 취지로 해석되고 있다.

## 3. 조세 · 기타 공과금의 부과 금지

각국의 사회복지 입법례에서는 각종 사회복지급여에 대하여 조세 및 공과금의 부과를 금지하는 규정을 대부분 두고 있다. 이는 사회복지대상자들이 사회복지급여를 통해 인간으로서 최소한의 삶을 영위하게 하는 데 목적이 있으므로 조세나 기타 공과금을 부과하는 것은 타당하지 않다고 보기 때문이다.

우리나라의 경우 국민연금법 제60조에서는 "이 법에 따른 급여로 지급된 금액에 대하여는 조세특례제한법이나 그 밖의 법률 또는 지방자치단체가 조례로 정하는 바에 따라 조세, 그 밖에 국가 또는 지방자치단체의 공과금을 감면한다"고 규정하여 사회복지 관계 법률 등에 조세 · 기타 지방자치단체의 공과금의 부과를 금지하고 있다. 또한 산업재해보상보험법 제91조에서도 공과금의 면제규정을 두고 있는데, 이것은 생존권을 보장하기 위하여 사회복지법이 사회복지수급권을 보호하려는 목적에서 취한 금지 조치이다.

## 제3절 수급자의 의무

사회보장기본법은 “관계 법령에서 정하는 바에 따라 다른 사람에게 양도하거나 담보로 제공할 수 없으며(제12조)”라고 규정하고 있다. 이 의무도 사회복지수급권의 일신전속권적 성격에 근거한다.

국민기초생활보장법은 “수급자는 거주지역, 세대의 구성 또는 임대차 계약내용이 변동되거나, 제22조 제1항 각 호의 사항이 현저하게 변동되었을 때에는 지체 없이 관할 보장기관에 신고하여야 한다”라고 규정(제37조)하여 수급자에게 수급조건 변경에 대한 신고의무를 부여하고 있다. 이에 대하여 수급자는 신의성실원칙에 따라 임해야 한다는 의견도 있다.

또한 사회복지급여에서의 수급자의 의무는 급여제공자의 복지제공책임의 수행에 응하여 그 책임이행 과정이 원활하게 이루어지고, 그 결과 수급자의 복지향상을 도모하려는 측면도 있다. 즉, 국민기초생활보장법에서 “보장기관은 수급권자 또는 부양의무자가 급여의 결정 및 실시를 위한 조사를 거부·방해 또는 기피하거나 검진지시에 따르지 아니한 때에는 급여신청을 각하할 수 있다(제22조 제8항)”라고 규정하여 수급권자의 조사순응의무를 부여하고 있다.

나아가 사회복지급여의 남용도 금지되는데, 사회복지급여 지급사유가 없음에도 불구하고 있는 것처럼 하여 사회복지급여를 지급받는 행위, 낮은 정도의 사회복지급여 지급사유에도 불구하고 높은 정도의 지급사유가 있는 것처럼 꾸며 높은 수준의 급여를 지급받는 행위, 사회복지급여를 부당하게 장기화시키는 행위들이 여기에 해당한다(장동일, 2001).

## 제4절 사회복지수급권의 소멸

사회복지수급권은 사망과 포기 및 시효로 소멸한다.

### 1. 사 망

사회복지수급권은 일신전속적인 권리이므로 수급권자의 사망으로 권리가 소멸한다. 개별 사회복지법에서는 이에 관한 규정을 두고 있다.[5] 수급권자가 실종선고[6]를 받은 경우도 마찬가지이다.

### 2. 포 기

사회복지수급권은 공법상의 권리로서 처분이나 양도가 금지되어 있으므로 포기가 가능한지에 대한 의문이 있을 수 있다. 개인적 공권은 사회 전체의 이익을 위하여 필요한 것이기 때문에 포기하는 것은 이런 목적을 훼손하므로 포기를 할 수 없다는 견해가 있을 수도 있다. 그러나 국가의 사회복지급여나 서비스를 받겠다는 동기가 결여된 사람에게 이런 이익처분을 강제할 수는 없으므로 포기할 수 있다고 본다. 사회보장기본법 제14조에서는 "사회보장수급권은 정당한 권한이 있는 기관에 서면으로 통지하여 포기할 수 있다(제1항). 사회보장수급권의 포기는 이를 취소할 수 있다(제2항). 사회보장수급권을 포기하는 것이 다른 사람에게 피해를 주거나 사회보장에 관한 관계 법령에 위반되는 경우에는 사회보장수급권을 포기할 수 없다(제3항)"고 하여 포기와 포기의 취소를 인정하고 있다.

5 국민연금법 제75조 제1항 제1호, 공무원연금법 제59조 제1항 제1호, 군인연금법 제29조 제1항 제1호.

6 '실종선고'란 부재자의 생사불명의 상태가 일정 기간 계속된 경우에 가정법원의 선고에 의하여 사망으로 의제하는 제도를 말한다(민법 제27~29조 참조).

### 3. 시 효

사회복지수급권을 수급권자가 일정한 기간 동안 행사하지 아니하면 시효에 의하여 그 권리가 소멸한다. 사회복지법에서는 수급권에 대한 통일된 시효규정은 없으며, 개별 사회복지법에서 각각 규정하고 있다.[7] 사회복지법에서 시효에 관한 규정을 두고 있지 않는 경우에는 민법 규정(제162조)에 의하여 시효가 소멸한다.

## 제5절 벌 칙

사회복지법은 법의 목적을 달성하기 위하여 일정한 대상자에게 의무를 부과하고 이를 위반하는 자에게는 일정한 벌칙을 가하는 강제규정을 두고 있다. 이것은 행정벌로서 행정형벌과 행정질서벌로 구별된다. 보통 형사벌이 반사회적 행위에 대한 처벌인 것과 달리, 행정벌은 사회복지법의 목적 실현을 위한 국가의 명령이나 금지를 위반한 자에 대한 처벌을 의미한다.

### 1. 행정형벌

행정형벌은 형법에 규정되어 있는 명칭의 벌(사형, 징역, 금고, 벌금, 구류)이 가해지는 행정벌을 의미한다. 이 행정벌에는 형법총칙과 형사소송법이 적용된다.

사회복지법에 규정된 행정형벌은 징역 또는 벌금이다. 사회복지사업법은 "누구든지 정당한 이유 없이 사회복지시설의 설치를 방해하여서는 아니 된다"라는 시설설치방해금지 규정(제6조 제1항)을 두고, "이에 위반한 자는 1년 이하의 징

7 국민건강보험의 보험급여를 받을 권리에 대한 시효는 3년(제91조 제1항), 국민연금법상의 급여를 지급받을 권리에 대한 시효는 5년(제115조 제1항), 고용보험법상의 급여를 지급받을 권리에 대한 시효는 3년(제107조 제1항), 산업재해보상보험법상의 급여를 지급받을 권리에 대한 시효는 3년(제112조 제1항), 공무원연금법(제81조 제1항)·사립학교교직원연금법(제54조 제1항)상의 시효는 단기급여 3년, 장기급여 5년 등이다.

역 또는 1천만 원 이하의 벌금에 처한다(제54조 제1호)"라고 규정하였다. 대부분의 사회복지법은 이와 같은 징역 또는 벌금을 과하는 규정을 두고 있다.

그런데 이와 같은 행정형벌은 보통 행위자뿐만 아니라 법인도 함께 처벌하는 양벌규정의 형태(사회복지사업법 제56조 참조)를 갖추고 있어서, 법률상 의무위반의 실질적 책임이 있다고 생각되는 법인뿐만 아니라 행위자인 본인도 함께 처벌하도록 규정하여 법집행의 실효성을 높이고 있다.

## 2. 행정질서벌

행정질서벌이란 행정상의 무질서를 야기할 우려가 있는 경미한 의무위반에 대해서 행해지는 제재로, 형법상의 벌(형벌)이 아닌 과태료가 부과되는 것을 말한다. 사회복지사업법은 사회복지법인이 아닌 자의 사회복지법인 용어 사용의 금지(제31조), 법인의 재산취득 시 시·도지사에의 보고의무(제24조) 등의 규정을 위반한 자에게 300만 원 이하의 과태료에 처한다(제58조).

# 제11장 사회복지법의 해석과 적용

## 제1절 사회복지법의 해석과 적용

### 1. 법의 해석

#### 1) 법의 해석의 의의

보통 법규정은 구체적인 사회생활에서 널리 적용되기 위하여 일반적이고 추상적인 용어로 표현된다. 법해석은 사회생활에서 발생하는 구체적 사실관계에 대하여 법을 적용하기 위하여 일반적이고 추상적인 법규정의 의미와 내용을 명확히 밝히는 것이다.

#### 2) 법의 해석의 종류

법의 해석은 그것이 법적 구속력을 가지느냐의 여부에 따라 유권해석과 학리해석으로 나누어진다.

**(1) 유권해석**

유권해석은 법을 제정하거나 적용하는 권한이 있는 국가기관에 의하여 법규범의 의미가 해석, 확정되는 구속력 있는 해석으로서, 이에는 다시 입법해석, 사법해석, 행정해석이 있다.

① 입법해석은 입법기관이 법조문 자체에 해석규정을 둠으로써 특정한 법규의 내용 또는 문구의 의미를 밝히는 것을 말한다. 이는 법령을 통해서

법령의 용어를 해석하는 경우이다. 사회보장기본법 제3조 제4호의 "'사회서비스'란 국가·지방자치단체 및 민간 부문의 도움이 필요한 모든 국민에게 복지, 보건의료, 교육, 고용, 주거, 문화, 환경 등의 분야에서 인간다운 생활을 보장하고 상담, 재활, 돌봄, 정보의 제공, 관련 시설의 이용, 역량 개발, 사회참여 지원 등을 통하여 국민의 삶의 질이 향상되도록 지원하는 제도를 말한다"라는 규정이 입법해석에 해당한다. 이 해석은 그 자체가 법규정이므로 절대적인 강제력을 갖는다.

② 사법해석은 법원, 특히 대법원의 판결의 형식으로 나타나는 법의 해석을 말한다. 영미법 국가에 있어서는 법원의 판례가 곧 법원이 되기 때문에 사법적 해석은 법적 구속력을 갖는다. 그러나 대륙법계에 속하는 성문법주의 국가에서는 영미에서와는 달리 판례가 완전한 구속력을 가지지 못하므로 사법적 해석이 절대적인 권위를 갖는다고는 볼 수 없다. 우리나라의 경우 성문법주의 국가이지만 대법원의 판결(법적 해석)이 당해사건에 관한 한 하급법원의 판결을 기속하므로 그 범위 내에서 사법해석이 인정된다고 볼 수 있다. 사법해석은 재판해석이라고도 한다.

③ 행정해석은 행정관청에 의하여 행하여지는 해석이다. 이 해석은 행정관청에서 법을 집행하는 형식으로 법을 구체적으로 해석하기도 하고 또는 상급관청의 하급관청에 대한 감독권의 일환으로서 회답, 훈령의 형식으로 이루어지기 때문에 법집행적 행정단계에서 매우 강력한 힘을 발휘한다. 그러나 행정해석에 이의가 있는 경우에는 행정쟁송절차(행정심판, 행정소송)에 의하여 변경·취소될 수 있는 것이어서 최종적인 권위를 갖는다고 볼 수는 없다.

### (2) 학리해석

학리해석은 법이론을 기초로 한 개인의 학리적(學理的) 사고에 기초하여 법규의 의미를 밝히는 것을 말한다. 학리해석은 강제력을 갖지 못하여 무권해석이라고도 하며, 이에는 문리해석과 논리해석이 있다.

① 문리해석

문리해석이란 법규의 자구와 문장의 문법적 의미를 기초로 법규의 의미를 해석하는 것을 말한다. 성문법은 자구와 문장으로 구성되어 있으므로 문리해석이 매우 중요하며, 다른 방법에 비해 기초적·제1차적 해석방법이다. 그런데 이 문리해석이 법규의 문자적 성질에 너무 의존하다 보면 법의 목적을 간과하게 될 위험성이 있다.

② 논리해석

논리해석이란 법규의 문법적 의미에 얽매이지 않고 논리적 법칙에 따라 법규의 의미를 해석하는 것이다. 이 해석방법은 법해석의 객관성을 보장하지만, 지나친 형식논리에 치우치게 될 경우 현실세계에 적합하지 아니한 모순이 발생된다는 단점이 있다. 논리해석은 구체적으로 확장해석, 축소해석, 반대해석, 물론해석, 보정해석, 연혁해석, 유추해석 등으로 구별된다.

가. 확장해석

법문의 문리적 의미가 법의 목적에 비추어 볼 때 너무 좁다고 생각하는 경우 법문의 자구를 보통의 의미보다 넓게 해석하여 법규 속에 잠재하고 있는 진의를 탐구하여 내리는 해석방법이다. 예컨대 "공원 안에 있는 수목을 꺾지 말라"는 언어적 표현을 화초도 포함하는 해석과 같다.

나. 축소해석

법문의 문리적 의미가 너무 넓기 때문에 이를 입법취지에 비추어 법문의 자구를 보통의 의미보다는 좁게 해석하여 법적 타당성을 확보하려는 해석방법이다.

다. 반대해석

법문에 일정한 사항이 규정되어 있는 경우에 기타의 사항에 대하여는 그 법이 규정한 것과 반대로 해석하는 해석방법이다.

라. 물론해석

법문에 일정한 사항이 규정되어 있는 경우에 법문으로써 명기되어 있지 않은 사항이라 할지라도 사물의 성질상 또는 입법정신에 비추어 보아 당연히 그 규정에 포함된 것이라고 해석하는 해석방법이다. 예컨대 '마차 통행금지'에는 우차가 포함됨은 물론 자동차도 당연히 포함된다고 해석하는 것이다. 확장해석은 법문의 자구 외로 확장해석하는 것이고, 물론해석은 법문의 자구 중에 다른 사항이 당연히 포함되어 있다고 해석하는 점에서 차이가 있다.

마. 보정해석(보충해석)

법문의 자구에 오류나 착오가 있어 의미전달에 문제가 발생할 때에 이를 보충하여 법의 참뜻에 알맞도록 해석하는 해석방법이다.

바. 연혁해석

법안의 이유서, 초안, 입법경과, 의사록, 전문가의 보고서 등 입법 당시의 기초자료를 활용함으로써 법의 의미를 밝히는 해석방법이다.

사. 유추해석

어떤 특정한 사항에 관하여 법령에 규정이 있으나 이와 유사한 다른 사항에 관해서는 법령에 규정이 없는 경우에 그 법령 규정의 입법취지 등을 고려하여 법령에 규정이 없는 사항에 관하여 이와 성질이 유사한 다른 사항에 관한 법령 규정을 적용하여 동일한 법적 효과를 인정하는 해석방법을 말한다. 유추는 준용과 구별하여야 한다. 유추는 법해석의 방법이고 준용은 입법기술상의 방법이기 때문에 차이가 있다. 준용은 비슷한 사항에 관하여 법률을 제정하는 경우에 중복적으로 규정하는 번거로움을 피하기 위하여 비슷한 법규를 그대로 적용할 것을 규정한 것이다.

## 2. 법의 적용

### 1) 법의 적용

법의 적용이란 법의 내용을 사회생활의 구체적인 사실관계에 실현시키는 것을 말한다.

법의 적용순서는 먼저 법이 적용될 구체적 사실을 확정하고(사실확정), 확정된 사실에 적용할 법을 찾아내며(법규범의 발견), 이를 해석하여 확정된 구체적 사실에 대하여 법을 적용하는(법의 해석) 삼단논법적 추리를 사용한다. 일반적으로 사실확정의 문제를 사실문제라고 하며, 법의 발견, 해석, 적용의 문제를 법률문제라고 부른다.

### 2) 사실의 확정

법을 적용하는 과정에서 기초가 되는 것은 법의 적용을 받게 될 사실관계를 확정하는 일이다. 사실관계의 확정은 법의 적용을 받게 될 사실의 존재 여부와 그 사실의 존재형태를 확정하는 것이다.

사실의 인정 내지 확정은 사회에 실제로 발생한 사건을 있는 그대로 자연적으로 인식하는 것이 아니라 법적으로 가치 있는 사실만을 선택하여 확정하는 법적 인식작용이다(홍성찬, 2002 : 153). 여기서 사실존재의 주장, 근거가 되는 것이 증거다. 간혹 증거의 입증을 면하기 위하여 법은 사실의 존재 또는 부존재를 추정하거나 간주하는 경우가 있다.

추정(推定)이란 법이 당사자의 입증의 불편을 피하기 위해서나 또는 공익상의 이유로 사실의 존재 또는 부존재를 일단 가정하고 법률효과를 부여하는 경우를 말한다. 그런데 추정은 입증을 기다리지 않고 그 사실의 존재를 가정하여 거기에 일정한 법적 효과를 인정하는 것이므로, 그로 인해 불이익을 당하는 자가 반증을 제시하면 전복될 수 있다.

간주(看做)란 공익 또는 기타 이유로 사실의 진실 여부와는 관계없이 일정한 사실을 기정사실로 확정하는 경우를 말한다. 법령으로 사용된 '간주한다' 또는 '본다'라는 용어가 해당된다. 예를 들면, "시·군·구 복지담당공무원은 사회복지사업법에 의한 보호대상자가 누락되지 아니하도록 하기 위하여 관할 지역 안에 거주하는 보호대상자의 보호를 직권으로 신청할 수 있는데, 이 경우 보호대상자의 동의를 얻어야 하며, 동의를 얻은 경우에는 보호대상자가 신청한 것으로 본다"라는 규정에서 확인할 수 있다. 이 간주는 추정처럼 상대적인 법률효과를 인정하는 것이 아니고, 절대적인 법률효과를 추정하는 것이므로 반증에 의해서 전복될 수 없다.

## 제2절 사회복지법의 분류

사회복지법의 해석은 실정법적인 성격에 따라 달라진다. 사회복지법은 실정법 차원에서 상위법과 하위법, 일반법과 특별법, 원칙법과 예외법, 강행법과 임의법, 신법과 구법으로 분류할 수 있다. 적용하려는 법이 어느 분류에 속하느냐에 따라 적용과 해석의 차이가 있다(김 훈, 2004 : 126-129).

### 1. 상위법과 하위법

법규범은 그것이 존재하는 형태에 따라서 수직적인 위계질서를 이루고 있다. 우리나라의 법체계를 보면 헌법을 정점으로 하여 법률, 시행령, 시행규칙, 자치법규(조례, 규칙)의 순서로 위계를 가지고 있다. 그러므로 법들은 상위법과 하위법의 관계에 있다. 하위규범들은 상위규범에 구속되어 그것을 위반할 수 없으며, 동시에 상위규범의 추상성을 구체화시켜 주는 역할도 하게 된다.

사회복지법들도 역시 법규범이기 때문에 이러한 수직적 체계 속에 있다. 그러므로 헌법의 규정을 위반한 하위의 개별 사회복지법률은 위헌법률이 되며, 그 효력이 상실된다.

### 2. 일반법과 특별법

법은 법적용 및 효력의 범위에 따라서 일반법(보통법)과 특별법으로 구별된다. 법적용 및 효력의 범위가 넓은 법을 일반법이라고 하며, 제한된 영역에서 적용되는 법을 특별법이라고 한다. 이 구분은 첫째, 법이 적용되는 '사람'을 기준으로 일반 국민에게 적용되는 법(국민건강보험법)과 특정 신분에 적용되는 법(의료급여법), 둘째, 법이 적용되는 '사항의 범위'를 기준으로 일반적 사항에 적용하는 법(사회복지사업법)과 특별한 사항에 적용하는 법(노인복지법), 셋째, 법이 적용되는 '지역적 범위'를 기준으로 전국적 지역에 적용되는 법(국민기초생활보장법)과 특정 지역에만 적용되는 법(서울특별시의 복지 조례나 규칙) 등 세 가지 형태로 구별된다. 일반법과 특별법은 상대적 개념으로 비교대상에 따라 일반법이었던 법이 특별법이 될 수도 있고, 특별법이었던 법이 일반법이 될 수도 있다.

일반법과 특별법 구분의 실익은 "특별법은 일반법을 우선한다"라는 원칙에 의해서 우선 특별법을 적용하고, 그 보충으로 일반법을 적용한다는 점에 있다. 예를 들면, 아동의 입양에 관해서 아동복지법이 일반법이고, 입양특례법이 특별법이 되므로 아동입양에 관해서는 아동복지법보다는 입양특례법이 우선 적용된다.

### 3. 원칙법과 예외법

원칙법이란 일정한 사항에 대해서 일반적으로 적용되는 법을 말하고, 예외법이란 그 일정한 사항에 관하여 특별한 사정이 있는 경우 그 예외를 인정함으로써 원칙법을 배제하여 적용되는 법을 말한다. 일반법과 특별법의 관계와 달리 예외법은 원칙법의 적용을 완전히 배제하므로 원칙법이 예외법에 대해서 보충관계에 있지 않다. 보통 여러 가지의 법령에서 보이는 단서규정은 대체로 예외법이라고 할 수 있다. 사회복지사업법 제34조 제2항의 "국가 또는 지방자치단체 외의 자가 시설을 설치·운영하고자 하는 때에는 보건복지부령이 정하는 바에 의하여 시장·군수·구청장에게 신고하여야 한다"라는 부문은 사회복지시설의 설치주체에 관한 원칙법에 해당하고, "폐쇄명령을 받고 3년이 경과되지 아니한 자는 시설의 설치·운영 신고를 할 수 없다"라는 단서 부문은 예외법에 해당한다.

이 구별의 필요성은 법해석의 원칙으로서 예외법은 원칙법과 달리 특히 엄격하게 해석하여야 하고, 이를 함부로 확장하여 해석하여서는 안 된다는 점에 있다. 이 원칙은 "예외법은 엄격히 해석하여야 한다"라는 법격언에서 표현되고 있다(김 훈, 2004).

### 4. 강행법과 임의법

법은 법률 또는 법조문의 적용이 '강제적이냐, 임의적이냐'에 따라 강행법 또는 임의법으로 구별된다. 강행법이란 당사자의 의사에 관계없이 적용이 강요되는 법을 말하고, 임의법이란 당사자의 의사에 따라 법을 적용할 수도 있고, 적용을 배제할 수도 있는 법을 말한다. 임의법을 인정하는 이유는 원래 법은 권력관계를 근거로 강행되는 것이지만, 공적 질서와 무관한 개인적 관계에 대해서는 당사자의 의사를 존중하여 그 자치를 허용하는 것이 오히려 사익과 사회질서 유지에 적합하고 법의 목적에도 합치되기 때문이다. 보통 공법(헌법, 행정법, 형법 등)이 강행법에 해당하고 사법(민법, 상법 등)은 임의법에 해당한다. 일반적으로 선량한 풍속, 사회질서, 공공복리, 국민의 의무에 관한 규정은 강행법으로 되어 있고, 개인 상호 간의 권리에 관한 규정은 임의법으로 되어 있다.

그런데 강행법과 임의법의 구별기준으로 법률의 공·사법적 성격도 중요하지만, '법문의 표현, 기타 법규가 가지는 가치 등을 고려하여 구체적으로 판단'할 필요가 있다(허영민, 1994). 사회복지에 관한 법에서 규정하고 있는 각종 사회복지 급여규정이 수급자의 권리성을 인정한다는 면에서 보면 강행규정적 성격을 지니고 있지만, 만약 해석상 수급권의 반사적 이익을 인정한다면 그 점에서는 사회복지 급여규정의 임의성을 인정하게 되는 것이다.

## 5. 신법과 구법

신법은 새로 제정된 법을 말하고, 구법은 신법에 의해 폐지되는 법을 말한다. 그러므로 신법은 구법을 폐지하고 적용되는 것이다. 우리의 사회현상은 항상 진행과정에 있으므로 어느 순간에 완벽하게 새로운 법이 적용될 수 있는 변화된 모습으로 나타나는 것은 아니다. 그러므로 신법의 시행시기와 구법의 종료시기에서는 상호 불일치가 존재할 수 있다. 이러한 불일치를 해결하기 위하여 신법에 경과규정 또는 부칙을 둔다. 예를 들면, 사회복지사업법에 규정된 사회복지사 1급 자격취득을 위한 경과규정이 있다. 이 경과규정은 구법을 준수한 준수자의 권리를 보호할 뿐만 아니라 법의 보수성을 유지하는 데에 도움이 된다(김 훈, 2004).

# 제12장 한국 사회복지법의 형성과 발전

## 제1절 사회복지법 역사연구의 의의와 방법

### 1. 사회복지법 역사연구의 의의

사회복지법의 역사연구는 입법 당시 사회의 정치·경제·사회적 현상을 설명해 주며, 입법 당시 국민의 욕구가 무엇인가를 밝혀주기도 한다. 또한 사회복지법의 제정, 개정을 가능하게 한 사회복지법상의 내적 요인이 무엇이며 외적 요인이 무엇인가를 설명해 준다. 아울러 사회복지법이 시대적으로 어떻게 변화·발전하여 왔으며, 특정 시기에 있어서 각 사회복지법의 특성이 무엇인가를 설명해 준다.

따라서 이 장에서는 우리나라의 사회복지법 역사를 입법 당시 사회의 정치·경제·사회적 현상을 중심으로 분석해 봄으로써 앞으로의 사회복지법의 변화를 전망해 보고자 한다.

### 2. 사회복지법 역사연구의 방법

사회복지의 역사적 발전을 연구하는 방법에는 외재적 방법과 내재적 방법이 있다.

외재적 방법은 사회복지의 발전을 사회·경제적 조건의 변동과 관련시켜 특징을 명백히 하려는 것으로, 사회복지 외부에 있는 일반적인 정치·경제·

사회적 조건으로부터 사회복지를 비판하고 평가하는 것이다. 즉, 사회복지의 외재적 기반을 이루는 전체 사회의 역사적 발전의 각 단계에 착안하여 사회복지의 역사적 시기를 결정하는 방식이다(신섭중 외, 1999 : 64). 이러한 외재적 방법은 사회복지의 제 사실들이 갖는 시대적 배경과의 밀접한 관련성을 명백히 할 수 있다는 장점이 있으나, 일반 사회의 역사와는 구별되는 사회복지의 독특한 특성이 무시되는 경향이 있다고 할 수 있다.

내재적 방법은 사회복지제도 혹은 사회복지 분야의 내부적 요소인 내용 또는 형식 등이 시간의 변화에 따라 어떻게 변천되었는가를 밝히는 것이다. 즉, 사회복지 원조대상자의 처우원칙, 즉 사회복지 원조의 목적과 그 목적을 실현하기 위한 방법의 변천에 착안하여 여러 가지 사회복지활동을 관찰하고 그 특징에 의해 이것을 유형화하여 그것들 사이의 일정한 발전의 맥락을 발견하려는 것이다. 즉, 사회복지의 내부로부터 그 원조원칙의 합리성을 비판하고 평가하려는 것이다(신섭중 외, 1999 : 65). 사회복지의 역사적 발전은 전체 사회의 역사적 발전에 대응하면서도 그것과는 별개의 독자적 양상을 나타낸다. 따라서 독자적 사회복지의 역사 구분을 통해 시기를 구분하는 내재적 방법이 필요한 것이다.

우리나라의 경우는 사회복지의 발달이 시기적·단계적으로 뚜렷하게 구분되지 않기 때문에 외재적·내재적 연구방법에 적합하게 사회복지법의 역사 전개를 서술해 놓은 연구는 부족한 실정이다. 그러나 그동안 단기적 시기를 대상으로 두 가지 방법을 원용한, 광복 이후부터 현재에 이르기까지 우리나라 사회복지의 역사 전개(발달)과정에 대한 몇몇 단편적인 논문들이 발표되었다.[1]

이 장에서는 우리나라 사회복지법의 역사를 크게 정부수립 이전의 시기와 정부수립 이후로 구분하고, 정부수립 이후는 다시 각 공화국별로 세분하여 각 시대에 해당하는 사회복지법을 개별적으로 분석·검토하고자 한다.

---

1 남기민·조흥식의 한국사회복지제도의 전개과정, 김만두의 공화국별 사회복지 입법의 전개, 이효선의 시대별 연구, 신섭중 외의 공화국별 사회복지법의 사적 전개 등이 있다(장동일, 2001 : 188).

# 제2절 정부수립 이전의 사회복지법

## 1. 근대 이전의 사회복지법

### 1) 삼국시대

고대 삼국시대에는 천재지변 등 각종 재난이 있을 때, 그때그때마다 왕이 어진 정치를 베푸는 한 방편으로 창의 비축양곡을 내어 백성들에 대한 구제사업이 행해졌다. 삼국사기에 의하면, 신라 제2대 남해왕 15년(A.D. 18)에 백성들이 기근으로 굶주리게 되었을 때 국고를 열어 이들을 구제했으며(구자헌, 1970 : 70), 제3대 유리왕 5년(A.D. 28)에 빈곤한 백성을 조사하여 구제하였다는 기록이 있다. 백제에서도 온조왕 32년(A.D. 14)에 한재로 인하여 굶주린 백성에게 곡물을 풀어 구제하였다. 한편 고구려 고국천왕 16년(A.D. 194)에는 진대법이 제정되었는데, 그 내용은 춘궁기(3~7월)에 관곡을 빈곤한 백성들에게 그 가구원 수에 따라 필요한 양을 대여하였다가 추수기인 10월에 납입하게 하는 제도로서(하상락, 1989 : 42) 후세 고려의 의창과 조선의 환곡으로 연결되었다.

삼국시대에 있어 왕들은 각종 재해로 인한 이재민을 구제함과 더불어 환·과·고·독의 사궁(늙고 아내가 없는 자·늙고 남편이 없는 자·어리고 부모가 없는 자·늙고 자녀가 없는 자) 또는 늙거나 병든 사람으로 자활할 수 없는 사람들에 대한 구제도 많이 실시하였다. 이와 같이 우리나라도 오랜 구빈의 역사를 가지고 있음을 알 수 있다(남기민, 2004 : 112).

### 2) 고려시대

중세 고려시대는 관료적 봉건체제가 확립된 시기로서 역대 왕들은 구제사업을 나라를 다스리며 백성을 이끄는 국가적 사업으로 인식하여 점차 구제사업을 담당하는 전문기관을 마련하고 그 기관을 통해 구제사업을 전개하였다. 고려시대에는 불교의 영향이 오래되고 깊어서 중생에게 사랑을 베푸는 자비사상이 일반 민중과 지도층에 널리 퍼져 있었기 때문에 역대 왕들은 물론 승

려층과 양반 부호들도 구제사업을 행하는 것을 자랑거리로 생각하였다.

고려 예종 4년(A.D. 1109)에는 가난한 백성을 돕기 위한 중앙관서로서 구제도감이 처음으로 설립되었다가 그 후 충목왕 4년에 진제도감으로 명칭을 바꾸었고, 그 후 우왕 7년에 다시 진제색으로 명칭을 바꾸어 구제사업을 하였다. 또한 문종은 빈민 질병자를 구호·요양하기 위해 개경과 서경에 동대비원과 서대비원을 설치하였고, 예종은 일반 서민에게 의약의 혜택을 널리 펴기 위하여 혜민국을 두었는데 공양왕 때 이것을 혜민전약국으로 개칭하였다(김덕준 외, 1977 : 54). 한편 대비원, 혜민국에 각각 구급사무를 관장하는 제위보를 두어 의료구제사업을 널리 실시하기도 하였다(구자헌, 1970 : 89).

고려시대의 대표적인 창제로서 의창이 있었는데 의창은 태조 때의 흑창을 개량한 것으로 성종 5년(A.D. 986)에 설치된 것이다. 성종은 각 주와 부에 의창을 설치하고 정부시설로서 직접 관리하되 매년 관곡의 잉여분을 비축하였다가 춘궁기에 빈민에게 대부하였다. 이 의창은 무상 구제기관은 아니었다(김덕준 외, 1977 : 55). 한편 성종 12년(A.D. 993)에 설치된 상평창은 의창과 같이 직접적인 구제를 목적으로 설치된 것이 아니라 곡가를 조절하기 위하여 춘궁기에 창곡을 내어 싸게 팔고 추수기에 고가로 곡물을 구입함으로써 물가를 안정시키기 위한 제도였다.

이와 같이 중세 고려시대에 와서 불교의 자선사상에 영향을 받은 전문적인 구제제도가 시작되었고 봉건제도의 질서하에 구제사업이 전개되었다. 그러나 고려시대 후반기에 이르러서 국내외의 다양한 재난으로 인해 국가재정은 빈약하게 되고 사회는 일대 혼란에 빠져 구제기관들의 기능이 정체되었고 백성들은 생활상의 곤경에 처하게 되었다(남기민, 2004 : 113).

### 3) 조선시대

조선시대는 건국 초부터 불교를 멀리하고 유교를 지도이념으로 삼고 유교의 왕도사상을 치자의 근본으로 모든 국가의 제도를 확립하였다. 조선 초기의 빈민구제의 원칙은 ① 빈민구제는 왕의 책임으로 하고, ② 구제의 신속을 중시하며, ③ 일차적인 구빈행정 실시책임은 지방관이 지게 하고, ④ 중앙정부는 수시로 구제에 대한 교서를 내리며 필요한 관계법을 제정・공포하고 지방 구빈행정을 지도・감독하는 것으로 되어 있다(하상락, 1989 : 56). 봉건적 중앙집권제가 완성되고 유교문화가 생활화되어 감에 따라 이와 같은 원칙이 생활에 적합하게 수정되고 확대・조직화되어 백성들의 일상생활은 크게 안정되었다.

조선시대의 구제제도는 크게 비황제도, 구황제도, 구료제도의 세 가지로 나누어 볼 수 있다.

첫째, 비황제도로서 상평창, 의창(환곡), 사창 등의 창제가 있었다. 상평창은 조선시대에 들어와 곡물 이외의 포목을 더하여 곡물과 포목의 가격을 조절함으로써 백성의 의식생활의 평형을 유지하기 위해 설치된 제도이기 때문에 직접적인 구제제도는 아니지만 나라를 다스리며 백성의 생활을 안정되게 하려는 목적으로 설치되었다는 점에서 넓은 의미의 구제제도로도 볼 수 있는 제도이다(김덕준 외, 1977 : 58-59). 의창은 조선시대에도 고려시대에서와 같이 재난을 대비하기 위하여 각종 곡물을 비축하여 재난 시에 사용하는 제도와 시설이었다. 의창에 저장된 곡물의 반은 거치하고 나머지 반은 민간에 대부하여 다음 추수기에 환곡하게 하였다. 이로 인하여 환곡이라는 명칭이 붙게 되었다(하상락, 1989 : 58). 사창은 의창과는 달리 100가구를 일사(一社)로 하여 사민의 공동저축으로 상부상조하며 연대책임으로 자치적 운영을 하는 제도로서 구제의 적절성과 신속을 기할 수 있었고, 또 관에 의하지 않았으므로 보다 용이하게 큰 혜택을 사민들에게 주었다. 그 밖에도 교제창, 제민창을 두어 재민을 구제하였다. 이와 같은 창제제도는 1910년 한일합방과 더불어 폐지되었다.

둘째, 구황제도로서 사궁(환・과・고・독)에 대한 보호, 노인보호사업, 음식제공, 진휼 및 진대 사업, 관곡의 염가매출과 방곡사업, 혼례나 장례를 치르지 못하는 자에게 비용을 조달해 주는 고조제도, 흉년 또는 재해를 당한 백성에게 지세, 호세, 부역 등을 감면하거나 대부된 환곡을 면제 또는 감해주는 견감제도, 부유한 민간인으로 하여금 구제를 위한 곡물을 납입하게 하고 이를 납입한 자에게 관직의 첩지를 주는 원납제도, 향약 및 계 제도, 식용식물을 조사·연구하여 제시한 구황방제도 등이 있다. 특히 향약은 ① 덕업상권, ② 과실상규, ③ 예속상교, ④ 환난상휼 등의 4개 덕목의 실천을 근본 목적으로 하는데, 그중에서도 환난상휼은 복지의 제공에 중점을 두고 있다(남세진·조홍식, 1995 : 88). 이상과 같은 조선시대의 구황제도는 오늘날의 사회복지제도에 비하여 조금도 뒤떨어지지 않았으나 계속 발전되지 못하였음은 애석한 일이다.

셋째, 구료제도(의료사업)로서 태조 원년(A.D. 1392)에 의료담당의인 전의감과 일반 백성의 의료기관인 혜민서 및 동서대비원을 설치하였고 태조 6년(A.D. 1397)에는 의학연구소인 제생원을 설치하였다. 고종 31년(A.D. 1894)에는 광제원, 의학교 및 대한의원 등을 설치하여 신식 의료사업을 보급하였으며, 지방에는 융희 3년(A.D. 1909)에 자혜의원을 개설하여 현대 의료를 시작하고 전염병 예방을 위한 종두예방 규정도 제정하였다(남세진·조홍식, 1995 : 88). 그러나 조선 말엽에 이르러 국정 및 사회가 혼란에 빠지면서 각종 의료사업도 소기의 목적을 달성하기 어렵게 되었다.

## 2. 근대 이후의 사회복지법

### 1) 일제 강점기

일제시대의 구제사업은 근대적인 복지이념에 의해 시행되었다기보다는 그들 식민정책의 일부로서 우리 민족이 그들에게 충성하게 하려는 정치적인 목적을 갖는 시혜 또는 자선의 의미가 컸다고 하겠다.

1910년 한일합방이 이루어지면서 조선시대의 구제사업은 거의 소멸되고 1921년 조선총독부 내무국에 사회과를 신설하여 우리나라 사회사업의 지도·통제를 전담하게 되었다. 또한 일본에서 1932년부터 실시되었던 구호법(1929년 제정)을 원용하여 1944년 3월 1일에 조선구호령을 실시하였다. 그러나 이와 같은 제도들이 우리나라에서 시행된 것은 구빈목적이라기보다는 전시동원체제하의 식민지 통치의 효율성 제고를 위한 것이라고 볼 수 있다.

조선구호령은 원칙적으로 ① 65세 이상 노쇠자, ② 13세 이하의 아동, ③ 임산부, ④ 불구, 폐질, 질병, 상병, 기타 신체의 장애에 의해 일할 수 없는 자를 대상으로 하였다. 구호의 종류는 생활부조, 의료, 조산, 생업부조의 네 가지였고, 그 방법은 거택구호를 원칙으로 하고 거택구호가 부적당한 경우 시설에 수용·의탁할 수 있게 하였다(김만두·한혜경, 2000 : 88-89). 이 조선구호령은 광복 후 1961년 생활보호법이 제정되기까지 우리나라 공공부조의 지침 구실을 해 왔다.

### 2) 미군정 시대

1945년 8월 15일 광복 이후 미군정 3년간의 구호사업은 주로 북한으로부터 월남한 피난민과 해외로부터 귀환한 전재민 및 국내 거주의 요구호 빈민들에 대한 식량, 의료 및 주택 등의 공급에 치중하였다(남기민, 2004 : 117).

미군정은 1945년 10월 27일에 보건후생국을 설립하였으며, 1946년 3월 2일에는 보건후생부로 승격하였다. 보건후생국은 1946년 1월 12일 공공부조에 관한 후생국보 제3호를 발표하여 일본이 제정한 조선구호령과 함께 사용하였다. 그 뒤 후생국보 제3A호(1946. 1. 14)를 발표하여 재해민과 피난민 구호계획을 발표하고, 그들에게 식량, 의류, 연료, 긴급의료, 매장, 차표 등의 편의를 제공하였으며, 후생국보 제3C호(1946. 2. 7)는 이재민, 피난민, 빈궁자, 고아 등에 관한 응급처리와 임시구호를 규정하였다. 미군정은 군정법령 제112호(1946. 9. 18)로 아동노동법규를 제정하여 전 세계의 문명국가가 채용하는 인도적·계몽적 원리에 따라 어린이의 노동을 보호하였다. 그 이후 과도정부 법령 제4호로 미성년자노동보호법을 제정하여 미성년자를 유해, 위험한 작업 또는 과중한 노동으로부터 보호하여 어린이의 건전한 발육과 정당한 이익을 보장하도록 하였다. 이 법은 근로기준법(1953. 8. 9)이 실시되기 전까지 아동복지 증진에 커다란 영향을 미쳤다.

미군정기의 사회복지 입법의 특성은 적극적이고, 계획적이며 장기적으로 이루어지지 않고, 주로 빈곤과 사회적 혼란에 대처하기 위한 구호적·응급적인 대책으로서의 성격을 가진다.

# 제3절 제1·2공화국 시대의 사회복지법

## 1. 시대적 배경

우리나라는 1948년 5월 10일 남한지역만이 총선거를 실시하여 제헌국회를 구성하고, 이어 7월 17일 헌법이 공포되고, 7월 20일에는 국회에서 간선으로 정·부통령을 선출하여 8월 15일에 자유민주주의를 기본 질서로 하는 대한민국 정부가 수립되어 제1공화국(1948. 8. 15.~1960. 6. 14)이 탄생하였다. 정부수립 후에는 끊임없는 정쟁으로 인한 정치적인 혼란, 그리고 사회적 불안 및 경제적인 궁핍(1948년 1인당 GNP가 80달러 정도)이 국민들의 생활을 고통스럽게 만들었다.

또한 1950년 6월 25일의 한국전쟁은 정치적·사회적 혼란과 엄청난 경제적 손실을 가중시켰다. 그 당시 400여만 명의 피난민, 460여만 명의 이재민, 1백만 명 이상의 사상자가 발생하였으며, 경제적 손실이 약 30억 달러 정도 발생하였다(장동일, 2003 : 183).

정부는 휴전 후 극도의 식량난과 경제적 고난을 극복하고 인명피해를 줄이기 위하여 노력하였다. 미국을 비롯한 외국 원조가 경제를 회복시키고, 이재민과 고아, 과부, 부상자 및 장애자를 위한 응급적인 구호를 제공하였다. 당시 정부는 외국 원조물자를 효과적으로 분배하여 민생문제를 해결하는 데 행정력을 동원하였다.

당시 정치·경제·사회적 불안은 민중운동과 학생운동으로 표출되었다. 1960년 3월 15일 제4대 정·부통령 부정선거로 인하여 학생들에 의해 4·19혁명이 일어나 제1공화국은 집권 12년 만에 무너지게 되었다.

1960년 6월 15일 제3차 헌법개정으로 의원내각제를 채택하는 제2공화국(1960. 6. 15.~1961. 5. 15)이 탄생하였다. 새로 탄생한 민주당 정부는 나름대로의 자주적이고 민주적인 발전의 길을 모색하였으나, 정부의 무능과 사회적 혼란으로 집권 8개월 만에 사회복지와 관련된 뚜렷한 입법활동 없이 5·16 군사쿠데타로 막을 내리게 되었다.

이 무렵의 사회복지정책은 외원물자의 분배업무와 수많은 고아원시설을 지원하는 사업이 주류를 이루었다. 이 시기의 사회복지 입법은 사회복지법이 아직까지 개념적 정의를 내리지 못한 상태에서 실시되었다. 즉, 사회복지 입법이 법률적·입법적 근거에 의해서 시행된 것이 아니라 정부의 관계부처, 즉 사회부의 행정명령에 의해서 시행되었던 것이다. 물론 제헌헌법에 생존권 조항이 명시되어 있긴 하지만 하위 법률규정이 없어 실제로 생존권은 보장되지 못하였다(장동일, 2001 : 198).

## 2. 사회복지 입법

전쟁과 천재지변에 의한 피해자 구제, 의료사업, 사회구호사업, 교화사업 등을 시행하기 위하여 1949년에 「대한적십자사조직법」이 제정되었다. 모자시설이나 아동시설의 무분별한 난립을 막기 위하여 1950년에 「후생시설설치기준령」이 제정되었다. 1952년에는 급격하게 증가하는 전쟁고아의 수용시설을 비롯한 각종 구호시설들에 대한 지도·감독이 필요하여 사회부장관 훈령으로 「후생시설 운영요령」을 제정하여 시설운영과 그 지도·감독의 준칙으로 삼게 되었다.

1953년에는 근로자의 근로조건의 향상과 보호를 위하여 「근로기준법」이 제정되었으며, 특히 퇴직금 제도를 명시하였다. 기타 사회복지행정시책으로 1956년에는 「어린이헌장」이 제정되었으며, 사회복지전문인력 단기양성소인 국립중앙사회사업종사자훈련소(후에 '국립중앙사회복지연수원'으로 바뀜)를 설치하여 사회복지시설종사자의 전문성을 갖도록 하였다.

「공무원연금법」이 1960년 1월 1일 제정되었는데, 공무원의 퇴직, 사망, 질병 및 부상, 폐질, 재해 시에 본인이나 그 유족에게 법률이 정하는 바에 따라 적절한 급여를 지급하여 생활안정과 복지향상에 기여함을 목적으로 하고 있다.

# 제4절 제3 · 4공화국 시대의 사회복지법

## 1. 제3공화국 시대의 사회복지법

### 1) 시대적 배경

1961년 5 · 16 군사쿠데타로 정권을 인수한 군사정부는 시급한 민생고 해결이라는 공약을 내세우고 국가종합개발정책으로서의 제1차 경제개발 5개년 계획을 수립했다. 당시 군사정부는 1962년 12월 17일에 제5차 헌법을 개정하여 1963년 6월 15일에 대통령 선거가 실시되고 제3공화국(1962. 12. 17.~1972. 10. 17)을 탄생시켰다.

1962년부터 시작된 경제개발로 도시화 및 공업화 현상이 나타나고 도시빈곤층, 가출 및 비행, 미혼모 문제, 주택부족 등의 과거와는 다른 여러 가지 사회문제들이 서서히 드러나기 시작하였다. 그러나 당시 정부당국자들은 사회복지 제공에 대해서 소극적인 입장을 취하였는데 그 이유는 한정된 재원을 경제개발에 집중하기 위해서였다. 한편 노동자계층의 경우도 노동계층의 미성숙으로 노조의 조직력이 미약했고 노동자계층의 권익을 추구하기 위한 이익표출은 거의 없었으며 일반 국민의 경우도 사회복지에 대한 이해나 주장은 거의 없었다.

단지 1960년대에, 특히 군사정부시절 정부는 국민의 새로운 신뢰를 얻고 이전의 정부와 다르다는 것을 보여주기 위해 여러 가지 사회복지 관련법들을 제정 · 공포하였다.

이와 같이 1960년대에 우리나라는 전례 없이 사회보험 및 생활보호를 중심으로 한 근대적인 사회복지법제를 마련하였는데, 물론 이와 같은 사회복지법제는 그 내용상으로는 비교적 장기적인 안목과 효율적인 합리성을 결하고 있었지만 적어도 형식적인 사회복지법제의 도입이라는 측면에서는 신기원을 이룩했으며, 지금까지의 구빈적 · 단편적 성격으로부터 벗어나 국가중심의 체계적인 사회복지제도로 자리 잡는 계기가 되었으나(장인협, 1986 : 101), 제도의 시행 측면에서는 성공적이지는 못하였다.

### 2) 사회복지 입법

「갱생보호법」(1961년), 「군사원호보상법」(1961년), 「윤락행위등방지법」(1961년)이 제정되었다. 「국가유공자특별원호법」(1962년)이 제정되었고, 「군인연금법」(1963년)이 「공무원연금법」(1960년)에서 분리되어 별도의 법으로 제정되었다.

「생활보호법」(1961년)이 제정되었는데, 이는 1944년 제정된 「조선구호령」을 폐지하고 최초로 제정한 공공부조의 실정법이었다. 2000년 10월 「국민기초생활보장법」의 시행으로 대체될 때까지 약 40년간 공공부조 법률로서 기능하였다. 「아동복리법」(1961년)이 제정되었다. 「산업재해보상보험법」(1963년)이 산업화 추진에 따른 근로자의 업무상재해에 대하여 신속하고 공정한 보상을 행할 목적으로 제정되었으며 5대 사회보험 가운데 가장 먼저 제정된 법이다. 재해의 대책과 재해피해를 입은 국민의 생활을 보호하기 위하여 「재해구호법」(1962년)이 제정되었다. 사회복지사업에 대한 기본적인 사항을 규정하여 그 공정한 운영을 기하기 위한 목적으로 「사회복지사업법」(1970년)이 제정되었다.

「의료보험법」(1963년)이 제정되었으나 대상자의 가입에 임의성을 인정하여 사회보험으로서의 의의를 상실하였다. 「사회보장에 관한 법률」(1963년)이 사회보장에 관한 기본법으로서 제정되었으나 전문 7개 조문에 불과한 법으로서 시행령을 제정하지 않아 시행되지 않다가 1995년 「사회보장기본법」이 제정됨에 따라 폐지되었다. 선원에 대한 보험제도를 실시하여 선원과 그 가족의 복리증진에 기여하기 위한 「선원보험법」(1961년)이 제정되었으나 시행령이 제정되지 않아 실시되지 않았다.

## 2. 제4공화국 시대의 사회복지법

### 1) 시대적 배경

1970년대 초 박정희 대통령이 유신헌법을 만들어 대통령의 권한을 대폭 강화하고 유신체제를 유지하자 이에 대한 체제 도전이 끊임없이 일어났다. 따라서 체제의 정통성 확립을 위해 무언가 최소한 국민들에 대하여 지지를 받을 수 있는 유인을 제공하지 않으면 안 되는 정치적 상황이었다. 경제·사회적 상황을 보면 1960년대 제1차 및 제2차 경제개발 5개년 계획이 성공적으로 수행됨으로써 산업화·도시화 현상이 나타나기 시작했고, 절대빈곤에서 탈피하여 고도의 경제성장을 이룩하게 되었지만 산업화·도시화 현상은 필연적으로 각종 사회문제를 발생시켰다. 특히 빈부의 격차가 심해져 상대적 박탈감 및 위화감이 사회에 팽배하여 사회적 불안이 조성되었다. 이런 상황하에서 1972년부터 시작되는 제3차 경제개발 5개년 계획에서는 사회개발계획도 병행 추진하도록 해야 한다는 보건사회부의 주장이 있었으나 실현되지 못하였다. 그러나 제3차 경제개발 5개년 계획이 성공하여 경제개발이 절정을 이루자 1977년 제4차 경제개발 5개년 계획부터는 본격적으로 사회개발정책을 병행하는 국가정책을 수행하게 되었다.

또한 이 시대는 민중수준에서 서민 근로자들에 의한 최초의 노동운동으로서 민주노조운동이 시작되었다고 할 수 있으며, 외원단체의 원조활동이 점차로 줄고 정부의 재정부담이 늘어나면서 사회복지제도의 토착화의 기반을 조성하였다(구종회, 1999 : 584).

### 2) 사회복지 입법

「사립학교교원연금법」이 1973년 12월 30일 제정되어 1975년 1월 1일부터 시행되었다. 1978년부터는 사립학교의 직원까지 추가로 확대 적용하였다. 「국민복지연금법」이 1973년 제정되었으나 시행되지 않았다(1986년 「국민연금법」으로 대체됨). 1976년에는 「의료보험법」을 개정하여 1977년 7월 1일부터 500인

이상의 사업장 근로자에게 강제 적용하는 의료보험을 실시하였다. 공무원 및 사립학교교직원의료보험법이 1977년 12월 31일 제정되었다. 1977년에는 생활유지능력이 없거나 생활이 어려운 자에게 의료보호를 실시하기 위한 「의료보호법」이 제정되었다.

## 제5절 제5공화국 시대의 사회복지법

### 1. 시대적 배경

1979년 10·26 사건으로 유신체제가 종말을 고하고 1980년 5·17 군사쿠데타로 제5공화국(1980. 10. 27.~1988. 2. 24)이 들어섰다. 제5공화국 정부는 정통성 시비, 군사정부 이래 지속되어 온 선 성장 정책에 따른 소득분배의 불평등 및 빈부격차, 지역 간 개발격차, 산업화·도시화에 따른 다양한 사회문제, 가치관의 분열, 그리고 민주화를 위한 학생·재야세력의 지속적인 반정부 투쟁, 정부불신 등으로 국민적 통합을 이루지 못하였다.

그리하여 제5공화국은 출범과 함께 '복지사회의 구현'이 사회목표로 설정되면서, 건국 이래 사회복지에 대한 논의가 가장 고조되었던 시기라고 할 수 있다. 제5공화국은 민주주의 토착화, 복지사회의 건설, 정의사회 구현, 교육혁신 및 문화창달과 더불어 복지사회의 건설을 국정지표로 내세웠을 뿐만 아니라 1982년부터 시작된 제5차 5개년 계획에서도 경제와 사회의 균형적인 발전을 기본 목표로 삼았다.

한편 제5공화국 후반부터는 한국형 복지모형이 등장하기 시작하였다. 한국형 복지모형이 등장하게 된 배경은 1970년 중반 이후 선진 복지국가에서 복지국가위기론이 대두되고 있었기 때문에 한국에서도 자칫 잘못하면 복지병을 유발할 수 있다는 정책 관련자들의 우려 때문이었다고 볼 수 있다(구종회, 1999 : 585-586). 이러한 한국형 복지모형은 제6차 경제사회발전 5개년 계획(1987~1991)

과 맥락을 같이하고 있다. 제6차 계획의 기본 방향은 ① 우리의 경제·사회발전의 수준에 맞는 복지시책이어야 하고, ② 가족과 지역사회의 복지기능을 최대한 조장하며, ③ 자립정신에 입각한 복지시책을 전개하고, ④ 민간의 복지자원을 최대한 동원한다는 것 등이다. 이리하여 1980년대 후반부터는 시설수용 위주의 복지사업으로부터 탈피하여 지역복지와 재가복지가 강조되기 시작하였다.

### 2. 사회복지 입법

「아동복리법」이 1981년 「아동복지법」으로 법의 제명이 바뀌고 전부 개정되었다. 「심신장애자복지법」(1981년), 「노인복지법」(1981년)이 제정되었다. 1973년 제정된 「국민복지연금법」의 시행이 유보되다가 1986년 12월 31일 「국민복지연금법」을 전부개정하고 법제명을 「국민연금법」으로 변경하여 1988년 1월 1일부터 시행되었다. 1987년 12월 「의료보험법」이 개정되어 1988년 1월 1일부터 농어촌지역주민도 의료보험혜택을 받게 되었다. 근로자의 생활안정을 위하여 최저임금수준을 보장한 「최저임금법」이 1986년 제정되었다. 「사회복지사업법」을 1983년 개정하여 사회복지사 자격제도를 도입하였다. 1983년 「생활보호법」을 전부 개정하여 자활보호와 교육보호가 추가되었다.

## 제6절 제6공화국 시대의 사회복지법

### 1. 시대적 배경

1983년 이후 대통령직선제 요구가 거세지는 가운데 1985년 2월 12일의 12대 국회의원 선거에서 여소야대가 됨에 따라 개헌논의가 활발하였다. 1987년 봄부터 개헌과 민주화의 요구가 정점에 달했고, 마침내 6·29선언으로 직선

제 개헌을 받아들여 1987년 10월 29일 제9차 헌법개정이 이루어졌고, 1988년 2월 25일 직선제 선거에 의해 당선된 노태우 후보가 제13대 대통령으로 취임하여 제6공화국[2]이 출범하였다. 이어서 1993년 2월 25일에는 김영삼 정부(제14대), 1998년 2월 25일에는 김대중 정부(제15대), 2003년 2월 25일에는 노무현 정부(제16대), 2008년 2월 25일 이명박 정부(제17대)가 이어졌으며, 2013년 2월 25일에는 박근혜 정부(제18대)가 이어졌으나 탄핵됨으로써 2017년 5월 10일 문재인 정부가 출범하였다.

제6공화국에서는 몇 차례 정권교체가 되는 동안 지방자치제가 실시되고 민주화는 많은 진전을 이루었으나 경제적으로는 고금리·저성장 시대, IMF 위기와 기업의 구조조정과 실업자의 증가, 세계적인 금융위기 등으로 시련을 겪고 있다. 사회적으로 급속한 산업화·도시화는 인구의 고령화, 핵가족화, 청소년 문제, 상대적 빈곤의식의 고조 등 여러 가지 사회문제를 표출시켰다.

제6공화국의 사회복지정책과 관련하여 주목할 만한 점은 첫째, 김영삼 대통령의 문민정부는 1993년 신경제 5개년 계획과 1994년에 21세기위원회에서 사회복지정책의 발전전략을 제시하고, 보건사회부를 보건복지부로 개칭하였으며, '삶의 질 세계화'를 위한 사회복지개혁안을 국민에게 제시하는 등 사회복지에 대한 노력을 경주하였다. 둘째, 김대중 대통령의 국민의 정부는 IMF 위기에서 탈출하였으며, 이 과정에서 생산적 복지, 적극적 노동시장정책 등을 국가의 주요 정책방향으로 채택하여 실질적인 복지정책의 확대를 꾀하였다. 의약분업 실시와 의료보험제도의 통합, 국민기초생활보장제 전면 실시 등이 좋은 예가 될 것이다. 셋째, 노무현 대통령의 참여정부는 '노사정 사회협약' 등 국민참여에 바탕을 둔 복지를 강조하였고, 취약계층 등 수요자 중심의 민생입법이 증가하였다. 넷째, 이명박 정부는 사회복지정책의 기본 노선을 능동적 복지로 표방하고 생애주기별 맞춤형 복지를 강조하고, 복지제도 내에서 시장원리의 강화를 추구하였다. 다섯째, 박근혜 정부는 생애주기별 맞춤형 사

2 1987년 6월 항쟁의 결과로 1987년 10월 29일 국민투표로 확정된 대통령직선제를 핵심으로 한 개정된 민주적인 헌법에 의해 성립되어 현재까지 헌법 개정 없이 지속되고 있는 우리나라 6번째 공화헌정체제

회안전망 구축, 일을 통한 자립지원, 지속 가능한 사회보장 기반구축이라는 3대 정책목표와 핵심가치로 '맞춤형 고용－복지'를 천명하였다(관계부처합동, 2014). 여섯째, 문재인 정부는 모두가 누리는 포용적 복지국가를 표방하고 국민의 기본생활을 보장하는 맞춤형 사회보장, 고령사회 대비하여 건강하고 품위 있는 노후생활 보장, 건강보험 보장성 강화 및 예방 중심 건강관리 지원, 의료 공공성 확보 및 환자 중심 의료서비스 제공을 제시하였다.

## 2. 사회복지 입법

### 1) 노태우 정부

범죄자의 재발방지와 사회보호를 위하여 1988년 12월 31일 「보호관찰법」을 제정하였다. 모자가정이 건강하고 문화적인 생활을 영위할 수 있게 함으로써 모자가정의 생활안정과 복지증진에 기여할 수 있게 「모자복지법」이 1989년 제정되었다. 제5공화국 때 개정된 「의료보험법」을 통해 1989년 7월 1일부터 도시지역주민에게 의료보험제도를 시행함으로써 의료보험법 시행 12년 만에 전 국민의료보험시대를 열었다. 「심신장애자복지법」을 1989년 전부 개정하여 「장애인복지법」으로 법 제명을 바꾸었으며, 장애인 의무고용을 규정한 「장애인고용촉진 등에 관한 법률」이 1989년 제정되었다. 「영유아보육법」이 1991년 1월 제정되었는데, 영유아를 건전하게 보육할 책임이 보호자뿐만 아니라 국가와 지방자치단체에도 있음을 명시하였다. 1992년 「사회복지사업법」이 전부 개정되어 사회복지행정의 전문성과 효율성을 높이기 위하여 일선 행정기관에 사회복지전담공무원을 두고 시・군・구에 복지사무전담기구를 설치할 수 있도록 하였다. 「고령자고용촉진법」이 1991년 제정되고, 「청소년기본법」이 1991년 제정되었다.

### 2) 김영삼 정부

「고용보험법」이 1993년 제정되어 1995년 시행됨으로써 이른바 4대 사회보험 체계를 마련하게 되었다. 1995년 「국민연금법」의 개정으로 국민연금 실시대상이 5인 이상 사업장에서 농어촌지역 자영자 및 농어민에게까지 대상의 범위가 확대 적용되었다.

형식적인 수준에 그쳤던 「사회보장에 관한 법률」(1963년 제정)을 폐지하고, 사회보장에 관한 국민의 권리와 국가 및 지방자치단체의 책임을 정하고 사회보장정책의 수립·추진과 관련제도에 관한 기본적인 사항을 규정하는 「사회보장기본법」이 1995년 제정되었다.

「성폭력범죄의 처벌 및 피해자 보호 등에 관한 법률」이 1994년 제정되었고, 「가정폭력방지 및 피해자보호 등에 관한 법률」이 1997년 제정되었다. 정신질환의 예방과 정신질환자의 의료 및 사회복귀에 관하여 필요한 사항을 규정함으로써 국민의 정신건강증진에 기여하기 위한 「정신보건법」이 1995년 제정되었다. 사회복지사업을 지원하기 위하여 국민의 자발적인 성금으로 공동모금 된 재원을 효율적으로 관리·운용함으로써 사회복지증진에 이바지하기 위한 목적으로 「사회복지공동모금회법」이 1997년 제정되었다.

「사회복지사업법」이 1997년 전부 개정되어 사회복지사업 활성화를 위해 사회복지시설 설치·운영에 대한 허가제를 신고제로 변경하였고, 사회복지사의 전문성을 제고하기 위하여 사회복지사 1급은 국가시험에 합격한 자로 하고, 사회복지시설에 대한 평가제도를 도입하였다. 「국민의료보험법」이 1997년 제정됨에 따라 직장의료보험조합을 제외하고 227개의 지역의료보험조합과 공무원·교직원 의료보험공단이 통합하게 됨으로써 의료보험 통합이 시작되었다. 「일제하 일본군위안부에 대한 생활안정지원법」이 1993년 제정되었고, 「보호관찰 등에 관한 법률」이 1993년 제정되었다. 「장애인·노인·임산부 등의 편의증진에 관한 법률」이 1997년 제정되었다.

### 3) 김대중 정부

「국민연금법」을 1998년 개정하여 국민연금 가입대상자의 범위를 도시지역 거주자까지 확대함으로써 전국민연금시대를 여는 기틀이 마련되었다. 「국민건강보험법」이 1999년 제정, 2000년 7월 시행되었는데, 직장근로자, 공무원 및 근로자, 농어촌 및 도시지역의 자영자 등 전 국민을 포괄하는 통합의료보험체계가 구축되는 기틀을 만들었다. 이 법의 제정과 동시에 「의료보험법」 및 「국민의료보험법」은 폐지되었다.

「국민기초생활보장법」은 1999년 제정, 2000년 시행되었다. 이로써 근로능력의 유무와 관계없이 소득이 최저생계비에 미달하는 국민은 누구나 대상자로 선정될 수 있도록 하였으며 법의 내용 중 보호, 피보호자 등의 용어를 보장, 수급자 등의 권리성 용어로 변경하고 기초생활보장과 근로활동을 연계함으로써 국민최저생활보장을 위한 계기를 마련하였다. 이 법의 제정으로 기존의 공공부조법인 생활보호법이 폐지되었다. 장애인이 그 능력에 맞는 직업생활을 통하여 인간다운 생활을 할 수 있도록 기존의 「장애인고용촉진에 관한 법률」이 2000년 「장애인고용촉진 및 직업재활법」으로 전부 개정되었다. 「국민기초생활보장법」상에 '의료보호'를 '의료급여'로 변경함에 따라 2001년 「의료보호법」이 「의료급여법」으로 전부 개정되어 의료급여수급기간의 제한을 폐지하여 연간 기간제한 없이 의료급여를 받을 수 있도록 하였다.

### 4) 노무현 정부

농산물시장의 개방으로 경제·사회적 어려움이 예상되는 농어촌에 대하여 보건의료기반의 조성 및 사회복지증진에 관한 체계적인 지원책 마련을 위해 「농어촌주민의 보건복지증진을 위한 특별법」이 2004년 제정되었다. 만 5세아 및 장애아에 대한 무상보육을 단계적으로 실시하고, 종사자의 자격기준을 강화하고, 보육시설 설치·운영을 종전 신고제에서 인가제로 전환하는 등 영유아 보육에 대한 공공성을 강화하도록 「영유아보육법」이 2004년 전부개정 되었다. 건강한 가정생활의 영위와 가족의 유지·발전을 위한 국민의 권리·의무와 국가 및 지방자치단체 등의 책임을 명확히 하고, 다양한 가정문제의 적절한 해결방안을 강구하며, 가족원의 복지 증진을 지원하기 위한 「건강가정기본법」이 2004년 제정되었다. 「성매매방지및피해자보호등에관한법률」이 2004년 제정되었다. 소득상실, 질병과 같이 갑작스러운 위기상황에 처한 경우 손쉽게 도움을 청하고 지원을 받을 수 있는 제도 마련을 위해 「긴급복지지원법」이 2005년 한시법으로 제정되었다. 「교통약자의이동편의증진법」이 2005년 제정되었다. 차상위계층에 대하여 주거, 교육, 의료, 장제 및 자활급여 등 부분급여를 할 수 있게 하고 중앙자활센터를 설치할 수 있도록 하는 「국민기초생활보장법」이 2006년 개정되었다.

「노인장기요양보험법」이 2007년 제정되었고, 생활이 어려운 노인의 생활안정을 위한 「기초노령연금법」이 제정되었다. 모든 생활영역에서 장애를 이유로 한 차별을 금지하고 차별받은 사람의 권익을 효과적으로 구제함으로써 장애인의 완전한 사회참여와 평등권 실현을 위한 「장애인차별금지 및 권리보호에 관한 법률」이 2007년 제정되었고, 기존의 「모·부자복지법」을 「한부모가족지원법」으로 개정하여 조손가족의 경우도 보호대상자로 하였다.

### 5) 이명박 정부

다문화가족의 사회부적응, 가족구성원 간 갈등 및 자녀교육의 어려움 등에 대한 관심이 높아지면서 다문화가족에 대한 지원정책의 제도적인 틀을 마련하고자 2008년 「다문화가족지원법」이 제정되었다. 중증장애인에게 장애인연금을 지급함으로써 중증장애인의 생활 안정 지원과 복지 증진 및 사회통합을 도모하기 위하여 2010년 「장애인연금법」이 제정되었다. 국가와 지방자치단체가 장애아동의 특별한 복지적 욕구에 적합한 지원을 통합적으로 제공하기 위하여 「장애아동복지지원법」이 2011년 제정되었다. 장애인에게 활동보조, 방문목욕, 방문간호 또는 주간보호 등의 활동지원급여를 제공함으로서 장애인의 자립생활을 지원하고 그 가족의 부담을 줄이기 위한 「장애인활동지원에 관한 법률」이 2011년 제정되었다.

「사회복지사 등의 처우 및 지위향상을 위한 법률」이 2011년 제정되어 국가와 지방자치단체가 사회복지사 등의 처우와 지위향상을 위하여 지속적·적극적으로 노력하도록 책무를 부여하는 등 사회복지사의 신분보장과 처우개선을 위한 기틀이 마련되었다. 노숙인 등의 인권을 보호하고 자립을 지원함으로써 건전한 사회복귀를 도모하기 위한 목적으로 2011년 「노숙인 등의 복지 및 자립지원에 관한 법률」이 제정되었다. 「국민건강보험법」이 2009년 개정되어 고용보험, 산업재해보상보험, 국민연금, 건강보험 등의 사회보험료 징수업무를 국민건강보험공단에서 통합징수할 수 있게 되었다. 「국민연금과 직역연금의 연계에 관한 법률」이 2009년 제정되었다. 「치매관리법」이 2011년 제정되었다.

일부 사회복지법인 및 시설 대표자의 전횡, 시설 내 이용자 인권침해, 사적 이익 추구 등이 사회문제로 대두됨에 따라 시설이용자의 인권보호와 사회복지법인 및 시설 운영의 투명성을 강화하려는 목적으로 2012년 「사회복지사업법」이 개정되었다. 모든 국민이 평생 동안 겪는 다양한 사회적 위험에 대하여 사회정책과 경제정책을 통합적으로 고려하여 국민의 보편적·생애주기적인 특성에 맞게 소득과 사회서비스를 함께 보장하는 방향으로 사회보장제도를 확대·재정립하기 위한 목적으로 2012년 「사회보장기본법」이 전부 개정되었다.

#### 6) 박근혜 정부

국가재정의 지속가능성을 확보하면서 빈곤노인의 소득보장을 강화하기 위한 목적으로 2014년 「기초연금법」이 제정되었다. 복지대상자 선정과 지원에 필요한 일련의 절차 및 방법 등에 관한 사항을 구체적으로 규정하고, 소외계층을 발굴하기 위한 신고의무, 보호계획수립 지원 등 수급권자 보호를 강화하고 복지사각지대를 해소하기 위한 방안을 제도적으로 보완하기 위해 「사회보장급여의 이용 제공 및 수급권자 발굴에 관한 법률」이 2014년 제정되었다. 「국민기초생활보장법」이 2014년 개정되었는데, 절대적 빈곤선인 최저생계비

기준을 폐지하고 상대적 빈곤선인 기준 중위소득에 의한 보장대상자 선정기준에 따라 급여종류별로 다층화한 맞춤형 급여체계를 도입하였다. 국민기초생활보장법이 맞춤형 급여체계로 개편됨에 따라 주거급여 실시를 위하여 필요한 사항을 별도로 규정하기 위하여 「주거급여법」이 2014년 제정되었다.

1995년 제정된 「정신보건법」이 2016년 「정신건강증진 및 정신질환자 복지서비스 지원에 관한 법률」로 법 제명을 바꾸고 전부개정 되었다. 「발달장애인권리보장 및 지원에 관한 법률」이 2014년 제정되고, 「장애인건강권 및 의료접근성 보장에 관한 법률」이 2015년 제정되었다. 「아동학대범죄의 처벌 등에 관한 특례법」이 2014년 제정되었다.

### 7) 문재인 정부

6세 미만 아동에게 아동수당을 지급하도록 함으로써 아동 양육에 따른 경제적 부담을 경감하고 아동 양육에 대한 국가의 책임성을 강화하려는 목적으로 2018년 3월 「아동수당법」이 제정되어 9월부터 시행되었다. 2017년 「장애인복지법」이 개정되어 장애등급제 개편 사항을 반영하기 위하여 '장애 등급'을 '장애 정도'로 변경하고, 맞춤형 서비스 제공을 위한 '서비스 지원 종합조사'를 실시할 수 있는 법적 근거를 마련하였다. 2018년 「주거급여법」을 개정하여 주거급여수급권자가 되기 위한 부양의무자 요건을 폐지하였다. 「재난적의료비지원에 관한 법률」이 2018년 제정되었다.

# PART 02 각 론

## 제1절 사회보장기본법의 의의

복지선진국들은 이미 오래전부터 사회복지에 관한 기본법을 제정하고 이 기본법에 따라 개별 사회복지법들 사이의 통합·조정을 도모하여 왔다.[1] 우리나라에서도 사회복지법의 기본법으로서 1963년에 「사회보장에 관한 법률」을 제정한 바 있으나 그 내용이 너무 빈약하여 기본법으로서의 역할을 하지 못하였고, 이러한 문제점을 해결하기 위하여 1995년 사회보장기본법이 제정되었다.

헌법 제34조 제1항에 규정된 "모든 국민은 인간다운 생활을 할 권리를 가진다"라는 헌법상 생존권의 이념만을 토대로 하여서는 개별적 실정법을 제정하기 어렵기 때문에 헌법과 개별법을 연결시켜 주는 기본법이 필요하다. 사회보장기본법은 헌법 제34조의 이념에 따라 사회보험, 공공부조, 사회서비스에 대한 법률을 총체적으로 지휘하는 헌법의 하위규범이자 법률의 상위규범으로서의 의의를 갖는다고 하겠다(윤찬영, 2004 : 405; 김 훈, 2004 : 176-177). 다시 말하여, 사회보장기본법은 사회보장제도에 관한 기본 사항을 규정하기 위한 법률임과 동시에 제4조에 "사회보장에 관한 다른 법률을 제정하거나 개정하는 경우에는

1 미국은 사회보장법(Social Security Act)에 사회보험, 공공부조, 사회복지서비스 분야를 통합적으로 규정하고 영국은 국민보험, 공공부조, 사회복지서비스 등 분야별로 통합 규정하였다. 한편 독일, 프랑스 등 대륙국가들은 필요에 따라 수많은 개별 법률을 먼저 제정한 후 갈등과 마찰이 발생하자, 사후적으로 서로 연계·조정될 수 있도록 기본법적 규정을 첨가하여 사회보장법전(기본법 포함)을 제정하였다(안종범, 2010).

이 법에 부합하도록 하여야 한다"라고 규정하고 있듯이, 개별법들의 제·개정의 범위와 방향을 정해준다고 할 것이다. 따라서 이러한 지위에 적합한 규범체계를 확보하는 것이 과제라고 하겠다.

## 제2절 입법배경 및 연혁

### 1. 사회보장에 관한 법률

우리나라에서 최초의 사회보장에 관한 기본적 성격의 법률은 1963년에 제정된 「사회보장에 관한 법률」이다. 1961년 5·16 군사쿠데타로 집권한 박정희 군사정권은 자신들의 정당성을 부각시키고 국민의 지지를 이끌어 낼 적극적 조치들이 필요했다. 민정으로의 이양을 앞두고 최고회의 당국은 당시 우리나라를 절대적 빈곤에서 해방시키기 위해 '경제개발'이 무엇보다도 우선시되던 사회·경제적 분위기에서도 명문상으로나마 복지정책을 표방하였다.

그리하여 당시 정부의 정당성 부각의 필요성이 법적으로 나타난 것이 제5차 개정 헌법(1962. 12. 26)에 '인간다운 생활을 할 권리'와 '국가의 사회보장 증진 의무'의 명문화였다. 이에 근거하여 1963년 제정된 「사회보장에 관한 법률」은 당시 사회보장에 관한 일반인의 인식이 희박했던 상황 속에서 하향식으로 성립된 법률이라 할 수 있다.

동 법률은 당초에는 사회보장의 기본계획, 이론정립 등 세부적인 사항을 담으려고 했으나, 정부의 사회보장의 의지가 후퇴하면서 중요한 사항들이 삭제되고 상징적인 의미를 가지는 정도로 입법화되는 수준으로 그쳤다(신섭중 외, 1999 : 173). 전문 7개조에 불과한 형식적인 법이었다.

## 2. 사회보장기본법

「사회보장에 관한 법률」이 제정된 이후 30여 년 동안 사회·경제적으로 커다란 발전과 변화가 있었다. 국가적 차원에서의 사회보장제도는 소위 '경제개발의 논리'에 의해 뒷전으로 밀린 가운데, 그때그때 필요한 범위 내에서 임시방편적이고 단속적으로 분립되어 실시되어 왔다.

그러나 각 법률들이 산재해 있는 체제를 가지고는 사회보장제도를 일관성 있게 발전·추진시켜 나가는 데 여러 가지 제약이 따른다는 지적이 있었다. 구체적으로 사회보장제도 간에 연계성이 부족하여 제도 간 충돌과 갈등이 야기될 소지가 있었고, 관리 운영상의 비효율성으로 인한 재정의 부족, 제도 간 급여수준의 불균형성 등 많은 문제점이 있어, 시대적 변화에 맞게 사회보장의 기본법을 제정해야 할 필요성이 제기되었다(현외성, 2001 : 187). 이러한 배경 속에서 1990년대 초 정부는 사회보장기본법을 제정할 것을 천명하고, 1994년 11월 정부의 내부 검토를 거쳐, 1995년 12월 국회 본회의에서 가결되어 사회보장기본법이 입법되고 「사회보장에 관한 법률」은 폐지되었다.

그 후 몇 차례 부분개정이 이루어졌고, 2012년 1월 26일에는 모든 국민이 평생 동안 겪는 다양한 사회적 위험에 대하여 사회정책과 경제정책을 통합적으로 고려하여 국민의 보편적·생애주기적인 특성에 맞게 소득과 사회서비스를 함께 보장하는 방향으로 사회보장제도를 확대·재정립함으로써 한국의 상황에 맞는 새로운 중장기 사회보장정책의 비전과 미래지향적인 발전방향을 제시하여 건강한 복지국가를 설립할 수 있는 토대를 마련하기 위한 전부개정이 이루어졌다.

# 제3절 목적, 이념, 사회보장 관련 용어의 정의

## 1. 목 적

사회보장기본법은 사회보장에 관한 국민의 권리와 국가 및 지방자치단체의 책임을 정하고 사회보장정책의 수립·추진과 관련 제도에 관한 기본적인 사항을 규정함으로써 국민의 복지증진에 이바지하는 것을 목적으로 한다(제1조).

## 2. 이 념

사회보장은 모든 국민이 다양한 사회적 위험으로부터 벗어나 행복하고 인간다운 생활을 향유할 수 있도록 자립을 지원하며, 사회참여·자아실현에 필요한 제도와 여건을 조성하여 사회통합과 행복한 복지사회를 실현하는 것을 기본 이념으로 한다(제2조).

## 3. 사회보장 관련 용어의 정의

이 법에서 사용하는 용어의 뜻은 다음과 같다(제3조).

### 1) 사회보장

"사회보장"이란 출산, 양육, 실업, 노령, 장애, 질병, 빈곤 및 사망 등의 사회적 위험으로부터 모든 국민을 보호하고 국민 삶의 질을 향상시키는 데 필요한 소득·서비스를 보장하는 사회보험, 공공부조, 사회서비스를 말한다(제3조 제1호).

### 2) 사회보험

"사회보험"이란 국민에게 발생하는 사회적 위험을 보험의 방식으로 대처함으로써 국민의 건강과 소득을 보장하는 제도를 말한다(제3조 제2호).

### 3) 공공부조

"공공부조"란 국가와 지방자치단체의 책임하에 생활유지능력이 없거나 생활이 어려운 국민의 최저생활을 보장하고 자립을 지원하는 제도를 말한다(제3조 제3호).

### 4) 사회서비스

"사회서비스"란 국가·지방자치단체 및 민간 부문의 도움이 필요한 모든 국민에게 복지, 보건의료, 교육, 고용, 주거, 문화, 환경 등의 분야에서 인간다운 생활을 보장하고 상담, 재활, 돌봄, 정보의 제공, 관련 시설의 이용, 역량 개발, 사회참여 지원 등을 통하여 국민의 삶의 질이 향상되도록 지원하는 제도를 말한다(제3조 제4호).[2]

### 5) 평생사회안전망

"평생사회안전망"이란 생애주기에 걸쳐 보편적으로 충족되어야 하는 기본욕구와 특정한 사회위험에 의하여 발생하는 특수욕구를 동시에 고려하여 소득·서비스를 보장하는 맞춤형 사회보장제도를 말한다(제3조 제5호).

---

2 개정 사회보장기본법에서는 사회서비스를 기존의 사회복지서비스와 관련 복지제도를 합한 것으로 규정함으로써 사회서비스의 정의로 대단히 넓은 개념을 채택하고 있다. 기존의 사회보장기본법상 관련 복지제도의 정의에서 분야를 취하고, 사회복지서비스의 영역에서 서비스 내용을 취하여 이를 사회서비스의 정의로 결합시킨 것이라 할 수 있다(남찬섭, 2012a).

# 제4절 사회보장의 주체와 책임

## 1. 국가 및 지방자치단체의 책임

국가와 지방자치단체는 모든 국민의 인간다운 생활을 유지·증진하는 책임을 가진다(제5조 제1항). 그리고 국가와 지방자치단체는 사회보장에 관한 책임과 역할을 합리적으로 분담하여야 하며(제5조 제2항), 국가발전 수준에 부응하고 사회환경의 변화에 선제적으로 대응하며 지속 가능한 사회보장제도를 확립하고 매년 이에 필요한 재원을 조달하여야 한다(제5조 제3항). 또한 국가는 사회보장제도의 안정적인 운영을 위하여 중장기 사회보장 재정추계를 격년으로 실시하고 이를 공표하여야 한다(제5조 제4항).

국가와 지방자치단체는 가정이 건전하게 유지되고 그 기능이 향상되도록 노력하여야 하며(제6조 제1항), 사회보장제도를 시행할 때에 가정과 지역공동체의 자발적인 복지활동을 촉진하여야 한다(제6조 제2항).

## 2. 국민의 책임

사회보장기본법은 국가책임을 강력하게 부여하면서도 국민 스스로의 노력을 규정하였다. 즉, 모든 국민은 자신의 능력을 최대한 발휘하여 자립·자활할 수 있도록 노력하여야 한다(제7조 제1항). 또한 모든 국민은 경제적·사회적·문화적·정신적·신체적으로 보호가 필요하다고 인정되는 사람에게 지속적인 관심을 가지고 이들이 보다 나은 삶을 누릴 수 있는 사회환경 조성에 서로 협력하고 노력하여야 한다(제7조 제2항). 아울러 모든 국민은 관계 법령에서 정하는 바에 따라 사회보장급여에 필요한 비용의 부담, 정보의 제공 등 국가의 사회보장정책에 협력하여야 한다(제7조 제3항).

# 제5절 사회보장수급권

## 1. 사회보장 수급권자

모든 국민은 사회보장 관계 법령에서 정하는 바에 따라 사회보장급여를 받을 권리(사회보장수급권)를 가진다(제9조). 이는 헌법 제34조 제1항의 "인간다운 생활을 할 권리"를 구체적으로 실현하기 위하여 국민이 가지는 사회보장 급여 및 서비스를 받을 권리를 말한다. 이 수급권은 사회보장의 종류에 따라 사회보험수급권, 공공부조수급권, 사회서비스수급권으로 구분할 수 있다.

사회보장기본법 제8조에 의하면 "국내에 거주하는 외국인에 대한 사회보장제도의 적용은 상호주의 원칙에 의하되, 관계 법령이 정하는 바에 따른다"고 하여 상호주의 원칙에 따라 외국인의 사회보장을 받을 권리를 인정하고 있다. 이에 따른 규범이 국가 간에 체결된 사회보장협정[3]인데 20세기에 들어 국가 간의 왕래가 빈번해지면서 사회보장협정을 체결하여 관계국 상호 간의 국민에게 혜택을 주는 사례가 일반화되고 있다. 우리나라도 상호주의에 입각하여 국가 간 협정을 맺거나 국제기구에 가입함으로써 상호 간 외국인에게 사회보장급여를 제공하는 사례가 확대되고 있다.

## 2. 사회보장급여의 수준

국가와 지방자치단체는 모든 국민이 건강하고 문화적인 생활을 유지할 수 있도록 사회보장급여의 수준 향상을 위하여 노력하여야 한다(제10조 제1항). 국가는 관계 법령에서 정하는 바에 따라 최저보장수준과 최저임금[4]을 매년 공표하여야 한다(제10조 제2항). 국가와 지방자치단체는 최저보장수준과 최저임금

---

3 사회보장협정의 구체적 목적은 사회보험에 있어서 이중가입의 배제, 가입기간의 합산, 법적용상 동등대우, 급여의 자유송금 등이다.

4 최저임금은 근로자의 생계비, 유사 근로자의 임금, 노동생산성 및 소득분배율 등을 고려하여 사업의 종류별로 구분하여 정할 수 있으며, 최저임금위원회의 심의를 거쳐 고용노동부장관이 정한다(최저임금법 제4조 및 제8조).

등을 고려하여 사회보장급여의 수준을 결정하여야 한다(제10조 제3항).

## 3. 사회보장급여의 신청

사회보장급여를 받으려는 사람은 관계 법령에서 정하는 바에 따라 국가나 지방자치단체에 신청하여야 한다. 다만, 관계 법령에서 따로 정하는 경우에는 국가나 지방자치단체가 신청을 대신할 수 있다(제11조 제1항). 사회보장급여를 신청하는 사람이 다른 기관에 신청한 경우에는 그 기관은 지체 없이 이를 정당한 권한이 있는 기관에 이송하여야 한다. 이 경우 정당한 권한이 있는 기관에 이송된 날을 사회보장급여의 신청일로 본다(제11조 제2항).

## 4. 사회보장수급권의 보호, 제한 및 포기

### 1) 보 호

사회보장수급권은 관계 법령에서 정하는 바에 따라 다른 사람에게 양도하거나 담보로 제공할 수 없으며, 이를 압류할 수 없다(제12조).

### 2) 제 한

사회보장수급권은 제한되거나 정지될 수 없다. 다만, 관계 법령에서 따로 정하고 있는 경우에는 그러하지 아니하다(제13조 제1항). 제1항 단서에 따라 사회보장수급권이 제한되거나 정지되는 경우에는 제한 또는 정지하는 목적에 필요한 최소한의 범위에 그쳐야 한다(제13조 제2항).

### 3) 포 기

사회보장수급권은 정당한 권한이 있는 기관에 서면으로 통지하여 포기할 수 있다(제14조 제1항). 사회보장수급권을 포기하는 것이 다른 사람에게 피해를 주거나 사회보장에 관한 관계 법령에 위반되는 경우에는 이를 포기할 수 없다(제14조 제3항). 일반적으로 권리는 권리자가 자유롭게 포기할 수 있는 게 원칙이나, 사회보장기본법은 수급권을 두텁게 보호하기 위해서 수급권이 포기되는 경우를 수급권자가 정당한 권한이 있는 기관에 서면으로 통지한 경우로 한정하고 있다. 그러나 수급권의 포기는 취소할 수 있다(제14조 제2항).

#### 4) 구상권

특히 사회보장기본법은 제3자의 불법행위로 피해를 입은 국민이 그로 인하여 사회보장수급권을 가지게 된 경우 사회보장제도를 운영하는 자는 그 불법행위의 책임이 있는 자에 대하여 관계 법령에서 정하는 바에 따라 구상권을 행사할 수 있도록(제15조) 규정하고 있는데, 여기서 불법행위자의 책임불이행으로 인한 수급자의 피해를 막기 위하여 이 경우에도 일단 국가의 책임을 확보하는 방식을 취함으로써 국민의 수급권을 적극 보호하고 있다.

## 제6절 사회보장위원회

### 1. 설치 및 구성

사회보장에 관한 주요 시책을 심의·조정하기 위하여 국무총리 소속으로 사회보장위원회(위원회)를 둔다(제20조). 위원회는 위원장 1명, 부위원장 3명과 행정안전부장관, 고용노동부장관, 여성가족부장관, 국토교통부장관을 포함한 30명 이내의 위원으로 구성한다(제21조 제1항). 위원장은 국무총리가 되고 부위원장은 기획재정부장관, 교육부장관 및 보건복지부장관이 된다(제21조 제2항). 위원회의 위원은 대통령령으로 정하는 관계 중앙행정기관의 장과 근로자를 대표하는 사람, 사용자를 대표하는 사람, 사회보장에 관한 학식과 경험이 풍부한 사람, 변호사 자격이 있는 사람 중에서 대통령이 위촉하는 사람으로 한다(제21조 제3항).

### 2. 직 무

위원회는 다음 각 호의 사항을 심의·조정한다(제20조 제2항).

1. 사회보장 증진을 위한 기본계획
2. 사회보장 관련 주요 계획
3. 사회보장제도의 평가 및 개선
4. 사회보장제도의 신설 또는 변경에 따른 우선순위
5. 둘 이상의 중앙행정기관이 관련된 주요 사회보장정책
6. 사회보장급여 및 비용 부담
7. 국가와 지방자치단체의 역할 및 비용 분담
8. 사회보장의 재정추계 및 재원조달 방안
9. 사회보장 전달체계 운영 및 개선
10. 제32조 제1항에 따른 사회보장통계
11. 사회보장정보의 보호 및 관리
12. 제26조 제4항에 따른 조정
13. 그 밖에 위원장이 심의에 부치는 사항

## 제7절 사회보장 기본계획의 수립

### 1. 사회보장 기본계획 수립

보건복지부장관은 관계 중앙행정기관의 장과 협의하여 사회보장 증진을 위하여 사회보장에 관한 기본계획(기본계획)을 5년마다 수립하여야 한다(제16조 제1항). 기본계획은 사회보장위원회와 국무회의의 심의를 거쳐 확정한다(제16조 제3항). 기본계획에는 다음 각 호의 사항이 포함되어야 한다(제16조 제2항).

1. 국내외 사회보장환경의 변화와 전망
2. 사회보장의 기본 목표 및 중장기 추진방향

3. 주요 추진과제 및 추진방법
4. 필요한 재원의 규모와 조달방안
5. 사회보장 관련 기금운용 방안
6. 사회보장 전달체계
7. 그 밖에 사회보장정책의 추진에 필요한 사항

기본계획은 다른 법령에 따라 수립되는 사회보장에 관한 계획에 우선하며 그 계획의 기본이 된다(제17조).

## 2. 연도별 시행계획의 수립 및 시행

보건복지부장관 및 관계 중앙행정기관의 장은 기본계획에 따라 사회보장과 관련된 소관 주요 시책의 시행계획을 매년 수립·시행하여야 한다(제18조 제1항). 관계 중앙행정기관의 장은 제1항에 따라 수립한 소관 시행계획 및 전년도의 시행계획에 따른 추진실적을 대통령령으로 정하는 바에 따라 매년 보건복지부장관에게 제출하여야 한다(제18조 제2항). 보건복지부장관은 관계 중앙행정기관 및 보건복지부 소관의 추진실적을 종합하여 성과를 평가하고, 그 결과를 사회보장위원회에 보고하여야 한다(제18조 제3항).

## 3. 지역계획의 수립 및 시행

특별시장·광역시장·특별자치시장·도지사 또는 특별자치도지사·시장(「제주특별자치도 설치 및 국제자유도시 조성을 위한 특별법」 제11조 제1항에 따른 행정시장을 포함한다)·군수·구청장은 관계 법령으로 정하는 바에 따라 사회보장에 관한 지역계획을 수립·시행하여야 한다(제19조 제1항). 지역계획은 기본계획과 연계되어야 한다(제19조 제2항).

# 제8절 사회보장정책의 기본 방향

## 1. 평생사회안전망의 구축과 운영

국가와 지방자치단체는 모든 국민이 생애 동안 삶의 질을 유지·증진할 수 있도록 평생사회안전망을 구축하여야 한다(제22조 제1항). 그리고 국가와 지방자치단체는 평생사회안전망을 구축·운영함에 있어 사회적 취약계층을 위한 공공부조를 마련하여 최저생활을 보장하여야 한다(제22조 제2항).

## 2. 사회서비스 보장

국가와 지방자치단체는 모든 국민의 인간다운 생활과 자립, 사회참여, 자아실현 등을 지원하여 삶의 질이 향상될 수 있도록 사회서비스에 관한 시책을 마련하여야 한다(제23조 제1항). 국가와 지방자치단체는 사회서비스 보장과 제24조에 따른 소득보장이 효과적이고 균형적으로 연계되도록 하여야 한다(제23조 제2항).

## 3. 소득보장

국가와 지방자치단체는 다양한 사회적 위험하에서도 모든 국민들이 인간다운 생활을 할 수 있도록 소득을 보장하는 제도를 마련하여야 한다(제24조 제1항). 국가와 지방자치단체는 공공부문과 민간부문의 소득보장제도가 효과적으로 연계되도록 하여야 한다(제24조 제2항).

# 제9절 사회보장제도의 운영

## 1. 운영원칙

사회보장기본법은 제25조에서 사회보장제도의 운영에 관하여 다음과 같은 기본 원칙을 제시하고 있다.

① 국가와 지방자치단체가 사회보장제도를 운영할 때에는 이 제도를 필요로 하는 모든 국민에게 적용하여야 한다(제25조 제1항).

② 국가와 지방자치단체는 사회보장제도의 급여수준과 비용부담 등에서 형평성을 유지하여야 한다(제25조 제2항).

③ 국가와 지방자치단체는 사회보장제도의 정책 결정 및 시행과정에 공익의 대표자 및 이해관계인 등을 참여시켜 이를 민주적으로 결정하고 시행하여야 한다(제25조 제3항).

④ 국가와 지방자치단체가 사회보장제도를 운영할 때에는 국민의 다양한 복지욕구를 효율적으로 충족시키기 위하여 연계성과 전문성을 높여야 한다(제25조 제4항).

⑤ 사회보험은 국가의 책임으로 시행하고, 공공부조와 사회서비스는 국가와 지방자치단체의 책임으로 시행하는 것을 원칙으로 한다. 다만, 국가와 지방자치단체의 재정형편 등을 고려하여 이를 협의·조정할 수 있다(제25조 제5항).

## 2. 협의 및 조정

국가와 지방자치단체는 사회보장제도를 신설하거나 변경할 경우 기존 제도와의 관계, 사회보장 전달체계에 미치는 영향, 재원의 규모·조달방안을 포함한 재정에 미치는 영향 및 지역별 특성 등을 사전에 충분히 검토하고 상호협력하여 사회보장급여가 중복 또는 누락되지 아니하도록 하여야 한다(제26조

제1항). 중앙행정기관의 장과 지방자치단체의 장은 사회보장제도를 신설하거나 변경할 경우 신설 또는 변경의 타당성, 기존 제도와의 관계, 사회보장 전달체계에 미치는 영향, 지역복지 활성화에 미치는 영향 및 운영방안 등에 대하여 대통령령으로 정하는 바에 따라 보건복지부장관과 협의하여야 한다(제26조 제2항). 보건복지부장관은 사회보장급여 관련 업무에 공통적으로 적용되는 기준을 마련할 수 있다(제26조 제5항).

### 3. 민간의 참여

국가와 지방자치단체는 사회보장에 대한 민간부문의 참여를 유도할 수 있도록 정책을 개발·시행하고 그 여건을 조성하여야 한다(제27조 제1항). 또한 국가와 지방자치단체는 사회보장에 대한 민간부문의 참여를 유도하기 위하여 다음 각 호의 사업이 포함된 시책을 수립·시행할 수 있다(제27조 제2항).

1. 자원봉사, 기부 등 나눔의 활성화를 위한 각종 지원사업
2. 사회보장정책의 시행에 있어 민간부문과의 상호협력체계 구축을 위한 지원사업
3. 그 밖에 사회보장에 관련된 민간의 참여를 유도하는 데에 필요한 사업

그리고 국가와 지방자치단체는 개인, 법인 또는 단체가 사회보장에 참여하는 데에 드는 경비의 전부 또는 일부를 지원하거나 그 업무를 수행하기 위하여 필요한 지원을 할 수 있다(제27조 제3항).

### 4. 사회보장전달체계

국가와 지방자치단체는 모든 국민이 쉽게 이용할 수 있고 사회보장급여가 적시에 제공되도록 지역적·기능적으로 균형 잡힌 사회보장 전달체계를 구축하여야 한다(제29조 제1항). 국가와 지방자치단체는 사회보장 전달체계의 효율적 운영에 필요한 조직, 인력, 예산 등을 갖추어야 하며(제29조 제2항), 공공부문과

민간부문의 사회보장 전달체계가 효율적으로 연계되도록 노력하여야 한다(제29조 제3항).

## 5. 사회보장급여의 관리

국가와 지방자치단체는 국민의 사회보장수급권의 보장 및 재정의 효율적 운용을 위하여 사회보장수급권자 권리구제, 사회보장급여의 사각지대 발굴, 사회보장급여의 부정・오류 관리, 사회보장급여의 과오지급액의 환수 등 관리에 관한 사회보장급여의 관리체계를 구축・운영하여야 한다(제30조 제1항). 보건복지부장관은 사회서비스의 품질기준 마련, 평가 및 개선 등의 업무를 수행하기 위하여 필요한 전담기구를 설치할 수 있다(제30조 제2항).

## 6. 전문인력의 양성 등

국가와 지방자치단체는 사회보장제도의 발전을 위하여 전문인력의 양성, 학술 조사 및 연구, 국제 교류의 증진 등에 노력하여야 한다(제31조).

## 7. 사회보장통계

국가와 지방자치단체는 효과적인 사회보장정책의 수립・시행을 위하여 사회보장에 관한 통계(사회보장통계)를 작성・관리하여야 한다(제32조 제1항). 관계 중앙행정기관의 장과 지방자치단체의 장은 소관 사회보장통계를 대통령령으로 정하는 바에 따라 보건복지부장관에게 제출하여야 한다(제32조 제2항). 보건복지부장관은 제2항에 따라 제출된 사회보장통계를 종합하여 위원회에 제출하여야 한다(제32조 제3항).

## 8. 사회보장정보의 관리

### 1) 사회보장정보시스템의 구축·운영 등

국가와 지방자치단체는 국민편익의 증진과 사회보장업무의 효율성 향상을 위하여 사회보장업무를 전자적으로 관리하도록 노력하여야 한다(제37조 제1항). 국가는 관계 중앙행정기관과 지방자치단체에서 시행하는 사회보장수급권자 선정 및 급여관리 등에 관한 정보를 통합·연계하여 처리·기록 및 관리하는 시스템(사회보장정보시스템)을 구축·운영할 수 있다(제37조 제2항).

보건복지부장관은 사회보장정보시스템의 구축·운영을 총괄한다(제37조 제3항). 보건복지부장관은 사회보장정보시스템 구축·운영의 전 과정에서 개인정보 보호를 위하여 필요한 시책을 마련하여야 한다(제37조 제4항). 보건복지부장관은 관계 중앙행정기관, 지방자치단체 및 관련 기관·단체에 사회보장정보시스템의 운영에 필요한 정보의 제공을 요청하고 제공받은 목적의 범위에서 보유·이용할 수 있다. 이 경우 자료의 제공을 요청받은 자는 정당한 사유가 없으면 이에 따라야 한다(제37조 제5항).

관계 중앙행정기관 및 지방자치단체의 장은 제2항의 사회보장정보와 관련하여 사회보장정보시스템의 활용이 필요한 경우 사전에 보건복지부장관과 협의하여야 한다. 이 경우 보건복지부장관은 관련 업무에 필요한 범위에서 정보를 제공할 수 있고 정보를 제공받은 관계 중앙행정기관 및 지방자치단체의 장은 제공받은 목적의 범위에서 보유·이용할 수 있다(제37조 제6항). 보건복지부장관은 사회보장정보시스템의 운영·지원을 위하여 전담기구를 설치할 수 있다(제37조 제7항).

### 2) 개인정보 등의 보호

사회보장업무에 종사하거나 종사하였던 자는 사회보장업무 수행과 관련하여 알게 된 개인·법인 또는 단체의 정보를 관계 법령에서 정하는 바에 따라 보호하여야 한다(제38조 제1항). 국가와 지방자치단체, 공공기관, 법인·단체, 개인이 조사하거나 제공받은 개인, 법인 또는 단체의 정보는 이 법과 관련법률에 근거하지 아니하고 보유, 이용, 제공되어서는 아니 된다(제38조 제2항).

### 9. 정보의 공개, 설명, 상담, 통지

국가와 지방자치단체는 사회보장제도에 관하여 국민이 필요한 정보를 관계 법령에서 정하는 바에 따라 공개하고, 이를 홍보하여야 한다(제33조). 국가와 지방자치단체는 사회보장 관계 법령에서 규정한 권리나 의무를 해당 국민에게 설명하도록 노력하여야 하며(제34조), 사회보장 관계 법령에서 정하는 바에 따라 사회보장에 관한 상담에 응하여야 한다(제35조). 또 국가와 지방자치단체는 사회보장 관계 법령에서 정하는 바에 따라 사회보장에 관한 사항을 해당 국민에게 알려야 한다(제36조).

## 제10절 재정(비용)

사회보장비용의 부담은 각각의 사회보장제도의 목적에 따라 국가, 지방자치단체 및 민간 부문 간에 합리적으로 조정되어야 한다(제28조 제1항).

이를 구체적으로 살펴보면, 사회보험에 드는 비용은 사용자, 피용자 및 자영업자가 부담하는 것을 원칙으로 하되, 관계 법령에서 정하는 바에 따라 국가가 그 비용의 일부를 부담할 수 있다(제28조 제2항). 공공부조 및 관계 법령에서 정하는 일정 소득수준 이하의 국민에 대한 사회서비스에 드는 비용의 전부 또는 일부는 국가와 지방자치단체가 부담한다(제28조 제3항). 그리고 부담능력이 있는 국민에 대한 사회서비스에 드는 비용은 그 수익자가 부담함을 원칙으로 하되, 관계 법령에서 정하는 바에 따라 국가와 지방자치단체가 그 비용의 일부를 부담할 수 있다(제28조 제4항).

# 제11절 권리구제

사회보장기본법 제39조에는 "위법 또는 부당한 처분을 받거나 필요한 처분을 받지 못함으로써 권리 또는 이익을 침해받은 국민은 행정심판법에 따른 행정심판을 청구하거나 행정소송법에 따른 행정소송을 제기하여 그 처분의 취소 또는 변경 등을 청구할 수 있다"고 하여 권리구제 규정을 두고 있다. 위법하거나 부당한 행정처분 또는 행정행위의 부작위가 있는 경우, 그로 인해 권리나 이익을 침해받은 국민은 최종적으로는 행정소송에서 법원의 판결을 통해 해결을 볼 수밖에 없으나, 정식 소송을 거치게 되면 시간과 비용이 많이 들게 되므로 행정심판법은 먼저 간이절차로서의 행정심판을 거쳐 권리나 이익을 구제받을 수 있는 길을 열어두고 있다. 각 개별 법률에 행정심판에 준하는 절차를 두고 있는 경우에는 그 절차가 행정심판을 대신하는 것으로서, 우리나라의 사회보장 관련법에서는 대개 행정심판을 대신할 수 있는 별도의 이의신청 절차나 심사청구 절차를 마련해 두고 있다.

# 제14장 사회보장급여의 이용 · 제공 및 수급권자 발굴에 관한 법률 (약칭 : 사회보장급여법)

## 제1절 입법배경

늘어나는 복지예산과 서비스의 다양화에도 불구하고 현행 복지전달 체계가 중앙행정기관별 · 지방자치단체별로 분절 운영되어 서비스의 효율적 연계를 기대하기 어렵고, 같은 대상자에게 복지혜택이 중복하여 제공되거나 도움이 절실한 계층이 복지의 사각지대에 놓이는 사례가 동시에 발생하였다. 또한 개정된 사회보장기본법은 보건의료, 교육, 고용, 주거 등 다양한 복지서비스를 포괄하는 사회서비스 개념을 도입하여 국민의 보편적 · 생애주기적인 특성에 맞게 소득과 사회서비스를 함께 보장하는 맞춤형 사회보장제도의 운영을 지향하고 있으나, 이를 실현하기 위한 세부적인 실행방안과 절차가 미비하여 적절한 조사와 지급 이후의 사후관리의 미흡으로 국민의 예측 가능성을 담보하지 못한다는 문제가 제기되어 왔다. 또한 기존 사회복지사업법이 사회복지사업 중심의 서비스 이용절차와 운영에 한정되어 있어 중앙행정기관과 지방자치단체의 유기적인 연계를 통한 지역단위 사회보장을 제대로 이루어 내지 못하는 한계가 있어 이를 보완할 후속조치가 절실히 요구되었다. 이에 따라 사회보장급여의 신청, 조사, 결정 · 지급, 사후관리에 이르는 복지대상자 선정과 지원에 필요한 일련의 절차 및 방법 등에 관한 사항을 구체적으로 규정하고, 소외계층을 발굴하기 위한 신고의무, 보호대상자에게 필요한 급여의 직권신청, 보호계획 수립 · 지원, 상담 · 안내 · 의뢰 등 수급권자 보호를 강화하고 복지 사각지대를 해소하기 위한 방안을 제도적으로 보완할 필요성이 커졌다.

또한 중앙행정기관·지방자치단체 및 관련 공공기관 간 정보의 연계를 통하여 복지행정 업무를 전자적으로 지원하는 사회보장정보시스템의 원활한 운영을 뒷받침함으로써 복지사업의 효과성을 제고하는 한편, 중앙행정기관과 지방자치단체 간의 유기적인 연계와 통일성을 기하여 지역단위의 종합적 사회보장과 지역 간 균형발전을 실현하기 위한 방안 및 지원체계를 정립하여 궁극적으로는 국민이 자신에게 적합한 복지혜택을 선택할 수 있도록 하는 맞춤형 서비스를 제공함으로써 국민의 복지체감도를 향상시키기 위하여 2014년 12월 30일 이 법률이 제정되고 2015년 7월 1일 시행되었다(법제처. www.moleg.go.kr).

2017년 3월 21일 일부개정에서는 사회보장급여수준을 높이기 위하여 지원대상자에게 보건·복지·고용·교육 등에 대한 사회보장급여 및 민간 법인·단체·시설 등이 제공하는 서비스를 종합적으로 연계하여 맞춤형으로 제공하는 통합사례관리의 실시 근거를 마련하고 읍·면·동 단위에도 지역사회보장협의체를 둔다는 근거 조항을 신설하였다. 2018년 12월 11일 개정에서는 복지사각지대 해소를 위해 국가 및 지방자치단체가 분기별 지원대상자 발굴조사를 실시하도록 하고, 보건복지부장관은 지원대상자 발굴체계의 운영실태를 정기적으로 점검하고 개선방안을 마련하도록 하였다.

## 제2절 목적, 기본 개념 및 기본 원칙

### 1. 목 적

이 법은 사회보장기본법에 따른 사회보장급여의 이용 및 제공에 관한 기준과 절차 등 기본적 사항을 규정하고 지원을 받지 못하는 지원대상자를 발굴하여 지원함으로써 사회보장급여를 필요로 하는 사람의 인간다운 생활을 할 권리를 최대한 보장하고, 사회보장급여가 공정하고 효과적으로 제공되도록 하며, 사회보장제도가 지역사회에서 통합적으로 시행될 수 있도록 그 기반을 구축하는 것을 목적으로 한다(제1조).

## 2. 기본 개념

"사회보장급여"란 제5호의 보장기관(관계 법령 등에 따라 사회보장급여를 제공하는 국가기관과 지방자치단체를 말한다)이 사회보장기본법 제3조 제1호에 따라 제공하는 현금, 현물, 서비스 및 그 이용권을 말한다(제2조 제1호). "수급권자"란 사회보장기본법 제9조에 따른 사회보장급여를 제공받을 권리를 가진 사람을 말한다(제2조 제2호). "수급자"란 사회보장급여를 받고 있는 사람을 말한다(제2조 제3호). "지원대상자"란 사회보장급여를 필요로 하는 사람을 말한다(제2조 제4호). "보장기관"이란 관계 법령 등에 따라 사회보장급여를 제공하는 국가기관과 지방자치단체를 말한다(제2조 제5호).

## 3. 다른 법률과의 관계

사회보장급여의 이용 및 제공에 필요한 기준, 방법, 절차와 지원대상자의 발굴 및 지원 등에 관하여는 다른 법률에 특별한 규정이 있는 경우를 제외하고는 이 법에 따른다(제3조).

## 4. 기본 원칙

① 사회보장급여가 필요한 사람은 누구든지 자신의 의사에 따라 사회보장급여를 신청할 수 있으며, 보장기관은 이에 필요한 안내와 상담 등의 지원을 충분히 제공하여야 한다(제4조 제1항). ② 보장기관은 지원이 필요한 국민이 급여대상에서 누락되지 아니하도록 지원대상자를 적극 발굴하여 이들이 필요로 하는 사회보장급여를 적절하게 제공받을 수 있도록 노력하여야 한다(제4조 제2항). ③ 보장기관은 국민의 다양한 복지욕구를 충족시키고 생애주기별 필요에

맞는 사회보장급여가 공정 · 투명 · 적정하게 제공될 수 있도록 노력하여야 한다(제4조 제3항). ④ 보장기관은 사회보장급여와 사회복지사업법 제2조 제3호 및 제4호의 사회복지법인, 사회복지시설 등 사회보장 관련 민간 법인 · 단체 · 시설이 제공하는 복지혜택 또는 서비스를 효과적으로 연계하여 제공할 수 있도록 노력하여야 한다(제4조 제4항). ⑤ 보장기관은 국민이 사회보장급여를 편리하게 이용할 수 있도록 사회보장 정책 및 관련 제도를 수립 · 시행하기 위하여 노력하여야 한다(제4조 제5항). ⑥ 보장기관은 지역의 사회보장 수준이 균등하게 실현될 수 있도록 노력하여야 한다(제4조 제6항).

## 제3절 사회보장급여의 절차

### 1. 사회보장급여의 이용

#### 1) 사회보장급여의 신청

지원대상자와 그 친족, 민법에 따른 후견인, 청소년 기본법에 따른 청소년상담사 · 청소년지도사, 지원대상자를 사실상 보호하고 있는 자(관련 기관 및 단체의 장을 포함한다) 등은 지원대상자의 주소지 관할 보장기관에 사회보장급여를 신청할 수 있다(제5조 제1항). 보장기관의 업무담당자는 지원대상자가 누락되지 아니하도록 하기 위하여 관할 지역에 거주하는 지원대상자에 대한 사회보장급여의 제공을 직권으로 신청할 수 있다. 이 경우 지원대상자의 동의를 받아야 하며, 동의를 받은 경우에는 지원대상자가 신청한 것으로 본다(제5조 제2항).

#### 2) 사회보장 요구의 조사

보장기관의 장은 사회보장급여의 신청을 받으면 ① 지원대상자의 사회보장 요구와 관련된 사항, ② 지원대상자의 건강상태, 가구구성 등 생활실태에 관한 사항, ③ 그 밖에 지원대상자에게 필요하다고 인정되는 사회보장급여에 관한 사항을 조사하여야 한다(제6조).

### 3) 수급자격의 조사

보장기관의 장은 사회보장급여의 신청을 받으면 지원대상자와 그 부양의무자(배우자와 1촌의 직계혈족 및 그 배우자를 말한다)에 대하여 사회보장급여의 수급자격 확인을 위하여 ① 인적사항 및 가족관계 확인에 관한 사항, ② 소득 · 재산 · 근로능력 및 취업상태에 관한 사항, ③ 사회보장급여 수급이력에 관한 사항, ④ 그 밖에 수급권자를 선정하기 위하여 보장기관의 장이 필요하다고 인정하는 사항 중 어느 하나에 해당하는 자료 또는 정보를 제공받아 조사하고 처리(개인정보 보호법 제2조 제2호의 처리를 말한다)할 수 있다. 다만, 부양의무자에 대한 조사가 필요하지 아니하거나 그 밖에 대통령령으로 정하는 사유에 해당하는 경우는 제외한다(제7조 제1항). 보장기관의 장은 제1항 각 호의 사항을 확인하기 위하여 필요한 자료의 확보가 곤란한 경우 신청인 또는 지원대상자와 그 부양의무자에게 필요한 자료의 제출을 요구할 수 있다(제7조 제2항). 보장기관의 장이 제1항 각 호의 조사를 실시하기 위하여 주민등록전산정보 · 가족관계등록전산정보, 금융 · 국세 · 지방세, 토지 · 건물 · 건강보험 · 국민연금 · 고용보험 · 산업재해보상보험 · 출입국 · 병무 · 보훈급여 · 교정 등 대통령령으로 정하는 관련 전산망 또는 자료를 이용하고자 하는 경우에는 관계 중앙행정기관, 법원행정처, 지방자치단체, 관련 기관 및 단체에 협조를 요청할 수 있다. 이 경우 자료의 제출을 요청받은 기관 및 단체는 정당한 사유가 없으면 이에 따라야 한다(제7조 제4항).

### 4) 사회보장급여 제공의 결정

보장기관의 장이 제6조 및 제7조에 따른 조사를 실시한 경우에는 사회보장급여의 제공 여부 및 제공유형을 결정하되, 제공하고자 하는 사회보장급여는 지원대상자가 현재 제공받고 있는 사회보장급여와 보장내용이 중복되도록 하여서는 아니 된다(제9조 제1항). 보장기관의 장은 사회보장급여의 제공 결정에 필요한 경우 지원대상자와 그 친족, 그 밖에 관계인의 의견을 들을 수 있다(제9조 제2항). 보장기관의 장은 제1항에 따라 결정된 사회보장급여의 제공 여부와 그 유형 및 변경사항 신고의무 등을 서면(신청인의 동의에 의한 전자문서를 포함한다)으로 신청인에게 통지하여야 하며, 필요한 경우 구두 등의 방법을 병행할 수 있다(제9조 제3항).

## 2. 지원대상자 발굴

### 1) 위기가구의 발굴

보장기관의 장은 누락된 지원대상자가 적절한 사회보장급여를 제공받을 수 있도록 지원이 필요한 다음 각 호의 가구(위기가구)를 발굴하기 위하여 노력하여야 한다(제9조의2 제1항).

1. 제11조 제1항 각 호에 해당하는 관계 기관 · 법인 · 단체 · 시설의 장에게 공유받은 정보와 제12조 제1항 각 호의 자료 또는 정보의 처리 결과 보장기관의 장이 위기상황에 처하여 있다고 판단한 사람의 가구
2. 자살자가 발생한 가구 또는 자살시도자가 발생한 가구로서 대통령령으로 정하는 기준에 해당하는 가구

보장기관의 장은 제1항에 따라 발굴한 위기가구의 구성원이 필요로 하는 적절한 사회보장급여를 제공받을 수 있도록 지원하여야 한다(제9조의2 제2항).

### 2) 자료 또는 정보의 제공과 홍보

보장기관의 장은 지원대상자를 발굴하기 위하여 ① 사회보장급여의 내용 및 제공규모, ② 수급자가 되기 위한 요건과 절차, ③ 그 밖에 사회보장급여 수급을 위하여 필요한 정보에 대한 자료 또는 정보의 제공과 홍보에 노력하여야 한다(제10조 제1항).

### 3) 정보공유 등의 협조요청

보장기관의 장은 관할 지역에 거주하는 지원대상자를 발굴하기 위하여 다음 각 호에 해당하는 관계 기관·법인·단체·시설의 장에게 소관업무의 수행과 관련하여 취득한 정보의 공유, 지원대상자의 거주지 등 현장조사 시 소속 직원의 동행 등 필요한 사항에 대한 협조를 요청할 수 있다. 이 경우 관계 기관·법인·단체·시설의 장은 정당한 사유가 없으면 이에 따라야 한다(제11조 제1항).

1. 「사회복지사업법」 제2조 제3호와 제4호에 따른 사회복지법인 및 사회복지시설
2. 「국민연금법」 제24조에 따른 국민연금공단
3. 「국민건강보험법」 제13조에 따른 국민건강보험공단
4. 「지역보건법」 제10조에 따른 보건소
5. 「초·중등교육법」 제2조 각 호의 학교
6. 「경찰법」 제2조에 따른 경찰서
7. 「소방기본법」 제2조 제5호의 소방대
8. 그 밖에 대통령령으로 정하는 기관·법인·단체·시설

### 4) 자료 또는 정보의 처리 등

보건복지부장관은 보장기관이 제10조에 따른 업무를 효율적으로 수행할 수 있도록 지원하기 위하여 「사회보장기본법」 제37조에 따른 사회보장정보시스템을 통하여 다음 각 호의 자료 또는 정보를 처리할 수 있다(제12조 제1항).

1. 「전기사업법」 제14조에 따른 단전(전류제한을 포함한다), 「수도법」 제39조에 따른 단수, 도시가스사업법」 제19조에 따른 단가스 가구정보(가구정보는 주민등록전산정보·가족관계등록전산정보를 포함한다. 이하 같다)
2. 「초·중등교육법」 제25조에 따른 학교생활기록 정보 중 담당교원이 위기상황에 처하여 있다고 판단한 학생의 가구정보

3. 「국민건강보험법」 제69조에 따른 보험료를 3개월 이상 체납한 사람의 가구정보
4. 「국민기초생활보장법」 또는 「긴급복지지원법」에 따른 신청 또는 지원 중 탈락가구의 가구정보
5. 「사회복지사업법」 제35조에 따른 시설의 장이 입소 탈락자나 퇴소자 중 위기상황에 처하여 있다고 판단한 사람의 가구정보
6. 「신용정보의 이용 및 보호에 관한 법률」 제25조 제2항 제1호에 따른 종합신용정보집중기관과 같은 항 제2호에 따른 개별신용정보집중기관이 보유하고 있는 개인신용정보 중 보건복지부장관이 위기상황에 처하여 있다고 판단한 사람의 대통령령으로 정하는 기준에 해당하는 연체정보(대출금·신용카드대금·통신요금 등을 말한다)로서 금융위원회 위원장과 협의하여 정하는 개인신용정보
7. 「공공주택 특별법」 제4조 제1항에 따른 공공주택사업자가 보유하고 있는 정보로서 같은 법 제49조에 따른 임대료를 3개월 이상 체납한 임차인의 가구정보
8. 「공동주택관리법」 제2조 제1항 제10호에 따른 관리주체가 보유하고 있는 정보로서 같은 법 제23조 제1항에 따른 관리비를 3개월 이상 체납한 입주자의 가구정보
9. 그 밖에 지원대상자의 발굴을 위하여 필요한 정보로서 대통령령으로 정하는 정보

보건복지부장관은 제1항 각 호에 해당하는 가구 또는 개인이 위기가구에 포함되는지를 판단하기 위하여 「국민건강보험법」 제69조에 따른 보험료 정보를 처리할 수 있다(제12조 제2항).

보건복지부장관은 관계 중앙행정기관, 지방자치단체 및 관계 기관·법인·단체·시설의 장에게 제1항 각 호의 자료 또는 정보의 제공을 요청할 수 있다. 이 경우 관계 중앙행정기관의 장 등은 정당한 사유가 없으면 이에 따라야 한다(제12조 제3항). 또한 보건복지부장관은 제1항에 따른 자료 또는 정보를 사

회보장의 사각지대 해소를 위하여 보장기관의 장에게 제공할 수 있으며, 보장기관의 장은 필요한 경우 지원대상자의 동의를 받아 대통령령으로 정하는 법인 · 단체 · 시설의 장이 이를 활용할 수 있도록 지원할 수 있다(제12조 제4항).

### 5) 발굴조사의 실시 및 실태점검

보장기관의 장은 지원대상자에 대한 발굴조사를 분기마다 정기적으로 실시하여야 한다. 다만, 「긴급복지지원법」 제7조의2에 따라 발굴조사를 실시한 경우에는 그러하지 아니하다(제12조의2 제1항). 보건복지부장관은 지원대상자 발굴체계의 운영 실태를 매년 정기적으로 점검하고 개선방안을 마련하여야 한다(제12조의2 제2항).

### 6) 지원대상자 발견 시 신고의무

누구든지 출산, 양육, 실업, 노령, 장애, 질병, 빈곤 및 사망 등의 사회적 위험으로 인하여 사회보장급여를 필요로 하는 지원대상자를 발견하였을 때에는 보장기관에 알려야 한다(제13조 제1항). 다음 각 호의 어느 하나에 해당하는 사람은 그 직무상 제1항과 같은 사회적 위험으로 인하여 사망 또는 중대한 정신적 · 신체적 장애를 입을 위기에 처한 지원대상자를 발견한 경우 지체 없이 보장기관에 알리고, 지원대상자가 신속하게 지원을 받을 수 있도록 노력하여야 한다(제13조 제2항).

1. 「사회복지사업법」 제35조 및 제35조의2에 따른 사회복지시설의 장과 그 종사자
2. 「장애인활동 지원에 관한 법률」 제20조에 따른 장애인활동지원기관의 장 및 그 종사자와 같은 법 제16조에 따른 활동지원인력
3. 「의료법」 제2조 및 제3조의 의료인과 의료기관의 장
4. 「의료기사 등에 관한 법률」 제1조의2의 의료기사
5. 「응급의료에 관한 법률」 제36조의 응급구조사
6. 「소방기본법」 제34조에 따른 구조대 및 구급대의 대원

7. 「국가공무원법」 제2조 제2항 제2호에 따른 경찰공무원
8. 「지방공무원법」 제2조 제2항 제2호에 따른 자치경찰공무원
9. 「정신건강증진 및 정신질환자 복지서비스 지원에 관한 법률」 제3조 제3호에 따른 정신건강보건센터의 장과 그 종사자
10. 「영유아보육법」 제10조에 따른 어린이집의 원장 등 보육교직원
11. 「유아교육법」 제20조에 따른 교직원 및 같은 법 제23조에 따른 강사 등
12. 「초·중등교육법」 제19조에 따른 교직원, 같은 법 제19조의2에 따른 전문상담교사 등 및 같은 법 제22조에 따른 산학겸임교사 등
13. 「학원의 설립·운영 및 과외교습에 관한 법률」 제6조에 따른 학원의 운영자·강사·직원 및 같은 법 제14조에 따른 교습소의 교습자·직원
14. 「성폭력방지 및 피해자보호 등에 관한 법률」 제10조에 따른 성폭력피해상담소의 장과 그 종사자 및 같은 법 제12조에 따른 성폭력피해자보호시설의 장과 그 종사자
15. 「성매매방지 및 피해자보호 등에 관한 법률」 제10조에 따른 지원시설의 장과 그 종사자 및 같은 법 제17조에 따른 성매매피해상담소의 장과 그 종사자
16. 「가정폭력방지 및 피해자보호 등에 관한 법률」 제5조에 따른 가정폭력 관련 상담소의 장과 그 종사자 및 같은 법 제7조에 따른 가정폭력피해자 보호시설의 장과 그 종사자
17. 「건강가정기본법」 제35조에 따른 건강가정지원센터의 장과 그 종사자
18. 「노인장기요양보험법」 제31조에 따른 장기요양기관의 장과 그 종사자
19. 「지역보건법」 제11조 제1항 제5호 사목에 따른 보건소의 방문간호업무 종사자
20. 「다문화가족지원법」 제12조에 따른 다문화가족지원센터의 장과 그 종사자
21. 「지방자치법」 제4조의2 제4항에 따른 행정리의 이장 및 같은 조 제5항에 따른 행정동의 하부조직으로 두는 통의 통장
22. 「공동주택관리법」 제2조 제1항 제10호에 따른 관리주체

보장기관의 장은 제1항 및 제2항에 따른 신고 등을 통하여 사회보장급여가 필요하다고 인정되는 지원대상자에 대하여 제5조에 따른 신청이 이루어질 수 있도록 노력하여야 한다(제13조 제3항).

#### 7) 민관협력

보장기관과 관계 기관 · 법인 · 단체 · 시설은 지역사회 내 사회보장이 필요한 지원대상자를 발굴하고, 가정과 지역공동체의 자발적인 협조가 이루어질 수 있도록 노력하여야 한다(제14조 제1항). 시장 · 군수 · 구청장은 지원대상자의 발굴 및 지역사회보호체계의 구축을 위하여 필요한 경우 제41조에 따른 지역사회보장협의체에 관계 기관 · 법인 · 단체 · 시설의 장 및 그 밖에 사각지대 발굴과 관련한 기관 · 법인 · 단체 · 시설의 장 등을 포함시켜 운영할 수 있다(제14조 제2항).

### 3. 수급권자 등의 지원

#### 1) 지원계획수립 및 시행

보장기관의 장은 제9조 제1항에 따라 사회보장급여의 제공을 결정한 때에는 필요한 경우 다음 각 호의 사항이 포함된 수급권자별 사회보장급여 제공계획(지원계획)을 수립하여야 한다. 이 경우 수급권자 또는 그 친족이나 그 밖의 관계인의 의견을 고려하여야 한다(제15조 제1항).

1. 사회보장급여의 유형 · 방법 · 수량 및 제공기간
2. 사회보장급여를 제공할 기관 및 단체
3. 동일한 수급권자에 대하여 사회보장급여를 제공할 보장기관 또는 관계 기관 · 법인 · 단체 · 시설이 둘 이상인 경우 상호 간 연계방법
4. 사회보장 관련 민간 법인 · 단체 · 시설이 제공하는 복지혜택과 연계가 필요한 경우 그 연계방법

보장기관의 장은 지원계획에 따라 사회보장급여가 제공될 수 있도록 노력하여야 하며, 필요한 경우 사회보장급여 제공결과를 정기적으로 평가하고 그 결과에 따라 지원계획을 변경할 수 있다(제15조 제2항).

### 2) 수급권자 등에 대한 상담 · 안내, 의뢰 등

보장기관의 업무담당자는 수급권자 또는 지원대상자(수급권자 등)가 필요한 사회보장급여를 편리하게 이용할 수 있도록 사회보장급여의 명칭, 수급권자의 선정기준, 보장내용 및 신청방법 등에 관한 사항을 상담하고 안내하여야 하며, 이를 위하여 사회보장정보시스템에서 지원하는 정보를 최대한 활용하여야 한다(제16조 제1항). 보장기관의 업무담당자는 수급권자 등이 필요로 하는 사회보장급여의 이용이 다른 보장기관의 권한에 속한다고 판단되는 경우 신청인 또는 수급권자 등에게 제1항에 따른 사항과 해당 보장기관을 안내하고, 필요한 경우 해당 보장기관 또는 관계 기관 · 법인 · 단체 · 시설에 사회보장급여 또는 복지혜택 · 서비스의 제공을 의뢰하여야 한다(제16조 제2항).

### 3) 수급권자의 보호자에 대한 지원

보장기관의 장은 제9조에 따라 급여제공이 결정된 수급권자를 자신의 가정에서 돌보는 사람의 부담을 줄이기 위하여 상담을 실시하거나 금전적 지원 등을 할 수 있다(제18조).

## 4. 이의신청

이 법에 따른 처분에 이의가 있는 수급권자 등은 그 처분을 받은 날로부터 90일 이내에 처분을 결정한 보장기관의 장에게 이의신청을 할 수 있다. 다만, 정당한 사유로 인하여 그 기간 내에 이의신청을 할 수 없음을 증명한 때에는 그 사유가 소멸한 때부터 60일 이내에 이의신청을 할 수 있다(제17조 제1항).

보장기관의 장은 이의신청을 받은 날부터 10일 이내에 그 이의신청에 대하여 결정하고 그 결과를 신청인에게 지체 없이 통지하여야 한다. 다만, 부득이한 사유로 정하여진 기간 이내에 결정할 수 없을 때에는 그 기간의 만료일 다음 날부터 기산하여 10일 이내의 범위에서 연장할 수 있으며, 연장 사유를 신청인에게 통지하여야 한다(제17조 제2항).

## 제4절 사회보장급여의 관리

### 1. 사회보장급여의 적정성 확인조사

보장기관의 장은 수급자에 대한 사회보장급여의 적정성을 확인하기 위하여 제7조 제1항 각 호에 해당하는 정보를 조사할 수 있다(제19조 제1항).

### 2. 사회보장급여 부정수급 실태조사

보건복지부장관은 속임수 등의 부정한 방법으로 사회보장급여를 받거나 타인으로 하여금 사회보장급여를 받게 한 경우에 대하여 보장기관이 효과적인 대책을 세울 수 있도록 그 발생 현황, 피해사례 등에 관한 실태조사를 3년마다 실시하고, 그 결과를 공개하여야 한다(제19조의2 제1항).

### 3. 수급자의 변동신고

주기적으로 또는 기간을 정하여 사회보장급여를 제공받는 수급자는 거주지, 세대원, 소득 · 재산상태, 근로능력, 다른 급여의 수급이력 등 제7조 제1항 각 호의 사항이 변동되었을 때에는 지체 없이 관할 보장기관의 장에게 신고하여야 한다(제20조).

### 4. 사회보장급여의 변경 · 중지

보장기관의 장은 제19조에 따른 사회보장급여의 적정성 확인조사 및 제20조에 따른 수급자의 변동신고에 따라 수급자 및 그 부양의무자의 인적사항, 가족관계, 소득 · 재산상태, 근로능력 등에 변동이 있는 경우에는 직권 또는 수급자나 그 친족, 그 밖의 관계인의 신청에 따라 수급자에 대한 사회보장급여의 종류 · 지급방법 등을 변경할 수 있다(제21조 제1항).

### 5. 사회보장급여의 환수

수급자가 제20조에 따른 신고를 고의로 회피하거나 속임수 등의 부정한 방법으로 사회보장급여를 받거나 타인으로 하여금 사회보장급여를 받게 한 경우에는 사회보장급여를 제공한 보장기관의 장은 그 사회보장급여의 전부 또는 일부를 그 사회보장급여를 받거나 받게 한 자로부터 환수할 수 있다(제22조 제1항).

## 제5절 사회보장정보

### 1. 사회보장정보시스템 운영과 활성화

#### 1) 사회보장정보의 처리 등

보건복지부장관은 보장기관이 수급권자의 선정 및 급여관리 등에 관한 업무를 효율적으로 수행할 수 있도록 사회보장정보시스템을 통하여 다음 각 호에 해당하는 자료 또는 정보(사회보장정보)를 처리할 수 있다(제23조 제1항).

1. 근거 법령, 보장대상 및 내용, 예산 등 사회보장급여 현황에 관한 자료 또는 정보

2. 제5조부터 제22조까지에 따른 상담, 신청, 조사 및 자격의 변동관리에 필요한 인적사항·소득·재산 등에 관한 자료 또는 정보
3. 사회보장급여 수급이력에 관한 자료 또는 정보
4. 제51조에 따라 보건복지부장관이 위임·위탁받은 업무를 수행하는 데 필요한 자료 또는 정보
5. 사회보장정보와 관련된 법령 등에 따른 상담, 신청(제25조 제3항에 따른 신청을 포함한다), 조사, 결정, 제공, 환수 등의 업무처리 내역에 관한 자료 또는 정보
6. 사회보장 관련 민간 법인·단체·시설의 사회보장급여 제공 현황 및 보조금 수급이력에 관한 자료 또는 정보
7. 그 밖에 사회보장급여의 제공·관리 및 사회보장정보시스템 구축·운영에 필요한 정보로서 대통령령으로 정하는 자료 또는 정보

보건복지부장관은 사회보장정보를 처리하기 위하여 관계 중앙행정기관, 지방자치단체, 관계 기관·법인·단체·시설의 장에게 필요한 자료 또는 정보를 요청할 수 있다(제23조 제2항).

### 2) 사회보장정보시스템의 이용

보장기관의 장은 제5조부터 제22조까지에 따른 업무를 효율적으로 수행하기 위하여 사회보장정보시스템을 이용하거나 관할 업무시스템과 사회보장정보시스템을 연계하여 이용할 수 있다. 이 경우 보장기관의 장은 사회보장정보시스템을 이용하여 처리하고자 하는 자료 또는 정보와 그 범위, 처리목적·방식, 해당 자료 또는 정보의 보유기관(이하 "정보보유기관"이라 한다) 등을 특정하여 보건복지부장관과 협의하여야 한다(제24조 제1항). 보건복지부장관은 사회보장의 사각지대를 해소하기 위하여 사회보장정보시스템을 통하여 처리된 정보를 보장기관의 장에게 제공할 수 있으며, 보장기관의 장은 필요한 경우 지원대상자의 동의를 받아 대통령령으로 정하는 법인·단체·시설의 장이 활용할 수 있도록 지원할 수 있다(제24조 제2항).

### 3) 대국민 포털 구축 등

보건복지부장관은 사회보장급여가 필요한 국민에게 사회보장 관련 자료 또는 정보의 검색, 조회 등 온라인 서비스를 제공하는 인터넷 기반의 대국민 포털을 구축·관리하고 그 활용을 촉진하여야 한다(제25조 제1항).

### 4) 사회보장정보의 정확성 유지

정보보유기관의 장은 사회보장정보의 정확성을 유지하기 위하여 노력하여야 한다(제26조 제1항). 보건복지부장관은 사회보장정보를 주기적으로 갱신하여야 하며, 그 정보에 오류가 있다고 판단되는 경우에는 원천 자료 또는 정보를 제공한 정보보유기관의 장에게 해당 자료 또는 정보의 수정 또는 보완을 요구할 수 있다(제26조 제2항).

### 5) 사회보장정보의 표준화

보건복지부장관은 사회보장정보의 공동 활용을 통하여 국민이 사회보장급여의 이용을 편리하게 할 수 있도록 사회보장정보와 관련된 각종 기준, 절차, 방법, 서식 등을 표준화하여 보장기관의 장에게 제시할 수 있다. 이 경우 보장기관의 장은 정당한 사유가 없으면 이에 따라야 한다(제27조).

### 6) 사회보장정보 등의 협의·조정

보장기관의 장 또는 관계 중앙행정기관의 장이 제23조에 따른 사회보장정보의 처리 등, 제24조에 따른 사회보장정보시스템의 이용, 제27조에 따른 사회보장정보의 표준화, 제51조에 따른 업무의 위임·위탁 등에 관하여 의견이 있는 경우에는 보건복지부장관과 협의하고, 협의가 이루어지지 아니할 경우 사회보장기본법 제20조에 따른 사회보장위원회(이하 "사회보장위원회"라 한다)가 이를 조정한다(제28조 제1항).

#### 7) 사회보장정보원

사회보장정보시스템의 운영·지원을 위하여 한국사회보장정보원을 설립한다(제29조 제1항).

### 2. 사회보장정보의 보호

#### 1) 사회보장정보의 보호대책 수립·시행

보건복지부장관은 사회보장정보시스템의 사회보장정보를 안전하게 보호하기 위하여 물리적·기술적 대책을 포함한 보호대책을 수립·시행하여야 한다(제30조 제1항).

#### 2) 사회보장정보 침해행위 등의 금지

누구든지 사회보장정보를 처리할 때 다음 각 호의 어느 하나에 해당하는 행위를 하여서는 아니 된다(제31조).

1. 사회보장정보의 처리업무를 방해할 목적으로 사회보장정보를 위조·변경·훼손하거나 말소하는 행위
2. 정당한 사유 없이 사회보장정보를 위조·변경·훼손·말소·유출하거나 그 방법 또는 프로그램을 공개·유포·사용하는 행위
3. 정당한 사유 없이 사회보장정보시스템을 위조·변경·훼손하거나 이용하는 행위
4. 정당한 권한이 없거나 허용된 권한을 초과하여 사회보장정보를 처리하는 행위
5. 업무 외의 목적으로 사회보장정보를 열람하거나 조회하는 행위

#### 3) 사회보장정보시스템의 복구조치

한국사회보장정보원의 장 및 사회보장정보시스템을 이용하는 보장기관의 장은 사회보장정보시스템에 제31조에 따른 침해행위가 발생한 때에는 사회보장

정보시스템의 피해복구 및 보호에 필요한 조치를 신속히 취하고 보건복지부장관에게 즉시 통보하여야 한다(제32조 제1항).

#### 4) 사회보장정보 등에 대한 침해행위의 시정요구

보건복지부장관은 사회보장정보 또는 사회보장정보시스템에 대한 침해행위가 발생하였다고 판단할 상당한 근거가 있고 이를 방치할 경우 회복하기 어려운 피해가 발생할 우려가 있다고 인정되면 침해행위를 한 자에 대하여 다음 각 호에 해당하는 조치를 요구할 수 있다. 이 경우 요구를 받은 자는 이에 따라야 한다(제33조).

1. 사회보장정보 또는 사회보장정보시스템 침해행위의 중지
2. 정보처리의 일시적인 정지
3. 그 밖에 사회보장정보의 보호 및 침해행위 방지를 위하여 필요한 조치

#### 5) 사회보장정보의 파기

보장기관의 장 및 한국사회보장정보원의 장은 사회보장정보를 5년이 지나면 파기하여야 한다. 다만, 대통령령으로 정하는 지원대상자의 보호에 필요한 사회보장정보는 5년을 초과하여 보유할 수 있다(제34조).

## 제6절 사회보장에 관한 지역계획 및 운영체계

### 1. 지역사회보장에 관한 계획

#### 1) 지역사회보장에 관한 계획의 수립

특별시장 · 광역시장 · 특별자치시장 · 도지사 · 특별자치도지사(시 · 도지사) 및 시장 · 군수 · 구청장은 지역사회보장에 관한 계획(지역사회보장계획)을 4년마다 수립하고, 매년 지역사회보장계획에 따라 연차별 시행계획을 수립하여야 한

다. 이 경우 사회보장기본법 제16조에 따른 사회보장에 관한 기본계획과 연계되도록 하여야 한다(제35조 제1항). 시장 · 군수 · 구청장은 해당 시 · 군 · 구의 지역사회보장계획(연차별 시행계획을 포함)을 지역주민 등 이해관계인의 의견을 들은 후 수립하고, 지역사회보장협의체의 심의와 해당 시 · 군 · 구 의회의 보고를 거쳐 시 · 도지사에게 제출하여야 한다(제35조 제2항). 시 · 도지사는 제2항에 따라 제출받은 시 · 군 · 구의 지역사회보장계획을 지원하는 내용 등을 포함한 특별시 · 광역시 · 특별자치시 · 도 · 특별자치도(시 · 도) 지역사회보장계획을 수립하여, 시 · 도사회보장위원회의 심의와 해당 시 · 도 의회의 보고를 거쳐 보건복지부장관에게 제출하여야 한다. 이 경우 보건복지부장관은 제출된 계획을 사회보장위원회에 보고하여야 한다(제35조 제3항).

보장기관의 장은 지역사회보장계획의 수립 및 지원 등을 위하여 지역 내 사회보장 관련 실태와 지역주민의 사회보장에 관한 인식 등에 관하여 필요한 조사(지역사회보장조사)를 실시할 수 있으며, 시 · 도지사 및 시장 · 군수 · 구청장은 지역사회보장계획 수립 시 지역사회보장조사 결과를 반영할 수 있다(제35조 제7항).

### 2) 지역사회보장계획의 내용

시 · 군 · 구 지역사회보장계획은 다음 각 호의 사항을 포함하여야 한다(제36조 제1항).

1. 지역사회보장 수요의 측정, 목표 및 추진전략
2. 지역사회보장의 목표를 점검할 수 있는 지표(지역사회보장지표)의 설정 및 목표
3. 지역사회보장의 분야별 추진전략, 중점 추진사업 및 연계협력 방안
4. 지역사회보장 전달체계의 조직과 운영
5. 사회보장급여의 사각지대 발굴 및 지원 방안
6. 지역사회보장에 필요한 재원의 규모와 조달 방안
7. 지역사회보장에 관련한 통계 수집 및 관리 방안

8. 지역 내 부정수급 발생현황 및 방지대책
9. 그 밖에 대통령령으로 정하는 사항

시・도 지역사회보장계획은 다음 각 호의 사항을 포함하여야 한다(제36조 제2항).

1. 시・군・구의 사회보장이 균형적이고 효과적으로 추진될 수 있도록 지원하기 위한 목표 및 전략
2. 지역사회보장지표의 설정 및 목표
3. 시・군・구에서 사회보장급여가 효과적으로 이용 및 제공될 수 있는 기반 구축 방안
4. 시・군・구 사회보장급여 담당인력의 양성 및 전문성 제고 방안
5. 지역사회보장에 관한 통계자료의 수집 및 관리 방안
6. 시・군・구의 부정수급방지대책을 지원하기 위한 방안
7. 그 밖에 지역사회보장 추진에 필요한 사항

### 3) 지역사회보장계획의 시행

시・도지사 또는 시장・군수・구청장은 지역사회보장계획을 시행하여야 하며(제37조 제1항), 지역사회보장계획을 시행할 때 필요하다고 인정하는 경우에는 사회보장 관련 민간 법인・단체・시설에 인력, 기술, 재정 등의 지원을 할 수 있다(제37조 제2항).

### 4) 지역사회보장계획의 변경

시・도지사 또는 시장・군수・구청장은 사회보장의 환경 변화, 사회보장기본법 제16조에 따른 사회보장에 관한 기본계획의 변경 등이 있는 경우에는 지역사회보장계획을 변경할 수 있으며, 그 변경절차는 제35조를 준용한다(제38조).

### 5) 지역사회보장계획 시행결과의 평가

보건복지부장관은 시 · 도 지역사회보장계획의 시행결과를, 시 · 도지사는 시 · 군 · 구 지역사회보장계획의 시행결과를 각각 보건복지부령으로 정하는 바에 따라 평가할 수 있다(제39조 제1항). 시 · 도지사는 제1항에 따른 평가를 시행한 경우 그 결과를 보건복지부장관에게 제출하여야 한다. 보건복지부장관은 이를 종합 · 검토하여 사회보장위원회에 보고하여야 한다(제39조 제2항).

## 2. 지역사회보장 운영체계

### 1) 시 · 도사회보장위원회

시 · 도지사는 시 · 도의 사회보장 증진을 위하여 시 · 도사회보장위원회를 둔다(제40조 제1항). 시 · 도사회보장위원회는 다음 각 호의 업무를 심의 · 자문한다(제40조 제2항).

1. 시 · 도의 지역사회보장계획 수립 · 시행 및 평가에 관한 사항
2. 시 · 도의 지역사회보장조사 및 지역사회보장지표에 관한 사항
3. 시 · 도의 사회보장급여 제공에 관한 사항
4. 시 · 도의 사회보장 추진과 관련한 중요 사항
5. 그 밖에 위원장이 필요하다고 인정되는 사항

시 · 도사회보장위원회는 다음 각 호의 사람 중 시 · 도지사가 임명 또는 위촉한 사람으로 구성한다(제40조 제3항).

1. 사회보장에 관한 전문적 지식이나 경험을 가진 사람
2. 사회보장 관련 기관 및 단체의 대표자
3. 사회보장을 필요로 하는 사람의 이익 등을 대표하는 사람
4. 제41조 제3항에 따른 지역사회보장협의체의 대표자
5. 비영리민간단체지원법 제2조의 비영리민간단체에서 추천한 사람

6. 사회복지공동모금회법 제14조에 따른 사회복지공동모금지회에서 추천한 사람
7. 사회보장에 관한 업무를 담당하는 공무원

#### 2) 지역사회보장협의체

시장 · 군수 · 구청장은 지역의 사회보장을 증진하고, 사회보장과 관련된 서비스를 제공하는 관계 기관 · 법인 · 단체 · 시설과 연계 · 협력을 강화하기 위하여 해당 시 · 군 · 구에 지역사회보장협의체를 둔다(제41조 제1항). 지역사회보장협의체는 다음 각 호의 업무를 심의 · 자문한다(제41조 제2항).

1. 시 · 군 · 구의 지역사회보장계획 수립 · 시행 및 평가에 관한 사항
2. 시 · 군 · 구의 지역사회보장조사 및 지역사회보장지표에 관한 사항
3. 시 · 군 · 구의 사회보장급여 제공에 관한 사항
4. 시 · 군 · 구의 사회보장 추진에 관한 사항
5. 읍 · 면 · 동 단위 지역사회보장협의체의 구성 및 운영에 관한 사항
6. 그 밖에 위원장이 필요하다고 인정하는 사항

지역사회보장협의체의 위원은 다음 각 호의 사람 중 시장 · 군수 · 구청장이 임명 또는 위촉한다. 다만, 제40조 제4항에 해당되는 사람은 위원이 될 수 없다(제41조 제3항).

1. 사회보장에 관한 학식과 경험이 풍부한 사람
2. 지역의 사회보장 활동을 수행하거나 서비스를 제공하는 기관 · 법인 · 단체 · 시설의 대표자
3. 비영리민간단체지원법 제2조의 비영리민간단체에서 추천한 사람
4. 읍 · 면 · 동 단위 지역사회보장협의체의 위원장
5. 사회보장에 관한 업무를 담당하는 공무원

지역사회보장협의체의 업무를 효율적으로 수행하기 위하여 지역사회보장협의체에 실무협의체를 둔다(제41조 제4항).

보장기관의 장은 지역사회보장협의체의 효율적 운영을 위하여 필요한 인력 및 운영비 등 재정을 지원할 수 있다(제41조 제5항). 제1항부터 제5항까지에 규정된 사항 외에 지역사회보장협의체 및 실무협의체의 조직 · 운영에 필요한 사항은 보건복지부령으로 정하는 바에 따라 해당 시 · 군 · 구의 조례로 정한다(제41조 제6항).

특별자치시장 및 시장 · 군수 · 구청장은 읍 · 면 · 동 단위로 읍 · 면 · 동의 사회보장 관련 업무의 원활한 수행을 위하여 해당 읍 · 면 · 동에 읍 · 면 · 동 단위 지역사회보장협의체를 둔다(제41조 제7항). 읍 · 면 · 동 단위 지역사회보장협의체의 조직 · 운영에 필요한 사항은 보건복지부령으로 정하는 바에 따라 해당 특별자치시 및 시 · 군 · 구의 조례로 정한다(제41조 제8항).

### 3) 사회보장사무 전담기구

시장 · 군수 · 구청장은 사회보장에 관한 업무를 효율적으로 수행하기 위하여 관련 조직, 인력, 관계 기관 간 협력체계 등을 마련하여야 하며, 필요한 경우에는 사회보장에 관한 사무를 전담하는 기구(사회보장사무전담기구)를 별도로 설치할 수 있다(제42조 제1항). 사회보장사무 전담기구는 사회보장정보시스템을 활용하여 수급권자에게 필요한 정보를 종합 안내하고, 사회보장급여에 대한 신청 등이 편리하게 이루어질 수 있도록 운영되어야 한다(제42조 제2항).

### 4) 통합사례관리

보건복지부장관, 시 · 도지사 및 시장 · 군수 · 구청장은 지원대상자의 사회보장 수준을 높이기 위하여 지원대상자의 다양하고 복합적인 특성에 따른 상담과 지도, 사회보장에 대한 욕구조사, 서비스 제공 계획의 수립을 실시하고, 그 계획에 따라 지원대상자에게 보건 · 복지 · 고용 · 교육 등에 대한 사회보장급여 및 민간 법인 · 단체 · 시설 등이 제공하는 서비스를 종합적으로 연계 · 제공하는 통합사례관리를 실시할 수 있다(제42조의2 제1항). 통합사례관리를 실시하기 위하여 필요한 경우에는 특별자치시 및 시 · 군 · 구에 통합사례관리사를 둘 수 있다(제42조의2 제2항).

### 5) 사회복지전담공무원

사회복지사업에 관한 업무를 담당하게 하기 위하여 시 · 도, 시 · 군 · 구, 읍 · 면 · 동 또는 사회보장사무 전담기구에 사회복지전담공무원을 둘 수 있다(제43조 제1항). 사회복지전담공무원은 사회복지사의 자격을 가진 사람으로 하며, 그 임용 등에 필요한 사항은 대통령령으로 정한다(제43조 제2항). 사회복지전담공무원은 사회보장급여에 관한 업무 중 취약계층에 대한 상담과 지도, 생활실태의 조사 등 보건복지부령으로 정하는 사회복지에 관한 전문적 업무를 담당한다(제43조 제3항).

## 제7절 지역사회보장 지원 및 균형발전

### 1. 지역사회보장의 균형발전

중앙행정기관의 장 및 시 · 도지사는 시 · 도 및 시 · 군 · 구 간 사회보장 수준의 차이를 최소화하기 위하여 예산배분, 사회보장급여의 제공기관 등의 배치 등에 필요한 조치를 하여야 한다(제45조). 보건복지부장관은 시 · 도 및 시 · 군 · 구의 사회보장 추진현황 분석, 지역사회보장계획의 평가, 지역 간 사회보장의 균형발전 지원 등의 업무를 효과적으로 수행하기 위하여 지역사회보장균형발전지원센터를 설치 · 운영할 수 있다(제46조 제1항).

### 2. 지방자치단체에 대한 지원

중앙행정기관의 장은 시 · 도지사 및 시장 · 군수 · 구청장에게 사회보장사업의 수행에 필요한 비용을 지원할 수 있으며, 이 경우 제39조에 따른 평가결과를 반영할 수 있다(제47조).

### 3. 사회보장 특별지원구역 운영

중앙행정기관의 장 또는 시·도지사는 임대주택법에 따른 영구임대주택단지, 저소득층 밀집 거주지, 그 밖에 보건, 복지, 고용, 주거, 문화 등 특정 분야의 서비스가 취약한 지역을 사회보장 특별지원구역으로 선정하여 지원할 수 있다. 이 경우 중앙행정기관의 장 또는 시·도지사는 사회보장 특별지원구역을 선정할 때 관계 행정기관의 장과 협의하여야 한다(제48조 제1항).

## 제8절 보 칙

### 1. 비밀유지의무

제5조부터 제22조까지에 따른 신청, 조사, 결정, 확인조사, 환수 등 급여의 제공 및 관리 등에 관한 업무 및 제23조에 따른 사회보장정보의 처리 등에 관한 업무에 종사하거나 종사하였던 사람은 직무상 알게 된 비밀을 다른 사람에게 누설하거나 직무상 목적 외의 용도로 이용하여서는 아니 된다(제49조).

### 2. 권한의 위임·위탁

이 법에 따른 보장기관의 장의 권한 또는 업무의 일부 중 제5조에 따른 신청의 접수, 제6조, 제7조 및 제19조에 따른 사회보장 요구의 조사, 수급자격의 조사 및 사회보장급여의 적정성 확인조사, 금융정보 등의 처리에 관한 사항을 소속 기관의 장이나 지방자치단체의 장에게 위임하거나 보건복지부장관, 다른 행정기관의 장에게 위탁할 수 있다(제51조 제1항).

또한 이 법에 따른 보건복지부장관의 업무는 대통령령으로 정하는 바에 따라 그 일부를 제29조에 따른 한국사회보장정보원, 사회보장 관련 민간 법인·단체·시설에 위탁할 수 있다(제51조 제2항).

## 제1절 사회보험법의 의의와 특성

우리나라 사회보장기본법 제3조 제2호에서는 사회보험을 "국민에게 발생하는 사회적 위험을 보험의 방식으로 대처함으로써 국민의 건강과 소득을 보장하는 제도"라고 규정하고 있다.

사회보험은 사보험과 달리 다음과 같은 특성이 있다. 첫째, 강제성을 들 수 있다. 사회보험은 가입을 법률로 강제한다. 둘째, 사회보험은 전 국민을 대상으로 한다. 셋째, 사회보험은 정부가 관장하거나 감독한다. 따라서 최종적인 책임은 정부에게 있다. 넷째, 사회보험은 최저소득만을 보호한다. 다섯째, 비용부담에 있어 공동부담을 원칙으로 하고, 부담 정도에 있어서도 부담능력에 비례하여 부담한다. 여섯째, 정부의 과세력(taxing power)을 통하여 인플레이션 때문에 생긴 손실을 보상해 줄 수 있다.

이와 같은 사회보험이 추구해야 할 기본적인 원칙들은 다음과 같다(박종삼 외, 2002 : 131-132). 첫째, 보편적 적용의 원칙이다. 따라서 법적인 강제성을 가지고 전 국민을 대상으로 하여야 한다. 둘째, 원칙적으로 국민의 최저생활을 보장할 수 있어야 한다. 셋째, 불평등을 완화하고 소득재분배의 효과를 갖기 위해 급여수준은 기여의 정도에 단순 비례하지 않아야 하며 저소득 피보험자에게 유리하도록 설계되어야 한다. 넷째, 보험료에 의해 대부분의 재원이 조달되기 때문에 어느 정도 기여의 형평성이 보장되어야 한다. 다섯째, 재정운용

방식에 있어 미래의 피보험자가 현재의 피보험자에 비해 상대적으로 높은 비율의 보험료를 부담하지 않도록 설계되어야 한다.

우리나라는 1960년 공무원연금법을 시작으로 1963년에는 군인연금법, 산업재해보상보험법, 1973년 사립학교교원연금법, 1976년 (개정)의료보험법, 1986년 국민연금법, 그리고 1993년 고용보험법을 제정하였고, 2007년 노인장기요양보험법이 제정되었다(제도의 시행연도는 각각의 법에 따라 제정연도와 차이가 나기도 함). 선진국에 비하여 사회보험제도의 도입시기는 늦었지만 제도도입과 적용범위의 확대속도는 빠르게 진행되어 30여 년에 걸쳐 연금보험, 건강보험, 산재보험, 고용보험 등 4대 사회보험의 골격을 갖추었고, 다섯 번째 사회보험제도로서 노인장기요양보험법까지 실시하게 되었다.

이 장에서는 국민연금법, 국민건강보험법, 산업재해보상보험법, 고용보험법, 노인장기요양보험법 순으로 살펴보기로 한다.

## 제2절 국민연금법

### 1. 의 의

국민연금제도는 인구 고령화로 인해 노인 인구수는 증대하는 데 반해, 핵가족화, 노인부양의식의 약화 등으로 인해 노인에 대한 가족부양 체계가 점차 쇠퇴하는 상황을 고려하여 사회적 차원에서 대응하는 노후소득보장제도라고 할 수 있다.

국민연금법은 국민의 노령, 장애 또는 사망에 대하여 연금급여를 실시함으로써 국민의 생활안정과 복지증진에 이바지하는 것을 목적으로 한다(제1조). 즉, 이 국민연금제도는 가입자인 국민이 노령에 달하거나 장애, 사망을 당한 경우 본인이나 그 유족에게 일정액의 연금을 지급함으로써 첫째, 소득능력 상실 시에도 기본적인 생활이 가능하도록 그 소득을 보장하고, 둘째, 전 국민을 가입대상으로 하여 보편주의를 실현하며, 셋째, 자본주의 사회의 소득불평등 완화에 기여하는 계층 간의 소득재분배를 이룩하는 것을 목표로 삼고 있다.

## 2. 입법배경 및 연혁

국민연금제도가 1988년 도입되었지만 실제 공적국민연금에 대한 모체는 1973년에 제정된 「국민복지연금법」이라 할 수 있다. 1970년대 초반의 한국의 사회경제적 환경[1]에 비추어 볼 때 「국민복지연금법」이 법제화된 것은 이례적이다. 이 제도는 1974년 1월부터 시행될 예정이었으나, 오일쇼크 등 경제적 위기와 사회적 호응 미비로 연기되었다. 그런데 당시 「국민복지연금법」은 국민의 노후보장을 위해 도입된 제도라기보다는 오히려 사회보험을 통해 정부가 당시에 절박했던 국내 자금을 동원하기 위한 방편으로 구상[2]되었다고 볼 수 있다(김태성·김진수, 2005 : 219-220).

이후 경제가 안정화되고 노령인구의 증가로 노후 생계보장에 대한 욕구가 증가하게 되어 1986년 12월 31일 「국민복지연금법」을 전부개정하고 법제명을 「국민연금법」으로 변경하여 1988년 1월 1일부터 시행하여 오고 있다. 국민연금제도는 최초 근로자 10인 이상 사업장의 피용자 및 사용자를 대상으로 시작하였지만 1988년 이후 경제·사회적 발전에 맞추어 여러 차례에 걸쳐 「국민연금법」이 개정되었는데 1992년 1월 1일에는 5인 이상 사업장으로 확대되었고, 1995년 7월 1일에는 농어촌 지역주민, 1999년 4월 1일에는 도시지역 자영업자로 확대 실시함으로써 전 국민을 대상으로 국민연금을 실시하게 되었다.

---

1 일반 국민을 대상으로 실시한 사회보장제도라고는 산재보험제도가 유일할 정도로 사회보장의 불모지였다. 당시 65세 이상의 노령인구가 전체 인구에서 차지하는 비율은 3.1%에 불과하였으며, 취업자 중 50.5%가 농림어업에 종사하는 전형적인 농업중심의 사회였고, 1인당 국민소득이라고는 겨우 187.3달러에 불과한 빈곤한 사회였기 때문이다(통계청, 1998; 경제기획원, 1972; 이인재 외, 2006 : 284-286).

2 당시 정부는 1960년대에 추진한 경제개발계획으로 경제발전을 이룩하였고 상당한 국민소득 향상이 이루어졌다고 주장하면서, 산업화로 인한 문제로서 도시화, 핵가족화 그리고 노령화 등을 지적하면서 이에 대한 대책으로 국민복지연금제도 도입의 정당성을 주장하였다. 그러나 당시의 상황에 비추어 볼 때 정부의 경제개발계획의 성과가 바로 나타나지 않은 상황에서 외국 차관 상환을 위한 재원이 필요했고, 또한 막대한 자금을 필요로 하는 중화학공업에 투자해야 하는 재정부담이 있었으며, 미국으로부터 인권탄압에 대한 국방문제로 마찰이 일어나자 자주국방을 내세움으로써 이를 위한 자본조달이 절박한 시기였다. 이러한 이유에서 단기적으로 재원을 조달할 수 있는 공적연금제도를 구상한 것이다. 이에 대한 자세한 내용은 전남진(1987 : 412-444)을 참조한다(김태성·김진수, 2005 : 220 재인용).

그리고 2003년 7월 1일에는 사업장 적용범위가 근로자 1인 이상 사업장으로 확대되었다.

2007년 7월 23일 「국민연금법」의 전부개정은 정부, 여당, 야당, 시민단체 등에서 수많은 개혁방안을 두고 논의와 진통을 거듭한 끝에 이루어진 것으로 주요 내용은 다음과 같다. 즉, 인구구조의 급속한 고령화에 대비하여 세대 간 형평성이 제고되도록 연금급여 수준을 조정하여 장기적인 재정안정화 방안을 마련하였고, 둘째자녀 이상 출산 시 가입기간의 추가 인정, 군복무로 인한 소득상실로 국민연금에 가입할 수 없는 자에게 병역의무를 이행한 기간 중 일부를 노령연금 산정 시 가입기간으로 인정 및 유족연금수급에 있어 남녀차별적인 요소 개선 등이다. 2009년 2월 6일 「국민연금과 직역연금의 연계에 관한 법률」이 제정됨에 따른 일부개정으로 2009년 8월 7일부터 국민연금과 4개 직역연금 가입기간 연계사업을 시행하게 되었고, 같은 해 5월 21일 개정에서는 국민연금보험료 징수업무를 국민건강보험공단에 위탁하였다. 2011년 12월 31일 개정에서는 자녀에 대한 유족연금의 지급기간을 만 18세 미만에서 만 19세 미만까지로 연장하고, 감액노령연금 및 재직자노령연금 등으로 분류되는 노령연금의 체계를 단순화하고, 국민연금 지급의 연기를 신청할 수 있는 대상을 확대함으로써 수급권자의 선택권을 강화하며, 영세사업장 저임금 근로자의 연금보험료 지원근거를 마련하였다. 2012년 10월 22일 개정에서는 국민건강보험공단으로 하여금 고액·상습 체납자인 사업장가입자의 인적사항 및 체납액 등을 공개할 수 있도록 함으로써 연금보험료의 성실 납부를 유도하는 한편, 2013년부터 연금지급 연령이 상향 조정됨에 따라 국민연금 가입연령은 지났지만 연금지급 연령에 미치지 아니하는 기간이 발생하게 되는데, 국민연금 가입자가 60세가 되어 가입자격을 상실하게 된 날부터 지급연령에 도달하는 날까지의 기간에 발생한 질병·부상이나 사망은 가입기간 중에 발생한 것으로 보도록 함으로써 장애연금 및 유족연금의 수급권을 보장하고, 국민연금 가입기간이 10년 미만인 가입자 또는 가입자였던 사람은 60세가 된 때 반환일시금을 지급받을 수 있도록 함으로써 수급자의 선택권을 보장하였다. 2014년 1월 14일 개정에서는 국가의 책무에 국민연금법에 따른 연금급여가 안정적 · 지속적으로 지급되도록 필요한 시책을 수립 · 시행하도록 규정하였고, 2015년 1월 28일 개정에서는 실업에 따른 국민연금 사각지대의 해소를 위하여 고용보험상 구직급여를 수급하는 가입자 등에 대하여 국가에서 보험료의 일부를 지원하는 실업크레딧 제도를 도입하며, 고령인 수급권자의 근로의욕을 높이기 위하여 소득활동에 따른 노령연금의 감액기준을 연령에서 소득으로 변경하였다. 같은해 12월 29일 개정에서는 분할연금 신청의 특례를 두어 노령연금 수급연령이 되기 전에 이혼하는 경우에는 이혼의 효력이 발생하는 때부터 분할연금을 먼저 청구할 수 있도록 하였고, 법률에 국민연금공단의 고유업무로 조사 · 연구 사업을 명시하고 이를 수행하는 국민연금연구원의 설립근거를 법률에 명시하였다. 2017년 12월 19일 개정에서는 헌재판결결과를 반영하여 분할연금을 산정함에 있어 혼인기간을 배우자의 가입기간 중의 혼인기간으로서 별거 · 가출 등의 사유로 인하여 실질적인 혼인관계가 존재하지 않았던 기간을 제외한 기간으로 규정하였다.

### 3. 적용대상

#### 1) 가입대상

국민연금 가입대상은 국내에 거주하는 18세 이상 60세 미만의 국민이다. 다만, 공무원연금법, 군인연금법, 사립학교교직원 연금법 및 별정우체국법을 적용받는 공무원, 군인, 사립학교 교직원 및 그 밖에 대통령령으로 정하는 자는 제외한다(제6조). 여기서 대통령령으로 정하는 가입대상 제외자는 국민연금법에 따라 노령연금의 수급권을 취득한 자 중 60세 미만의 특수직종근로자와 국민연금법에 따라 조기노령연금의 수급권을 취득한 자(다만, 조기노령연금의 지급이 정지 중인 자는 제외)를 말한다(시행령 제18조).

외국인의 경우에는 이 법의 적용을 받는 사업장에 사용되고 있거나 국내에 거주하는 외국인으로서 대통령령으로 정하는 자 외의 외국인은 제6조에도 불구하고 당연히 사업장가입자 또는 지역가입자가 된다. 다만, 이 법에 따른 국민연금에 상응하는 연금에 관하여 그 외국인의 본국 법이 대한민국 국민에게 적용되지 아니하면 그러하지 아니하다(제126조 제1항). 대한민국이 외국과 사회보장협정을 맺은 경우에는 이 법에도 불구하고 국민연금의 가입, 연금보험료의 납부, 급여의 수급요건, 급여액의 산정, 급여의 지급 등에 관하여 그 사회보장협정에서 정하는 바에 따른다(제127조).

### 2) 가입자의 종류

국민연금법상의 가입자는 사업장가입자, 지역가입자, 임의가입자 및 임의계속가입자로 구분한다(제7조).

#### (1) 사업장가입자

사업장가입자란 사업장에 고용된 근로자[3] 및 사용자[4]로서 국민연금에 가입된 자를 말한다(제3조 제1항 제6호). 사업의 종류, 근로자의 수 등을 고려하여 대통령령으로 정하는 사업장(당연적용사업장)의 18세 이상 60세 미만인 근로자와 사용자는 당연히 사업장가입자가 된다. 다만, 다음 각 호의 어느 하나에 해당하는 자는 제외한다(제8조 제1항).

즉, 「공무원연금법」, 「공무원 재해보상법」, 「사립학교교직원 연금법」 또는 「별정우체국법」에 따른 퇴직연금, 장해연금 또는 퇴직연금일시금이나 「군인연금법」에 따른 퇴역연금, 퇴역연금일시금, 「군인 재해보상법」에 따른 상이연금을 받을 권리를 얻은 자(퇴직연금등수급권자). 다만, 퇴직연금등수급권자가 「국민연금과 직역연금의 연계에 관한 법률」 제8조에 따라 연계 신청을 한 경우에는 그러하지 아니하다.

국민연금에 가입된 사업장에 종사하는 18세 미만 근로자는 사업장가입자가 되는 것으로 본다. 다만, 본인이 원하지 아니하면 사업장가입자가 되지 아

3 "근로자"란 직업의 종류가 무엇이든 사업장에서 노무를 제공하고 그 대가로 임금을 받아 생활하는 자(법인의 이사와 그 밖의 임원을 포함한다)를 말한다. 다만, 대통령령으로 정하는 자는 제외한다(제3조 제1항 제1호).

4 "사용자"란 해당 근로자가 소속되어 있는 사업장의 사업주를 말한다(제3조 제1항 제2호).

니할 수 있다(제8조 제2항). 국민기초생활보장법에 따른 생계급여수급자 또는 의료급여수급자는 본인의 희망에 따라 사업장가입자가 되지 아니할 수 있다(제8조 제3항).

### (2) 지역가입자

사업장가입자가 아닌 자로서 18세 이상 60세 미만인 자는 당연히 지역가입자가 된다. 다만, 다음 각 호의 어느 하나에 해당하는 자는 제외한다(제9조).

1. 다음 각 목의 어느 하나에 해당하는 자의 배우자로서 별도의 소득이 없는 자
   가. 국민연금 가입대상에서 제외되는 자
   나. 사업장가입자, 지역가입자 및 임의계속가입자
   다. 노령연금수급권자 및 퇴직연금 등 수급권자
2. 퇴직연금 등 수급권자. 다만, 퇴직연금 등 수급권자가 「국민연금과 직역연금의 연계에 관한 법률」 제8조에 따라 연계신청을 한 경우에는 그러하지 아니하다.
3. 18세 이상 27세 미만인 자로서 학생이거나 군복무 등의 이유로 소득이 없는 자(연금보험료를 납부한 사실이 있는 자는 제외)
4. 국민기초생활보장법에 따른 생계급여수급자 또는 의료급여수급자
5. 1년 이상 행방불명된 자

### (3) 임의가입자

사업장가입자와 지역가입자에 해당하지 않는 자로서 18세 이상 60세 미만인 자는 보건복지부령으로 정하는 바에 따라 국민연금공단에 가입을 신청하면 임의가입자가 될 수 있다(제10조 제1항). 임의가입자는 보건복지부령으로 정하는 바에 따라 국민연금공단에 신청하여 탈퇴할 수 있다(제10조 제2항).

#### (4) 임의계속가입자

다음 각 호의 어느 하나에 해당하는 자는 제6조 본문에도 불구하고 65세가 될 때까지 국민연금공단에 가입을 신청하면 임의계속가입자가 될 수 있다. 이 경우 가입신청이 수리된 날에 그 자격을 취득한다(제13조 제1항).

1. 국민연금 가입자 또는 가입자였던 자로서 60세가 된 자. 다만, 다음 각 목의 어느 하나에 해당하는 자는 제외한다.
   가. 연금보험료를 납부한 사실이 없는 자
   나. 노령연금수급권자로서 급여를 지급받고 있는 자
   다. 제77조 제1항 제1호에 해당하는 사유로 반환일시금을 지급받은 자
2. 전체 국민연금 가입기간의 5분의 3 이상을 대통령령으로 정하는 직종의 근로자로 국민연금에 가입하거나 가입하였던 사람으로서 다음 각 목의 어느 하나에 해당하는 사람 중 노령연금급여를 지급받지 않는 사람
   가. 제61조 제1항에 따라 노령연금수급권을 취득한 사람
   나. 법률 제3902호 국민복지연금법개정법률 부칙 제5조에 따라 특례노령연금수급권을 취득한 사람

임의계속가입자는 보건복지부령으로 정하는 바에 따라 국민연금공단에 신청하면 탈퇴할 수 있다(제13조 제2항).

### 3) 가입기간의 계산

#### (1) 가입기간

국민연금 가입기간은 월 단위로 계산하되, 가입자의 자격을 취득한 날이 속하는 달의 다음 달부터 자격을 상실한 날의 전날이 속하는 달까지로 한다. 다만, 다음 각 호의 어느 하나에 해당하는 경우 자격을 취득한 날이 속하는 달은 가입기간에 산입하되, 가입자가 그 자격을 상실한 날의 전날이 속하는 달에 자격을 다시 취득하면 다시 취득한 달을 중복하여 가입기간에 산입하지 아니한다(제17조 제1항).

1. 가입자가 자격을 취득한 날이 그 속하는 달의 초일인 경우(자격취득일이 속하는 달에 다시 그 자격을 상실하는 경우는 제외한다)
2. 임의계속가입자의 자격을 취득한 경우
3. 가입자가 희망하는 경우

가입기간을 계산할 때 연금보험료를 내지 아니한 기간은 가입기간에 산입하지 아니한다. 다만, 사용자가 근로자의 임금에서 기여금을 공제하고 연금보험료를 내지 아니한 경우에는 그 내지 아니한 기간의 2분의 1에 해당하는 기간을 근로자의 가입기간으로 산입한다. 이 경우 1개월 미만의 기간은 1개월로 한다(제17조 제2항).

그러나 국민건강보험공단이 보건복지부령으로 정하는 바에 따라 근로자에게 그 사업장의 체납사실을 통지한 경우에는 그 통지된 체납월의 다음 달부터 체납기간은 가입기간에 산입하지 아니한다. 이 경우 그 근로자는 대통령령으로 정하는 바에 따라 기여금을 직접 건강보험공단에 낼 수 있다(제17조 제3항).

가입자의 자격을 상실한 후 다시 그 자격을 취득한 자에 대하여는 전후의 가입기간을 합산하고, 가입자의 가입종류가 변동되면 그 가입자의 가입기간은 각 종류별 가입기간을 합산한 기간으로 한다(제20조).

### (2) 군 복무기간에 대한 가입기간 추가 산입

병역법에 따른 현역병, 전환복무를 한 사람, 상근예비역, 사회복무요원의 어느 하나에 해당하는 자가 노령연금수급권을 취득한 때에는 6개월을 가입기간에 추가로 산입한다. 다만, 병역법에 따른 병역의무를 수행한 기간이 6개월 미만인 경우에는 그러하지 아니하다(제18조 제1항). 「병역법」에 따른 병역의무를 수행한 기간의 전부 또는 일부가 「공무원연금법」, 「사립학교교직원 연금법」 또는 「별정우체국법」에 따른 재직기간이나 「군인연금법」에 따른 복무기간에 해당하는 기간에 산입된 경우에는 제1항을 적용하지 아니한다(제18조 제2항). 이는 군복무의 사회적 중요성 인식 및 개인의 기회비용을 보상하고자 하는 것이며, 가입기간을 추가로 산입하는 데 필요한 재원은 국가가 전부를 부담한다(제18조 제3항).

### (3) 출산에 대한 가입기간 추가 산입

2명 이상의 자녀가 있는 가입자 또는 가입자였던 자가 노령연금수급권을 취득한 때에는 다음의 기간을 가입기간에 추가로 산입한다. 다만, 추가로 산입하는 기간은 50개월을 초과할 수 없으며, 자녀 수의 인정방법 등에 관하여 필요한 사항은 대통령령으로 정한다(제19조 제1항).

1. 자녀가 2명인 경우 : 12개월
2. 자녀가 3명 이상인 경우 : 둘째 자녀에 대하여 인정되는 12개월에 2자녀를 초과하는 자녀 1명마다 18개월을 더한 개월 수

추가 가입기간은 부모가 모두 가입자 또는 가입자였던 자인 경우에는 부와 모의 합의에 따라 2명 중 1명의 가입기간에만 산입하되, 합의하지 아니한 경우에는 균등 배분하여 각각의 가입기간에 산입한다(제19조 제2항). 가입기간을 추가로 산입하는 데 필요한 재원은 국가가 전부 또는 일부를 부담한다(제19조 제3항).

### (4) 실업에 대한 가입기간 추가 산입

다음 각 호의 요건을 모두 갖춘 사람이 고용보험법에 따른 구직급여를 받는 경우로서 구직급여를 받는 기간을 가입기간으로 산입하기 위하여 국민연금공단에 신청하는 때에는 그 기간을 가입기간에 추가로 산입한다. 다만, 추가로 산입하는 기간은 1년을 초과할 수 없다(제19조의2 제1항).

1. 18세 이상 60세 미만인 사람 중 가입자 또는 가입자였을 것
2. 대통령령으로 정하는 재산 또는 소득이 보건복지부장관이 정하여 고시하는 기준 이하일 것

가입자 또는 가입자였던 사람은 구직급여를 받는 기간을 가입기간으로 추가 산입하려는 경우 인정소득을 기준으로 연금보험료를 납부하여야 한다. 이

경우 국가는 연금보험료의 전부 또는 일부를 일반회계, 국민연금기금 및 고용보험법에 따른 고용보험기금에서 지원할 수 있다(제19조의2 제3항).

## 4. 급 여

### 1) 급여의 종류

국민연금법에 따른 급여의 종류에는 노령연금, 장애연금, 유족연금, 반환일시금이 있다(제49조).

### 2) 급여의 지급 및 연금액

연금급여는 수급권자의 청구에 따라 국민연금공단이 지급하며, 연금액은 그 지급사유에 따라 기본연금액과 부양가족연금액을 기초로 산정한다(제50조).

#### (1) 기본연금액

국민연금법은 국민연금액의 산정에 대하여 제51조 제1항에서 아래와 같이 규정하고 있다.

수급권자의 기본연금액은 다음 각 호의 금액을 합한 금액에 1,000분의 1,200을 곱한 금액으로 한다. 다만, 가입기간이 20년을 초과하면 그 초과하는 1년(1년 미만이면 매 1개월을 12분의 1년으로 계산)마다 본문에 따라 계산한 금액에 1,000분의 50을 곱한 금액을 더한다(제51조 제1항).

1. 다음 각 목에 따라 산정한 금액을 합산하여 이를 3으로 나눈 금액(균등부분 : A)
   가. 연금수급 3년 전 연도의 평균소득월액을 연금수급 3년 전 연도와 대비한 연금수급 전년도의 전국소비자물가변동률(통계법 제3조에 따라 통계청장이 매년 고시하는 전국소비자물가변동률)에 따라 환산한 금액
   나. 연금수급 2년 전 연도의 평균소득월액을 연금수급 2년 전 연도와 대비한 연금수급 전년도의 전국소비자물가변동률에 따라 환산한 금액
   다. 연금수급 전년도의 평균소득월액

2. 가입자 개인의 가입기간 중 매년 기준소득월액을 대통령령으로 정하는 바에 따라 보건복지부장관이 고시하는 연도별 재평가율에 의하여 연금 수급 전년도의 현재가치로 환산한 후 이를 합산한 금액을 총 가입기간으로 나눈 금액(소득비례부분 : B). 다만, 다음 각 목에 따라 산정하여야 하는 금액은 그 금액으로 한다.

가. 제18조(군복무기간 추가산입)에 따라 추가로 산입되는 가입기간의 기준소득월액은 제1호에 따라 산정한 금액의 2분의 1에 해당하는 금액

나. 제19조(출산 추가산입)에 따라 추가로 산입되는 가입기간의 기준소득월액은 제1호에 따라 산정한 금액

위의 각 호의 금액을 수급권자에게 적용할 때에는 연금수급 2년 전 연도와 대비한 전년도의 전국소비자물가변동률을 기준으로 매년 3월 말까지 그 변동률에 해당하는 금액을 더하거나 빼되, 미리 국민연금심의위원회의 심의를 거쳐야 하며(제51조 제2항), 이에 따라 조정된 금액을 수급권자에게 적용할 때 그 적용기간은 해당 조정연도 1월부터 12월까지로 한다(제51조 제3항).

### (2) 부양가족연금액

부양가족연금액은 수급권자(유족연금의 경우에는 사망한 가입자 또는 가입자였던 자)를 기준으로 하는 다음 각 호의 자로서 수급권자에 의하여 생계를 유지하고 있는 자에 대하여 해당 호에 규정된 각각의 금액으로 한다. 이 경우 생계유지에 관한 대상자별 인정기준은 대통령령으로 정한다(제52조 제1항).

1. **배우자** : 연 15만 원
2. **19세 미만이거나 장애등급 2급 이상인 자녀**(배우자가 혼인 전에 얻은 자녀를 포함) : 연 10만 원
3. **60세 이상이거나 장애등급 2급 이상인 부모**(부 또는 모의 배우자, 배우자의 부모를 포함) : 연 10만 원

위 대상자가 연금수급권자(「국민연금과 직역연금의 연계에 관한 법률」에 따른 연계급여 수급권자를 포함한다), 퇴직연금 등 수급권자, 공무원연금법, 사립학교교직원 연금

법, 별정우체국법 또는 군인연금법에 따른 유족연금수급권자 중 어느 하나에 해당하면 부양가족연금액 계산에서 제외한다(제52조 제3항). 또한 위 대상자가 사망한 때, 수급권자에 의한 생계유지의 상태가 끝난 때, 배우자가 이혼한 때, 자녀가 다른 사람의 양자가 되거나 파양(罷養)된 때, 자녀가 19세가 된 때(다만, 장애등급 2급 이상의 상태에 있는 자녀는 제외한다), 장애등급 2급 이상의 상태에 있던 자녀 또는 부모가 그 장애상태에 해당하지 아니하게 된 때, 배우자가 혼인 전에 얻은 자녀와의 관계가 이혼으로 인하여 종료된 때, 재혼한 부 또는 모의 배우자와 수급자의 관계가 부모와 그 배우자의 이혼으로 인하여 종료된 경우 중 어느 하나에 해당하게 되면 부양가족연금액의 계산에서 제외한다(제52조 제5항).

### 3) 급여종류별 수급요건과 급여수준

#### (1) 노령연금

① 노령연금

가입기간이 10년 이상인 가입자 또는 가입자였던 자에 대하여는 60세(특수직종근로자는 55세)가 된 때[5]부터 그가 생존하는 동안 노령연금을 지급한다(제61조 제1항).

노령연금액은 다음 각 호의 구분에 따른 금액에 부양가족연금액을 더한 금액으로 한다(제63조 제1항).

1. 가입기간이 20년 이상인 경우 : 기본연금액
2. 가입기간이 10년 이상 20년 미만인 경우 : 기본연금액의 1천분의 500에 해당하는 금액에 가입기간 10년을 초과하는 1년(1년 미만이면 매 1개월을 12분의 1년으로 계산한다)마다 기본연금액의 1천분의 50에 해당하는 금액을 더한 금액

5 노령연금 수급연령은 원칙적으로 60세이지만, 1998년 12월 31일 국민연금법 개정(법률 제5623호)을 통하여 2013년부터 2033년에 걸쳐 점차 65세로 연금수급 연령을 상향조정하였다(부칙 제3조). 이에 따르면 연금지급 연령은 2013년부터 2017년까지는 1세, 2018년부터 2022년까지는 2세, 2023년부터 2027년까지는 3세, 2028년부터 2032년까지는 4세, 그리고 2033년 이후에는 5세가 상향조정된다.

노령연금수급권자가 대통령령으로 정하는 소득이 있는 업무에 종사하면 60세 이상 65세 미만(특수직종근로자는 55세 이상 60세 미만)인 기간에는 제62조 제2항·제4항, 제63조 및 제66조 제2항에 따른 노령연금액(부양가족연금액은 제외)에서 다음 각 호의 구분에 따른 금액을 뺀 금액을 지급한다. 이 경우 빼는 금액은 노령연금액의 2분의 1을 초과할 수 없다(제63조의2).

1. 초과소득월액(노령연금수급권자의 소득월액에서 제51조 제1항 제1호에 따라 산정한 금액을 뺀 금액)이 100만 원 미만인 사람 : 초과소득월액의 1천분의 50
2. 초과소득월액이 100만 원 이상 200만 원 미만인 사람 : 5만 원 + (초과소득월액 − 100만 원) × 1천분의 100
3. 초과소득월액이 200만 원 이상 300만 원 미만인 사람 : 15만 원 + (초과소득월액 − 200만 원) × 1천분의 150
4. 초과소득월액이 300만 원 이상 400만 원 미만인 사람 : 30만 원 + (초과소득월액 − 300만 원) × 1천분의 200
5. 초과소득월액이 400만 원 이상인 사람 : 50만 원 + (초과소득월액 − 400만 원) × 1천분의 250

② 조기노령연금

가입기간이 10년 이상인 가입자 또는 가입자였던 자로서 55세 이상인 자가 대통령령으로 정하는 소득이 있는 업무에 종사하지 아니하는 경우 본인이 희망하면 60세가 되기 전이라도 본인이 청구한 때부터 그가 생존하는 동안 일정한 금액의 연금(조기노령연금)을 받을 수 있다(제61조 제2항).

〈표 15-1〉 급여종류별 수급요건 및 급여수준(제61조~제66조)

| 구 분 | 수급요건 | 급여수준 |
|---|---|---|
| 노령연금 | 가입기간 20년 이상, 60세에 도달한 자 | 기본연금액(100%)+부양가족연금액 |
| | 가입기간 10년 이상 20년 미만, 60세에 도달한 자 | 가입기간 10년의 경우<br>• 기본연금액의 50% + 부양가족연금액<br>가입기간 1년 증가 시마다 기본연금액의 5% 증액 |
| | 노령연금수급권자가 대통령령으로 정하는 소득이 있는 업무에 종사하는 60세 이상 65세 미만 기간에 해당하는 경우 | 노령연금액(부양가족연금액은 제외)에서 다음 각 호의 구분에 따른 금액을 뺀 금액을 지급(빼는 금액은 노령연금액의 2분의 1을 초과할 수 없음)<br>1. 초과소득월액(노령연금수급권자의 소득월액에서 제51조 제1항 제1호에 따라 산정한 금액을 뺀 금액을 말한다. 이하 이 조에서 같다)이 100만 원 미만인 사람 : 초과소득월액의 1천분의 50<br>2. 초과소득월액이 100만 원 이상 200만 원 미만인 사람 : 5만 원+(초과소득월액－100만 원)×1천분의 100<br>3. 초과소득월액이 200만 원 이상 300만 원 미만인 사람 : 15만 원+(초과소득월액－200만 원)×1천분의 150<br>4. 초과소득월액이 300만 원 이상 400만 원 미만인 사람 : 30만 원+(초과소득월액－300만 원)×1천분의 200<br>5. 초과소득월액이 400만 원 이상인 사람 : 50만 원+(초과소득월액－400만 원)×1천분의 250 |
| 조기 노령연금 | 가입기간 10년 이상, 연령 55세 이상인 자가 대통령령으로 정하는 소득이 있는 업무에 종사하지 아니하고, 60세 도달 전에 청구한 경우<br>(60세 이전에 소득이 있는 업무에 종사하면 그 기간 동안 지급정지)<br>(60세 도달 이후에는 65세 도달 전 소득이 있는 업무에 종사하는 기간 동안 감액된 노령연금 지급) | 가입기간 10년, 55세인 경우<br>• 기본연금액의 50%×70%+부양가족연금액<br>• 가입기간 1년 증가 시마다 기본연금액의 5%를 증액<br>• 수급개시 연령 1세 증가 시마다 기본연금액의 6%를 증액 |
| 분할연금 | 가입기간 중 혼인기간이 5년 이상인 노령연금수급권자의 이혼한 배우자가 60세가 된 경우 | 배우자였던 자의 노령연금액(부양가족연금액 제외) 중 혼인기간에 해당하는 연금액의 1/2 |

출처 : 국민연금공단 홈페이지. 알기쉬운 국민연금, 재구성.

③ 분할연금

이혼한 배우자의 노후생활을 보장하기 위하여, 이혼할 경우 배우자의 노령연금을 분할하여 지급받을 수 있는 연금급여이다. 사회변화와 함께 이혼과 별거 등이 늘어남에 따라 여성의 권리보호, 특히 전업주부의 노후보장을 위해 도입되었다.

가. 수급요건 및 연금액

혼인기간(배우자의 가입기간 중의 혼인기간으로서 별거, 가출 등의 사유로 인하여 실질적인 혼인관계가 존재하지 아니하였던 기간을 제외한 기간)이 5년 이상인 자가 다음 각 호의 요건을 모두 갖추면 그때부터 그가 생존하는 동안 배우자였던 자의 노령연금을 분할한 일정한 금액의 연금을 받을 수 있다(제64조 제1항).

1. 배우자와 이혼하였을 것
2. 배우자였던 사람이 노령연금 수급권자일 것
3. 60세가 되었을 것

분할연금은 위 요건을 모두 갖추게 된 때부터 5년 이내에 청구하여야 하며(제64조 제3항), 분할연금액은 배우자였던 자의 노령연금액(부양가족연금액은 제외한다) 중 혼인기간에 해당하는 연금액을 균등하게 나눈 금액으로 한다(제64조 제2항).

그리고 노령연금지급연령에 도달하기 이전에 이혼하는 경우에는 이혼의 효력이 발생하는 때부터 분할연금을 미리 청구할 수 있으며, 분할연금 선 청구는 이혼의 효력이 발생하는 때부터 3년 이내에 하여야 한다(제64조의3 제1항, 제2항).

④ 노령연금의 지급연기에 따른 가산

노령연금의 수급권자로서 60세 이상 65세 미만인 사람(특수직종근로자는 55세 이상 60세 미만인 사람)이 연금지급의 연기를 희망하는 경우에는 1회에 한정하여 65세(특수직종근로자는 60세) 전까지의 기간에 대하여 그 연금의 전부 또는 일부의 지급을 연기할 수 있다(제62조 제1항). 연금 전부의 지급연기를 신청한 수급권자가 연금의 지급을 희망하거나 65세(특수직종근로자는 60세)가 된 경우의 연금액은 지급의 연기를 신청한 때의 제61조 및 제66조 제2항의 노령연금액(부양가족연금액은 제외)을 전국소비자물가변동률을 반영하여 조정한 금액에 연기되는 매 1개월마다 그 금액의 1천분의 6을 더한 액으로 한다. 이 경우 1천분의 6에 해당하는 금액도 전국소비자물가변동률을 반영하여 조정한다(제62조 제2항).

### (2) 장애연금

① 장애연금의 수급권자

가입자 또는 가입자였던 자가 질병이나 부상으로 신체상 또는 정신상의 장애가 있고 다음 각 호의 요건을 모두 충족하는 경우에는 장애 정도를 결정하는 기준이 되는 날(장애결정기준일)부터 그 장애가 계속되는 기간 동안 장애 정도에 따라 장애연금을 지급한다(제67조 제1항).

1. 해당 질병 또는 부상의 초진일 당시 연령이 18세(다만, 18세 전에 가입한 경우에는 가입자가 된 날을 말한다) 이상이고 노령연금의 지급 연령 미만일 것
2. 다음 각 목의 어느 하나에 해당할 것
   가. 해당 질병 또는 부상의 초진일 당시 연금보험료를 낸 기간이 가입대상기간의 3분의 1 이상일 것
   나. 해당 질병 또는 부상의 초진일 5년 전부터 초진일까지의 기간 중 연금보험료를 낸 기간이 3년 이상일 것. 다만, 가입대상기간 중 체납기간이 3년 이상인 경우는 제외한다.
   다. 해당 질병 또는 부상의 초진일 당시 가입기간이 10년 이상일 것

제1항에 따른 장애결정 기준일은 다음 각 호에서 정하는 날로 한다.

1. 초진일부터 1년 6개월이 지나기 전에 완치일이 있는 경우 : 완치일
2. 초진일부터 1년 6개월이 지날 때까지 완치일이 없는 경우 : 초진일부터 1년 6개월이 되는 날의 다음 날

3. 제2호에 따른 초진일부터 1년 6개월이 되는 날의 다음 날에 장애연금의 지급 대상이 되지 아니하였으나, 그 후 그 질병이나 부상이 악화된 경우 : 장애연금의 지급을 청구한 날(제61조에 따른 노령연금 지급연령 전에 청구한 경우만 해당한다)과 완치일 중 빠른 날
4. 제70조 제1항에 따라 장애연금의 수급권이 소멸된 사람이 장애연금 수급권을 취득할 당시의 질병이나 부상이 악화된 경우 : 청구일과 완치일 중 빠른 날(제67조 제2항)

② 장애연금액

장애연금액은 장애등급에 따라 다음 각 호의 금액으로 한다(제68조 제1항).

1. 장애등급 1급에 해당하는 자에 대하여는 기본연금액에 부양가족연금액을 더한 금액
2. 장애등급 2급에 해당하는 자에 대하여는 기본연금액의 1천분의 800에 해당하는 금액에 부양가족연금액을 더한 금액
3. 장애등급 3급에 해당하는 자에 대하여는 기본연금액의 1천분의 600에 해당하는 금액에 부양가족연금액을 더한 금액

장애등급 4급에 해당하는 자에 대하여는 기본연금액의 1천분의 2천 250에 해당하는 금액을 일시보상금으로 지급한다(제68조 제2항).

### (3) 유족연금

① 유족연금의 수급권

다음 각 호의 어느 하나에 해당하는 사람이 사망하면 그 유족에게 유족연금을 지급한다(제72조 제1항).

1. 노령연금 수급권자
2. 가입기간이 10년 이상인 가입자 또는 가입자였던 자
3. 연금보험료를 낸 기간이 가입대상기간의 3분의 1 이상인 가입자 또는 가입자였던 자
4. 사망일 5년 전부터 사망일까지의 기간 중 연금보험료를 낸 기간이 3년

이상인 가입자 또는 가입자였던 자. 다만, 가입대상기간 중 체납기간이 3년 이상인 사람은 제외한다.

5. 장애등급이 2급 이상인 장애연금 수급권자

② 유족의 범위

유족연금을 지급받을 수 있는 유족은 가입자 또는 가입자였던 자가 사망할 당시 그에 의하여 생계를 유지하고 있던 다음 각 호의 자로 한다(제73조 제1항).

1. 배우자
2. 자녀. 다만, 25세 미만이거나 장애등급 2급 이상인 자만 해당한다.
3. 부모(배우자의 부모를 포함한다). 다만, 60세 이상이거나 장애등급 2급 이상인 자만 해당한다.
4. 손자녀. 다만, 19세 미만이거나 장애등급 2급 이상인 자만 해당한다.
5. 조부모(배우자의 조부모를 포함한다). 다만, 60세 이상이거나 장애등급 2급 이상인 자만 해당한다.

유족연금은 제1항 각 호의 순위에 따라 최우선 순위자에게만 한하여 지급한다(제73조 제2항 본문).

③ 유족연금액

유족연금액은 가입기간에 따라 다음 각 호의 금액에 부양가족연금액을 더한 금액으로 한다. 다만, 노령연금수급권자가 사망한 경우의 유족연금액은 사망한 자가 지급받던 노령연금액을 초과할 수 없다(제74조).

1. 가입기간이 10년 미만이면 기본연금액의 1천분의 400에 해당하는 금액
2. 가입기간이 10년 이상 20년 미만이면 기본연금액의 1천분의 500에 해당하는 금액
3. 가입기간이 20년 이상이면 기본연금액의 1천분의 600에 해당하는 금액

④ 배우자에 대한 유족연금의 지급 정지

유족연금의 수급권자인 배우자에 대하여는 수급권이 발생한 때부터 3년 동안 유족연금을 지급한 후 55세가 될 때까지 지급을 정지한다. 다만, 그 수

급권자가 ㉠ 장애등급이 2급 이상인 경우, ㉡ 가입자 또는 가입자였던 자의 25세 미만인 자녀 또는 장애등급 2급 이상인 자녀의 생계를 유지한 경우, ㉢ 대통령령으로 정하는 소득이 있는 업무에 종사하지 아니하는 경우 중 어느 하나에 해당하면 지급을 정지하지 아니한다(제76조 제1항).

### (4) 반환일시금

① 수급권자

가입자 또는 가입자였던 자가 다음 각 호의 어느 하나에 해당하게 되면 본인이나 그 유족의 청구에 의하여 반환일시금을 지급받을 수 있다(제77조 제1항).

1. 가입기간이 10년 미만인 자가 60세가 된 때
2. 가입자 또는 가입자였던 자가 사망한 때. 다만, 제72조에 따라 유족연금이 지급되는 경우에는 그러하지 아니하다.
3. 국적을 상실하거나 국외로 이주한 때

② 급여액

반환일시금의 액수는 가입자 또는 가입자였던 자가 납부한 연금보험료(사업장가입자 또는 사업장가입자였던 자의 경우에는 사용자의 부담금을 포함)에 대통령령으로 정하는 이자를 더한 금액으로 한다(제77조 제2항).

### (5) 사망일시금

① 사망일시금수급권자

가입자 또는 가입자였던 자가 사망한 때에 유족이 없으면 그 배우자·자녀·부모·손자녀·조부모·형제자매 또는 4촌 이내의 방계혈족에게 사망일시금을 지급한다(제80조 제1항 본문).

② 사망일시금의 급여액

사망일시금은 가입자 또는 가입자였던 자의 반환일시금에 상당하는 금액으로 한다(제80조 제2항).

③ 사망일시금수급권의 순위

사망일시금을 받을 자의 순위는 배우자 · 자녀 · 부모 · 손자녀 · 조부모 · 형제자매 및 4촌 이내의 방계혈족 순으로 한다(제80조 제3항).

### 4) 연금급여에 관한 일반원칙

#### (1) 연금액의 최고한도

연금의 월별 지급액은 다음 각 호의 금액 중에서 많은 금액을 넘지 못한다(제53조).

1. 가입자였던 최종 5년 동안의 기준소득월액(연금수급 전년도를 기준으로 제51조 제1항 제2호에 준하여 조정)을 평균한 금액을 전국소비자물가변동률을 반영하여 조정한 금액
2. 가입기간 동안의 기준소득월액(연금수급 전년도를 기준으로 제51조 제1항 제2호에 준하여 조정한다)을 평균한 금액을 제51조 제2항에 준하여 조정한 금액

#### (2) 연금 지급기간 및 지급시기

연금은 지급하여야 할 사유가 생긴 날[제78조 제1항에 따른 반납금, 제92조 제1항에 따른 추납보험료(追納保險料) 또는 체납된 연금보험료를 냄에 따라 연금을 지급하여야 할 사유가 생긴 경우에는 해당 금액을 낸 날]이 속하는 달의 다음 달부터 수급권이 소멸한 날이 속하는 달까지 지급한다(제54조 제1항). 연금은 지급을 정지하여야 할 사유가 생기면 그 사유가 생긴 날이 속하는 달의 다음 달부터 그 사유가 소멸한 날이 속하는 달까지는 지급하지 아니한다(제54조 제3항).

#### (3) 중복급여의 조정

① 국민연금급여 간의 중복급여의 조정

수급권자에게 이 법에 따른 2 이상의 급여 수급권이 생기면 수급권자의 선택에 따라 그중 하나만 지급하고 다른 급여의 지급은 정지된다(제56조 제1항). 그러나 선택하지 아니한 급여가 다음 각 호의 어느 하나에 해당하는 경우에는 해당 호에 규정된 금액을 선택한 급여에 추가하여 지급한다(제56조 제2항).

1. 선택하지 아니한 급여가 유족연금일 때(선택한 급여가 반환일시금일 때는 제외) : 유족연금액의 100분의 30에 해당하는 금액
2. 선택하지 아니한 급여가 반환일시금일 때(선택한 급여가 장애연금이고, 선택하지 아니한 급여가 본인의 연금보험료 납부로 인한 반환일시금일 때는 제외) : 제80조 제2항에 상당하는 금액

② 다른 법에 의한 재해보상급여와의 중복급여 조정

장애연금 또는 유족연금의 수급권자가 이 법에 따른 장애연금 또는 유족연금의 지급사유와 같은 사유로 다음 중 어느 하나에 해당하는 급여를 받을 수 있는 경우에는 장애연금액이나 유족연금액은 그 2분의 1에 해당하는 금액을 지급한다(제113조).

1. 근로기준법에 따른 장해보상, 유족보상 또는 일시보상
2. 산업재해보상보험법에 따른 장해급여, 유족급여, 진폐보상연금 또는 진폐유족연금
3. 선원법에 따른 장해보상, 일시보상 또는 유족보상
4. 어선원 및 어선 재해보상보험법에 따른 장해급여, 일시보상급여 또는 유족급여

### (4) 급여수급전용계좌

수급자는 제58조 제2항에 따라 대통령령으로 정하는 금액 이하의 급여를 본인 명의의 지정된 계좌(급여수급전용계좌)로 입금하도록 공단에 신청할 수 있으며, 이 경우 공단은 급여를 급여수급전용계좌로 입금하여야 한다(제54조의2 제1항). 그러나 공단은 정보통신장애나 그 밖에 대통령령으로 정하는 불가피한 사유로 급여를 급여수급전용계좌로 이체할 수 없을 때에는 현금으로 지급하는 등 대통령령으로 정하는 바에 따라 급여를 지급할 수 있다(제54조의2 제2항).

### (5) 손해배상청구권의 대위 등

공단은 제3자의 행위로 장애연금이나 유족연금의 지급사유가 발생하여 장애연금이나 유족연금을 지급한 때에는 그 급여액의 범위에서 제3자에 대한

수급권자의 손해배상청구권에 관하여 수급권자를 대위한다(제114조 제1항). 제3자의 행위로 장애연금이나 유족연금의 지급사유가 발생한 경우 그와 같은 사유로 제3자로부터 손해배상을 받았으면 공단은 그 배상액의 범위에서 장애연금이나 유족연금을 지급하지 아니한다(제114조 제2항).

#### 5) 급여의 제한과 정지

##### (1) 고의 또는 중대한 과실 등의 사유에 의한 급여의 제한

가입자 또는 가입자였던 자가 고의로 질병·부상 또는 그 원인이 되는 사고를 일으켜 그로 인하여 장애를 입은 경우에는 그 장애를 지급사유로 하는 장애연금을 지급하지 아니할 수 있다(제82조 제1항). 가입자 또는 가입자였던 자가 고의나 중대한 과실로 요양지시에 따르지 아니하거나 정당한 사유 없이 요양지시에 따르지 아니하여 다음 각 호의 어느 하나에 해당하게 되면 대통령령으로 정하는 바에 따라 이를 원인으로 하는 급여의 전부 또는 일부를 지급하지 아니할 수 있다(제82조 제2항).

1. 장애를 입거나 사망한 경우
2. 장애나 사망의 원인이 되는 사고를 일으킨 경우
3. 장애를 악화시키거나 회복을 방해한 경우

가입자 또는 가입자였던 자를 고의로 사망하게 한 유족, 유족연금 등의 수급권자가 될 수 있는 자를 고의로 사망하게 한 유족, 다른 유족연금 등의 수급권자를 고의로 사망하게 한 유족연금 등의 수급권자에게는 사망에 따라 발생되는 유족연금, 미지급급여, 반환일시금 및 사망일시금을 지급하지 아니한다(제82조 제3항).

##### (2) 연금급여의 지급정지

수급권자가 다음 각 호의 어느 하나에 해당하면 급여의 전부 또는 일부의 지급을 정지할 수 있다(제86조 제1항).

1. 수급권자가 정당한 사유 없이 제122조 제1항에 따른 공단의 서류, 그 밖의 자료제출 요구에 응하지 아니한 때
2. 장애연금 또는 유족연금의 수급권자가 정당한 사유 없이 제120조에 따른 공단의 진단 요구 또는 확인에 응하지 아니한 때
3. 장애연금 수급권자가 고의나 중대한 과실로 요양지시에 따르지 아니하거나 정당한 사유 없이 요양지시에 따르지 아니하여 회복을 방해한 때
4. 수급권자가 정당한 사유 없이 제121조 제1항에 따른 신고를 하지 아니한 때

## 5. 전달체계

### 1) 국민연금사업의 관장 및 국가의 책무

이 법에 따른 국민연금사업은 보건복지부장관이 맡아 주관한다(제2조). 보건복지부장관은 대통령령으로 정하는 바에 따라 5년마다 국민연금 재정수지를 계산하고, 국민연금의 재정 전망과 연금보험료의 조정 및 국민연금기금의 운용 계획 등이 포함된 국민연금 운영 전반에 관한 계획을 수립하여 국무회의의 심의를 거쳐 대통령의 승인을 받아야 하며, 승인받은 계획을 국회에 제출하고 대통령령으로 정하는 바에 따라 공시하여야 한다(제4조 제2항).

국가는 이 법에 따른 연금급여가 안정적 · 지속적으로 지급되도록 필요한 시책을 수립 · 시행하여야 한다(제3조의2).

### 2) 국민연금공단

보건복지부장관의 위탁을 받아 이 법의 목적을 달성하기 위한 사업을 효율적으로 수행하기 위하여 국민연금공단을 설립한다(제24조). 공단은 가입자에 대한 기록의 관리 및 유지, 연금보험료의 부과, 급여의 결정 및 지급, 가입자, 가입자였던 자 및 수급권자 및 수급자를 위한 자금의 대여와 복지시설의 설치 · 운영 등 복지사업, 가입자 및 가입자였던 자에 대한 기금증식을 위한 자

금 대여사업, 제6조의 가입대상과 수급권자 등을 위한 노후준비서비스 사업, 국민연금제도・재정계산・기금운용에 관한 조사연구, 국민연금에 관한 국제협력, 그 밖에 이 법 또는 다른 법령에 따라 위탁받은 사항, 그 밖에 국민연금사업에 관하여 보건복지부장관이 위탁하는 사항의 업무를 한다(제25조).

#### 3) 국민연금심의위원회

국민연금사업에 관한 다음의 사항, 즉 국민연금제도 및 재정 계산에 관한 사항, 급여에 관한 사항, 연금보험료에 관한 사항, 국민연금기금에 관한 사항, 그 밖에 국민연금제도의 운영과 관련하여 보건복지부장관이 회의에 부치는 사항을 심의하기 위하여 보건복지부에 국민연금심의위원회를 둔다(제5조 제1항).

#### 4) 국민연금기금운용위원회(6. 재정에서 설명)

## 6. 재정(비용)

### 1) 연금보험료

#### (1) 의의

연금보험료란 국민연금사업에 필요한 비용으로서 사업장가입자의 경우에는 부담금 및 기여금의 합계액을, 지역가입자・임의가입자 및 임의계속가입자의 경우에는 본인이 내는 금액을 말한다(제3조 제1항 제10호).

#### (2) 연금보험료의 부과・징수

보건복지부장관은 국민연금사업 중 연금보험료의 징수에 관하여 이 법에서 정하는 사항을 건강보험공단에 위탁한다(제88조 제1항). 공단은 국민연금사업에 드는 비용에 충당하기 위하여 가입자와 사용자에게 가입기간 동안 매월 연금보험료를 부과하고, 건강보험공단이 이를 징수한다(제88조 제2항). 사업장가입자의 연금보험료 중 기여금은 사업장가입자 본인이, 부담금은 사용자가 각

각 부담하되, 그 금액은 각각 기준소득월액의 1천분의 45에 해당하는 금액으로 한다(제88조 제3항). 지역가입자, 임의가입자 및 임의계속가입자의 연금보험료는 지역가입자, 임의가입자 또는 임의계속가입자 본인이 부담하되, 그 금액은 기준소득월액의 1천분의 90으로 한다(제88조 제3항).

### (3) 연금보험료 납부의 예외

납부의무자는 사업장가입자 또는 지역가입자가 다음의 어느 하나에 해당하는 사유로 연금보험료를 낼 수 없으면 대통령령으로 정하는 바에 따라 그 사유가 계속되는 기간에는 연금보험료를 내지 아니할 수 있다(제91조 제1항).

1. 사업 중단, 실직 또는 휴직 중인 경우
2. 병역법에 따른 병역의무를 수행하는 경우
3. 초·중등교육법이나 고등교육법에 따른 학교에 재학 중인 경우
4. 「형의 집행 및 수용자의 처우에 관한 법률」에 따라 교정시설에 수용 중인 경우
5. 종전의 사회보호법에 따른 보호감호시설이나 치료감호법에 따른 치료감호시설에 수용 중인 경우
6. 1년 미만 행방불명된 경우
7. 재해·사고 등으로 소득이 감소되거나 그 밖에 소득이 있는 업무에 종사하지 아니하는 경우로서 대통령령으로 정하는 경우

이 경우 연금보험료를 내지 아니한 기간은 가입기간에 산입하지 아니한다(제91조 제2항).

그러나 보험료를 납부하지 않아 가입기간이 줄어드는 것을 방지하기 위하여 사업 중단, 실직 또는 휴직 등과 같이 이 법이 인정한 사유로 인해 보험료를 내지 아니한 경우에 해당되는 기간의 전부 또는 일부에 상응하는 연금보험료(추납보험료)의 추후 납부를 신청할 수 있다(제92조 제1항).

### 2) 국고부담

국가는 매년 공단 및 건강보험공단이 국민연금사업을 관리・운영하는 데에 필요한 비용의 전부 또는 일부를 부담한다(제87조).

국가는 제8조에 따른 사업장가입자로서 국민인 근로자가 다음 각 호의 요건을 모두 충족하는 경우에는 연금보험료 중 기여금 및 부담금의 일부를 예산의 범위에서 지원할 수 있다(제100조의3 제1항).

1. 대통령령으로 정하는 규모의 사업장에 고용되어 대통령령으로 정하는 금액 미만의 소득을 얻을 것
2. 근로자의 재산 및 「소득세법」 제4조 제1항 제1호에 따른 종합소득이 대통령령으로 정하는 기준 미만일 것

### 3) 국민연금기금

#### (1) 기금의 설치 및 조성

보건복지부장관은 국민연금사업에 필요한 재원을 원활하게 확보하고, 이 법에 따른 급여에 충당하기 위한 책임준비금으로서 국민연금기금(기금)을 설치한다(제101조 제1항). 기금은 연금보험료, 기금 운용 수익금, 적립금 및 공단의 수입지출 결산상의 잉여금으로 조성한다(제101조 제2항).

#### (2) 기금의 관리 및 운용

기금은 보건복지부장관이 관리・운용한다(제102조 제1항). 보건복지부장관은 국민연금재정의 장기적인 안정을 유지하기 위하여 그 수익을 최대로 증대시킬 수 있도록 국민연금기금운용위원회에서 의결한 바에 따라 다음의 방법으로 기금을 관리・운용하되, 가입자, 가입자였던 자 및 수급권자의 복지증진을 위한 사업에 대한 투자는 국민연금재정의 안정을 해치지 아니하는 범위에서 하여야 한다. 다만, 제2호의 경우에는 기획재정부장관과 협의하여 국채를 매입한다(제102조 제2항).

1. 대통령령으로 정하는 금융기관에 대한 예입 또는 신탁
2. 공공사업을 위한 공공부문에 대한 투자
3. 「자본시장과 금융투자업에 관한 법률」에 따른 증권의 매매 및 대여
4. 「자본시장과 금융투자업에 관한 법률」에 따른 지수 중 금융투자상품지수에 관한 파생상품시장에서의 거래
5. 복지사업 및 대여사업
6. 기금의 본래 사업목적을 수행하기 위한 재산의 취득 및 처분
7. 그 밖에 기금의 증식을 위하여 대통령령으로 정하는 사업

### (3) 국민연금기금운용위원회

기금의 운용에 관한 다음 각 호의 사항을 심의·의결하기 위하여 보건복지부에 국민연금기금운용위원회(운용위원회)를 둔다(제103조 제1항).

1. 기금운용지침에 관한 사항
2. 기금을 관리기금에 예탁할 경우 예탁 이자율의 협의에 관한 사항
3. 기금운용계획에 관한 사항
4. 제107조 제3항에 따른 기금의 운용내용과 사용내용에 관한 사항
5. 그 밖에 기금의 운용에 관하여 중요한 사항으로서 운용위원회 위원장이 회의에 부치는 사항

운용위원회는 위원장인 보건복지부장관, 당연직 위원인 기획재정부차관·농림축산식품부차관·산업통상자원부차관·고용노동부차관과 공단 이사장 및 위원장이 위촉하는 다음 각 호의 위원으로 구성한다(제103조 제2항).

1. 사용자를 대표하는 위원으로서 사용자단체가 추천하는 자 3명
2. 근로자를 대표하는 위원으로서 노동조합을 대표하는 연합단체가 추천하는 자 3명
3. 지역가입자를 대표하는 위원으로서 농어업인 단체, 농어업인 단체 외의 자영자 관련 단체, 소비자단체 및 시민단체가 추천하는 자 각 2명
4. 관계 전문가로서 국민연금에 관한 학식과 경험이 풍부한 자 2명

## 7. 권리보호

### 1) 수급권의 보호

수급권은 양도·압류하거나 담보로 제공할 수 없다(제58조 제1항). 수급권자에게 지급된 급여로서 대통령령으로 정하는 금액 이하의 급여는 압류할 수 없다(제58조 제2항). 급여수급전용계좌에 입금된 급여와 이에 관한 채권은 압류할 수 없다(제58조 제3항). 이 법에 따른 급여로 지급된 금액에 대하여는 조세특례제한법이나 그 밖의 법률 또는 지방자치단체가 조례로 정하는 바에 따라 조세, 그 밖에 국가 또는 지방자치단체의 공과금을 감면한다(제60조).

### 2) 권리구제

#### (1) 심사청구

가입자의 자격, 기준소득월액, 연금보험료, 그 밖의 이 법에 따른 징수금과 급여에 관한 공단 또는 건강보험공단의 처분에 이의가 있는 자는 그 처분을 한 공단 또는 건강보험공단에 심사청구를 할 수 있다(제108조 제1항). 심사청구는 그 처분이 있음을 안 날부터 90일 이내에 문서(전자정부법에 따른 전자문서를 포함)로 하여야 하며, 처분이 있은 날부터 180일을 경과하면 이를 제기하지 못한다. 다만, 정당한 사유로 그 기간에 심사청구를 할 수 없었음을 증명하면 그 기간이 지난 후에도 심사청구를 할 수 있다(제108조 제2항).

심사청구 사항을 심사하기 위하여 공단에 국민연금심사위원회를 두고, 건강보험공단에 징수심사위원회를 둔다(제109조 제1항).

#### (2) 재심사청구

심사청구에 대한 결정에 불복하는 자는 그 결정통지를 받은 날부터 90일 이내에 대통령령으로 정하는 사항을 적은 재심사청구서에 따라 국민연금재심사위원회에 재심사를 청구할 수 있다(제110조). 재심사청구 사항을 심사하기 위하여 보건복지부에 국민연금재심사위원회를 둔다(제111조 제1항).

# 제3절 국민건강보험법

## 1. 의 의

국민건강보험은 질병, 부상이라는 불확실한 위험의 발생과 분만, 사망 등으로 인해 개별가계가 일시적으로 과다한 의료비를 지출함에 따라 겪게 되는 경제적 어려움을 덜어주고 국민건강을 향상시키기 위한 사회보장제도로서 보험원리를 이용하여 보험가입자 전원에게 소득과 재산에 따라 매겨지는 보험료를 갹출하여 보험급여를 해주는 의료보장제도이다. 국민건강보험법[6] 제1조에 의하면, 이 법은 국민의 질병·부상에 대한 예방·진단·치료·재활과 출산·사망 및 건강증진에 대하여 보험급여를 실시함으로써 국민보건을 향상시키고 사회보장 증진에 이바지함을 목적으로 한다.

사회보험으로서 국민건강보험법의 특성은 첫째, 국가가 개입하여 국민건강과 생활의 안정을 도모한다. 둘째, 전 국민을 대상으로 각각의 국민이 경제적 능력에 따라 보험료를 차등 부담하고 개별부담에 관계없이 필요에 따라 균등한 급여를 받게 함으로써 소득재분배를 이룩한다. 셋째, 국민의 의료비용을 사회연대성 원리에 따라 공동체적으로 해결하는 것이다(김태성·김진수, 2001 : 263).

또한 과거의 의료보험법이 상병을 치료하기 위해 소요되는 비용 및 의료서비스를 제공하는 것을 주된 내용으로 하였다면 국민건강보험법은 진료비 보장, 질병치료를 포함함은 물론 건강진단, 재활 및 예방의 범위까지 포함하는 적극적이고 포괄적인 의미를 가진다.

## 2. 입법배경 및 연혁

우리나라에 있어 의료보험법은 1963년 12월에 법이 제정되어 300인 이상

6 이 글의 서술에 있어서 용어의 사용은 시기를 기준으로 하여 2000년 7월 이후는 '건강보험', 그 이전은 '의료보험'을 사용한다.

사업장의 근로자와 농어민을 대상으로 임의가입 형태를 취하여 다음 해 6월부터 시행하기로 되어 있었으나 일부 시범사업만 실시되었을 뿐 유명무실하였다. 이는 사회적 상황과 경제적 여건이 갖추어지지 않은 상태에서 당시 군사정권의 정당성 확보 차원에서 의료보험법 등 사회보장법을 제정하였다고 평가할 수 있다. 1970년에 와서 강제적용으로 하는 의료보험법으로 개정하였으나 그 시행령조차 마련하지 못하였다.

그 후 급격한 산업화 및 경제성장 위주의 정책으로 인한 부작용이 1970년대 중반부터 나타나기 시작하여 국민의 단결과 사회적 통합을 위협한다는 우려를 낳았고, 경제발전에 따른 소득분배를 개선하고 사회복지를 증진시키고자 제4차 경제개발 5개년 계획의 일환으로 의료보장사업을 실시하게 된 것이다. 이에 따라 1977년 1월 생활보호대상자 등을 대상으로 한 의료보호사업이 먼저 실시되었으며, 1977년 7월 1일부터 500인 사업장을 대상으로 강제적용 방식의 의료보험이 실시되었다. 의료보험은 국민부담능력을 고려하여 시행이 용이한 계층부터 점진적으로 확대 적용되었다.

그 후 1988년 1월 1일부터 농어촌지역 의료보험을 실시하고, 1989년 7월 1일부터는 도시지역 자영업자까지도 의료보험이 실시됨으로써 우리나라는 의료보험 시행 12년 만에 전 국민 의료보험시대를 맞이하게 되었다. 또한 1997년 12월에는 국민의료보험법이 제정되어 1998년에 지역의료보험과 공무원 및 사립학교 교직원 의료보험이 통합되었고, 1999년에는 국민건강보험법이 제정됨으로써 이 법에 의하여 2000년에는 직장의료보험까지 통합하여 국민건강보험조직의 통합이 이루어지게 되었다. 그리고 2003년에는 재정의 통합까지 완전히 이루어지게 되었다.

그 후 수차례 개정을 통하여 제도운영상 나타난 미비점을 개선하여 왔는데 그 주요 내용을 보면, 2006년 12월 30일 개정에서는 국민건강보험재정건전화특별법의 유효기간이 2006년 12월 31일 만료됨에 따라 건강보험재정에 대한 정부지원의 규모와 방식, 건강보험정책에 관한 의사결정조직인 건강보험정책심의위원회 등 동법에서 규정하고 있는 주요 사항을 국민건강보험법으로 옮겨 규정하는 한편, 보험료 부과기준이 되는 표준소득월액 및 부과표준소득의 등급제를 폐지하고, 취약계층에 대한 보험료 경감을 확대하였고, 2008년 3월 28일 개정에서는 사업장의 건강보험 적용 및 탈퇴신고를 법정화하고, 요양기관의 업무정지처분을 동 처분을 받은 요양기관을 양수한 자에게도 효력이 발생하도록 하였으며, 또한 주민등록증 · 운전면허증 등 다른 신분증을 제시하여도 요양급여를 받을 수 있도록 하였으며, 가산금 부과비율이 금융기관이나 국세에 비하여 높아 이를 개선하고자 최초 납기 경과 후에는 3%, 1월마다 1%씩 가산하나 최대 9%를 넘지 않도록 하였다. 2009년 5월 21일 개정에서는 사회보험 징수업무 처리의 효율성을 높이고, 잉여인력을 활용하여 각 사회보험의 신규 서비스를 강화하기 위하여 사회보험료 징수업무를 국민건강보험공단으로 일원화하기 위한 내용 등을 규정하였다. 2011년 12월 31일에는 전부개정이 이루어졌는데, 건강보험제도의 안정적 운영을 위하여 당초 2011년 12월 말까지로 예정되어 있는 건강보험재정에 대한 정부지원을 2016년 12월 말까지 연장하고, 직장가입자에 대하여 보수를 기준으로 산정하는 보수월액보험료 외에 다른 소득을 기준으로 산정하는 소득월액보험료를 징수하는 근거를 마련하였다. 2013년 5월 22일 개정에서는 임의계속가입 신청기한을 연장하여 실직한 사람의 보험료 부담을 완화하며, 보험료 체납 등 자료를 신용정보 집중기관에 제공할 수 있는 근거를 마련하여 보험료 납부를 간접적으로 강제할 수 있도록 하는 한편, 건강보험증 부정사용 등을 통한 부정수급 행위에 대한 처벌을 강화하였다. 2014년 1월 1일 개정에서는 사립학교 직원을 제외한 교원에게만 국가가 보험료의 일부를 부담하도록 변경하여 각 제도의 형평성을 고려하였다.

## 3. 적용대상

### 1) 국내에 거주하는 국민

국내에 거주하는 국민은 건강보험의 가입자(가입자) 또는 피부양자가 된다. 다만, 다음 각 호의 어느 하나에 해당하는 사람은 제외한다(제5조 제1항).

1. 「의료급여법」에 따라 의료급여를 받는 사람(수급권자)
2. 「독립유공자예우에 관한 법률」 및 「국가유공자 등 예우 및 지원에 관한 법률」에 따라 의료보호를 받는 사람. 다만, 다음 각 목의 어느 하나에 해당하는 사람은 가입자 또는 피부양자가 된다.
   가. 유공자등 의료보호대상자 중 건강보험의 적용을 보험자에게 신청한 사람
   나. 건강보험을 적용받고 있던 사람이 유공자 등 의료보호대상자로 되었으나 건강보험의 적용배제신청을 보험자에게 하지 아니한 사람

제1항의 피부양자는 다음 각 호의 어느 하나에 해당하는 사람 중 직장가입자에게 주로 생계를 의존하는 사람으로서 소득 및 재산이 보건복지부령으로 정하는 기준 이하에 해당하는 사람을 말한다(제5조 제2항).

1. 직장가입자의 배우자
2. 직장가입자의 직계존속(배우자의 직계존속을 포함한다)
3. 직장가입자의 직계비속(배우자의 직계비속을 포함한다)과 그 배우자
4. 직장가입자의 형제·자매

### 2) 외국인 등에 대한 특례

국내에 체류하는 재외국민 또는 외국인이 적용대상사업장의 근로자, 공무원 또는 교직원이고 사업장가입자 제외대상에 해당되지 아니하면서 「주민등록법」 제6조 제1항 제3호에 따라 등록한 사람, 「재외동포의 출입국과 법적 지위에 관한 법률」 제6조에 따라 국내거소신고를 한 사람, 「출입국관리법」 제31조에 따라 외국인등록을 한 사람 중 어느 하나에 해당하는 경우에는 직

장가입자가 된다(제109조 제2항).

### 3) 가입자의 종류

국민건강보험의 가입자는 직장가입자와 지역가입자로 구분한다(제6조 제1항). 모든 사업장의 근로자 및 사용자와 공무원 및 교직원은 직장가입자가 된다. 다만, 고용기간이 1개월 미만인 일용근로자, 「병역법」에 따른 현역병(지원에 의하지 아니하고 임용된 하사를 포함), 전환복무된 사람 및 군간부후보생, 선거에 당선되어 취임하는 공무원으로서 매월 보수 또는 보수에 준하는 급료를 받지 아니하는 사람, 그 밖에 사업장의 특성, 고용형태 및 사업의 종류 등을 고려하여 대통령령[7]으로 정하는 사업장의 근로자 및 사용자와 공무원 및 교직원은 제외한다(제6조 제2항). 지역가입자는 직장가입자와 그 피부양자를 제외한 가입자를 말한다(제6조 제3항).

### 4) 가입자 자격의 취득과 상실

#### (1) 자격취득의 시기

가입자는 국내에 거주하게 된 날에 직장가입자 또는 지역가입자의 자격을 얻는다. 다만, 다음 각 호의 어느 하나에 해당하는 사람은 그 해당되는 날에 각각 자격을 얻는다(제8조 제1항).

1. 수급권자이었던 사람은 그 대상자에서 제외된 날
2. 직장가입자의 피부양자이었던 사람은 그 자격을 잃은 날
3. 유공자 등 의료보호대상자이었던 사람은 그 대상자에서 제외된 날
4. 제5조 제1항 제2호 가목에 따라 보험자에게 건강보험의 적용을 신청한 유공자 등 의료보호대상자는 그 신청한 날

---

7 여기서 "대통령령으로 정하는 사업장의 근로자 및 사용자와 공무원 및 교직원"이란 1. 비상근 근로자 또는 1개월 동안의 소정근로시간이 60시간 미만인 단시간근로자, 2. 비상근 교직원 또는 1개월 동안의 소정근로시간이 60시간 미만인 시간제 공무원 및 교직원, 3. 소재지가 일정하지 아니한 사업장의 근로자 및 사용자, 4. 근로자가 없거나 1호에 해당하는 근로자만을 고용하고 있는 사업장의 사업주를 말한다(시행령 제9조).

자격을 얻은 경우 그 직장가입자의 사용자 및 지역가입자의 세대주는 그 명세를 보건복지부령으로 정하는 바에 따라 자격을 취득한 날부터 14일 이내에 보험자에게 신고하여야 한다(제8조 제2항).

### (2) 자격의 변동과 신고

가입자는 다음 각 호의 어느 하나에 해당하게 된 날에 그 자격이 변동된다(제9조 제1항).

1. 지역가입자가 적용대상사업장의 사용자로 되거나, 근로자·공무원 또는 교직원(이하 "근로자 등"이라 한다)으로 사용된 날
2. 직장가입자가 다른 적용대상사업장의 사용자로 되거나 근로자 등으로 사용된 날
3. 직장가입자인 근로자 등이 그 사용관계가 끝난 날의 다음 날
4. 적용대상사업장에 제7조 제2호에 따른 사유가 발생한 날의 다음 날
5. 지역가입자가 다른 세대로 전입한 날

그리고 자격이 변동된 경우 직장가입자의 사용자와 지역가입자의 세대주는 다음 각 호의 구분에 따라 그 명세를 보건복지부령으로 정하는 바에 따라 자격이 변동된 날부터 14일 이내에 보험자에게 신고하여야 한다(제9조 제2항).

1. 제1항 제1호 및 제2호에 따라 자격이 변동된 경우 : 직장가입자의 사용자
2. 제1항 제3호부터 제5호까지의 규정에 따라 자격이 변동된 경우 : 지역가입자의 세대주

### (3) 자격상실의 시기

가입자는 다음 각 호의 어느 하나에 해당하게 된 날에 그 자격을 잃는다(제10조 제1항).

1. 사망한 날의 다음 날
2. 국적을 잃은 날의 다음 날
3. 국내에 거주하지 아니하게 된 날의 다음 날

4. 직장가입자의 피부양자가 된 날
5. 수급권자가 된 날
6. 건강보험을 적용받고 있던 사람이 유공자 등 의료보호대상자가 되어 건강보험의 적용배제 신청을 한 날

자격을 잃은 경우 직장가입자의 사용자와 지역가입자의 세대주는 그 명세를 보건복지부령으로 정하는 바에 따라 자격을 잃은 날부터 14일 이내에 보험자에게 신고하여야 한다(제10조 제2항).

## 4. 급 여

국민건강보험법에 따라 제공되는 급여는 요양급여(제41조), 요양비(제49조), 부가급여(제50조) 및 건강검진(제52조)이 있다. 이 중에서 요양급여, 건강진단 및 요양비 지급은 법정급여라고 한다. 법정급여는 법적 규정에 의하여 일정한 보험사고에 대하여 지급되는 급여이고, 부가급여는 재정상황에 따라 탄력적으로 그 시행 여부 등을 조정할 수 있는 급여를 말한다. 구체적인 내용을 살펴보면 아래와 같다.

### 1) 요양급여

#### (1) 개념과 범위

요양급여는 가입자 및 피부양자의 질병·부상·출산 등에 대하여 ① 진찰·검사, ② 약제·치료재료의 지급, ③ 처치·수술 및 기타의 치료, ④ 예방·재활, ⑤ 입원, ⑥ 간호, ⑦ 이송 등을 제공하는 급여이다(제41조 제1항).

요양급여를 결정함에 있어 경제성 또는 치료효과성 등이 불확실하여 그 검증을 위하여 추가적인 근거가 필요하거나, 경제성이 낮아도 가입자와 피부양자의 건강회복에 잠재적 이득이 있는 등 대통령령으로 정하는 경우에는 예비적인 요양급여인 선별급여로 지정하여 실시할 수 있다(제41조의4 제1항). 가입자 또는 피부양자가 질병이나 부상으로 거동이 불편한 경우 등 보건복지부령으로

정하는 사유에 해당하는 경우에는 가입자 또는 피부양자를 직접 방문하여 제41조에 따른 요양급여를 실시할 수 있다(제41조의5).

### (2) 요양기관

요양급여(간호와 이송은 제외한다)는 ① 의료법에 따라 개설된 의료기관, ② 약사법에 따라 등록된 약국, ③ 약사법에 따라 설립된 한국희귀・필수의약품센터, ④ 지역보건법에 따른 보건소・보건의료원 및 보건지소, ⑤「농어촌 등 보건의료를 위한 특별조치법」에 따라 설치된 보건진료소 등의 요양기관에서 실시한다. 이 경우 보건복지부장관은 공익이나 국가정책에 비추어 요양기관으로 적합하지 아니한 대통령령으로 정하는 의료기관 등은 요양기관에서 제외할 수 있다(제42조 제1항). 요양기관은 정당한 이유 없이 요양급여를 거부하지 못한다(제42조 제5항).

### (3) 비용의 일부 부담

요양급여를 받는 자는 대통령령으로 정하는 바에 따라 비용의 일부(본인일부부담금)를 본인이 부담한다. 이 경우 선별급여에 대해서는 다른 요양급여에 비하여 본인일부부담금을 상향 조정할 수 있다(제44조 제1항). 제1항에 따라 본인이 연간 부담하는 본인일부부담금의 총액이 대통령령으로 정하는 금액(본인부담상한액)을 초과한 경우에는 공단이 그 초과 금액을 부담하여야 한다(제44조 제2항). 본인부담상한액은 가입자의 소득수준 등에 따라 정한다(제44조 3항).

### (4) 요양급여비용의 청구와 지급 등

요양기관은 공단에 요양급여비용의 지급을 청구할 수 있다. 이 경우 제2항에 따른 요양급여비용에 대한 심사청구는 공단에 대한 요양급여비용의 청구로 본다(제47조 제1항). 제1항에 따라 요양급여비용을 청구하려는 요양기관은 심사평가원에 요양급여비용의 심사청구를 하여야 하며, 심사청구를 받은 심사평가원은 이를 심사한 후 지체 없이 그 내용을 공단과 요양기관에 알려야 한다(제47조 제2항).

심사내용을 통보받은 공단은 지체 없이 그 내용에 따라 요양급여비용을 요양기관에 지급한다. 이 경우 이미 낸 본인일부부담금이 통보된 금액보다 더 많으면 요양기관에 지급할 금액에서 더 많이 낸 금액을 공제하여 해당 가입자에게 지급하여야 한다(제47조 제3항).

### 2) 요양비

공단은 가입자나 피부양자가 보건복지부령으로 정하는 긴급하거나 그 밖의 부득이한 사유로 요양기관과 비슷한 기능을 하는 기관으로서 보건복지부령으로 정하는 기관(제98조 제1항에 따라 업무정지기간 중인 요양기관을 포함한다)에서 질병·부상·출산 등에 대하여 요양을 받거나 요양기관이 아닌 장소에서 출산한 경우에는 그 요양급여에 상당하는 금액을 보건복지부령으로 정하는 바에 따라 가입자나 피부양자에게 요양비로 지급한다(제49조 제1항).

### 3) 건강검진

공단은 가입자와 피부양자에 대하여 질병의 조기 발견과 그에 따른 요양급여를 하기 위하여 건강검진을 실시한다. 건강검진의 종류 및 대상은 다음 각 호와 같다(제52조 제2항).

1. 일반건강검진 : 직장가입자, 세대주인 지역가입자, 20세 이상인 지역가입자 및 20세 이상인 피부양자
2. 암검진 : 「암관리법」 제11조 제2항에 따른 암의 종류별 검진주기와 연령 기준 등에 해당하는 사람
3. 영유아건강검진 : 6세 미만의 가입자 및 피부양자

건강검진의 검진항목은 성별, 연령 등의 특성 및 생애 주기에 맞게 설계되어야 한다(제52조 제3항).

건강검진은 2년마다 1회 이상 실시하되, 사무직에 종사하지 않는 직장가입자에 대해서는 1년에 1회 실시한다. 다만, 암검진은 암관리법 시행령에 정한 바에 다르며 영유아건강검진은 영유아의 나이 등을 고려하여 보건복지부장관

이 정하여 고시하는 바에 따라 검진주기와 검진횟수를 다르게 할 수 있다. 건강검진은 건강검진기본법 제14조에 따라 지정된 건강검진기관에서 실시하여야 한다(시행령 제25조 제4항).

### 4) 부가급여[8]

공단은 이 법에서 정한 요양급여 외에 대통령령으로 정하는 바에 따라 임신·출산 진료비, 장제비, 상병수당, 그 밖의 급여를 실시할 수 있다(제50조). 법 제50조에 따른 부가급여는 임신·출산(유산 및 사산을 포함한다) 진료비가 있다(시행령 제23조).

### 5) 장애인에 대한 특례

공단은 「장애인복지법」에 따라 등록한 장애인인 가입자 및 피부양자에게는 「장애인·노인 등을 위한 보조기기 지원 및 활용촉진에 관한 법률」 제3조 제2호에 따른 보조기기에 대하여 보험급여를 할 수 있다(제51조 제1항).

### 6) 보험급여의 제한 등

#### (1) 급여의 제한

공단은 보험급여를 받을 수 있는 사람이 다음 각 호의 어느 하나에 해당하면 보험급여를 하지 아니한다(제53조 제1항).

1. 고의 또는 중대한 과실로 인한 범죄행위에 그 원인이 있거나 고의로 사고를 일으킨 경우
2. 고의 또는 중대한 과실로 공단이나 요양기관의 요양에 관한 지시에 따르지 아니한 경우

---

8 법 제50조에서 부가급여로서 임신·출산 진료비, 장제비, 상병수당, 기타의 급여를 열거하고 있으나, 이는 입법기술상의 예시에 불과하여 재정상황에 따라 시행령 개정을 통하여 그 실시 여부를 달리할 수 있는바, 현재 실시되는 부가급여는 임신·출산(유산 및 사산 포함)진료비가 있음(본인부담액보상금 : 2007. 7. 25. 이후 폐지, 장제비 : 2008. 1. 1. 이후 폐지).

3. 고의 또는 중대한 과실로 제55조에 따른 문서와 그 밖의 물건의 제출을 거부하거나 질문 또는 진단을 기피한 경우
4. 업무 또는 공무로 생긴 질병·부상·재해로 다른 법령에 따른 보험급여나 보상(報償) 또는 보상(補償)을 받게 되는 경우

또한 공단은 보험급여를 받을 수 있는 사람이 다른 법령에 따라 국가나 지방자치단체로부터 보험급여에 상당하는 급여를 받거나 보험급여에 상당하는 비용을 지급받게 되는 경우에는 그 한도에서 보험급여를 하지 아니한다(제53조 제2항).

공단은 가입자가 대통령령으로 정하는 기간 이상 다음 각 호의 보험료를 체납한 경우 그 체납한 보험료를 완납할 때까지 그 가입자 및 피부양자에 대하여 보험급여를 실시하지 아니할 수 있다. 다만, 월별 보험료의 총체납횟수(이미 납부된 체납보험료는 총체납횟수에서 제외하며, 보험료의 체납기간은 고려하지 아니한다)가 대통령령으로 정하는 횟수 미만이거나 가입자 및 피부양자의 소득·재산 등이 대통령령으로 정하는 기준 미만인 경우에는 그러하지 아니하다(제53조 제3항).

1. 제69조 제4항 제2호에 따른 소득월액보험료
2. 제69조 제5항에 따른 세대단위의 보험료

### (2) 보험급여 정지

보험급여를 받을 수 있는 사람이 ① 국외에 체류하는 경우, ② 병역법에 따른 현역병(지원에 의하지 아니하고 임용된 하사를 포함한다), 전환복무된 사람 및 군간부후보생, ③ 교도소, 그 밖에 이에 준하는 시설에 수용되어 있는 경우 중 하나에 해당하면 그 기간에는 보험급여를 하지 아니한다. 다만, ②호 및 ③호의 경우에는 제60조에 따른 요양급여를 실시한다(제54조).

### (3) 구상권

공단은 제3자의 행위로 보험급여 사유가 생겨 가입자 또는 피부양자에게 보험급여를 한 경우에는 그 급여에 들어간 비용한도에서 그 제3자에게 손해배상을 청구할 권리를 얻는다(제58조 제1항). 제1항에 따라 보험급여를 받은 사

람이 제3자로부터 이미 손해배상을 받은 경우에는 공단은 그 배상액 한도에서 보험급여를 하지 아니한다(제58조 제2항).

## 5. 전달체계

### 1) 국민건강보험공단

건강보험사업은 보건복지부장관이 맡아 주관하지만(제2조), 운영주체로서 건강보험의 보험자는 국민건강보험공단이 된다(제13조). 국민건강보험공단은 다음 각 호의 업무를 관장한다(제14조 제1항).

1. 가입자 및 피부양자의 자격 관리
2. 보험료와 그 밖에 이 법에 따른 징수금의 부과·징수
3. 보험급여의 관리
4. 가입자 및 피부양자의 질병의 조기 발견·예방 및 건강관리를 위하여 요양급여 실시 현황과 건강검진 결과 등을 활용하여 실시하는 예방사업으로서 대통령령으로 정하는 사업
5. 보험급여 비용의 지급
6. 자산의 관리·운영 및 증식사업
7. 의료시설의 운영
8. 건강보험에 관한 교육훈련 및 홍보
9. 건강보험에 관한 조사연구 및 국제협력
10. 이 법에서 공단의 업무로 정하고 있는 사항
11. 국민연금법, 「고용보험 및 산업재해보상보험의 보험료징수 등에 관한 법률」, 임금채권보장법 및 석면피해구제법에 따라 위탁받은 업무
12. 그 밖에 이 법 또는 다른 법령에 따라 위탁받은 업무
13. 그 밖에 건강보험과 관련하여 보건복지부장관이 필요하다고 인정한 업무

### 2) 건강보험정책심의위원회[9]

건강보험정책에 관한 다음 각 호의 사항을 심의·의결하기 위하여 보건복지부장관 소속으로 건강보험정책심의위원회(심의위원회)를 둔다(제4조 제1항).

1. 제41조 제2항에 따른 요양급여의 기준
2. 제45조 제3항 및 제46조에 따른 요양급여비용에 관한 사항
3. 제73조 제1항에 따른 직장가입자의 보험료율
4. 제73조 제3항에 따른 지역가입자의 보험료부과점수당 금액
5. 그 밖에 건강보험에 관한 주요 사항으로서 대통령령으로 정하는 사항

심의위원회는 위원장 1명과 부위원장 1명을 포함하여 25명의 위원으로 구성한다(제4조 제2항). 심의위원회의 위원장은 보건복지부차관이 되고, 부위원장은 제4항 제4호의 위원 중에서 위원장이 지명하는 사람이 된다(제4조 제3항). 심의위원회의 위원은 다음 각 호에 해당하는 사람을 보건복지부장관이 임명 또는 위촉한다(제4조 제4항). 즉, 근로자단체 및 사용자단체가 추천하는 각 2명, 시민단체(비영리민간단체지원법에 따른 비영리민간단체를 말한다), 소비자단체, 농어업인단체 및 자영업자단체가 추천하는 각 1명, 의료계를 대표하는 단체 및 약업계를 대표하는 단체가 추천하는 8명, 대통령령으로 정하는 중앙행정기관 소속 공무원 2명, 국민건강보험공단의 이사장 및 건강보험심사평가원의 원장이 추천하는 각 1명, 건강보험에 관한 학식과 경험이 풍부한 4명이다.

### 3) 건강보험심사평가원

요양급여비용을 심사하고 요양급여의 적정성을 평가하기 위하여 건강보험심사평가원을 설립한다(제62조). 심사평가원은 다음의 업무를 관장한다(제63조 제1항).

---

9 건강보험정책심의위원회는 건강보험의 재정적자를 조기에 해소하고 재정수지의 균형을 이루도록 함으로써 건강보험제도의 발전과 국민건강 증진 도모를 그 목적으로 2002. 1. 9. 제정된 국민건강보험 재정건전화특별법(한시법)에 의하여 설치되었던 것으로 동법의 유효기간이 만료되는 2007. 1. 1.부터 건강보험법에 규정되었음.

1. 요양급여비용의 심사
2. 요양급여의 적정성 평가
3. 심사기준 및 평가기준의 개발
4. 제1호부터 제3호까지의 규정에 따른 업무와 관련된 조사연구 및 국제협력
5. 다른 법률에 따라 지급되는 급여비용의 심사 또는 의료의 적정성 평가에 관하여 위탁받은 업무
6. 건강보험과 관련하여 보건복지부장관이 필요하다고 인정한 업무
7. 그 밖에 보험급여 비용의 심사와 보험급여의 적정성 평가와 관련하여 대통령령으로 정하는 업무

심사평가원의 업무를 효율적으로 수행하기 위하여 심사평가원에 진료심사평가위원회를 두며(제66조 제1항), 이 위원회는 위원장을 포함하여 90명 이내의 상근 심사위원과 1천 명 이내의 비상근 심사위원으로 구성하며, 진료과목별 분과위원회를 둘 수 있다(제66조 제2항).

## 6. 재정(보험료와 국고보조)

### 1) 보험료

#### (1) 보험료의 징수

공단은 건강보험사업에 드는 비용에 충당하기 위하여 제77조에 따른 보험료의 납부의무자로부터 보험료를 징수한다(제69조 제1항). 제1항에 따른 보험료는 가입자의 자격을 취득한 날이 속하는 달의 다음 달부터 가입자의 자격을 잃은 날의 전날이 속하는 달까지 징수한다. 다만, 가입자의 자격을 매월 1일에 취득한 경우 또는 제5조 제1항 제2호 가목에 따른 건강보험적용신청으로 가입자의 자격을 취득한 경우에는 그 달부터 징수한다(제69조 제2항). 보험료를 징수할 때 가입자의 자격이 변동된 경우에는 변동된 날이 속하는 달의 보험료는 변동되기 전의 자격을 기준으로 징수한다. 다만, 가입자의 자격이 매월 1일에 변동된 경우에는 변동된 자격을 기준으로 징수한다(제69조 제3항).

### (2) 보험료액

① 직장가입자의 월별 보험료액

직장가입자의 월별 보험료액은 다음 각 호에 따라 산정한 금액으로 한다(제69조 제4항).

1. 보수월액보험료 : 제70조에 따라 산정한 보수월액에 제73조 제1항 또는 제2항에 따른 보험료율을 곱하여 얻은 금액
2. 소득월액보험료 : 제71조에 따라 산정한 소득월액에 제73조 제1항 또는 제2항에 따른 보험료율을 곱하여 얻은 금액

직장가입자의 보수월액은 직장가입자가 지급받는 보수를 기준으로 하여 산정한다(제70조 제1항). 휴직이나 그 밖의 사유로 보수의 전부 또는 일부가 지급되지 아니하는 가입자의 보수월액보험료는 해당 사유가 생기기 전 달의 보수월액을 기준으로 산정한다(제70조 제2항). 소득월액은 제70조에 따른 보수월액의 산정에 포함된 보수를 제외한 직장가입자의 소득(보수 외 소득)이 대통령령으로 정하는 금액을 초과하는 경우 다음의 계산식에 따라 산정한다(제71조 제1항).

$$(\text{연간보수의 소득}-\text{대통령령으로 정하는 금액}) \times \frac{1}{12}$$

② 지역가입자의 월별 보험료액

지역가입자의 월별 보험료액은 세대 단위로 산정하되, 지역가입자가 속한 세대의 월별 보험료액은 제72조에 따라 산정한 보험료부과점수에 제73조 제3항에 따른 보험료부과점수당 금액을 곱한 금액으로 한다(제69조 제5항). 제69조 제5항에 따른 보험료부과점수는 지역가입자의 소득 및 재산을 기준으로 산정한다. 다만, 대통령령으로 정하는 지역가입자가 실제 거주를 목적으로 대통령령으로 정하는 기준 이하의 주택을 구입 또는 임차하기 위하여 「금융실명거래 및 비밀보장에 관한 법률」 제2조 제1호에 따른 금융회사 등으로부터 대출을 받고 그 사실을 공단에 통보하는 경우에는 해당 대출금액을 대통령령으로 정하는 바에 따라 평가하여 보험료부과점수 산정 시 제외한다(제72조 제1항). 보

험료부과점수의 산정방법과 산정기준을 정할 때 법령에 따라 재산권의 행사가 제한되는 재산에 대하여는 다른 재산과 달리 정할 수 있다(제72조 제2항).

### (3) 보험료율 등

직장가입자의 보험료율은 1천분의 80의 범위에서 심의위원회의 의결을 거쳐 대통령령으로 정한다(제73조 제1항). 국외에서 업무에 종사하고 있는 직장가입자에 대한 보험료율은 제1항에 따라 정해진 보험료율의 100분의 50으로 한다(제73조 제2항). 지역가입자의 보험료부과점수당 금액 역시 심의위원회의 의결을 거쳐 대통령령으로 정한다(제73조 제3항).

### (4) 보험료의 부담

직장가입자의 보수월액보험료는 직장가입자와 다음 각 호의 구분에 따른 자가 각각 보험료액의 100분의 50씩 부담한다(제76조 제1항 본문).

1. 직장가입자가 근로자인 경우에는 근로자가 소속되어 있는 사업장의 사업주
2. 직장가입자가 공무원인 경우에는 그 공무원이 소속되어 있는 국가 또는 지방자치단체
3. 직장가입자가 교직원(사립학교에 근무하는 교원은 제외한다)인 경우에는 교직원이 소속되어 있는 사립학교를 설립·운영하는 자

다만, 직장가입자가 교직원으로서 사립학교에 근무하는 교원이면 보험료액은 그 직장가입자가 100분의 50을, 교직원이 소속되어 있는 사립학교를 설립·운영하는 자가 100분의 30을, 국가가 100분의 20을 각각 부담한다(제76조 제1항 단서). 직장가입자가 교직원인 경우 교직원이 소속되어 있는 사립학교를 설립·운영하는 자가 부담액 전부를 부담할 수 없으면 그 부족액을 학교에 속하는 회계에서 부담하게 할 수 있다(제76조 제4항).

직장가입자의 소득월액보험료는 직장가입자가 부담한다(제76조 제2항). 지역가입자의 보험료는 그 가입자가 속한 세대의 지역가입자 전원이 연대하여 납

부한다. 다만, 소득 및 재산이 없는 미성년자와 소득 및 재산 등을 고려하여 대통령령으로 정하는 기준에 해당하는 미성년자는 납부의무를 부담하지 아니한다(제76조 제2항).

### (5) 보험료 면제

공단은 직장가입자가 국외에 체류하는 경우(1개월 이상의 기간으로서 대통령령으로 정하는 기간 이상 국외에 체류하는 경우에 한정), 「병역법」에 따른 현역병(지원에 의하지 아니하고 임용된 하사를 포함), 전환복무된 사람 및 군간부후보생, 교도소, 그 밖에 이에 준하는 시설에 수용되어 있는 경우 그 가입자의 보험료를 면제한다. 다만, 국외에 체류하는 직장가입자의 경우에는 국내에 거주하는 피부양자가 없을 때에만 보험료를 면제한다(제74조 제1항). 지역가입자가 제54조제2호부터 제4호까지의 어느 하나에 해당하면 그 가입자가 속한 세대의 보험료를 산정할 때 그 가입자의 제72조에 따른 보험료부과점수를 제외한다(제74조 제2항).

### (6) 보험료 경감

다음 각 호의 어느 하나에 해당하는 가입자 중 보건복지부령으로 정하는 가입자에 대하여는 그 가입자 또는 그 가입자가 속한 세대의 보험료의 일부를 경감할 수 있다(제75조 제1항).

1. 섬・벽지・농어촌 등 대통령령으로 정하는 지역에 거주하는 사람
2. 65세 이상인 사람
3. 「장애인복지법」에 따라 등록한 장애인
4. 「국가유공자 등 예우 및 지원에 관한 법률」에 따른 국가유공자
5. 휴직자
6. 그 밖에 생활이 어렵거나 천재지변 등의 사유로 보험료를 경감할 필요가 있다고 보건복지부장관이 정하여 고시하는 사람

### (7) 보험료 납부

① 납부의무자

직장가입자의 보험료는 다음 각 호의 구분에 따라 그 각 호에서 정한 자가 납부한다(제77조 제1항).

1. 보수월액보험료 : 사용자
2. 소득월액보험료 : 직장가입자

지역가입자의 보험료는 그 가입자가 속한 세대의 지역가입자 전원이 연대하여 납부한다. 다만, 소득 및 재산이 없는 미성년자와 소득 및 재산 등을 고려하여 대통령령으로 정하는 기준에 해당하는 미성년자는 납부의무를 부담하지 아니한다(제77조 제2항).

② 납부기한과 독촉 및 체납처분

보험료 납부의무가 있는 자는 가입자에 대한 그 달의 보험료를 그 다음 달 10일까지 납부하여야 한다. 다만, 직장가입자의 소득월액보험료 및 지역가입자의 보험료는 보건복지부령으로 정하는 바에 따라 분기별로 납부할 수 있다(제78조).

공단은 납부의무자가 보험료 등을 내지 아니하면 기한을 정하여 독촉할 수 있으며(제81조 제1항), 독촉할 때에는 10일 이상 15일 이내의 납부기한을 정하여 독촉장을 발부하여야 한다(제81조 제2항). 공단은 위 독촉을 받은 자가 그 납부기한까지 보험료 등을 납부하지 아니한 때에는 보건복지부장관의 승인을 얻어 국세체납처분의 예에 의하여 이를 징수할 수 있다(제81조 제3항).

#### 2) 보험재정에 대한 국가 등의 지원[10]

국가는 매년 예산의 범위에서 해당 연도 보험료 예상 수입액의 100분의 14에 상당하는 금액을 국고에서 공단에 지원하며(제108조 제1항), 이 재원은 가입자 및 피부양자에 대한 보험급여, 건강보험사업에 대한 운영비, 제75조 및 제

10 제108조는 법률 제11141호(2011. 12. 31) 부칙 제2조의 규정에 의하여 2022년 12월 31일까지 효력을 가진다.

110조 제4항에 따른 보험료 경감에 대한 지원에 사용한다(제108조 제3항).

한편 공단은 「국민건강증진법」에서 정하는 바에 따라 같은 법에 따른 국민건강증진기금에서 자금을 지원받을 수 있으며(제108조 제2항), 이 재원은 건강검진 등 건강증진에 관한 사업, 가입자와 피부양자의 흡연으로 인한 질병에 대한 보험급여, 가입자와 피부양자 중 65세 이상 노인에 대한 보험급여에 사용한다(제108조 제4항).

## 7. 권리보호

### 1) 수급권의 보호

보험급여를 받을 권리는 양도하거나 압류할 수 없다(제59조 제1항). 제56조의2 제1항에 따라 요양비 등 수급계좌에 입금된 요양비 등은 압류할 수 없다(제59조 제2항).

### 2) 권리구제

#### (1) 이의신청

가입자 및 피부양자의 자격, 보험료 등, 보험급여, 보험급여 비용에 관한 공단의 처분에 이의가 있는 자는 공단에 이의신청을 할 수 있다(제87조 제1항). 또 요양급여비용 및 요양급여의 적정성 평가 등에 관한 심사평가원의 처분에 이의가 있는 공단, 요양기관 또는 그 밖의 자는 심사평가원에 이의신청을 할 수 있다(제87조 제2항). 이들 규정에 따른 이의신청은 처분이 있음을 안 날부터 90일 이내에 문서(전자문서를 포함한다)로 하여야 하며, 처분이 있은 날부터 180일을 지나면 제기하지 못한다. 다만, 정당한 사유로 그 기간에 이의신청을 할 수 없었음을 소명한 경우에는 그러하지 아니하다(제87조 제3항).

#### (2) 심판청구

이의신청에 대한 결정에 불복하는 자는 건강보험분쟁조정위원회에 심판청구를 할 수 있다. 심판청구를 심리・의결하기 위하여 보건복지부에 건강보험 분쟁조정위원회를 둔다(제89조 제1항). 이 경우 심판청구의 제기기간 및 제기방법에 관하여는 제87조 제3항을 준용한다(제88조 제1항).

#### (3) 행정소송

공단 또는 심사평가원의 처분에 이의가 있는 자와 이의신청 또는 심판청구에 대한 결정에 불복하는 자는 행정소송법에서 정하는 바에 따라 행정소송을 제기할 수 있다(제90조).

## 제4절 산업재해보상보험법

### 1. 의 의

산업재해보상보험이란 사업장에 고용되어 근무하던 근로자가 업무상의 재해를 입고 부상 또는 질병에 걸리거나, 신체장애가 남아 불구의 몸이 되거나, 사망하는 경우에 재해근로자와 그 가족이 신속하고 공정하게 보상을 받을 수 있도록 보장해 주기 위하여 국가가 보험기술을 이용해서 모든 사업주에게 연대책임을 지우는 사회보험제도이다(박석돈, 2002 : 197).

「산업재해보상보험법」 제1조에 의하면, "이 법은 산업재해보상사업을 시행하여 근로자의 업무상 재해를 신속하고 공정하게 보상하며, 재해근로자의 재활 및 사회복귀를 촉진하기 위하여 이에 필요한 보험시설을 설치・운영하고 재해예방과 그 밖에 근로자의 복지증진을 위한 사업을 시행하여 근로자 보호에 이바지하는 것을 목적으로 한다"라고 규정하고 있다.

일반적으로 산업재해보상보험제도의 목적은 첫째, 산재근로자에 대하여 신속・공정한 재해보상을 실시하는 것이다. 둘째, 필요한 보험시설의 설치・운영과 재해예방이나 각종 근로복지사업을 추진함으로써 재해를 입은 근로자나 그 가족의 인간다운 생활을 보장하는 데 있다. 셋째, 불의의 재해로 사업주가 과중한 경제적 부담을 지게 되는 위험을 분산, 경감시켜 안정된 기업활동을 할 수 있도록 도와주는 데 그 목적이 있다(김태성 · 김진수, 2001 : 283).

산업재해보상보험법은 고용노동부장관의 위탁을 받은 근로복지공단을 보험자로 하고 사업주를 보험가입자로 하는 제도를 채용하고 있으며, 피보험자의 개념을 별도로 규정하고 있지 않다. 이는 사용자의 재해보상책임을 보험급여로 대행한다는 일종의 책임보험적 성격에서 비롯된 것이다. 사업주가 보험가입자로서 보험료를 전액 부담하며, 강제(당연)적용의 방식에 의하여 사업단위로 적용된다. 그런데 산재보험은 사업주가 보험가입자가 되지만 보험급여의 수급자는 업무상의 사유에 의한 부상, 질병, 신체장애 또는 사망 등 업무상 재해를 당한 근로자가 된다.

## 2. 연 혁

한국의 사회보험제도 중에서 산재보험이 가장 먼저 도입되었다. 「산업재해보상보험법」은 1963년 11월 5일에 제정되고, 1964년 7월 1일부터 상시 500인 이상의 근로자를 사용하는 광업 및 제조업에 시행되었다. 그 후 제한적이나마 적용범위의 점차적 확대를 거쳐 1992년에는 일부 업종을 제외하고 원칙적으로 5인 이상 사업장으로 확대되었다. 또한 1995년에는 산재보험의 관리운영을 노동부에서 근로복지공단으로 이관하였고, 1999년 개정을 통해 2000년 7월 1일부터는 적용대상이 5인 미만 사업장으로 확대되어 근로자를 단 한 사람이라도 고용하는 사업장이면 산재보험의 적용을 받게 되었다.

2003년 12월 31일에는 산재보험과 고용보험의 보험료를 통합징수하기 위한 「고용보험 및 산업재해보상보험의 보험료징수 등에 관한 법률」(「고용산재보험료징수법」)이 제정되어 동법과 관련되는 규정을 정비하기 위한 일부개정이 있었고, 2010년 1월 27일에는 근로복지공단의 산하 법인인 한국산재의료원을 근로복지공단에 통합하여 산재환자에 대한 요양 및 재활 서비스를 종합적으로 제공함으로써 산업재해보상보험 업무의 효율성을 높이고, 산업재해보상보험의 징수업무를 국민건강보험공단에 위탁하여 수행하도록 함에 따른 일부개정이 있었다. 같은 해 5월에는 진폐근로자에게 요양 여부와 관계없이 기초연금을 포함한 진폐보상연금을 지급하는 것으로 변경하고 산재보험 보험급여, 진료비 및 약제비를 부당하게 지급받은 자를 신고한 사람에 대한 포상금 지급의 근거를 마련하는 개정이 있었다. 2012년 12월 18일 개정에서는 성차별적 요소를 없애기 위하여 유족보상연금 수급자격자의 범위에서 남자배우자에 대한 연령제한을 삭제하고, 유족의 생활안정을 도모하기 위하여 자녀 또는 손자녀 등에 대한 유족보상연금 수급자격자 연령범위를 18세 미만에서 19세 미만까지로 연장하였고, 2015년 1월 20일 개정에서는 산재근로자가 요양 종결 후 후유증상으로 인해 국민건강보험법에 따라 요양을 받는 경우 건강보험에서 부담한 비용을 2년 이내에 산업재해보상보험에서 그 비용을 지급할 수 있도록 법적 근거를 마련하였다.

## 3. 적용대상

### 1) 적용사업

이 법은 근로자를 사용하는 모든 사업 또는 사업장에 적용한다. 다만, 위험률·규모 및 장소 등을 고려하여 대통령령으로 정하는 사업에 대하여는 그 적용이 제외된다(제6조 제1항). 여기서 '대통령령으로 정하는 사업'에 해당되어 적용이 제외되는 사업은 다음과 같다(시행령 제2조 제1항).

1. 「공무원재해법」 또는 「군인재해보상법」에 따라 재해보상이 되는 사업. 다만, 「공무원 재해보상법」 제60조에 따라 순직유족급여 또는 위험직무순직유족급여에 관한 규정을 적용받는 경우는 제외한다.
2. 「선원법」, 「어선원 및 어선 재해보상보험법」 또는 「사립학교교직원 연금법」에 따라 재해보상이 되는 사업
3. 가구 내 고용활동
4. 농업, 임업(벌목업은 제외한다), 어업 및 수렵업 중 법인이 아닌 자의 사업으

로서 상시근로자 수가 5명 미만인 사업

2) 보험가입자

### (1) 당연가입자

「산업재해보상보험법」을 적용받는 사업의 사업주는 당연히 「산업재해보상보험법」에 따른 산업재해보상보험의 보험가입자가 된다(「고용산재보험료징수법」 제5조 제3항).

### (2) 임의가입자

이 법을 적용하지 아니하는 사업의 사업주는 공단의 승인을 받아 산재보험에 가입할 수 있다(「고용산재보험료징수법」 제5조 제4항).

### (3) 특례가입자

① 국외의 사업에 대한 특례

국외 근무기간에 발생한 근로자의 재해를 보상하기 위하여 우리나라가 당사국이 된 사회보장에 관한 조약이나 협정으로 정하는 국가나 지역에서의 사업에 대하여는 고용노동부장관이 금융위원회와 협의하여 지정하는 자(보험회사)에게 이 법에 따른 보험사업을 자기의 계산으로 영위하게 할 수 있다(제121조 제1항).

② 해외파견자에 대한 특례

보험가입자가 대한민국 밖의 지역(고용노동부령으로 정하는 지역은 제외)에서 하는 사업에 근로시키기 위하여 파견하는 자(해외파견자)에 대하여 공단에 보험가입 신청을 하여 승인을 받으면 해외파견자를 그 가입자의 대한민국 영역 안의 사업(2개 이상의 사업이 있는 경우에는 주된 사업을 말한다)에 사용하는 근로자로 보아 이 법을 적용할 수 있다(제122조 제1항).

③ 현장실습생에 대한 특례

이 법이 적용되는 사업에서 현장실습을 하고 있는 학생 및 직업 훈련생 중 고용노동부장관이 정하는 현장실습생은 이 법을 적용할 때는 그 사업에 사용되는 근로자로 본다(제123조 제1항).

④ 중소기업 사업주에 대한 특례

사실상 근로에 종사함으로써 근로자와 같이 재해의 위험에 노출되어 있는 중소기업 사업주의 보호를 위하여 대통령령으로 정하는 중・소기업 사업주(근로자를 사용하지 아니하는 자를 포함한다)는 공단의 승인을 받아 자기 또는 유족을 보험급여를 받을 수 있는 자로 하여 보험에 가입할 수 있다. 이 경우 제5조 제2호에도 불구하고 그 사업주는 이 법을 적용할 때 근로자로 본다(제124조 제1항).

⑤ 특수형태근로종사자에 대한 특례

계약의 형식에 관계없이 근로자와 유사하게 노무를 제공함에도 근로기준법 등이 적용되지 아니하여 업무상의 재해로부터 보호할 필요가 있는 자로서 ㉠ 주로 하나의 사업에 그 운영에 필요한 노무를 상시적으로 제공하고 보수를 받아 생활할 것, ㉡ 노무를 제공함에 있어서 타인을 사용하지 아니할 것이라는 요건의 모두에 해당하는 자 중 대통령령으로 정하는 직종에 종사하는 자(특수형태근로종사자)의 노무를 제공받는 사업은 이 법의 적용을 받는 사업으로 본다(제125조 제1항).

⑥ 국민기초생활보장법상의 수급자에 대한 특례

근로기준법에 따른 근로자가 아닌 자로서 국민기초생활보장법에 따른 자활급여수급자 중 고용노동부장관이 정하여 고시하는 사업에 종사하는 자는 이 법의 적용을 받는 근로자로 본다(제126조 제1항).

### 3) 보험급여수급자

산재보험은 사업주가 보험가입자가 되지만 보험급여의 수급자는 업무상의 사유에 의한 부상, 질병, 신체장애 또는 사망 등 업무상 재해를 당한 근로자가 된다.

### 4) 업무상 재해

#### (1) 업무상 재해의 인정기준

피재근로자가 산재보험급여를 받기 위한 첫 번째 조건이 산재보험가입사업의 근로자라면, 두 번째 조건은 그의 재해가 업무상 재해로 인정받는 것이다. 업무상의 재해란 업무상의 사유에 따른 근로자의 부상·질병·장애 또는 사망을 말한다(제5조 제1호). 그런데 여기서 '업무상 사유'란 지나치게 포괄적으로 정하고 있어 그동안 포괄위임의 논란이 제기되어 왔다. 그런데 2007년 12월 14일 법개정을 통하여 업무상 재해의 인정기준을 「산업재해보상보험법」에 명확히 규정하였다. 즉, 업무상 재해의 인정기준을 업무상 사고와 업무상 질병으로 구분하고 근로자가 근로계약에 따라 업무 및 그에 따르는 행위를 하던 중 발생한 사고 등을 업무상 사고의 기준으로, 유해·위험요인을 취급하거나 그에 노출되어 발생한 질병 등을 업무상 질병의 기준으로 명시하였다.

근로자가 다음 각 호의 어느 하나에 해당하는 사유로 부상·질병 또는 장해가 발생하거나 사망하면 업무상의 재해로 본다. 다만, 업무와 재해 사이에 상당인과관계가 없는 경우에는 그러하지 아니하다(제37조 제1항).

1. 업무상 사고
   가. 근로자가 근로계약에 따른 업무나 그에 따르는 행위를 하던 중 발생한 사고
   나. 사업주가 제공한 시설물 등을 이용하던 중 그 시설물 등의 결함이나 관리소홀로 발생한 사고
   다. 사업주가 주관하거나 사업주의 지시에 따라 참여한 행사나 행사준비 중에 발생한 사고
   라. 휴게시간 중 사업주의 지배관리하에 있다고 볼 수 있는 행위로 발생한 사고
   마. 그 밖에 업무와 관련하여 발생한 사고

2. 업무상 질병
   가. 업무수행 과정에서 물리적 인자(因子), 화학물질, 분진, 병원체, 신체에 부담을 주는 업무 등 근로자의 건강에 장해를 일으킬 수 있는 요인을 취급하거나 그에 노출되어 발생한 질병
   나. 업무상 부상이 원인이 되어 발생한 질병
   다. 「근로기준법」 제76조의2에 따른 직장내 괴롭힘, 고객의 폭언 등으로 인한 업무상 정신적 스트레스가 원인이 되어 발생한 질병
   라. 그 밖에 업무와 관련하여 발생한 질병
3. 출퇴근 재해
   가. 사업주가 제공한 교통수단이나 그에 준하는 교통수단을 이용하는 등 사업주의 지배관리하에서 출퇴근하는 중 발생한 사고
   나. 그 밖에 통상적인 경로와 방법으로 출퇴근하는 중 발생한 사고

통상적인 경로와 방법으로 출퇴근하는 중 발생한 사고 중에서 출퇴근 경로 일탈 또는 중단이 있는 경우에는 해당 일탈 또는 중단 중의 사고 및 그 후의 이동 중의 사고에 대하여는 출퇴근 재해로 보지 아니한다. 다만, 일탈 또는 중단이 일상생활에 필요한 행위로서 대통령령으로 정하는 사유가 있는 경우에는 출퇴근 재해로 본다(제37조 제3항). 업무상의 재해의 구체적인 인정 기준은 대통령령으로 정한다(제37조 제5항).

## 4. 급 여

### 1) 보험급여의 종류

이 법에 의한 보험급여의 종류에는 요양급여, 휴업급여, 장해급여, 간병급여, 유족급여, 상병보상연금, 장의비 및 직업재활급여가 있다(제36조 제1항). 다만, 진폐에 따른 보험급여의 종류는 요양급여, 간병급여, 장의비, 직업재활급여, 진폐보상연금(제91조의3) 및 진폐유족연금(제91조의4)으로 한다(제36조 제1항 단서).

### (1) 요양급여

요양급여는 근로자가 업무상의 사유로 부상을 당하거나 질병에 걸린 경우에 그 근로자에게 지급한다(제40조 제1항). 이 요양급여는 산재보험 의료기관에서 요양을 하게 한다. 다만, 부득이한 경우에는 요양을 갈음하여 요양비를 지급할 수 있다(제40조 제2항). 부상 또는 질병이 3일 이내의 요양으로 치유될 수 있으면 요양급여를 지급하지 아니한다(제40조 제3항).

요양급여의 범위는 ㉠ 진찰 및 검사, ㉡ 약제 또는 진료재료와 의지(義肢)나 그 밖의 보조기의 지급, ㉢ 처치·수술, 그 밖의 치료, ㉣ 재활치료, ㉤ 입원, ㉥ 간호 및 간병, ㉦ 이송, ㉧ 그 밖에 고용노동부령으로 정하는 사항이다(제40조 제4항).

요양급여의 신청을 한 자는 근로복지공단이 이 법에 따른 요양급여에 관한 결정을 하기 전에는 국민건강보험법에 따른 요양급여 또는 의료급여법에 따른 의료급여를 받을 수 있다(제42조 제1항). 건강보험 요양급여 등을 받은 자가 본인 일부 부담금을 산재보험 의료기관에 납부한 후에 이 법에 따른 요양급여수급권자로 결정된 경우에는 그 납부한 본인 일부 부담금 중 요양급여에 해당하는 금액을 공단에 청구할 수 있다(제42조 제2항).

### (2) 휴업급여

휴업급여는 업무상 사유로 부상을 당하거나 질병에 걸린 근로자에게 요양으로 취업하지 못한 기간에 대하여 지급하되, 1일당 지급액은 평균임금의 100분의 70에 상당하는 금액으로 한다. 다만, 취업하지 못한 기간이 3일 이내이면 지급하지 아니한다(제52조).

요양 또는 재요양을 받고 있는 근로자가 그 요양기간 중 일정 기간 또는 단시간 취업을 하는 경우에는 그 취업한 날 또는 취업한 시간에 해당하는 그 근로자의 평균임금에서 그 취업한 날 또는 취업한 시간에 대한 임금을 뺀 금액의 100분의 90에 상당하는 금액을 지급할 수 있다(제53조 제1항). 다만, 최저임금액을 1일당 휴업급여 지급액으로 하는 경우에는 최저임금액에서 취업한 날 또는 취업한 시간에 대한 임금을 뺀 금액을 지급할 수 있다(제53조 제1항 단서). 요양 중 부분취업 시 휴업급여를 일부 지급함으로써 취업치료를 활성화하고 직업복귀를 촉진할 수 있을 것으로 기대된다.

### (3) 장해급여

장해급여는 근로자가 업무상의 사유로 부상을 당하거나 질병에 걸려 치유된 후 신체 등에 장해가 있는 경우에 그 근로자에게 지급한다(제57조 제1항). 여기서 "장해"란 부상 또는 질병이 치유되었으나 정신적 또는 육체적 훼손으로 인하여 노동능력이 상실되거나 감소된 상태를 말한다(제5조 제5호).

장해급여는 장해등급에 따라 장해보상연금 또는 장해보상일시금으로 하되, 그 장해등급의 기준은 대통령령으로 정한다(제57조 제2항). 장해보상연금 또는 장해보상일시금은 수급권자의 선택에 따라 지급하는데, 대통령령으로 정하는 노동력을 완전히 상실한 장해등급의 근로자에게는 장해보상연금을 지급하고, 장해급여 청구사유 발생 당시 대한민국 국민이 아닌 자로서 외국에서 거주하고 있는 근로자에게는 장해보상일시금을 지급한다(제57조 제3항).

### (4) 간병급여

간병급여는 요양급여를 받은 자 중 치유 후 의학적으로 상시 또는 수시로 간병이 필요하여 실제로 간병을 받는 자에게 지급한다(제61조 제1항).

### (5) 유족급여

유족급여는 근로자가 업무상의 사유로 사망한 경우에 유족[11]에게 지급된다(제62조 제1항). 유족급여는 유족보상연금이나 유족보상일시금으로 하되, 유족보상일시금은 근로자가 사망할 당시 유족보상연금을 받을 수 있는 자격이 있는 자가 없는 경우에 지급한다(제62조 제2항).

11 "유족"이란 사망한 자의 배우자(사실상 혼인관계에 있는 자를 포함한다. 이하 같다) · 자녀 · 부모 · 손자녀 · 조부모 또는 형제자매를 말한다(법 제5조 제3호).

### (6) 상병보상연금

요양급여를 받는 근로자가 요양을 시작한 지 2년이 지난 날 이후에 다음 각 호의 요건 모두에 해당하는 상태가 계속되면 휴업급여 대신 상병보상연금을 그 근로자에게 지급한다(제66조 제1항).

1. 그 부상이나 질병이 치유되지 아니한 상태일 것
2. 그 부상이나 질병에 따른 중증요양상태의 정도가 대통령령으로 정하는 중증요양상태등급 기준에 해당할 것
3. 요양으로 인하여 취업하지 못하였을 것

### (7) 장의비

장의비는 근로자가 업무상의 사유로 사망한 경우에 지급하되, 평균임금의 120일분에 상당하는 금액을 그 장제를 지낸 유족에게 지급한다. 다만, 장제를 지낼 유족이 없거나 그 밖에 부득이한 사유로 유족이 아닌 자가 장제를 지낸 경우에는 평균임금의 120일분에 상당하는 금액의 범위에서 실제 드는 비용을 그 장제를 지낸 자에게 지급한다(제71조 제1항).

### (8) 직업재활급여

직업재활급여의 종류는 다음 각 호와 같다(제72조 제1항).

1. 장해급여 또는 진폐보상연금을 받은 자나 장해급여를 받을 것이 명백한 자로서 대통령령으로 정하는 자(장해급여자) 중 취업을 위하여 직업훈련이 필요한 자(훈련대상자)에 대하여 실시하는 직업훈련에 드는 비용 및 직업훈련수당
2. 업무상의 재해가 발생할 당시의 사업에 복귀한 장해급여자에 대하여 사업주가 고용을 유지하거나 직장적응훈련 또는 재활운동을 실시하는 경우(직장적응훈련의 경우에는 직장 복귀 전에 실시한 경우도 포함)에 각각 지급하는 직장복귀지원금, 직장적응훈련비 및 재활운동비

#### (9) 장해특별급여와 유족특별급여

① 장해특별급여

보험가입자의 고의 또는 과실로 발생한 업무상의 재해로 근로자가 대통령령으로 정하는 장해등급 또는 진폐장해등급에 해당하는 장해를 입은 경우에 수급권자가 민법에 따른 손해배상청구를 갈음하여 장해특별급여를 청구하면 장해급여 또는 진폐보상연금 외에 대통령령으로 정하는 장해특별급여를 지급할 수 있다. 다만, 근로자와 보험가입자 사이에 장해특별급여에 관하여 합의가 이루어진 경우에 한한다(제78조 제1항).

② 유족특별급여

보험가입자의 고의 또는 과실로 발생한 업무상의 재해로 근로자가 사망한 경우에 수급권자가 민법에 따른 손해배상청구를 갈음하여 유족특별급여를 청구하면 유족급여 또는 진폐유족연금 외에 대통령령으로 정하는 유족특별급여를 지급할 수 있다(제79조 제1항).

### 2) 보험급여의 산정기준

보험급여를 산정하는 경우 그 근로자의 평균임금을 산정하여야 할 사유가 발생한 날로부터 1년이 지난 이후에는 매년 전체 근로자의 임금 평균액의 증감률에 따라 평균임금을 증감하되, 그 근로자의 연령이 60세에 도달한 이후에는 소비자물가변동률에 따라 평균임금을 증감한다(제36조 제3항). 또한 보험급여를 산정할 때 해당 근로자의 근로형태가 특이하여 평균임금을 적용하는 것이 적당하지 아니하다고 인정되는 경우로서 대통령령으로 정하는 경우에는 대통령령으로 정하는 산정방법에 따라 산정한 금액을 평균임금으로 한다(제36조 제5항).

### 3) 보험급여 지급의 제한

근로복지공단은 요양 중인 근로자가 정당한 사유 없이 요양에 관한 지시를 위반하여 부상·질병 또는 장해상태를 악화시키거나 치유를 방해한 경우와 장해보상연금 또는 진폐보상연금 수급권자가 제59조에 따른 장해등급 또는 진폐장해등급 재판정 전에 자해 등 고의로 장해상태를 악화시킨 경우 중 어느 하나에 해당되면 보험급여의 전부 또는 일부를 지급하지 아니할 수 있다(제83조 제1항).

#### 4) 제3자에 대한 구상권

공단은 제3자의 행위에 따른 재해로 인하여 보험급여를 지급한 경우에는 그 급여액의 한도 안에서 급여를 받은 자의 제3자에 대한 손해배상청구권을 대위한다(제87조 제1항). 이 경우에 수급권자가 제3자로부터 동일한 사유로 산재보험법의 보험급여에 상당하는 손해배상을 받으면 공단은 그 배상액을 대통령령으로 정하는 방법에 따라 환산한 금액의 한도 안에서 산재보험법에 의한 보험급여를 지급하지 아니한다(제87조 제2항).

#### 5) 다른 법에 의한 보상 및 배상과의 관계

수급권자가 이 법에 따라 보험급여를 받았거나 받을 수 있으면 보험가입자는 동일한 사유에 대하여 「근로기준법」에 따른 재해보상책임이 면제된다(제80조 제1항).

수급권자가 동일한 사유에 대하여 이 법에 따른 보험급여를 받으면 보험가입자는 그 금액의 한도 안에서 「민법」이나 그 밖의 법령에 따른 손해배상의 책임이 면제된다. 이 경우 장해보상연금 또는 유족보상연금을 받고 있는 자는 장해보상일시금 또는 유족보상일시금을 받은 것으로 본다(제80조 제2항). 또 수급권자가 동일한 사유로 민법이나 그 밖의 법령에 따라 이 법의 보험급여에 상당한 금품을 받으면 공단은 그 받은 금품을 대통령령으로 정하는 방법에 따라 환산한 금액의 한도 안에서 이 법에 따른 보험급여를 지급하지 아니한다. 다만, 수급권자가 지급받은 것으로 보게 되는 장해보상일시금 또는 유족보상일시금에 해당하는 연금액에 대하여는 그러하지 아니하다(제80조 제3항).

### 6) 근로복지사업

고용노동부장관은 근로자의 복지 증진을 위한 다음 각 호의 사업을 한다(제92조 제1항).

1. 업무상 재해를 입은 근로자의 원활한 사회복귀를 촉진하기 위한 요양이나 외과 후 처치에 관한 시설 및 의료재활이나 직업재활에 관한 시설 등 보험시설의 설치・운영
2. 장학사업 등 재해근로자와 그 유족의 복지증진을 위한 사업
3. 그 밖에 근로자의 복지증진을 위한 시설의 설치・운영 사업

## 5. 전달체계

### 1) 보험의 관장

이 법에 따른 산업재해보상보험사업은 고용노동부장관이 관장한다(제2조 제1항). 그러나 구체적인 보험사업은 효율적인 사업수행을 위하여 고용노동부장관의 위탁을 받은 근로복지공단이 행한다(제10조). 고용노동부장관은 보험사업을 효율적으로 관리・운영하기 위하여 조사・연구사업 등을 할 수 있고(제9조 제1항), 필요하다고 인정하면 이 업무의 일부를 대통령령으로 정하는 자에게 대행하게 할 수 있다(제9조 제2항).

### 2) 근로복지공단

고용노동부장관의 위탁을 받아 이 법의 목적을 달성하기 위한 사업을 효율적으로 수행하기 위하여 근로복지공단을 설립한다(제10조).

근로복지공단은 공법인으로서 ① 보험가입자와 수급권자에 관한 기록의 관리・유지, ②「고용산재보험료징수법」에 따른 보험료와 그 밖의 징수금의 징수, ③ 보험급여의 결정과 지급, ④ 보험급여에 관한 심사청구의 심리・결정, ⑤ 산업재해보상보험 시설의 설치・운영, ⑥ 업무상 재해를 입은 근로자 등의 진료・요양 및 재활, ⑦ 재활보조기구의 연구개발・점검 및 보급, ⑧ 보험

급여 결정 및 지급을 위한 업무상 질병 관련 연구, ⑨ 근로자 등의 건강을 유지·증진하기 위하여 필요한 건강진단 등 예방사업, ⑩ 근로자의 복지증진을 위한 사업, ⑪ 그 밖에 정부로부터 위탁받은 사업, ⑫ 위 ⑤~⑪호의 사업에 딸린 사업을 수행한다(제11조 제1항). 정부는 예산의 범위에서 공단의 사업과 운영에 필요한 비용을 출연할 수 있다(제11조 제5항).

#### 3) 산업재해보상보험 및 예방심의위원회

산업재해보상보험 및 예방에 관한 중요 사항을 심의하게 하기 위하여 고용노동부에 산업재해보상보험 및 예방심의위원회를 둔다(제8조 제1항).

이 위원회는 근로자를 대표하는 자, 사용자를 대표하는 자 및 공익을 대표하는 자로 구성하되, 그 수는 각각 같은 수로 한다(제8조 제2항).

위원회는 ① 요양급여의 범위나 비용 등 요양급여의 산정기준에 관한 사항, ② 「고용산재보험료징수법」에 따른 산재보험료율의 결정에 관한 사항, ③ 산업재해보상보험 및 예방기금의 운용계획 수립에 관한 사항, ④ 산업안전보건법에 따른 산업안전·보건 업무와 관련되는 주요 정책 및 산업재해 예방에 관한 기본계획, ⑤ 그 밖에 고용노동부장관이 산업재해보상보험 사업 및 산업안전·보건 업무에 관하여 심의에 부치는 사항을 심의한다(시행령 제3조).

### 6. 재 정

#### 1) 보험료

이 법에 따른 보험사업에 드는 비용에 충당하기 위하여 징수하는 보험료나 그 밖의 징수금에 관하여는 「고용산재보험료징수법」에서 정하는 바에 따른다(제4조). 사업주가 부담하여야 하는 산재보험료는 그 사업주가 경영하는 사업에 종사하는 근로자의 개인별 보수총액에 제14조에 따라 같은 종류의 사업에 적용되는 산재보험료율을 곱한 금액으로 한다(「고용산재보험료징수법」 제13조 제5항). 「고용산재보험료징수법」 제17조 제1항에 따른 보수총액의 추정액 또는 동법

제19조 제1항에 따른 보수총액을 결정하기 곤란한 경우에는 대통령령으로 정하는 바에 따라 고용노동부장관이 정하여 고시하는 노무비율을 사용하여 보수총액의 추정액 또는 보수총액을 결정할 수 있다(「고용산재보험료징수법」 제13조 제6항).

#### 2) 국고의 부담 및 지원

국가는 회계연도마다 예산의 범위에서 보험사업의 사무 집행에 드는 비용을 일반회계에서 부담하여야 한다(제3조 제1항). 국가는 회계연도마다 예산의 범위에서 보험사업에 드는 비용의 일부를 지원할 수 있다(제3조 제2항).

#### 3) 산업재해보상보험 및 예방기금

고용노동부장관은 보험사업, 산업재해예방사업에 필요한 재원을 확보하고, 보험급여에 충당하기 위하여 산업재해보상보험 및 예방기금(이하 "기금"이라 한다)을 설치한다(제95조 제1항). 기금은 보험료, 기금운용 수익금, 적립금, 기금의 결산상 잉여금, 정부 또는 정부 아닌 자의 출연금 및 기부금, 차입금, 그 밖의 수입금을 재원으로 하여 조성한다(제95조 제2항).

### 7. 권리보호

#### 1) 수급권의 보호와 공과금의 면제

근로자의 보험급여를 받을 권리는 퇴직하여도 소멸되지 아니하고(제88조 제1항), 양도 또는 압류하거나 담보로 제공할 수 없다(제88조 제2항). 보험급여로 지급된 금품에 대하여는 국가 또는 지방자치단체의 공과금을 부과하지 아니한다(제91조).

#### 2) 심사청구 및 재심사청구

보험급여 결정 등에 불복하는 자는 근로복지공단에 심사청구를 할 수 있다(103조 제1항). 심사청구는 그 보험급여 결정 등을 한 공단의 소속기관을 거쳐

공단에 제기하여야 하며(제103조 제2항), 보험급여 결정 등이 있음을 안 날부터 90일 이내에 하여야 한다(제103조 제3항). 심사청구를 심의하기 위하여 공단에 관계 전문가 등으로 구성되는 산업재해보상보험심사위원회를 둔다(제104조 제1항).

심사청구에 대한 결정에 불복하는 자는 산업재해보상보험재심사위원회에 재심사청구를 할 수 있다. 재심사청구는 심사청구에 대한 결정이 있음을 안 날부터 90일 이내에 제기하여야 한다(제106조 제3항 본문).

## 제5절 고용보험법

### 1. 의 의

고용보험이란 실직근로자에게 실업급여를 지급하는 전통적 의미의 실업보험사업 외에 적극적인 취업알선을 통한 재취업의 촉진과 근로자의 직업안정 및 고용구조 개선을 위한 고용안정사업, 근로자의 능력개발사업 등을 상호연계하여 실시하는 사회보험제도이다(박석돈, 2002 : 234).

고용보험법은 고용보험의 시행을 통하여 실업의 예방, 고용의 촉진 및 근로자의 직업능력의 개발과 향상을 꾀하고, 국가의 직업지도와 직업소개 기능을 강화하며, 근로자가 실업한 경우에 생활에 필요한 급여를 실시하여 근로자의 생활안정과 구직활동을 촉진함으로써 경제・사회발전에 이바지하는 것을 목적으로 한다(제1조).

일반적으로 고용보험제도의 목표는 첫째, 산업구조 조정에 따른 잉여인력이 새로운 산업으로 신속히 이동할 수 있도록 지원함으로써 산업구조 조정을 촉진한다. 둘째, 고용보험제도의 시행으로 국가의 직업안정 기능이 체계화되고 고용정보가 정확히 파악됨으로써 구조적인 인력수급의 불균형에 대응한다. 셋째, 기업의 필요에 따른 자율적인 훈련실시를 유도하여 산업수요에 부응하는 근로자의 직업능력을 개발・지원함으로써 기업경쟁력을 강화한다. 넷째,

고용보험제도는 실직근로자의 생계를 제도적으로 보장함으로써 생활안정을 도모하고 각종 고용정보 제공 및 직업상담 등을 통해 재취업을 촉진한다(노시평 외, 2002 : 164).

## 2. 입법배경 및 연혁

우리나라의 고용보험제도는 1970년대부터 도입에 대한 논의가 있어 왔으나 정부부처와 학계에서 공식적으로 제기되고 본격적으로 논의된 것은 1986년에 발표된 제6차 경제사회발전 5개년 계획에서이다. 이런 논의를 거쳐 정부가 공식 결정한 것은 1990년 제7차 경제사회발전 5개년 계획을 통해서이다. 이 계획에 따라 1992년에 고용보험기획단이 구성되었고, 1993년 12월 27일에 고용보험법이 제정·공포되었고, 1995년 7월 1일부터 시행됨으로써 이른바 4대 사회보험의 기틀을 제도적으로 마련하게 되었다.

도입 초기에는 상시 근로자 30인 이상 사업장(실업급여)에 적용되기 시작하였으나 그 이후 IMF의 영향으로 실업이 급증함에 따라 1998년 1월 1일부터는 상시근로자 10인 이상 사업장으로, 동년 3월 1일부터는 상시근로자 5인 이상 사업장으로 확대 실시되었고, 동년 10월 1일부터는 일부 업종을 제외하고는 근로자 1인 이상을 고용하는 전 사업장으로 적용범위를 확대하여 실업에 대한 기본적인 사회안전망을 구축하게 되었다. 또한 2001년 7월 법개정에서는 육아휴직급여 및 산전휴가급여가 신설되었고, 2002년 5월 법개정에서는 산전후휴가급여의 자격요건을 완화하였으며, 2002년 12월 31에는 일용근로자도 고용보험의 혜택을 받을 수 있도록 하였다.

2003년 12월 31일에는 고용보험과 산재보험의 보험료를 통합징수하기 위한 「고용보험 및 산업재해보상보험의 보험료징수 등에 관한 법률」(「고용산재보험료징수법」)이 제정되어 동법과 관련되는 규정을 정비하기 위한 일부개정이 있었고, 2005년 5월 31일에는 피보험자가 산전후휴가를 받은 경우뿐만 아니라 유산·사산휴가를 받은 경우에도 급여를 지급하도록 하였고, 2005년 12월 7

일에는 고용안정사업과 직업능력개발사업을 통합・운영하고 그 지원대상 및 사업범위의 확대, 고용보험의 가입범위를 확대하는 일부개정이 있었다. 2010년 1월 27일에는 각기 상이한 보험료의 부과・징수체계로 인한 4대 사회보험 가입자의 불편을 해소하고, 사회보험업무 처리의 효율성을 높이기 위하여 고용보험 및 산업재해보상보험의 보험료 산정기준을 임금에서 다른 사회보험과 같이 소득세 과세대상 근로소득으로 통일함에 따라 정의규정 중 임금을 소득세 과세대상 근로소득으로 변경하는 일부개정이 있었다. 2011년 7월 21일 개정에서는 자영업자도 고용보험 실업급여의 혜택을 받을 수 있도록 하고 육아기 근로시간단축 급여제도를 신설하며 자활급여의 수급자도 고용보험의 급여를 받을 수 있도록 하였다. 2013년 6월 4일 개정에서는 65세 이후에 새롭게 고용되거나 자영업을 개시한 자만 실업급여 적용을 제외함으로써 고용보험에 가입되어 있던 피보험자가 65세 이후에 이직한 경우에도 실업급여를 지급하도록 하였다. 2014년 1월 21일 개정에서는 다태아 임산부는 2명 이상 동시 출산, 난산, 높은 조산율 등에 따라 산후 회복에 더 많은 시간이 필요하고 육아부담 또한 일반 임산부보다 큰 점을 고려하여 다태아 임산부의 출산전후휴가를 현행 90일에서 120일로 확대하도록 근로기준법이 개정됨에 따라, 이에 맞추어 다태아 임신부에 대한 출산전후휴가급여 지급기간도 조정되었다. 2015년 1월 20일 개정에서는 실업급여는 수급자격자가 신청하는 경우 실업급여만 입금되도록 개설한 전용계좌에 지급하고, 해당 계좌의 예금에 관한 채권은 압류할 수 없도록 규정함으로써 실업급여에 대한 압류금지를 실질적으로 강화하였다. 2016년 5월 29일 개정에서는 구직급여 수급기간도 국민연금 가입기간으로 산입될 수 있도록 '실업크레딧' 제도를 도입하고, 보험료의 일부를 지원할 수 있도록 하였다. 2019년 1월 15일 개정에서는 실업급여의 보장성 강화를 위하여 65세 전부터 피보험자격을 유지하던 사람이 65세 이후에 계속하여 고용된 경우는 실업급여를 적용하도록 하였다.

## 3. 적용대상

### 1) 적용대상 사업장

고용보험법은 근로자를 사용하는 모든 사업 또는 사업장에 적용한다. 다만, 산업별 특성 및 규모 등을 고려하여 대통령령으로 정하는 사업에 대하여는 적용하지 아니한다(제8조).

### 2) 적용제외 근로자

다음 각 호의 어느 하나에 해당하는 사람에게는 고용보험법의 적용이 제외된다(제10조).

1. 소정근로시간이 대통령령으로 정하는 시간 미만인 사람
2. 국가공무원법과 지방공무원법에 따른 공무원. 다만, 대통령령으로 정하는 바에 따라 별정직공무원, 국가공무원법 제26조의5 및 지방공무원법 제25조의5에 따른 임기제공무원의 경우는 본인의 의사에 따라 고용보험(실업급여에 한함)에 가입할 수 있다.
3. 사립학교교직원 연금법의 적용을 받는 사람
4. 그 밖에 대통령령으로 정하는 사람

위 제1호의 '소정근로시간이 대통령령으로 정하는 시간 미만인 자'란 1개월간 소정근로시간이 60시간 미만인 자(1주간의 소정근로시간이 15시간 미만인 자를 포함)를 말한다. 다만, 3개월 이상 계속하여 근로를 제공하는 자와 법 제2조 제6호에 따른 일용근로자는 제외한다(시행령 제3조 제1항). 65세 이후에 고용(65세 전부터 피보험 자격을 유지하던 사람이 65세 이후에 계속하여 고용된 경우는 제외한다)되거나 자영업을 개시한 사람에게는 제4장(실업급여) 및 제5장(육아휴직급여 등)을 적용하지 아니한다(제10조 제2항).

### 3) 보험관계의 성립 · 소멸

이 법에 따른 보험관계의 성립 및 소멸에 대하여는 「고용산재보험료징수법」

으로 정하는 바에 따른다(제9조).

## 4. 급 여

고용보험은 이 법의 목적을 이루기 위하여 고용보험사업으로 고용안정·직업능력개발 사업, 실업급여, 육아휴직급여 및 출산전후휴가급여 등을 실시한다(제4조 제1항).

### 1) 고용안정·직업능력개발 사업

#### (1) 고용안정·직업능력개발 사업의 실시

고용노동부장관은 피보험자 및 피보험자였던 자, 그 밖에 취업할 의사를 가진 자(피보험자 등)에 대한 실업의 예방, 취업의 촉진, 고용기회의 확대, 직업능력 개발·향상의 기회 제공 및 지원, 그 밖에 고용안정과 사업주에 대한 인력 확보를 지원하기 위하여 고용안정·직업능력개발 사업을 실시한다(제19조 제1항). 고용노동부장관은 고용안정·직업능력개발 사업을 실시할 때에는 근로자의 수, 고용안정·직업능력개발을 위하여 취한 조치 및 실적 등 대통령령으로 정하는 기준에 해당하는 기업을 우선적으로 고려하여야 한다(제19조 제2항).

#### (2) 고용창출의 지원

고용노동부장관은 고용환경 개선, 근무형태 변경 등으로 고용의 기회를 확대한 사업주에게 대통령령으로 정하는 바에 따라 필요한 지원을 할 수 있다(제20조).

#### (3) 고용조정의 지원

고용노동부장관은 경기의 변동, 산업구조의 변화 등에 따른 사업규모의 축소, 사업의 폐업 또는 전환으로 고용조정이 불가피하게 된 사업주가 근로자에 대한 휴업, 휴직, 직업 전환에 필요한 직업능력개발훈련, 인력의 재배치 등을 실시하거나 그 밖에 근로자의 고용안정을 위한 조치를 하면 대통령령으로 정하는 바에 따라 그 사업주에게 필요한 지원을 할 수 있다. 이 경우 휴업이나 휴직 등 고용안정을 위한 조치로 근로자의 임금이 대통령령으로 정하는 수준으로 감소할 때에는 대통령령으로 정하는 바에 따라 그 근로자에게도 필요한 지원을 할 수 있다(제21조 제1항). 고용노동부장관은 고용조정으로 이직된 근로자를 고용하는 등 고용이 불안정하게 된 근로자의 고용안정을 위한 조치를 하는 사업주에게 대통령령으로 정하는 바에 따라 필요한 지원을 할 수 있다(제21조 제2항). 고용노동부장관은 제1항에 따른 지원을 할 때에는 고용정책기본법 제32조에 따른 업종에 해당하거나 지역에 있는 사업주 또는 근로자에게 우선적으로 지원할 수 있다(제21조 제3항).

### (4) 지역 고용의 촉진

고용노동부장관은 고용기회가 뚜렷이 부족하거나 산업구조의 변화 등으로 고용사정이 급속하게 악화되고 있는 지역으로 사업을 이전하거나 그러한 지역에서 사업을 신설 또는 증설하여 그 지역의 실업예방과 재취업 촉진에 기여한 사업주, 그 밖에 그 지역의 고용기회 확대에 필요한 조치를 한 사업주에게 대통령령으로 정하는 바에 따라 필요한 지원을 할 수 있다(제22조).

### (5) 고령자 등 고용촉진의 지원

고용노동부장관은 고령자 등 노동시장의 통상적인 조건에서는 취업이 특히 곤란한 사람의 고용을 촉진하기 위하여 고령자 등을 새로 고용하거나 이들의 고용안정에 필요한 조치를 하는 사업주 또는 사업주가 실시하는 고용안정 조치에 해당된 근로자에게 대통령령으로 정하는 바에 따라 필요한 지원을 할 수 있다(제23조).

### (6) 건설근로자 등의 고용안정 지원

고용노동부장관은 건설근로자 등 고용상태가 불안정한 근로자를 위하여 ① 고용상태의 개선을 위한 사업, ② 계속적인 고용기회의 부여 등 고용안정을 위한 사업, ③ 그 밖에 대통령령으로 정하는 고용안정사업을 실시하는 사업주에게 대통령령으로 정하는 바에 따라 필요한 지원을 할 수 있다(제24조 제1항).

### (7) 고용안정 및 취업 촉진

고용노동부장관은 피보험자 등의 고용안정 및 취업을 촉진하기 위하여 ① 고용관리 진단 등 고용개선 지원 사업, ② 피보험자 등의 창업을 촉진하기 위한 지원 사업, ③ 그 밖에 피보험자 등의 고용안정 및 취업을 촉진하기 위한 사업으로서 대통령령으로 정하는 사업을 직접 실시하거나 이를 실시하는 자에게 필요한 비용을 지원 또는 대부할 수 있다(제25조 제1항).

### (8) 고용촉진시설에 대한 지원

고용노동부장관은 피보험자 등의 고용안정·고용촉진 및 사업주의 인력 확보를 지원하기 위하여 대통령령으로 정하는 바에 따라 상담시설, 보육시설, 그 밖에 대통령령으로 정하는 고용촉진시설을 설치·운영하는 자에게 필요한 지원을 할 수 있다(제26조).

### (9) 사업주에 대한 직업능력개발훈련의 지원

고용노동부장관은 피보험자 등의 직업능력을 개발·향상시키기 위하여 대통령령으로 정하는 직업능력개발훈련을 실시하는 사업주에게 대통령령으로 정하는 바에 따라 그 훈련에 필요한 비용을 지원할 수 있다(제27조).

### (10) 피보험자 등에 대한 직업능력개발 지원

고용노동부장관은 피보험자 등이 직업능력개발훈련을 받거나 그 밖에 직업능력 개발·향상을 위하여 노력하는 경우에는 대통령령으로 정하는 바에 따라 필요한 비용을 지원할 수 있다(제29조 제1항). 고용노동부장관은 필요하다고 인정하면 대통령령으로 정하는 바에 따라 피보험자 등의 취업을 촉진하기 위한 직업능력개발훈련을 실시할 수 있다(제29조 제2항). 고용노동부장관은 대통령령으로 정하는 저소득 피보험자 등이 직업능력개발훈련을 받는 경우 대통령령으로 정하는 바에 따라 생계비를 대부할 수 있다(제29조 제3항).

### (11) 직업능력개발 훈련시설에 대한 지원

고용노동부장관은 피보험자 등의 직업능력 개발·향상을 위하여 필요하다고 인정하면 대통령령으로 정하는 바에 따라 직업능력개발 훈련시설의 설치 및 장비구입에 필요한 비용의 대부, 그 밖에 고용노동부장관이 정하는 직업능력개발 훈련시설의 설치 및 장비 구입·운영에 필요한 비용을 지원할 수 있다(제30조).

### (12) 직업능력개발의 촉진

고용노동부장관은 피보험자 등의 직업능력 개발·향상을 촉진하기 위하여 ① 직업능력개발사업에 대한 기술지원 및 평가사업, ② 자격검정사업 및 숙련기술장려법에 따른 숙련기술 장려 사업, ③ 그 밖에 대통령령으로 정하는 사업을 실시하는 자에게 그 사업의 실시에 필요한 비용을 지원할 수 있다(제31조 제1항).

### (13) 건설근로자 등의 직업능력개발 지원

고용노동부장관은 건설근로자 등 고용상태가 불안정한 근로자를 위하여 직업능력 개발·향상을 위한 사업으로 대통령령으로 정하는 사업을 실시하는 사업주에게 그 사업의 실시에 필요한 비용을 지원할 수 있다(제32조 제1항).

### (14) 고용정보의 제공 및 고용지원기반의 구축

고용노동부장관은 사업주 및 피보험자 등에 대한 구인·구직·훈련 등 고용정보의 제공, 직업·훈련 상담 등 직업지도, 직업소개, 고용안정·직업능력개발에 관한 기반의 구축 및 그에 필요한 전문인력의 배치 등의 사업을 할 수 있다(제33조 제1항).

### (15) 지방자치단체 등에 대한 지원

고용노동부장관은 지방자치단체 또는 대통령령으로 정하는 비영리법인·단체가 그 지역에서 피보험자 등의 고용안정·고용촉진 및 직업능력개발을 위한 사업을 실시하는 경우에는 대통령령으로 정하는 바에 따라 필요한 지원을 할 수 있다(제34조).

### 2) 실업급여

실업급여는 구직급여와 취업촉진수당으로 구분한다(제37조 제1항). 취업촉진 수당에는 조기재취업 수당, 직업능력개발 수당, 광역 구직활동비, 이주비가 있다(제37조 제2항). 직업안정기관의 장은 수급자격자의 신청이 있는 경우에는 실업급여를 수급자격자 명의의 지정된 계좌(실업급여수급계좌)로 입금하여야 한다. 다만, 정보통신장애나 그 밖에 대통령령으로 정하는 불가피한 사유로 실업급여를 실업급여수급계좌로 이체할 수 없을 때에는 현금 지급 등 대통령령으로 정하는 바에 따라 실업급여를 지급할 수 있다(제37조의2 제1항). 실업급여수급계좌의 해당 금융기관은 이 법에 따른 실업급여만이 실업급여수급계좌에 입금되도록 관리하여야 한다(제37조의2 제2항).

#### (1) 구직급여

① 수급요건

구직급여는 이직한 피보험자가 다음 각 호의 요건을 모두 갖춘 경우에 지급한다. 다만, 제5호와 제6호는 최종 이직 당시 일용근로자였던 자만 해당한다(제40조 제1항).

1. 이직일 이전 18개월(기준기간) 동안의 피보험 단위기간이 합산하여 180일 이상일 것
2. 근로의 의사와 능력이 있음에도 불구하고 취업(영리를 목적으로 사업을 영위하는 경우를 포함)하지 못한 상태에 있을 것
3. 이직사유가 제58조에 따른 수급자격의 제한 사유에 해당하지 아니할 것
4. 재취업을 위한 노력을 적극적으로 할 것
5. 다음 각 목의 어느 하나에 해당할 것

   가. 제43조에 따른 수급자격 인정신청일 이전 1개월 동안의 근로일수가

10일 미만일 것

나. 건설일용근로자(일용근로자로서 이직 당시에 「통계법」 제22조 제1항에 따라 통계청장이 고시하는 한국표준산업분류의 대분류상 건설업에 종사한 사람을 말한다)로서 수급자격 인정신청일 이전 14일간 연속하여 근로내역이 없을 것

6. 최종 이직 당시의 기준기간 동안의 피보험 단위기간 중 다른 사업에서 제58조에 따른 수급자격의 제한 사유에 해당하는 사유로 이직한 사실이 있는 경우에는 그 피보험 단위기간 중 90일 이상을 일용근로자로 근로하였을 것

기준기간은 이직일 이전 18개월로 하되, 피보험자가 다음 각 호의 어느 하나에 해당하는 경우에는 다음 각 호의 구분에 따른 기간을 기준기간으로 한다(제40조 제2항).

1. 이직일 이전 18개월 동안에 질병·부상, 그 밖에 대통령령으로 정하는 사유로 계속하여 30일 이상 보수의 지급을 받을 수 없었던 경우 : 18개월에 그 사유로 보수를 지급 받을 수 없었던 일수를 가산한 기간(3년을 초과할 때에는 3년으로 한다)
2. 다음 각 목의 요건에 모두 해당하는 경우 : 이직일 이전 24개월

가. 이직 당시 1주 소정근로시간이 15시간 미만이고, 1주 소정근로일수가 2일 이하인 근로자로 근로하였을 것

나. 이직일 이전 24개월 동안의 피보험 단위기간 중 90일 이상을 가목의 요건에 해당하는 근로자로 근로하였을 것

피보험 단위기간은 피보험기간 중 보수 지급의 기초가 된 날을 합하여 계산한다. 다만, 자영업자인 피보험자의 피보험 단위기간은 제50조 제3항 단서 및 제4항에 따른 피보험기간으로 한다(제41조 제1항). 피보험 단위기간을 계산할 때에는 최후로 피보험자격을 취득한 날 이전에 구직급여를 받은 사실이 있는 경우에는 그 구직급여와 관련된 피보험자격 상실일 이전의 피보험 단위기간은 넣지 아니한다(제41조 제2항).

② 실업의 신고

구직급여를 지급받으려는 사람은 이직 후 지체 없이 직업안정기관에 출석하여 실업을 신고하여야 한다. 실업의 신고에는 구직 신청과 수급자격의 인정신청을 포함하여야 한다. 구직급여를 지급받기 위하여 실업을 신고하려는 사람은 이직하기 전 사업의 사업주에게 피보험 단위기간, 이직 전 1일 소정근로시간 등을 확인할 수 있는 자료(이직확인서)의 발급을 요청할 수 있다. 이 경우 요청을 받은 사업주는 고용노동부령으로 정하는 바에 따라 이직확인서를 발급하여 주어야 한다(제42조 제1항~제3항).

③ 수급자격의 인정

구직급여를 지급받으려는 사람은 직업안정기관의 장에게 구직급여의 수급요건을 갖추었다는 사실(수급자격)의 인정을 받아야 한다(제43조 제1항).

④ 실업의 인정

구직급여는 수급자격자가 실업한 상태에 있는 날 중에서 직업안정기관의 장으로부터 실업의 인정을 받은 날에 대하여 지급한다(제44조 제1항). 실업의 인정을 받으려는 수급자격자는 실업의 신고를 한 날로부터 계산하기 시작하여 1주부터 4주의 범위에서 직업안정기관의 장이 지정한 날(실업인정일)에 출석하여 재취업을 위한 노력을 하였음을 신고하여야 하고, 직업안정기관의 장은 직전 실업인정일의 다음 날부터 그 실업인정일까지의 각각의 날에 대하여 실업의 인정을 한다. 다만, 직업능력개발훈련 등을 받는 수급자격자, 천재지변, 대량 실업의 발생 등 대통령령으로 정하는 사유가 발생한 경우의 수급자격자, 그 밖의 대통령령으로 정하는 수급자격자에 대한 실업의 인정방법은 고용노동부령으로 정하는 기준에 따른다(제44조 제2항).

수급자격자가 질병이나 부상으로 직업안정기관에 출석할 수 없었던 경우로서 그 기간이 계속하여 7일 미만인 경우, 직업안정기관의 직업소개에 따른 구인자와의 면접 등으로 직업안정기관에 출석할 수 없었던 경우, 직업안정기관의 장이 지시한 직업능력개발훈련 등을 받기 위하여 직업안정기관에 출석할 수 없었던 경우, 천재지변이나 그 밖의 부득이한 사유로 직업안정기관에 출석할 수 없었던 경우 중 하나에 해당하면 직업안정기관에 출석할 수 없었던 사유를 기재한 증명서를 제출함으로써 실업의 인정을 받을 수 있다(제44조 제3항).

직업안정기관의 장은 실업을 인정할 때에는 수급자격자의 취업을 촉진하기 위하여 재취업 활동에 관한 계획의 수립 지원, 직업소개 등 대통령령으로 정하는 조치를 하여야 한다. 이 경우 수급자격자는 정당한 사유가 없으면 직업안정기관의 장의 조치에 따라야 한다(제44조 제4항).

⑤ 급여의 기초가 되는 임금일액

구직급여의 산정기초가 되는 임금일액(기초일액)은 수급자격 인정과 관련된 마지막 이직 당시 근로기준법에 따라 산정된 평균임금으로 한다. 다만, 마지막 이직일 이전 3개월 이내에 피보험자격을 취득한 사실이 2회 이상인 경우에는 마지막 이직일 이전 3개월간(일용근로자의 경우에는 마지막 이직일 이전 4개월 중 최종 1개월을 제외한 기간)에 그 근로자에게 지급된 임금총액을 그 산정의 기준이 되는 3개월의 총 일수로 나눈 금액을 기초일액으로 한다(제45조 제1항).

위와 같이 산정된 금액이 「근로기준법」에 따른 그 근로자의 통상임금보다 적을 경우에는 그 통상임금액을 기초일액으로 한다. 다만, 마지막 사업에서 이직 당시 일용근로자였던 사람의 경우에는 그러하지 아니하다(제45조 제2항).

제1항과 제2항에 따라 기초일액을 산정하는 것이 곤란한 경우와 보험료를 「고용산재보험료징수법」 제3조에 따른 기준보수(기준보수)를 기준으로 낸 경우에는 기준보수를 기초일액으로 한다. 다만, 보험료를 기준보수로 낸 경우에도 제1항과 제2항에 따라 산정한 기초일액이 기준보수보다 많은 경우에는 그러하지 아니하다(제45조 제3항).

제1항부터 제3항까지의 규정에도 불구하고 이들 규정에 따라 산정된 기초일액이 그 수급자격자의 이직 전 1일 소정근로시간에 이직일 당시 적용되던 최저임금법에 따른 시간 단위에 해당하는 최저임금액을 곱한 금액(최저기초일액)

보다 낮은 경우에는 최저기초일액을 기초일액으로 한다. 이 경우 이직 전 1일 소정근로시간은 고용노동부령으로 정하는 방법에 따라 산정한다(제45조 제4항). 제1항부터 제3항까지의 규정에도 불구하고 이들 규정에 따라 산정된 기초일액이 보험의 취지 및 일반 근로자의 임금수준 등을 고려하여 대통령령으로 정하는 금액을 초과하는 경우에는 대통령령으로 정하는 금액을 기초일액으로 한다(제45조 제4항).

⑥ 구직급여일액

구직급여일액은 다음의 구분에 따른 금액으로 한다(제46조 제1항).

- 제45조 제1항부터 제3항까지 및 제5항의 경우에는 그 수급자격자의 기초일액에 100분의 50을 곱한 금액
- 제45조 제4항의 경우에는 그 수급자격자의 기초일액에 100분의 80을 곱한 금액(최저구직급여일액)

제1항 제1호에 따라 산정된 구직급여일액이 최저구직급여일액보다 낮은 경우에는 최저구직급여일액을 구직급여일액으로 한다(제46조 제2항).

⑦ 실업인정대상기간 중의 근로의 신고

수급자격자는 실업의 인정을 받으려 하는 기간(실업인정대상기간) 중에 고용노동부령으로 정하는 기준에 해당하는 취업을 한 경우에는 그 사실을 직업안정기관의 장에게 신고하여야 한다(제47조 제1항).

⑧ 수급기간, 수급일수, 대기기간

구직급여는 이 법에 따로 규정이 있는 경우 외에는 그 구직급여의 수급자격과 관련된 이직일의 다음 날부터 계산하기 시작하여 12개월 내에 소정급여일수(제50조 제1항)를 한도로 하여 지급한다(제48조 제1항).

그러나 실업이 인정되더라도 실업의 신고일로부터 계산하기 시작하여 7일간은 대기기간으로 보아 구직급여를 지급하지 아니한다. 다만, 최종 이직 당시 건설일용근로자였던 사람에 대해서는 실업의 신고일부터 계산하여 구직급여를 지급한다(제49조).

⑨ 소정급여일수

하나의 수급자격에 따라 구직급여를 지급받을 수 있는 날(소정급여일수)은 대기기간이 끝난 다음 날부터 계산하기 시작하여 피보험기간과 연령에 따라 별표[12]에서 정한 일수가 되는 날까지로 한다(제50조 제1항). 수급자격자가 소정급여일수 내에 제48조 제2항에 따른 임신·출산·육아, 그 밖에 대통령령으로 정하는 사유로 수급기간을 연장한 경우에는 그 기간만큼 구직급여를 유예하여 지급한다(제50조 제2항).

⑩ 연장급여

가. 훈련연장급여

직업안정기관의 장은 수급자격자의 연령·경력 등을 고려할 때 재취업을 위하여 직업능력개발훈련 등이 필요하면 그 수급자격자에게 직업능력개발훈련 등을 받도록 지시할 수 있다(제51조 제1항). 이 경우 직업안정기관의 장은 수급자격자가 그 직업능력개발훈련 등을 받는 기간 중 실업의 인정을 받은 날에 대하여는 소정급여일수를 초과하여 구직급여를 연장하여 지급할 수 있다(제51조).

나. 개별연장급여

직업안정기관의 장은 취업이 특히 곤란하고 생활이 어려운 수급자격자로서 대통령령으로 정하는 사람에게는 그가 실업의 인정을 받은 날에 대하여 소정급여일수를 초과하여 구직급여를 연장하여 지급할 수 있다(제52조 제1항).

다. 특별연장급여

고용노동부장관은 실업의 급증 등 대통령령으로 정하는 사유가 발생한 경

12 [별표] 구직급여의 소정급여일수(제50조 제1항 관련)

| 구 분 | | 피보험기간 | | | | |
|---|---|---|---|---|---|---|
| | | 1년 미만 | 1년 이상 3년 미만 | 3년 이상 5년 미만 | 5년 이상 10년 미만 | 10년 이상 |
| 이직일 현재 연령 | 50세 미만 | 120일 | 150일 | 180일 | 210일 | 240일 |
| | 50세 이상 | 120일 | 180일 | 210일 | 240일 | 270일 |

비고 : 「장애인고용촉진 및 직업재활법」 제2조 제1호에 따른 장애인은 50세 이상인 것으로 보아 위 표를 적용한다.

우에는 60일의 범위에서 수급자격자가 실업의 인정을 받은 날에 대하여 소정급여일수를 초과하여 구직급여를 연장하여 지급할 수 있다(제53조 제1항 본문).

⑪ 급여의 제한

가. 이직사유에 따른 수급자격의 제한

피보험자가 다음 각 호의 어느 하나에 해당한다고 직업안정기관의 장이 인정하는 경우에는 수급자격이 없는 것으로 본다(제58조 제1항).

1. 중대한 귀책사유로 해고된 피보험자로서 다음 각 목의 어느 하나에 해당하는 경우
   가. 형법 또는 직무와 관련된 법률을 위반하여 금고 이상의 형을 선고받은 경우
   나. 사업에 막대한 지장을 초래하거나 재산상 손해를 끼친 경우로서 고용노동부령으로 정하는 기준에 해당하는 경우
   다. 정당한 사유 없이 근로계약 또는 취업규칙 등을 위반하여 장기간 무단 결근한 경우
2. 자기 사정으로 이직한 피보험자로서 다음 각 목의 어느 하나에 해당하는 경우
   가. 전직 또는 자영업을 하기 위하여 이직한 경우
   나. 제1호의 중대한 귀책사유가 있는 자가 해고되지 아니하고 사업주의 권고로 이직한 경우
   다. 그 밖에 고용노동부령으로 정하는 정당한 사유에 해당하지 아니하는 사유로 이직한 경우

나. 훈련거부 등에 따른 급여의 지급제한

수급자격자가 직업안정기관의 장이 소개하는 직업에 취직하는 것을 거부하거나 직업안정기관의 장이 지시한 직업능력개발훈련 등을 거부하면 대통령령으로 정하는 바에 따라 구직급여의 지급을 정지한다. 다만, ㉠ 소개된 직업 또는 직업능력개발훈련 등을 받도록 지시된 직종이 수급자격자의 능력에 맞지 아니하는 경우, ㉡ 취직하거나 직업능력개발훈련 등을 받기 위하여 주거

의 이전이 필요하나 그 이전이 곤란한 경우, ㉢ 소개된 직업의 임금수준이 같은 지역의 같은 종류의 업무 또는 같은 정도의 기능에 대한 통상의 임금수준에 비하여 100분의 20 이상 낮은 경우 등 고용노동부장관이 정하는 기준에 해당하는 경우, ㉣ 그 밖에 정당한 사유가 있는 경우에는 그러하지 아니하다(제60조 제1항). 수급자격자가 정당한 사유 없이 고용노동부장관이 정하는 기준에 따라 직업안정기관의 장이 실시하는 재취업 촉진을 위한 직업지도를 거부하면 대통령령으로 정하는 바에 따라 구직급여의 지급을 정지한다(제60조 제2항).

다. 부정행위에 따른 급여의 지급제한

거짓이나 그 밖의 부정한 방법으로 실업급여를 받았거나 받으려 한 자에게는 그 급여를 받은 날 또는 받으려 한 날부터의 구직급여를 지급하지 아니한다. 다만, 그 급여와 관련된 이직 이후에 새로 수급자격을 취득한 경우 그 새로운 수급자격에 따른 구직급여에 대하여는 그러하지 아니하다(제61조 제1항).

**⑫ 반환명령**

직업안정기관의 장은 거짓이나 그 밖의 부정한 방법으로 구직급여를 지급받은 사람에게 고용노동부령으로 정하는 바에 따라 지급받은 구직급여의 전부 또는 일부의 반환을 명할 수 있다(제62조 제1항). 직업안정기관의 장은 제1항에 따라 반환을 명하는 경우에 고용노동부령으로 정하는 바에 따라 거짓이나 그 밖의 부정한 방법으로 지급받은 구직급여액의 2배 이하의 금액을 추가로 징수할 수 있다. 다만, 사업주(사업주의 대리인·사용인, 그 밖에 사업주를 위하여 행위하는 자를 포함)와 공모(거짓이나 그 밖의 부정한 방법에 사업주의 거짓된 신고·보고 또는 증명 등 사업주의 귀책사유가 포함되어 있는 경우를 말한다)하여 거짓이나 그 밖의 부정한 방법으로 구직급여를 지급받은 경우에는 지급받은 구직급여액의 5배 이하의 금액을 추가로 징수할 수 있다(제62조 제2항). 거짓이나 그 밖의 부정한 방법으로 구직급여를 지급받은 사람이 사업주와 공모한 경우에는 그 사업주도 그 구직급여를 지급받은 사람과 연대하여 책임을 진다(제62조 제3항).

⑬ 질병 등의 특례(상병급여)

수급자격자가 실업의 신고를 한 이후에 질병・부상 또는 출산으로 취업이 불가능하여 실업의 인정을 받지 못한 날에 대하여는 그 수급자격자의 청구에 의하여 구직급여일액에 해당하는 금액(상병급여)을 구직급여를 갈음하여 지급할 수 있다. 다만, 구직급여의 지급이 정지된 기간에 대하여는 상병급여를 지급하지 아니한다(제63조 제1항).

### (2) 취업촉진 수당

① 조기재취업 수당

조기재취업 수당은 수급자격자(「외국인근로자의 고용 등에 관한 법률」 제2조에 따른 외국인 근로자는 제외)가 안정된 직업에 재취직하거나 스스로 영리를 목적으로 하는 사업을 영위하는 경우로서 대통령령으로 정하는 기준에 해당하면 지급한다(제64조 제1항). 조기재취업 수당의 금액은 구직급여의 소정급여일수 중 미지급일수의 비율에 따라 대통령령으로 정하는 기준에 따라 산정한 금액으로 한다(제64조 제3항).

② 직업능력개발 수당

직업능력개발 수당은 수급자격자가 직업안정기관의 장이 지시한 직업능력개발훈련 등을 받는 경우에 그 직업능력개발훈련 등을 받는 기간에 대하여 지급한다(제65조 제1항).

③ 광역구직활동비

광역구직활동비는 수급자격자가 직업안정기관의 소개에 따라 광범위한 지역에 걸쳐 구직활동을 하는 경우로서 대통령령으로 정하는 기준에 따라 직업안정기관의 장이 필요하다고 인정하면 지급할 수 있다(제66조 제1항).

④ 이주비

이주비는 수급자격자가 취업하거나 직업안정기관의 장이 지시한 직업능력개발훈련 등을 받기 위하여 그 주거를 이전하는 경우로서 대통령령으로 정하는 기준에 따라 직업안정기관의 장이 필요하다고 인정하면 지급할 수 있다(제67조 제1항).

#### (3) 자영업자인 피보험자에 대한 실업급여 적용의 특례

자영업자인 피보험자의 실업급여의 종류는 제37조(구직급여와 취업촉진 수당)에 따른다. 다만, 제51조부터 제55조까지의 규정에 따른 연장급여와 제64조에 따른 조기재취업 수당은 제외한다(제69조의2).

구직급여는 폐업한 자영업자인 피보험자가 다음 각 호의 요건을 모두 갖춘 경우에 지급한다(제69조의3).

1. 폐업일 이전 24개월간 제41조 제1항 단서에 따라 자영업자인 피보험자로서 갖춘 피보험 단위기간이 합산하여 1년 이상일 것
2. 근로의 의사와 능력이 있음에도 불구하고 취업을 하지 못한 상태에 있을 것
3. 폐업사유가 제69조의7에 따른 수급자격의 제한사유에 해당하지 아니할 것
4. 재취업을 위한 노력을 적극적으로 할 것

### 3) 육아휴직급여 등

#### (1) 육아휴직급여

고용노동부장관은 「남녀고용평등과 일·가정 양립 지원에 관한 법률」 제19조에 따른 육아휴직을 30일(근로기준법 제74조에 따른 출산전후휴가기간과 중복되는 기간은 제외한다) 이상 부여받은 피보험자 중 육아휴직을 시작한 날 이전에 피보험 단위기간이 합산하여 180일 이상인 피보험자에게 육아휴직급여를 지급한다(제70조 제1항).

#### (2) 육아기 근로시간 단축 급여

고용노동부장관은 「남녀고용평등과 일·가정 양립 지원에 관한 법률」 제19조의2에 따른 육아기 근로시간 단축을 30일(「근로기준법」 제74조에 따른 출산전후휴

가기간과 중복되는 기간은 제외한다) 이상 실시한 피보험자 중 육아기 근로시간 단축을 시작한 날 이전에 피보험 단위기간이 합산하여 180일 이상인 피보험자에게 육아기 근로시간 단축 급여를 지급한다(제73조의2 제1항).

### (3) 출산전후휴가급여

고용노동부장관은 「남녀고용평등과 일·가정 양립 지원에 관한 법률」 제18조에 따라 피보험자가 「근로기준법」 제74조에 따른 출산전후휴가 또는 유산·사산휴가를 받은 경우와 「남녀고용평등과 일·가정 양립 지원에 관한 법률」 제18조의2에 따른 배우자 출산휴가를 받은 경우로서 다음 각 호의 요건을 모두 갖춘 경우에 출산전후휴가급여 등을 지급한다(제75조).

1. 휴가가 끝난 날 이전에 피보험 단위기간이 합산하여 180일 이상일 것
2. 휴가를 시작한 날[출산전후휴가 또는 유산·사산휴가를 받은 피보험자가 속한 사업장이 우선지원 대상기업이 아닌 경우에는 휴가 시작 후 60일(한 번에 둘 이상의 자녀를 임신한 경우에는 75일)이 지난 날로 본다] 이후 1개월부터 휴가가 끝난 날 이후 12개월 이내에 신청할 것. 다만, 그 기간에 대통령령으로 정하는 사유로 출산전후휴가 급여 등을 신청할 수 없었던 사람은 그 사유가 끝난 후 30일 이내에 신청하여야 한다.

출산전후휴가급여 등은 휴가 기간에 대하여 「근로기준법」의 통상임금에 해당하는 금액을 지급한다(제76조 제1항).

## 5. 전달체계

고용보험은 고용노동부장관이 관장한다(제3조). 고용보험제도 및 운영에 관한 주요 사항의 결정이나 기획에 관한 업무는 고용노동부 본부에서 수행하고 있으며 집행업무는 지방 노동 관서 및 근로복지공단에서 수행하고 있다.

이 법 및 「고용산재보험료징수법」(보험에 관한 사항만 해당한다)의 시행에 관한 주요 사항을 심의하기 위하여 고용노동부에 고용보험위원회를 둔다(제7조 제1항). 위원회는 보험제도 및 보험사업의 개선에 관한 사항, 「고용산재보험료징

수법」에 따른 보험료율의 결정에 관한 사항, 제11조의2에 따른 보험사업의 평가에 관한 사항, 제81조에 따른 기금운용 계획의 수립 및 기금의 운용결과에 관한 사항, 그 밖에 위원장이 보험제도 및 보험사업과 관련하여 위원회의 심의가 필요하다고 인정하는 사항을 심의한다(제7조 제2항).

## 6. 재 정

### 1) 고용보험료

이 법에 따른 보험사업에 드는 비용을 충당하기 위하여 징수하는 보험료와 그 밖의 징수금에 대하여는 「고용산재보험료징수법」으로 정하는 바에 따른다(제6조 제1항). 「고용산재보험료징수법」에 따라 징수된 고용안정·직업능력개발사업의 보험료 및 실업급여의 보험료는 각각 그 사업에 드는 비용에 충당한다. 다만, 실업급여의 보험료는 국민연금보험료의 지원, 육아휴직급여의 지급, 육아기 근로시간 단축급여의 지급 및 출산전후휴가급여 등의 지급에 드는 비용에 충당할 수 있다(제6조 제2항). 자영업자인 피보험자로부터 보험료징수법에 따라 징수된 고용안정·직업능력개발 사업의 보험료 및 실업급여의 보험료는 각각 자영업자인 피보험자를 위한 그 사업에 드는 비용에 충당한다. 다만, 실업급여의 보험료는 자영업자인 피보험자를 위한 국민연금 보험료의 지원에 드는 비용에 충당할 수 있다(제6조 제3항).

### 2) 국고의 부담

국가는 매년 보험사업에 드는 비용의 일부를 일반회계에서 부담하여야 한다(제5조 제1항). 국가는 매년 예산의 범위에서 보험사업의 관리·운영에 드는 비용을 부담할 수 있다(제5조 제2항).

### 3) 고용보험기금

고용노동부장관은 보험사업에 필요한 재원에 충당하기 위해서 고용보험기금을 설치한다(제78조 제1항). 기금은 보험료와 이 법에 따른 징수금 · 적립금 · 기금운용수익금과 그 밖의 수입으로 조성한다(제78조 제2항). 기금은 고용노동부장관이 관리 · 운용하며(제79조 제1항), 기금의 관리 · 운용에 관한 세부사항은 「국가재정법」의 규정에 따른다(제79조 제2항).

## 7. 권리보호

### 1) 수급권의 보호

실업급여를 받을 권리는 양도 또는 압류하거나 담보로 제공할 수 없다(제38조 제1항). 제37조의2 제1항에 따라 지정된 실업급여수급계좌의 예금 중 대통령령으로 정하는 액수 이하의 금액에 관한 채권은 압류할 수 없다(제38조 제2항). 또한 실업급여로서 지급된 금품에 대하여는 국가나 지방자치단체의 공과금(국세기본법 제2조 제8호 또는 지방세기본법 제2조 제1항 제26호에 따른 공과금을 말한다)을 부과하지 아니한다(제38조의2).

### 2) 권리구제

#### (1) 심사 및 재심사

피보험자격의 취득 · 상실에 대한 확인, 실업급여 및 육아휴직급여와 출산전후휴가급여 등에 관한 처분에 이의가 있는 자는 고용보험심사관에게 심사를 청구할 수 있고, 그 결정에 이의가 있는 자는 고용보험심사위원회에 재심사를 청구할 수 있다(제87조 제1항). 심사의 청구는 확인 또는 처분이 있음을 안 날부터 90일 이내에, 재심사의 청구는 심사청구에 대한 결정이 있음을 안 날부터 90일 이내에 각각 제기하여야 한다(제87조 제2항).

#### (2) 고용보험심사관 및 고용보험심사위원회

제87조에 따른 심사를 행하게 하기 위하여 고용보험심사관을 둔다(제89조 제1항). 심사관이 심사청구를 받으면 30일 이내에 그 심사청구에 대한 결정을 하여

야 한다. 다만, 부득이한 사정으로 그 기간에 결정할 수 없을 때에는 1차에 한하여 10일을 넘지 아니하는 범위에서 그 기간을 연장할 수 있다(제89조 제2항).

제87조에 따른 재심사를 하게 하기 위하여 고용노동부에 고용보험심사위원회를 둔다(제99조 제1항). 심사위원회는 근로자를 대표하는 자 및 사용자를 대표하는 자 각 1명 이상을 포함한 15명 이내의 위원으로 구성하며(제99조 제2항), 위원 중 2명은 상임위원으로 한다(제99조 제3항).

## 제6절 노인장기요양보험법

### 1. 도입배경 및 의의

우리나라는 2000년도에 고령화사회(aging society)로 진입하였고, 이후 세계에서 유례가 없을 정도로 빠른 속도로 초고령사회(super aged society)를 향해서 치닫고 있다. 이와 같은 고령화 속도는 생활수준 향상과 의료기술 발전에 따른 평균수명 증가와 함께 저출산 등으로 인하여 현재 예상하는 것보다 더욱 빨라질 가능성도 배제할 수 없다. 이러한 급격한 고령화에 따라 치매・중풍 등 일상생활이 어려운 노인들의 수도 날로 증가하고 있다. 그럼에도 불구하고 핵가족화와 여성의 사회참여 증가, 가족의 부양가치관의 변화 등으로 장기요양이 필요한 노인을 집에서 돌보는 것이 어려운 실정이다. 또한 그 가정의 비용부담이 과중하여 노인장기요양문제는 우리 사회가 시급히 해결해야 할 심각한 사회문제로 대두되고 있다.

따라서 노인의 간병・장기요양문제를 사회적 연대원리에 따라 정부와 사회가 공동으로 해결하는 사회보험 방식으로 노인장기요양보험제도를 도입하게 되었다. 이 제도를 통하여 노인의 노후생활 안정을 도모하고 그 가족의 부양부담을 덜어줌으로써 국민의 삶의 질을 향상하려는 것이다.

노인장기요양보험법은 제1조에서 이 법은 "고령이나 노인성 질병 등의 사유로 일상생활을 혼자서 수행하기 어려운 노인 등에게 제공하는 신체활동 또는 가사활동 지원 등의 장기요양급여에 관한 사항을 규정하여 노후의 건강증진 및 생활안정을 도모하고 그 가족의 부담을 덜어줌으로써 국민의 삶의 질을 향상하도록 함을 목적으로 한다"라고 규정하고 있다.

## 2. 입법과정

공적노인요양보장제도에 관한 정부 차원의 논의가 시작된 것은 1999년 말부터라고 할 수 있다. 1999년 10월 대한노인회장, 일부 대학교수를 포함한 노인복지전문가들이 대통령에게 '노인보건복지 중장기 발전계획 추진상황보고'에서 2000년도 고령화사회의 진입에 따라 노인장기요양보호의 필요성을 제시하면서 '노인장기요양보호정책연구단'을 구성할 것을 제안한 것이다. 보건복지부장관은 이를 수용하고 1999년 12월에 차관을 단장으로 하는 정책연구단을 발족하였고, 2000년 1월에는 그 명칭을 '노인장기요양보호정책기획단'으로 변경하고, 이 문제를 본격적으로 검토하여 2000년 12월에 '노인장기요양보호종합대책방안'을 발표하였다.

이러한 연구활동과 함께 정부에서는 2000년 7월 건강보험통합 및 의약분업 시행 이후 건강보험재정 파탄이라는 위기적 상황하에서 '국민건강보험재정안정 및 의약분업정착 종합대책'을 2001년 5월 31일에 수립하고 그 일환으로 '노인요양보험제도' 도입이 제시되었고, 점차 공론화되기 시작하였다. 그리고 2001년 8월 15일 대통령 경축사에서 '노인장기요양보장제도의 도입'이 공개적으로 제시되었다. 2002년 대통령선거 때에는 공적노인요양보장제도 도입이 공약사항으로 제시되었으며, 2003년 초 참여정부에서는 2007년부터 '노인요양보장제도'를 실시하는 방침을 정하고, 2003년 3월 17일에 '공적노인요양보장추진기획단'을 자문기구로 설치하였다. 2004년 3월에는 공적노인요양보장제도의 구체적인 실행모형과 시범사업모형 등을 만들기 위한 '공적노인요양보장제도 실행위원회'를 구성하였다.

2005년 7월부터 2006년 3월까지 9개월간 대도시 · 중소도시 · 농어촌지역 전국 6개 기초자치단체를 선정하여 65세 이상 국민기초생활수급권자를 대상으로 제1차 시범사업[13]을 실시하였고, 2005년 9월 15일에는 노인장기요양보장법 제정을 위한 공청회를 개최하여 입법절차를 진행하였으며 2005년 10월 19일에는 '노인수발보장법안'이 입법예고 되었다. 이후 2006년 2월 7일 국무회의에서 같은 내용을 담은 '노인수발보험법안'을 의결하여 정부안으로 확정, 국회에 제출되었다. 정부안이 국회에 제출된 후 5개의 의원입법[14]이 국회에 제출되었고, 2006년 9월 18일 정부안을 포함하여 6개 법안이 국회 보건복지위원회에 일괄 상정되었으며, 사회복지계로부터 청원입법(노인수발보험법안)이 10월 31일에 제출되었다.

국회 보건복지위원회는 상정된 7개 법률안을 통합하여 하나의 대안으로 채택하여 통과시켰고, 2007년 4월 2일 국회 본회의(제266회)에서 노인장기요양보험법[15]으로 의결(법률 제8403호)되어 2008년 7월 1일부터 노인장기요양보험제도가 시행되게 되었다(이광재, 2007).

그 후 몇 차례의 개정을 통하여 제도를 보완해 왔는데, 2009년 5월 21일 개정에서는 도서 · 벽지 · 농어촌 등 일정 지역에 거주하는 자에 대하여 장기요양급여 본인일부부담금의 100분의 50을 감경할 수 있는 법적 근거를 마련하였고, 2010년 3월 17일 개정에서는 장기요양기관의 장에게 장기요양급여 제공자료 기록 · 관리의무를 부여하고, 폐업 또는 휴업할 경우 장기요양급여 제공자료를 공단으로 이관하도록 하였고, 국민건강보험공단이 직접 장기요양

---

13 1차 시범사업지역은 광주 남구, 경기 수원시, 경북 안동시, 강원 강릉시, 충남 부여군, 제주 북제주군이었으며, 2006년 4월부터 2007년 3월까지 시범지역 2곳을 추가하여 8개 지역에 일반 노인을 대상으로 2차 시범사업을 실시하였으며, 그 후 2008년 6월 말끼지 13개 지역에서 3차 시법사업을 실시하였다.

14 5개 의원입법 : 정형근 의원(장기요양보험법), 안명옥 의원(국민요양보장법), 김춘진 의원(국민장기요양보험법), 현애자 의원(장기요양보장법), 장향숙 의원(장기요양보장법안)이다.

15 공적노인요양보장제도 실행위원회는 실행모형으로 '노인요양보험법안'을 제시하였고, 정부는 당 · 정 협의를 거쳐 '노인수발보험법안'을 제정하기로 결정하였으나, 2005년 9월 공청회 결과를 토대로 '노인수발보장법'으로 확정하여 입법예고하였다. 2006년 2월 국회에 제출한 정부안에는 '노인수발보험법안'으로 변경되었고, 법안소위 및 상임위에서의 심의를 거쳐 여 · 야당 · 정부 합의로 단일 법안을 대안으로 채택하여 법사위에 '노인장기요양보험법안'으로 제출, 국회에서 의결되었다.

기관을 설치 · 운영할 수 있는 근거를 마련하였다. 2013년 8월 13일 개정에서는 장기요양기관의 운영 질서를 확립하고 장기요양기관에 대한 관리를 강화하기 위하여 장기요양기관 등이 본인일부부담금을 면제 · 할인하는 행위 등을 금지하고, 장기요양기관이 거짓으로 급여비용을 청구한 경우에 위반사실 등을 공표할 수 있도록 하며, 행정제재처분의 효과가 양수인, 합병 후의 법인 또는 폐업 후 같은 장소에서 장기요양기관을 운영하는 직계혈족 등에게 승계되도록 하였다.

2015년 12월 29일 개정에서는 기타 재가급여의 범위에 치매노인의 인지기능의 유지 · 향상을 위한 복지용구를 추가하고, 장기요양기관 휴 · 폐업 등의 경우에 수급자 권익보호조치를 하도록 의무화하며, 공단의 장기요양기관 설치 시 노인인구 및 지역 특성 등을 감안한 지역 간 불균형 해소를 고려하도록 하고, 장기요양기관 설치자의 결격사유를 신설하는 등 장기요양기관의 개설 · 운영에 대한 요건을 강화하였다.

## 3. 국가의 책무 · 정책방향 및 기본계획

### 1) 국가 및 지방자치단체의 책무

국가 및 지방자치단체는 노인이 일상생활을 혼자서 수행할 수 있는 온전한 심신상태를 유지하는 데 필요한 사업(노인성질환예방사업)을 실시하여야 한다(제4조 제1항). 국가는 노인성질환예방사업을 수행하는 지방자치단체 또는 국민건강보험법에 따른 국민건강보험공단(공단)에 대하여 이에 소요되는 비용을 지원할 수 있다(제4조 제2항).

국가 및 지방자치단체는 노인인구 및 지역 특성 등을 고려하여 장기요양급여가 원활하게 제공될 수 있도록 적정한 수의 장기요양기관을 확충하고 장기요양기관의 설립을 지원하여야 한다(제4조 제3항). 국가 및 지방자치단체는 장기요양요원의 처우를 개선하고 복지를 증진하며 지위를 향상시키기 위하여 적극적으로 노력하여야 하며(제4조 제5항), 지역의 특성에 맞는 장기요양사업의 표준을 개발・보급할 수 있다(제4조 제6항).

### 2) 장기요양급여에 관한 국가정책 방향 및 기본계획 수립

국가는 장기요양기본계획을 수립・시행함에 있어서 노인뿐만 아니라 장애인 등 일상생활을 혼자서 수행하기 어려운 모든 국민이 장기요양급여, 신체활동지원서비스 등을 제공받을 수 있도록 노력하고 나아가 이들의 생활안정과 자립을 지원할 수 있는 시책을 강구하여야 한다(제5조).

보건복지부장관은 노인 등에 대한 장기요양급여를 원활하게 제공하기 위하여 5년 단위로 연도별 장기요양급여 대상인원 및 재원조달 계획, 연도별 장기요양기관 및 장기요양전문인력 관리 방안, 장기요양요원의 처우에 관한 사항, 그 밖에 노인 등의 장기요양에 관한 사항으로서 대통령령으로 정하는 사항이 포함된 장기요양기본계획을 수립・시행하여야 한다(제6조 제1항). 지방자치단체의 장은 장기요양기본계획에 따라 세부 시행계획을 수립・시행하여야 한다(제6조 제2항).

## 4. 적용대상

### 1) 보험가입자

장기요양보험의 가입자는 국민건강보험법 제5조 및 제109조에 따른 가입자로 한다(제7조 제3항). 「외국인근로자의 고용 등에 관한 법률」에 따른 외국인근로자 등 대통령령으로 정하는 외국인이 신청하는 경우 보건복지부령으로 정하는 바에 따라 장기요양보험가입자에서 제외할 수 있다(제7조 제4항).

### 2) 수급자

장기요양보험가입자라고 해서 모두가 장기요양급여를 받을 수 있는 것은 아니다. 장기요양보험의 수급자가 되기 위해서는 먼저 장기요양인정 신청자격이 있어야 한다. 장기요양인정을 신청할 수 있는 자는 노인 등으로서 장기요양보험가입자 또는 그 피부양자이거나 의료급여법에 따른 수급권자의 자격을 갖추어야 한다(제12조). 여기서 “노인 등”이란 65세 이상의 노인 또는 65세 미만의 자로서 치매·뇌혈관성질환 등 대통령령으로 정하는 노인성 질병을 가진 자를 말한다(제2조 제1호).

수급자가 되기 위해서는 장기요양인정 신청 자격 요건을 충족할 뿐 아니라 더 나아가 6개월 이상의 기간 동안 혼자서 일상생활을 수행하기 어렵다고 인정되어 장기요양 등급판정위원회에서 심신상태 및 장기요양이 필요한 정도 등 대통령령으로 정하는 등급판정기준에 따라 수급자로 판정받아야 한다.

## 5. 급 여

### 1) 급여 제공의 기본 원칙

첫째, 장기요양급여는 노인 등이 자신의 의사와 능력에 따라 최대한 자립적으로 일상생활을 수행할 수 있도록 제공하여야 한다. 둘째, 장기요양급여는 노인 등의 심신상태·생활환경과 노인 등 및 그 가족의 욕구·선택을 종합적으로 고려하여 필요한 범위 안에서 이를 적정하게 제공하여야 한다. 셋째, 장기요양급여는 노인 등이 가족과 함께 생활하면서 가정에서 장기요양을 받는 재가급여를 우선적으로 제공하여야 한다. 넷째, 장기요양급여는 노인 등의 심신상태나 건강 등이 악화되지 아니하도록 의료서비스와 연계하여 이를 제공하여야 한다(제3조 제1항~제4항).

### 2) 장기요양급여의 종류

이 법에 따른 장기요양급여의 종류에는 재가급여, 시설급여 및 특별현금급여가 있다(제23조 제1항).

#### (1) 재가급여

- 방문요양 : 장기요양요원이 수급자의 가정 등을 방문하여 신체활동 및 가사활동 등을 지원하는 장기요양급여

- 방문목욕 : 장기요양요원이 목욕설비를 갖춘 장비를 이용하여 수급자의 가정 등을 방문하여 목욕을 제공하는 장기요양급여
- 방문간호 : 장기요양요원인 간호사 등이 의사, 한의사 또는 치과의사의 지시서(방문간호지시서)에 따라 수급자의 가정 등을 방문하여 간호, 진료의 보조, 요양에 관한 상담 또는 구강위생 등을 제공하는 장기요양급여
- 주 · 야간보호 : 수급자를 하루 중 일정한 시간 동안 장기요양기관에 보호하여 신체활동 지원 및 심신기능의 유지 · 향상을 위한 교육 · 훈련 등을 제공하는 장기요양급여
- 단기보호 : 수급자를 보건복지부령으로 정하는 범위 안에서 일정 기간 동안 장기요양기관에 보호하여 신체활동 지원 및 심신기능의 유지 · 향상을 위한 교육 · 훈련 등을 제공하는 장기요양급여
- 기타 재가급여 : 수급자의 일상생활 · 신체활동 지원 및 인지기능의 유지 · 향상에 필요한 용구를 제공하거나 가정을 방문하여 재활에 관한 지원 등을 제공하는 장기요양급여로서 대통령령으로 정하는 것

### (2) 시설급여

장기요양기관에 장기간 입소한 수급자에게 신체활동 지원 및 심신기능의 유지 · 향상을 위한 교육 · 훈련 등을 제공하는 장기요양급여

### (3) 특별현금급여

특별현금급여에는 가족요양비, 특례요양비 및 요양병원간병비가 있다.

① 가족요양비

공단은 다음 각 호의 어느 하나에 해당하는 수급자가 가족 등으로부터 방문요양에 상당한 장기요양급여를 받은 때 대통령령으로 정하는 기준에 따라 당해 수급자에게 가족요양비를 지급할 수 있다(제24조 제1항).

1. 도서 · 벽지 등 장기요양기관이 현저히 부족한 지역으로서 보건복지부장관이 정하여 고시하는 지역에 거주하는 자

2. 천재지변이나 그 밖에 이와 유사한 사유로 인하여 장기요양기관이 제공하는 장기요양급여를 이용하기가 어렵다고 보건복지부장관이 인정하는 자
3. 신체·정신 또는 성격 등 대통령령으로 정하는 사유로 인하여 가족 등으로부터 장기요양을 받아야 하는 자

② 특례요양비

공단은 수급자가 장기요양기관이 아닌 노인요양시설 등의 기관 또는 시설에서 재가급여 또는 시설급여에 상당한 장기요양급여를 받은 경우 대통령령으로 정하는 기준에 따라 당해 장기요양급여비용의 일부를 해당 수급자에게 특례요양비로 지급할 수 있다(제25조 제1항).

③ 요양병원간병비

공단은 수급자가 의료법에 따른 요양병원에 입원한 때 대통령령으로 정하는 기준에 따라 장기요양에 사용되는 비용의 일부를 요양병원간병비로 지급할 수 있다(제26조 제1항).

### 3) 장기요양인정

#### (1) 장기요양인정의 신청 및 조사

장기요양인정을 신청할 수 있는 자는 노인 등으로서 다음 각 호의 어느 하나에 해당하는 자격을 갖추어야 한다(제12조).

1. 장기요양보험가입자 또는 그 피부양자
2. 의료급여법 제3조 제1항에 따른 수급권자(의료급여수급권자)

장기요양인정을 신청하는 자는 공단에 보건복지부령으로 정하는 바에 따라 장기요양인정신청서에 의사 또는 한의사가 발급하는 의사소견서를 첨부하여 제출하여야 한다. 다만, 의사소견서는 공단이 등급판정위원회에 자료를 제출하기 전까지 제출할 수 있다(제13조 제1항). 그러나 거동이 현저하게 불편하거나 도서·벽지 지역에 거주하여 의료기관을 방문하기 어려운 자 등 대통령령으로 정하는 자는 의사소견서를 제출하지 아니할 수 있다(제13조 제2항).

공단은 신청서를 접수한 때 보건복지부령으로 정하는 바에 따라 소속 직원으로 하여금 신청인의 심신상태, 신청인에게 필요한 장기요양급여의 종류 및 내용, 그 밖에 장기요양에 관하여 필요한 사항으로서 보건복지부령으로 정하는 사항을 조사하게 하여야 한다. 다만, 지리적 사정 등으로 직접 조사하기 어려운 경우 또는 조사에 필요하다고 인정하는 경우 특별자치시·특별자치도·시·군·구에 대하여 조사를 의뢰하거나 공동으로 조사할 것을 요청할 수 있다(제14조 제1항).

### (2) 등급판정

공단은 조사가 완료된 때 조사결과서, 신청서, 의사소견서, 그 밖에 심의에 필요한 자료를 장기요양등급판정위원회(등급판정위원회)에 제출하여야 한다(제15조 제1항). 등급판정위원회는 신청인이 신청자격요건을 충족하고 6개월 이상 동안 혼자서 일상생활을 수행하기 어렵다고 인정하는 경우 심신상태 및 장기요양이 필요한 정도 등 대통령령으로 정하는 등급판정기준[16]에 따라 수급자로 판정한다(제15조 제2항). 등급판정위원회는 신청인이 신청서를 제출한 날부터 30일 이내에 장기요양등급판정을 완료하여야 한다. 다만, 신청인에 대한 정밀조사가 필요한 경우 등 기간 이내에 등급판정을 완료할 수 없는 부득이한 사유가 있는 경우 30일 이내의 범위에서 이를 연장할 수 있다(제16조 제1항).

16 법 제15조 제2항에 따른 등급판정 기준은 다음 각 호와 같다(시행령 제7조 제1항).

1. 장기요양 1등급 : 심신의 기능상태 장애로 일상생활에서 전적으로 다른 사람의 도움이 필요한 자로서 장기요양인정 점수가 95점 이상인 자
2. 장기요양 2등급 : 심신의 기능상태 장애로 일상생활에서 상당 부분 다른 사람의 도움이 필요한 자로서 장기요양인정 점수가 75점 이상 95점 미만인 자
3. 장기요양 3등급 : 심신의 기능상태 장애로 일상생활에서 부분적으로 다른 사람의 도움이 필요한 자로서 장기요양인정 점수가 60점 이상 75점 미만인 자
4. 장기요양 4등급 : 심신의 기능상태 장애로 일상생활에서 일정 부분 다른 사람의 도움이 필요한 자로서 장기요양인정 점수가 51점 이상 60점 미만인 자
5. 장기요양 5등급 : 치매(제2조에 따른 노인성 질병에 해당하는 치매로 한정한다)환자로서 장기요양인정 점수가 45점 이상 51점 미만인 자
6. 장기요양 인지지원등급 : 치매(노인성 질병에 해당하는 치매로 한정)환자로서 장기요양인정 점수가 45점 미만인 자

### (3) 장기요양인정서 · 표준장기요양이용계획서

① 장기요양인정서 및 표준장기요양이용계획서 송부

공단은 등급판정위원회가 장기요양인정 및 등급판정의 심의를 완료한 경우 지체 없이 ① 장기요양등급, ② 장기요양급여의 종류 및 내용, ③ 그 밖에 장기요양급여에 관한 사항으로서 보건복지부령으로 정하는 사항이 포함된 장기요양인정서를 작성하여 수급자에게 송부하여야 한다(제17조 제1항). 이때 공단은 장기요양급여를 원활히 이용할 수 있도록 월 한도액 범위 안에서 표준장기요양이용계획서를 작성하여 이를 함께 송부하여야 한다(제17조 제3항).

② 탈락자에 대한 사유서 송부

공단은 등급판정위원회가 장기요양인정 및 등급판정의 심의를 완료한 경우 수급자로 판정받지 못한 신청인에게 그 내용 및 사유를 통보하여야 한다. 이 경우 특별자치시장 · 특별자치도지사 · 시장 · 군수 · 구청장은 공단에 대하여 이를 통보하도록 요청할 수 있고, 요청을 받은 공단은 이에 응하여야 한다(제17조 제2항).

③ 장기요양인정서를 작성할 경우 고려사항

공단은 장기요양인정서를 작성할 경우 장기요양급여의 종류 및 내용을 정하는 때 수급자의 장기요양등급 및 생활환경, 수급자와 그 가족의 욕구 및 선택, 시설급여를 제공하는 경우 장기요양기관이 운영하는 시설현황을 고려하여 정하여야 한다(제18조).

### (4) 장기요양인정의 유효기간 및 갱신

장기요양인정의 유효기간은 최소 1년 이상으로서 대통령령으로 정한다(제19조 제1항). 수급자는 장기요양인정의 유효기간이 만료된 후 장기요양급여를 계속하여 받고자 하는 경우 공단에 장기요양인정의 갱신을 신청하여야 한다(제20조 제1항). 장기요양인정의 갱신신청은 유효기간이 만료되기 전 30일까지 이를 완료하여야 한다(제20조 제2항).

### (5) 장기요양등급 등의 변경

장기요양급여를 받고 있는 수급자는 장기요양등급, 장기요양급여의 종류 또는 내용을 변경하여 장기요양급여를 받고자 하는 경우 공단에 변경신청을 하여야 한다(제21조 제1항).

## 4) 장기요양급여의 제공

### (1) 장기요양급여의 제공시기

수급자는 장기요양인정서와 표준장기요양이용계획서가 도달한 날부터 장기요양급여를 받을 수 있다(제27조 제1항). 그러나 돌볼 가족이 없는 경우 등 대통령령으로 정하는 사유가 있는 경우는 신청서를 제출한 날부터 장기요양인정서가 도달되는 날까지의 기간 중에도 장기요양급여를 받을 수 있다(제27조 제2항).

### (2) 장기요양급여의 월 한도액

장기요양급여는 월 한도액 범위 안에서 제공한다. 이 경우 월 한도액은 장기요양등급 및 장기요양급여의 종류 등을 고려하여 산정한다(제28조 제1항).

### (3) 급여 외 행위의 제공 금지

수급자 또는 장기요양기관은 장기요양급여를 제공받거나 제공할 경우 수급자의 가족만을 위한 행위, 수급자 또는 그 가족의 생업을 지원하는 행위, 그 밖에 수급자의 일상생활에 지장이 없는 행위를 요구하거나 제공하여서는 아니 된다(제28조의2 제1항).

### (4) 장기요양급여의 제한

공단은 장기요양급여를 받고 있는 자가 정당한 사유 없이 제15조 제4항에 따른 조사나 제60조 또는 제61조에 따른 요구에 응하지 아니하거나 답변을 거절한 경우 장기요양급여의 전부 또는 일부를 제공하지 아니하게 할 수 있다(제29조 제1항). 공단은 장기요양급여를 받고 있거나 받을 수 있는 자가 장기요양기관이 거짓이나 그 밖의 부정한 방법으로 장기요양급여비용을 받는 데에 가담한 경우 장기요양급여를 중단하거나 1년의 범위에서 장기요양급여의 횟수 또는 제공 기간을 제한할 수 있다(제29조 제2항).

### (5) 구상권

공단은 제3자의 행위로 인한 장기요양급여의 제공사유가 발생하여 수급자에게 장기요양급여를 행한 때 그 급여에 사용된 비용의 한도 안에서 그 제3자에 대한 손해배상의 권리를 얻는다. 공단은 장기요양급여를 받은 자가 제3자로부터 이미 손해배상을 받은 때 그 손해배상액의 한도 안에서 장기요양급여를 행하지 아니한다(제44조 제1항~제2항).

## 6. 전달체계

### 1) 국민건강보험공단

장기요양보험사업의 관리운영기관은 국민건강보험공단으로 한다(제48조 제1항). 공단은 다음의 업무를 관장한다(제48조 제2항). 즉, ① 장기요양보험가입자 및 그 피부양자와 의료급여수급권자의 자격관리, ② 장기요양보험료의 부과·징수, ③ 신청인에 대한 조사, ④ 등급판정위원회의 운영 및 장기요양등급 판정, ⑤ 장기요양인정서의 작성 및 표준장기요양이용계획서의 제공, ⑥ 장기요양급여의 관리 및 평가, ⑦ 수급자 및 그 가족에 대한 정보제공·안내·상담 등 장기요양급여 관련 이용지원에 관한 사항, ⑧ 재가 및 시설 급여비용의 심사 및 지급과 특별현금급여의 지급, ⑨ 장기요양급여 제공내용 확인, ⑩ 장기요양사업에 관한 조사·연구 및 홍보, ⑪ 노인성질환예방사업, ⑫ 이 법에 따른 부당이득금의 부과·징수 등, ⑬ 장기요양급여의 제공기준을 개발하고 장기요양급여비용의 적정성을 검토하기 위한 장기요양기관의 설치 및 운영, ⑭ 그 밖에 장기요양사업과 관련하여 보건복지부장관이 위탁한 업무이다.

공단은 제2항 제13호의 장기요양기관을 설치할 때 노인인구 및 지역 특성 등을 고려한 지역 간 불균형 해소를 고려하여야 하고, 설치 목적에 필요한 최소한의 범위에서 이를 설치・운영하여야 한다(제48조 제3항).

### 2) 등급판정위원회

장기요양인정 및 장기요양등급 판정 등을 심의하기 위하여 공단에 장기요양등급판정위원회를 둔다(제52조 제1항). 등급판정위원회는 특별자치시・특별자치도・시・군・구 단위로 설치한다. 다만, 인구수 등을 고려하여 하나의 특별자치시・특별자치도・시・군・구에 2 이상의 등급판정위원회를 설치하거나 2 이상의 특별자치시・특별자치도・시・군・구를 통합하여 하나의 등급판정위원회를 설치할 수 있다(제52조 제2항).

등급판정위원회는 위원장 1인을 포함하여 15인의 위원으로 구성한다(제52조 제3항). 등급판정위원회 위원은 의료인, 사회복지사, 특별자치시・특별자치도・시・군・구 소속 공무원, 그 밖에 법학 또는 장기요양에 관한 학식과 경험이 풍부한 자 중에서 공단 이사장이 위촉한다. 임기는 3년으로 하되, 한 차례만 연임할 수 있다. 다만, 공무원인 위원의 임기는 재임기간으로 한다(제52조 제5항). 이 경우 시장・군수・구청장이 추천한 위원은 7인, 의사 또는 한의사가 1인 이상 각각 포함되어야 한다(제52조 제4항).

### 3) 장기요양위원회

① 장기요양보험료율, ② 가족요양비, 특례요양비 및 요양병원간병비의 지급기준, ③ 재가 및 시설 급여비용, ④ 그 밖에 대통령령으로 정하는 주요 사항을 심의하기 위하여 보건복지부장관 소속으로 장기요양위원회를 둔다(제45조).

### 4) 장기요양기관

#### (1) 장기요양기관의 지정[17]

재가급여 또는 시설급여를 제공하는 장기요양기관을 운영하려는 자는 보건복지부령으로 정하는 장기요양에 필요한 시설 및 인력을 갖추어 소재지를 관할 구역으로 하는 특별자치시장·특별자치도지사·시장·군수·구청장으로부터 지정을 받아야 한다(제31조 제1항). 제1항에 따라 장기요양기관으로 지정을 받을 수 있는 시설은 「노인복지법」 제31조에 따른 노인복지시설 중 대통령령으로 정하는 시설로 한다(제31조 제2항). 장기요양기관을 지정한 때는 지체없이 지정 명세를 공단에 통보하여야 한다(제31조 제4항).

재가급여를 제공하는 장기요양기관 중 의료기관이 아닌 자가 설치·운영하는 장기요양기관이 방문간호를 제공하는 경우에는 방문간호의 관리책임자로서 간호사를 둔다(제31조 제5항).

#### (2) 장기요양기관 지정의 유효기간 및 갱신

장기요양기관 지정의 유효기간은 지정을 받은 날부터 6년으로 한다(제32조의3).

장기요양기관의 장은 장기요양지정의 유효기간이 끝난 후에도 계속하여 그 지정을 유지하려는 경우에는 소재지를 관할구역으로 하는 특별자치시장·특별자치도지사·시장·군수·구청장에게 지정 유효기간이 끝나기 90일 전까지 지정 갱신을 신청하여야 한다(제32조의4 제1항).

#### (3) 장기요양기관 정보의 안내

장기요양기관은 수급자가 장기요양급여를 쉽게 선택하도록 하고 장기요양기관이 제공하는 급여의 질을 보장하기 위하여 장기요양기관별 급여의 내용, 시설·인력 등 현황자료 등을 공단이 운영하는 인터넷 홈페이지에 게시하여야 한다(제34조 제1항).

---

17 제31조 시행일 : 2020. 10. 1.

### (4) 장기요양기관의 의무 등

장기요양기관은 수급자로부터 장기요양급여신청을 받은 때 장기요양급여의 제공을 거부하여서는 아니 된다. 다만, 입소정원에 여유가 없는 경우 등 정당한 사유가 있는 경우는 그러하지 아니하다(제35조 제1항).

장기요양기관은 장기요양급여의 제공 기준·절차 및 방법 등에 따라 장기요양급여를 제공하여야 한다(제35조 제2항). 장기요양기관의 장은 장기요양급여를 제공한 수급자에게 장기요양급여비용에 대한 명세서를 교부하여야 한다(제35조 제3항). 장기요양기관의 장은 장기요양급여 제공에 관한 자료를 기록·관리하여야 하며, 장기요양기관의 장 및 그 종사자는 장기요양급여 제공에 관한 자료를 거짓으로 작성하여서는 아니 된다(제35조 제4항).

장기요양기관은 제40조 제1항 단서에 따라 면제받거나 같은 조 제3항에 따라 감경받는 금액 외에 영리를 목적으로 수급자가 부담하는 재가 및 시설 급여비용(본인일부부담금)을 면제하거나 감경하는 행위를 하여서는 아니 된다(제35조 제5항). 누구든지 영리를 목적으로 금전, 물품, 노무, 향응, 그 밖의 이익을 제공하거나 제공할 것을 약속하는 방법으로 수급자를 장기요양기관에 소개, 알선 또는 유인하는 행위 및 이를 조장하는 행위를 하여서는 아니 된다(제35조 제6항).

### (5) 인권교육

장기요양기관 중 대통령령으로 정하는 기관을 운영하는 자와 그 종사자는 인권에 관한 교육을 받아야 하며(제35조의3 제1항), 장기요양기관 중 대통령령으로 정하는 기관을 운영하는 자는 해당 기관을 이용하고 있는 장기요양급여 수급자에게 인권교육을 실시할 수 있다(제35조의3 제2항).

### (6) 장기요양요원의 보호

장기요양기관의 장은 장기요양요원이 수급자 및 그 가족이 장기요양요원에게 폭언·폭행·상해 또는 성희롱·성폭력 행위를 하는 경우 또는 수급자 및 그 가족이 장기요양요원에게 급여외 행위의 제공을 요구하는 경우로 인한 고충의 해소를 요청하는 경우 업무의 전환 등 대통령령으로 정하는 바에 따라 적절한 조치를 하여야 한다(제35조의4 제1항). 장기요양기관의 장은 장기요양요원에게 장기요양요원에게 급여외 행위의 제공을 요구하는 행위 또는 수급자가 부담하여야 할 본인부담금의 전부 또는 일부를 부담하도록 요구하는 행위를 하여서는 아니 된다(제35조의4 제2항).

### (7) 보험 가입

장기요양기관은 종사자가 장기요양급여를 제공하는 과정에서 발생할 수 있는 수급자의 상해 등 법률상 손해를 배상하는 보험(전문인 배상책임보험)에 가입할 수 있다(제35조의5 제1항). 공단은 장기요양기관이 전문인 배상책임보험에 가입하지 않은 경우 그 기간 동안 제38조에 따라 해당 장기요양기관에 지급하는 장기요양급여비용의 일부를 감액할 수 있다(제35조의5 제2항).

### (8) 장기요양급여의 관리 · 평가

공단은 장기요양기관이 제공하는 장기요양급여 내용을 지속적으로 관리 · 평가하여 장기요양급여의 수준이 향상되도록 노력하여야 한다(제54조 제1항). 공단은 장기요양기관이 장기요양급여의 제공 기준 · 절차 · 방법 등에 따라 적정하게 장기요양급여를 제공하였는지 평가를 실시하고 그 결과를 공단의 홈페이지 등에 공표하는 등 필요한 조치를 할 수 있다(제54조 제2항).

### (9) 장기요양기관 지정의 취소 등

① 장기요양기관 지정의 취소 또는 업무정지

특별자치시장 · 특별자치도지사 · 시장 · 군수 · 구청장은 장기요양기관이 다음 각 호의 어느 하나에 해당하는 경우 그 지정을 취소하거나 6개월의 범위에서 업무정지를 명할 수 있다. 다만, 제1호, 제2호의2, 제3호의5, 제7호, 또는 제8호에 해당하는 경우에는 지정을 취소하여야 한다(제37조 제1항).

1. 거짓이나 그 밖의 부정한 방법으로 지정을 받은 경우

1의2. 제28조의2를 위반하여 급여외행위를 제공한 경우. 다만, 장기요양기관의 장이 그 위반행위를 방지하기 위하여 해당 업무에 관하여 상당한 주의와 감독을 게을리하지 아니한 경우는 제외한다.

2. 제31조 제1항에 따른 지정기준에 적합하지 아니한 경우

2의2. 제32조의2 각 호의 어느 하나에 해당하게 된 경우. 다만, 제32조의2 제7호에 해당하게 된 법인의 경우 3개월 이내에 그 대표자를 변경하는 때에는 그러하지 아니하다.

3. 제35조 제1항을 위반하여 장기요양급여를 거부한 경우

3의2. 제35조 제5항을 위반하여 본인부담금을 면제하거나 감경하는 행위를 한 경우

3의3. 제35조 제6항을 위반하여 수급자를 소개, 알선 또는 유인하는 행위 및 이를 조장하는 행위를 한 경우

3의4. 제35조의4 제2항 각 호의 어느 하나를 위반한 경우

3의5. 제36조 제1항에 따른 폐업 또는 휴업 신고를 하지 아니하고 1년 이상 장기요양급여를 제공하지 아니한 경우

3의6. 제36조의2에 따른 시정명령을 이행하지 아니하거나 회계부정 행위가 있는 경우

3의7. 정당한 사유 없이 제54조에 따른 평가를 거부·방해 또는 기피하는 경우

4. 거짓이나 그 밖의 부정한 방법으로 재가 및 시설 급여비용을 청구한 경우

5. 제61조 제2항에 따른 자료제출 명령에 따르지 아니하거나 거짓으로 자료제출을 한 경우나 질문 또는 검사를 거부·방해 또는 기피하거나 거짓으로 답변한 경우

6. 장기요양기관의 종사자 등이 다음 각 목의 어느 하나에 해당하는 행위를 한 경우. 다만, 장기요양기관의 장이 그 행위를 방지하기 위하여 해당 업무에 관하여 상당한 주의와 감독을 게을리하지 아니한 경우는 제외한다.

가. 수급자의 신체에 폭행을 가하거나 상해를 입히는 행위

나. 수급자에게 성적 수치심을 주는 성폭행, 성희롱 등의 행위

다. 자신의 보호·감독을 받는 수급자를 유기하거나 의식주를 포함한 기본적 보호 및 치료를 소홀히 하는 방임행위

라. 수급자를 위하여 증여 또는 급여된 금품을 그 목적 외의 용도에 사용하는 행위

마. 폭언, 협박, 위협 등으로 수급자의 정신건강에 해를 끼치는 정서적 학대행위

7. 업무정지기간 중에 장기요양급여를 제공한 경우
8. 「부가가치세법」 제8조에 따른 사업자등록 또는 「소득세법」 제168조에 따른 사업자등록이나 고유번호가 말소된 경우

② 지정취소 또는 업무정지 받은 자의 재지정금지

다음 각 호의 어느 하나에 해당하는 자는 제31조에 따른 장기요양기관으로 지정받을 수 없다(제37조 제8항).

1. 제1항에 따라 지정취소를 받은 후 3년이 지나지 아니한 자(법인인 경우 그 대표자를 포함한다)
2. 제1항에 따라 업무정지명령을 받고 업무정지기간이 지나지 아니한 자(법인인 경우 그 대표자를 포함한다)

③ 과징금의 부과 등

특별자치시장·특별자치도지사·시장·군수·구청장은 제37조 제1항 각 호의 어느 하나(같은 항 제4호는 제외한다)에 해당하는 행위를 이유로 업무정지명령을 하여야 하는 경우로서 그 업무정지가 해당 장기요양기관을 이용하는 수급자에게 심한 불편을 줄 우려가 있는 등 보건복지부장관이 정하는 특별한 사유가 있다고 인정되는 경우에는 업무정지명령을 갈음하여 2억 원 이하의 과징금을 부과할 수 있다. 다만, 제37조 제1항 제6호를 위반한 행위로서 보건복지부령으로 정하는 경우에는 그러하지 아니하다(제37조의2 제1항). 다만, 특별자

치시장·특별자치도지사·시장·군수·구청장은 제37조 제1항 제4호에 해당하는 행위를 이유로 업무정지명령을 하여야 하는 경우로서 그 업무정지가 해당 장기요양기관을 이용하는 수급자에게 심한 불편을 줄 우려가 있는 등 보건복지부장관이 정하는 특별한 사유가 있다고 인정되는 경우에는 업무정지명령을 갈음하여 거짓이나 그 밖의 부정한 방법으로 청구한 금액의 5배 이하의 금액을 과징금으로 부과할 수 있다(제37조의2 제2항).

④ 위반사실 등의 공표

보건복지부장관 또는 특별자치시장·특별자치도지사·시장·군수·구청장은 장기요양기관이 거짓으로 재가·시설 급여비용을 청구하였다는 이유로 제37조 또는 제37조의2에 따른 처분이 확정된 경우로서 다음 각 호의 어느 하나에 해당하는 경우에는 위반사실, 처분내용, 장기요양기관의 명칭·주소, 장기요양기관의 장의 성명, 그 밖에 다른 장기요양기관과의 구별에 필요한 사항으로서 대통령령으로 정하는 사항을 공표하여야 한다. 다만, 장기요양기관의 폐업 등으로 공표의 실효성이 없는 경우에는 그러하지 아니하다(제37조의3 제1항).

1. 거짓으로 청구한 금액이 1천만 원 이상인 경우
2. 거짓으로 청구한 금액이 장기요양급여비용 총액의 100분의 10 이상인 경우

⑤ 행정제재처분 효과의 승계

제37조 제1항 각 호의 어느 하나에 해당하는 행위를 이유로 한 행정제재처분(행정제재처분)의 효과는 그 처분을 한 날부터 3년간 다음 각 호의 어느 하나에 해당하는 자에게 승계된다(제37조의4 제1항).

1. 장기요양기관을 양도한 경우 양수인
2. 법인이 합병된 경우 합병으로 신설되거나 합병 후 존속하는 법인
3. 장기요양기관 폐업 후 같은 장소에서 장기요양기관을 운영하는 자 중 종전에 행정제재처분을 받은 자(법인인 경우 그 대표자를 포함한다)나 그 배우자 또는 직계혈족

⑥ 청문

특별자치시장·특별자치도지사·시장·군수·구청장은 제37조 제1항에 따른 장기요양기관 지정취소 또는 업무정지명령, 제37조의3에 따른 위반사실 등의 공표, 제37조의5 제1항에 따른 장기요양급여 제공의 제한 처분을 하려는 경우에는 청문을 하여야 한다(제63조).

## 7. 재 정

### 1) 장기요양보험료

#### (1) 장기요양보험료 징수

공단은 장기요양사업에 사용되는 비용에 충당하기 위하여 장기요양보험료를 징수한다(제8조 제1항). 장기요양보험료는 국민건강보험법 제69조에 따른 건강보험료와 통합하여 징수한다. 이 경우 공단은 장기요양보험료와 건강보험료를 구분하여 고지하여야 한다(제8조 제2항). 공단은 통합 징수한 장기요양보험료와 건강보험료를 각각의 독립회계로 관리하여야 한다(제8조 제3항).

#### (2) 장기요양보험료의 산정

장기요양보험료는 국민건강보험료액에서 건강보험법에 따라 경감 또는 면제되는 비용을 공제한 금액에 장기요양보험료율을 곱하여 산정한 금액으로 한다(제9조 제1항). 장기요양보험료율은 장기요양위원회의 심의를 거쳐 대통령령으로 정한다(제9조 제2항).

#### (3) 장애인 등에 대한 장기요양보험료의 감면

공단은 장애인복지법에 따른 장애인 또는 이와 유사한 자로서 대통령령으로 정하는 자가 장기요양보험가입자 또는 그 피부양자인 경우 제15조 제2항에 따른 수급자로 결정되지 못한 때 대통령령으로 정하는 바에 따라 장기요양보험료의 전부 또는 일부를 감면할 수 있다(제10조).

### 2) 국가의 부담

국가는 매년 예산의 범위 안에서 해당 연도 장기요양보험료 예상수입액의 100분의 20에 상당하는 금액을 공단에 지원한다(제58조 제1항). 국가와 지방자치단체는 대통령령으로 정하는 바에 따라 의료급여수급권자의 장기요양급여비용, 의사소견서 발급비용, 방문간호지시서 발급비용 중 공단이 부담하여야 할 비용(재가 및 시설 급여수급자의 본인일부부담금이 면제 또는 감경됨으로 인하여 공단이 부담하게 되는 비용 포함) 및 관리운영비의 전액을 부담한다(제58조 제2항). 지방자치단체가 부담하는 금액은 보건복지부령으로 정하는 바에 따라 특별시·광역시·특별자치시·도·특별자치도와 시·군·구가 분담한다(제58조 제3항).

### 3) 본인일부부담금

재가 및 시설 급여비용은 다음 각 호와 같이 수급자가 부담한다. 다만, 수급자 중 의료급여법 제3조 제1항 제1호에 따른 수급자는 그러하지 아니하다(제40조 제1항).

1. 재가급여 : 해당 장기요양급여비용의 100분의 15
2. 시설급여 : 해당 장기요양급여비용의 100분의 20

다음 각 호의 어느 하나에 해당하는 자에 대해서는 본인일부부담금의 100분의 60의 범위에서 보건복지부장관이 정하는 바에 따라 차등하여 감경할 수 있다(제40조 제3항).

1. 의료급여법 제3조 제1항 제2호부터 제9호까지의 규정에 따른 수급권자
2. 소득·재산 등이 보건복지부장관이 정하여 고시하는 일정 금액 이하인 자. 다만, 도서·벽지·농어촌 등의 지역에 거주하는 자에 대하여 따로 금액을 정할 수 있다.
3. 천재지변 등 보건복지부령으로 정하는 사유로 인하여 생계가 곤란한 자

다음 각 호의 장기요양급여에 대한 비용은 수급자 본인이 전부 부담한다(제40조 제2항).

1. 이 법의 규정에 따른 급여의 범위 및 대상에 포함되지 아니하는 장기요양급여
2. 수급자가 장기요양인정서에 기재된 장기요양급여의 종류 및 내용과 다르게 선택하여 장기요양급여를 받은 경우 그 차액
3. 장기요양급여의 월 한도액을 초과하는 장기요양급여

## 8. 권리보호

### 1) 수급권의 보호

장기요양급여를 받을 권리는 양도 또는 압류하거나 담보로 제공할 수 없다(제66조).

### 2) 권리구제

#### (1) 심사청구

장기요양인정 · 장기요양등급 · 장기요양급여 · 부당이득 · 장기요양급여비용 또는 장기요양보험료 등에 관한 공단의 처분에 이의가 있는 자는 공단에 심사청구를 할 수 있다(제55조 제1항). 심사청구는 그 처분이 있음을 안 날부터 90일 이내에 문서(「전자정부법」 제2조 제7호에 따른 전자문서를 포함한다)로 하여야 하며, 처분이 있은 날부터 180일을 경과하면 이를 제기하지 못한다. 다만, 정당한 사유로 그 기간에 심사청구를 할 수 없었음을 증명하면 그 기간이 지난 후에도 심사청구를 할 수 있다(제55조 제2항). 심사청구 사항을 심사하기 위하여 공단에 장기요양심사위원회(심사위원회)를 둔다(제55조 제3항).

#### (2) 재심사청구

심사청구에 대한 결정에 불복하는 사람은 그 결정통지를 받은 날부터 90일 이내에 보건복지부장관 소속으로 둔 장기요양재심사위원회에 재심사를 청구할 수 있다(제56조 제1항).

### (3) 행정소송

공단의 처분에 이의가 있는 자와 심사청구 또는 재심사청구에 대한 결정에 불복하는 자는 행정소송법으로 정하는 바에 따라 행정소송을 제기할 수 있다(제57조).

# 제16장 공공부조법

## 제1절 공공부조법의 의의와 특성

우리나라 「사회보장기본법」 제3조에서는 공공부조를 "국가 및 지방자치단체의 책임하에 생활유지능력이 없거나 생활이 어려운 국민의 최저생활을 보장하고 자립을 지원하는 제도"라고 규정하고 있다.

공공부조의 일반적 특징은 첫째, 공공부조는 규정된 최저소득 이하의 대상자에게만 선택적으로 행해지는 선택적 프로그램이다. 둘째, 공공부조는 조세를 재원으로 한다. 셋째, 공공부조는 수급자에 대한 자산조사가 행하여진다. 넷째, 공공부조는 사회적 취약계층에 대한 최종적인 소득보장제도이다.

이와 같은 공공부조의 기본 원리를 살펴보면 첫째, 국가책임의 원리이다. 이는 공공부조를 통하여 생활이 어려운 국민의 생존권을 실현하는 것을 국가의 책임으로 하는 원리이다. 둘째, 생존권 보장의 원리이다. 이는 모든 국민은 누구나 생활이 어려운 때에는 국가에 대하여 보호를 청구할 권리가 있고 국가는 국민의 이러한 요구를 들어줄 의무가 있다는 원리이다. 셋째, 최저생활보장의 원리이다. 이는 공공부조의 보호수준은 건강하고 문화적인 생활수준을 유지할 수 있는 최저한도의 생활이 보장되어야 한다는 원리이다. 넷째, 무차별 평등의 원리이다. 이는 급부내용에 있어서 수급자의 인종, 성별, 종교 및 사회적 신분에 차별 없이 평등하게 보호를 받을 권리가 있음을 말한다. 다섯째, 보충성의 원리이다. 이는 수급자가 가지고 있고 이용할 수 있는 자산·

능력 및 그 밖의 모든 것을 최대한 활용하고 그렇게 하고도 최저생활을 유지할 수 없을 때 최종적으로 그 부족분을 보충하여 준다는 원리이다. 여섯째, 자립조장의 원리이다. 이는 수급자의 잠재능력을 개발·육성하여 자력으로 사회생활에 적응하게 하는 원리이다(박송규, 2003 : 222-226; 박종삼 외, 2002 : 154-155; 노시평 외, 2002 : 212-215).

한편 이상의 원리를 기초로 하여 공공부조원칙이 파생되는데 이를 살펴보면 첫째, 선 신청보호 및 후 직권보호의 원칙이다. 이는 국가에 대해 먼저 신청에 의하여 보호를 개시하는 것을 원칙으로 하며 그러나 수급권자가 신청수속을 모르거나 독거노인의 경우에는 직권보호를 보충적으로 적용한다는 원칙이다. 둘째, 급여기준과 정도의 원칙이다. 이는 대상자의 연령, 세대구성, 소득관계 및 자산조사를 통하여 최저한도의 생활의 부족분을 보충해 주는 정도의 것이어야 하며 이를 초과하여서는 안 된다는 원칙이다. 셋째, 필요즉응의 원칙이다. 이는 수급자의 연령, 성별, 건강상태, 기타 생활여건 등을 고려하여 개인 또는 세대에 실제로 필요한 급여를 즉시 행하여야 한다는 원칙이다. 넷째, 세대단위의 원칙이다. 공공부조는 세대를 단위로 하여 그 보호의 필요 여부 및 정도를 정하는 것을 원칙으로 하며 그러나 특별한 경우에는 개인을 단위로 하여 서비스가 제공되는 것도 배제하지 않는다. 다섯째, 현금부조의 원칙이다. 이는 수급자의 낙인감과 오명을 최소화하는 금전급여를 우선적인 원칙으로 하고 예외적으로 현물급여를 행할 수 있다는 원칙이다. 여섯째, 거택보호의 원칙이다. 이는 보호의 방법에서 공공부조는 수급자가 거주하는 가정에서 제공되는 것을 원칙으로 한다는 것이다(박송규, 2003 : 226-229; 박종삼 외, 2002 : 155).

우리나라 공공부조제도의 역사는 1961년 「생활보호법」, 「군사원호보상법」, 1962년 「재해구호법」 제정으로 시작된다. 1977년에는 「의료보호법」이 제정되어 의료보호제도가 공공부조의 일부로서 자리 잡게 되었고, 1999년 9월에는 「생활보호법」을 폐지하고 「국민기초생활보장법」을 제정하였으며, 2001년 5월에는 「의료보호법」을 전문 개정하고 명칭을 「의료급여법」으로 변경하였다. 2005년에는 「긴급복지지원법」을 한시법으로 제정하였다. 이 장에서는 대표적인 공공부조제도인 「국민기초생활보장법」, 「의료급여법」, 「긴급복지지원법」, 「기초연금법」에 대하여 설명하고자 한다.

## 제2절 국민기초생활보장법

### 1. 의 의

「국민기초생활보장법」은 헌법상의 생존권 보장의 이념을 구체적으로 실현하기 위한 법으로 "이 법은 생활이 어려운 사람에게 필요한 급여를 실시하여 이들의 최저생활을 보장하고 자활을 돕는 것을 목적으로 한다(제1조)." 이러한 목적은 기존의 「생활보호법」에 의한 국가재량에 의한 자선적 생활보호급여에서 법적인 보장을 받는 권리성 급여로 전환하는 의미를 가지고 있다. 좀 더 구체적으로 「국민기초생활보장법」이 추구하는 목표는 다음과 같다(박송규, 2003 : 277-278).

첫째, 최저생활을 보장받는 헌법상의 권리를 실체적으로 규정한다는 점이다. 과거 「생활보호법」하에서는 복지를 어려운 사람을 도와주는 시혜적 보호로 생각하였으나 이 법이 제정되면서 복지는 국민의 권리이며 국가의 의무로 보는 복지철학의 대전환을 가져오게 된 것이다.

둘째, 빈곤선 이하의 모든 국민들의 기초생활은 국가가 보장한다는 점이다. 종전의 「생활보호법」하에서는 근로능력이 있는 자에게는 생계비를 지원하지 않았으나 이 법에서는 근로능력의 유무에 관계없이 국가의 보호를 필요로 하는 빈곤선 이하의 국민은 최저생활을 보장받게 되었다.

셋째, 근로능력이 있는 국민에게는 체계적인 자활지원서비스를 제공하여 일할 수 있도록 하는 생산적 복지를 구현한다는 점이다. 기초생활을 권리로서 보장하되 근로능력이 있는 사람에게 노동의 기회를 부여함으로써 개인의 능력을 최대한 발휘하게 하여 개인의 행복추구는 물론 이웃과 사회, 그리고 국가에 이바지하는 사회통합을 지향하고 있다.

## 2. 입법배경 및 연혁

국민기초생활보장제도는 국가의 보호를 필요로 하는 저소득 빈곤층의 기초생활을 보장함으로써 우리나라의 빈곤을 극복하려는 제도이다. 그간 우리나라는 1961년 12월 31일 제정된 「생활보호법」에 의해 오랫동안 저소득층에 대한 생활보호가 실시되어 왔으나 「생활보호법」이 노인, 장애인 등 생활무능력자에게 단순 생계지원 중심으로 시행되어 왔고, 급여대상, 내용, 지급기준 등에서 여러 가지 문제점이 지적되어 왔다. 이러한 비판 속에서 「생활보호법」은 IMF 외환위기 체제하의 경제불황과 대량 실업사태를 맞아 저소득층 지원제도로서 그 한계성이 단번에 노출되고 말았다. 경기침체와 장기적인 실업으로 인해 생존의 위협을 느끼면서도 공공부조제도로부터 도움을 받지 못하는 광범위한 절대 빈곤층의 문제에 국가가 적극적으로 대응할 수 있는 제도의 도입이 필요하다는 여론이 확산되면서 시민단체, 정당, 학계의 노력 등으로 1999년 9월 7일 「국민기초생활보장법」이 제정되어 2000년 10월 1일부터 시행에 들어갔으며 오랜 전통의 「생활보호법」은 폐지되었다.

그 후 수차에 걸쳐 개정이 이루어졌는데 주요 개정 내용을 보면, 2004년 3월 5일 개정에서는 최저생계비를 결정함에 있어 수급권자의 가구유형 등 생활실태를 고려하도록 하고, 예산이 확정되기 전에 수급자를 결정하도록 하기 위하여 최저생계비 공표 시한을 종전 매년 12월 1일에서 9월 1일로 변경하며, 정확한 생활실태가 반영될 수 있도록 최저생계비 계측조사 주기를 종전 5년에서 3년으로 단축하였다.

2005년 12월 23일 개정에서는 기초생활보장제도의 운영을 내실화하기 위하여 부양의무자의 범위를 1촌의 직계혈족 및 그 배우자로 축소하여 수급대상을 확대하고, 급여 지급의 기본 단위인 개별가구의 개념을 명확히 규정하며, 국내 체류 외국인 중 한국인과 결혼하여 한국 국적의 미성년 자녀를 양육하고 있는 자도 수급권자가 되도록 하여 외국인 배우자와 그 자녀의 복지를 증진하였으며, 2006년 12월 28일 개정에서는 소득 및 부양의무자 기준에 따라 수급권자에 속하지 아니하나 생활이 어려운 차상위계층에 대하여 주거, 교육, 의료, 장제 및 자활급여 등 부분급여를 지급할 수 있도록 하여 사회안전망을 강화하는 한편, 자활사업의 전문성·효율성을 높이기 위하여 중앙자활센터를 설치할 수 있도록 하고, 자활급여대상자의 특성 및 욕구를 고려하여 다양한 자활지원 프로그램이 운영될 수 있도록 하였고, 2007년 10월 17일 개정에서는 수급자의 선정과 수급권 확인조사를 할 때 수급권자와 부양의무자의 재산 및 소득파악을 정확하고 효율적으로 하기 위하여 금융정보조회의 절차를 간소화하고, 시·군·구의 재정여건과 사회보장비 지출 등에 따라 기초생활보장사업에 드는 비용에 대한 국가, 시·도 및 시·군·구 간 분담 비율을 서로 다르게 할 수 있도록 하였다. 2011년 3월 30일 개정에서는 외국인에 대한 특례범위를 확대하였고, 같은 해 6월 7일 개정에서는 수급자의 가구별 특성을 감안하여 관련 기관의 고용지원서비스를 연계할 수 있도록 하고, 수급자의 취업활동으로 인하여 해당 가구에 필요하게 된 아동·노인 등에 대한 사회서비스를 지원하며, 수급자가 자활에 필요한 자산을 형성할 수 있도록 재정적으로 지원하거나 교육을 하여 수급자의 자활을 촉진하였다. 또 수급자에게 지급되는 급여를 수급권자 명의의 지정된 계좌에 입금하도록 하되, 그 계좌의 예금은 압류할 수 없게 하였다. 2014년 12월 30일 개정에서는 절대적 빈곤선인 최저생계비 기준을 폐지하고 상대적 빈곤선인 기준 중위소득에 의한 보장대상자 선정기준에 따라 급여종류별로 다층화한 맞춤형 급여체계를 도입하였다. 또 부양의무자 기준을 보다 합리적인 수준으로 완화하고, 수급자가 일할수록 유리한 급여체계를 마련함으로써 탈수급 유인을 촉진하고 빈곤예방 기능을 강화하였다.

### 3. 용어의 정의

이 법에서 사용하는 용어의 뜻은 다음과 같다(제2조).

1. "수급권자"란 이 법에 따른 급여를 받을 수 있는 자격을 가진 사람을 말한다.

2. "수급자"란 이 법에 따른 급여를 받는 사람을 말한다.
3. "수급품"이란 이 법에 따라 수급자에게 지급하거나 대여하는 금전 또는 물품을 말한다.
4. "보장기관"이란 이 법에 따른 급여를 실시하는 국가 또는 지방자치단체를 말한다.
5. "부양의무자"란 수급권자를 부양할 책임이 있는 사람으로서 수급권자의 1촌의 직계혈족 및 그 배우자를 말한다. 다만, 사망한 1촌의 직계혈족의 배우자는 제외한다.
6. "최저보장수준"이란 국민의 소득·지출 수준과 수급권자의 가구 유형 등 생활실태, 물가상승률 등을 고려하여 제6조에 따라 급여의 종류별로 공표하는 금액이나 보장수준을 말한다.
7. "최저생계비"란 국민이 건강하고 문화적인 생활을 유지하기 위하여 필요한 최소한의 비용으로서 제20조의2 제4항에 따라 보건복지부장관이 계측하는 금액을 말한다.
8. "개별가구"란 이 법에 따른 급여를 받거나 이 법에 따른 자격요건에 부합하는지에 관한 조사를 받는 기본단위로서 수급자 또는 수급권자로 구성된 가구를 말한다. 이 경우 개별가구의 범위 등 구체적인 사항은 대통령령으로 정한다.
9. "소득인정액"이란 보장기관이 급여의 결정 및 실시 등에 사용하기 위하여 산출한 개별가구의 소득평가액과 재산의 소득환산액을 합산한 금액을 말한다.
10. "차상위계층"이란 수급권자(제14조의2에 따라 수급권자로 보는 사람은 제외한다)에 해당하지 아니하는 계층으로서 소득인정액이 대통령령으로 정하는 기준 이하인 계층을 말한다.
11. "기준 중위소득"이란 보건복지부장관이 급여의 기준 등에 활용하기 위하여 제20조 제2항에 따른 중앙생활보장위원회의 심의·의결을 거쳐 고시하는 국민 가구소득의 중위값을 말한다.

## 4. 적용대상

### 1) 수급권자 선정기준

이법에 따른 급여를 받을 수 있는 자격을 가진 사람을 "수급권자"라 하고, 이 법에 따른 급여를 받는 사람을 "수급자"라 한다. 이 법이 2014년 12월 개정되면서 단일기준인 최저생계비로 수급권자 선정기준과 급여수준을 모두 결정하던 방식[1]에서 벗어나, 선정기준은 상대기준선 방식인 "기준 중위소득" 개념을 도입하여 중위소득과 연동한 급여종류별 선정기준을 정하도록 하였다. 그리고 급여수준은 급여의 종류별로 "최저보장수준"을 재설정하는 방식을 취하였다. 맞춤형 급여체계를 채택하였다고 할 수 있다. 급여종류별 수급자 선정기준 및 급여기준은 5. 급여에서 살펴본다.

### 2) 외국인에 대한 특례

국내에 체류하고 있는 외국인 중 대한민국 국민과 혼인하여 본인 또는 배우자가 임신 중이거나 대한민국 국적의 미성년 자녀를 양육하고 있거나 배우자의 대한민국 국적인 직계존속과 생계나 주거를 같이하고 있는 사람으로서 대통령령으로 정하는 사람[2]이 이 법에 따른 급여를 받을 수 있는 자격을 가진 경우에는 수급권자가 된다(제5조의2).

---

1 구법은 제5조에서 "수급권자는 부양의무자가 없거나, 부양의무자가 있어도 부양능력이 없거나 부양을 받을 수 없는 사람으로서 소득인정액이 최저생계비 이하인 사람으로 한다"라고 하는 수급권자의 범위에 관한 규정을 두었었는데 개정법(2014. 12. 30)에서는 그 규정을 삭제하였다.

2 법 제5조의2에 따라 수급권자가 될 수 있는 외국인은 출입국관리법 제31조에 따라 외국인 등록을 한 사람으로서 다음 각 호의 어느 하나에 해당하는 사람으로 한다(시행령 제4조).
1. 대한민국 국민과 혼인 중인 사람으로서 다음 각 목의 어느 하나에 해당하는 사람
   가. 본인 또는 대한민국 국적의 배우자가 임신 중인 사람
   나. 대한민국 국적의 미성년 자녀(계부자·계모자 관계와 양친자 관계를 포함한다)를 양육하고 있는 사람
   다. 배우자의 대한민국 국적인 직계존속과 생계나 주거를 같이하는 사람
2. 대한민국 국민인 배우자와 이혼하거나 그 배우자가 사망한 사람으로서 대한민국 국적의 미성년 자녀를 양육하고 있는 사람 또는 사망한 배우자의 태아를 임신하고 있는 사람

## 5. 급 여

### 1) 급여의 기본 원칙

이 법에 따른 급여는 수급자가 자신의 생활의 유지·향상을 위하여 그의 소득, 재산, 근로능력 등을 활용하여 최대한 노력하는 것을 전제로 이를 보충·발전시키는 것을 기본 원칙으로 한다(제3조 제1항).

부양의무자의 부양과 다른 법령에 따른 보호는 이 법에 따른 급여에 우선하여 행하여지는 것으로 한다. 그러나 이 타법우선보장의 원칙의 예외로서, 다른 법령에 따른 보호의 수준이 이 법에서 정하는 수준에 이르지 아니하는 경우에는 나머지 부분에 관하여 이 법에 따른 급여를 받을 권리를 잃지 아니한다(제3조 제2항).

### 2) 급여의 기준

이 법에 따른 급여는 건강하고 문화적인 최저생활을 유지할 수 있는 것이어야 한다(제4조 제1항). 이 법에 따른 급여의 기준은 수급자의 연령, 가구 규모, 거주지역, 그 밖의 생활여건 등을 고려하여 급여의 종류별로 보건복지부장관이 정하거나 급여를 지급하는 중앙행정기관의 장이 보건복지부장관과 협의하여 정한다(제4조 제2항). 지방자치단체인 보장기관은 해당 지방자치단체의 조례로 정하는 바에 따라 이 법에 따른 급여의 범위 및 수준을 초과하여 급여를 실시할 수 있다. 이 경우 해당 보장기관은 보건복지부장관 및 소관 중앙행정기관의 장에게 알려야 한다(제4조 제4항).

보장기관은 이 법에 따른 급여를 개별가구 단위로 실시하되, 특히 필요하다고 인정하는 경우에는 개인 단위로 실시할 수 있다(제4조 제3항).

### 3) 최저보장수준의 결정 등

보건복지부장관 또는 소관 중앙행정기관의 장은 급여의 종류별 수급자 선정기준 및 최저보장수준을 결정하여야 한다(제6조 제1항). 보건복지부장관 또는 소관 중앙행정기관의 장은 매년 8월 1일까지 중앙생활보장위원회의 심의·의결을 거쳐 다음 연도의 급여의 종류별 수급자 선정기준 및 최저보장수준을 공표하여야 한다(제6조 제2항).

기준 중위소득은 「통계법」 제27조에 따라 통계청이 공표하는 통계자료의 가구 경상소득(근로소득, 사업소득, 재산소득, 이전소득을 합산한 소득을 말한다)의 중간 값에 최근 가구소득 평균 증가율, 가구규모에 따른 소득수준의 차이 등을 반영하여 가구규모별로 산정한다(제6조의2 제1항). 그 밖에 가구규모별 소득수준 반영 방법 등 기준 중위소득의 산정에 필요한 사항은 중앙생활보장위원회에서 정한다(제6조의2 제2항).

개별가구의 소득평가액은 개별가구의 실제소득에도 불구하고 보장기관이 급여의 결정 및 실시 등에 사용하기 위하여 산출한 금액으로 근로소득, 사업소득, 재산소득, 이전소득을 합한 개별가구의 실제소득에서 장애·질병·양육 등 가구 특성에 따른 지출요인, 근로를 유인하기 위한 요인, 그 밖에 추가적인 지출요인에 해당하는 금액을 감하여 산정한다(제6조의3 제1항).

재산의 소득환산액은 개별가구의 재산가액에서 기본재산액(기초생활의 유지에 필요하다고 보건복지부장관이 정하여 고시하는 재산액을 말한다) 및 부채를 공제한 금액에 소득환산율을 곱하여 산정한다. 이 경우 소득으로 환산하는 재산의 범위는 일반재산(금융재산 및 자동차를 제외한 재산을 말한다), 금융재산, 자동차로 한다(제6조의3 제2항).

#### 4) 다른 법률과의 관계

주거급여(제11조) 및 의료급여(제12조의3)에 따른 급여와 관련하여 다른 법률에 특별한 규정이 있는 경우를 제외하고는 이 법이 정하는 바에 따른다(제4조의2).

#### 5) 급여의 종류와 방법

이 법에 따른 급여의 종류에는 생계급여, 주거급여, 의료급여, 교육급여, 해산급여, 장제급여, 자활급여가 있다(제7조 제1항). 수급권자에 대한 급여는 수급자의 필요에 따라 생계급여, 주거급여, 의료급여, 교육급여, 해산급여, 장제급여, 자활급여의 전부 또는 일부를 실시하는 것으로 한다(제7조 제2항).

차상위계층에 속하는 사람(차상위자)에 대한 급여는 보장기관이 차상위자의 가구별 생활여건을 고려하여 예산의 범위 안에서 주거급여, 의료급여, 교육급여, 장제급여 및 자활급여의 전부 또는 일부를 실시할 수 있다. 여기서 "차상위계층"이란 수급권자(제14조의2에 따라 수급권자로 보는 사람은 제외한다)에 해당하지 아니하는 계층으로서 소득인정액이 대통령령으로 정하는 기준 이하인 계층을 말하는데(제2조 제10호), "소득인정액이 대통령령으로 정하는 기준 이하인 계층"이란 소득인정액이 기준 중위소득의 100분의 50 이하인 사람을 말한다(시행령 제3조). 이 경우 차상위자에 대한 급여의 기준 및 절차 등에 관하여 필요한 사항은 대통령령으로 정한다(제7조 제3항).

### (1) 생계급여

생계급여는 수급자에게 의복, 음식물 및 연료비와 그 밖에 일상생활에 기본적으로 필요한 금품을 지급하여 그 생계를 유지하게 하는 것으로 한다(제8조 제1항).

생계급여 수급권자는 부양의무자가 없거나, 부양의무자가 있어도 부양능력이 없거나 부양을 받을 수 없는 사람으로서 그 소득인정액이 중앙생활보장위원회의 심의·의결을 거쳐 결정하는 금액(생계급여 선정기준) 이하인 사람으로 한다. 이 경우 생계급여 선정기준은 기준 중위소득의 100분의 30 이상으로 한다(제8조 제2항). 생계급여 최저보장수준은 생계급여와 소득인정액을 포함하여 생계급여 선정기준 이상이 되도록 하여야 한다(제8조 제3항). 보장시설에 위탁하여 생계급여를 실시하는 경우에는 보건복지부장관이 정하는 고시에 따라 그 선정기준 등을 달리 정할 수 있다(제8조 제4항).

부양의무자가 다음 각 호의 어느 하나에 해당하는 경우에는 생계급여, 교육급여, 의료급여에 따른 부양능력이 없는 것으로 본다(제8조의2 제1항).

1. 기준 중위소득 수준을 고려하여 대통령령으로 정하는 소득·재산 기준 미만인 경우
2. 직계존속 또는 장애인연금법 제2조 제1호의 중증장애인인 직계비속을 자신의 주거에서 부양하는 경우로서 보건복지부장관이 정하여 고시하는 경우
3. 그 밖에 질병, 교육, 가구 특성 등으로 부양능력이 없다고 보건복지부장관이 정하는 경우

부양의무자가 다음 각 호의 어느 하나에 해당하는 경우에는 생계급여, 교육급여, 의료급여에 따른 부양을 받을 수 없는 것으로 본다(제8조의2 제2항).

1. 부양의무자가 병역법에 따라 징집되거나 소집된 경우
2. 부양의무자가 해외이주법 제2조의 해외이주자에 해당하는 경우
3. 부양의무자가 「형의 집행 및 수용자의 처우에 관한 법률」 및 치료감호법 등에 따른 교도소, 구치소, 치료감호시설 등에 수용 중인 경우
4. 부양의무자에 대하여 실종선고 절차가 진행 중인 경우
5. 부양의무자가 제32조의 보장시설에서 급여를 받고 있는 경우
6. 부양의무자의 가출 또는 행방불명으로 경찰서 등 행정관청에 신고된 후 1개월이 지났거나 가출 또는 행방불명 사실을 특별자치시장·특별자치도지사·시장·군수·구청장이 확인한 경우
7. 부양의무자가 부양을 기피하거나 거부하는 경우
8. 그 밖에 부양을 받을 수 없는 것으로 보건복지부장관이 정하는 경우

생계급여는 금전을 지급하는 것으로 한다. 다만, 금전으로 지급할 수 없거나 금전으로 지급하는 것이 적당하지 아니하다고 인정하는 경우에는 물품을 지급할 수 있다(제9조 제1항). 수급품은 대통령령으로 정하는 바에 따라 매월 정기적으로 지급하여야 한다. 다만, 특별한 사정이 있는 경우에는 그 지급방법을 다르게 정하여 지급할 수 있다(제9조 제2항). 수급품은 수급자에게 직접 지급한다. 다만, 제10조 제1항 단서에 따라 제32조에 따른 보장시설이나 타인의 가정에 위탁하여 생계급여를 실시하는 경우에는 그 위탁받은 사람에게 이를

지급할 수 있다. 이 경우 보장기관은 보건복지부장관이 정하는 바에 따라 정기적으로 수급자의 수급 여부를 확인하여야 한다(제9조 제3항). 생계급여는 보건복지부장관이 정하는 바에 따라 수급자의 소득인정액 등을 고려하여 차등지급할 수 있다(제9조 제4항).

보장기관은 대통령령으로 정하는 바에 따라 근로능력이 있는 수급자에게 자활에 필요한 사업에 참가할 것을 조건으로 하여 생계급여를 실시할 수 있다. 이 경우 보장기관은 제28조에 따른 자활지원계획을 고려하여 조건을 제시하여야 한다(제9조 제5항).

생계급여는 수급자의 주거에서 실시한다. 다만, 수급자가 주거가 없거나 주거가 있어도 그곳에서는 급여의 목적을 달성할 수 없는 경우 또는 수급자가 희망하는 경우에는 수급자를 제32조에 따른 보장시설이나 타인의 가정에 위탁하여 급여를 실시할 수 있다(제10조 제1항). 수급자에 대한 생계급여를 타인의 가정에 위탁하여 실시하는 경우에는 거실의 임차료와 그 밖에 거실의 유지에 필요한 비용은 수급품에 가산하여 지급한다. 이 경우 주거급여가 실시된 것으로 본다(제10조 제2항).

### (2) 주거급여

주거급여는 수급자에게 주거 안정에 필요한 임차료, 수선유지비, 그 밖의 수급품을 지급하는 것으로 한다(제11조 제1항). 주거급여에 관하여 필요한 사항은 따로 법률에서 정한다(제11조 제2항). 따라서 2014년 제정된 「주거급여법」에서 주거급여에 필요한 사항을 규정하고 있다.

수급권자는 소득인정액이 「국민기초생활보장법」 제20조 제2항에 따른 중앙생활보장위원회의 심의·의결을 거쳐 결정하는 금액 이하인 사람으로 한다. 이 경우 주거급여 선정기준은 기준 중위소득의 100분의 43 이상으로 한다(주거급여법 제5조 제1항)[3].

---

3 주거급여의 수급권자가 되기 위해서는 부양의무자가 없거나 부양의무자가 있어도 부양능력이 없거나 부양을 받을 수 없는 사람일 것을 요구하였으나, 2018년 1월 18일 「주거급여법」 개정을 통하여 부양의무자 요건을 폐지하였다.

### (3) 교육급여

교육급여는 수급자에게 입학금, 수업료, 학용품비, 그 밖의 수급품을 지급하는 것으로 하되, 학교의 종류·범위 등에 관하여 필요한 사항은 대통령령으로 정한다(제12조 제1항). 교육급여는 교육부장관의 소관으로 한다(제12조 제2항). 교육급여 수급권자는 부양의무자가 없거나, 부양의무자가 있어도 부양능력이 없거나 부양을 받을 수 없는 사람으로서 그 소득인정액이 중앙생활보장위원회의 심의·의결을 거쳐 결정하는 금액(교육급여 선정기준) 이하인 사람으로 한다. 이 경우 교육급여 선정기준은 기준 중위소득의 100분의 50 이상으로 한다(제12조 제3항). 교육급여의 신청 및 지급 등에 대하여는 초·중등교육법에 따른 교육비 지원절차를 준용한다(제12조 제4항).

교육급여 수급권자를 선정하는 경우에는 교육급여와 초·중등교육법에 따른 교육비 지원과의 연계·통합을 위하여 제3조 제2항 및 제12조 제3항에도 불구하고 소득인정액이 교육급여 선정기준 이하인 사람을 수급권자로 본다(제12조의2).

### (4) 의료급여

의료급여는 수급자에게 건강한 생활을 유지하는 데 필요한 각종 검사 및 치료 등을 지급하는 것으로 한다(제12조의3 제1항). 의료급여 수급권자는 부양의무자가 없거나, 부양의무자가 있어도 부양능력이 없거나 부양을 받을 수 없는 사람으로서 그 소득인정액이 중앙생활보장위원회의 심의·의결을 거쳐 결정하는 금액(의료급여 선정기준) 이하인 사람으로 한다. 이 경우 의료급여 선정기준은 기준 중위소득의 100분의 40 이상으로 한다(제12조의3 제2항). 의료급여에 필요한 사항은 따로 법률 의료급여법에서 정한다(제12조의3 제3항).

### (5) 해산급여

해산급여는 생계급여, 주거급여, 의료급여 중 하나 이상의 급여를 받는 수급자에게 조산, 분만 전과 분만 후에 필요한 조치와 보호에 대한 급여를 실시하는 것으로 한다(제13조 제1항). 해산급여는 보건복지부령으로 정하는 바에 따라 보장기관이 지정하는 의료기관에 위탁하여 실시할 수 있고(제13조 제2항), 해산급여에 필요한 수급품은 보건복지부령으로 정하는 바에 따라 수급자나 그 세대주 또는 세대주에 준하는 사람에게 지급한다(제13조 제3항).

### (6) 장제급여

장제급여는 생계급여, 주거급여, 의료급여 중 하나 이상의 급여를 받는 수급자가 사망한 경우 사체의 검안(檢案)·운반·화장 또는 매장, 그 밖의 장제조치를 하는 것으로 한다(제14조 제1항). 장제급여는 보건복지부령으로 정하는 바에 따라 실제로 장제를 실시하는 사람에게 장제에 필요한 비용을 지급하는 것으로 한다. 다만, 그 비용을 지급할 수 없거나 비용을 지급하는 것이 적당하지 아니하다고 인정하는 경우에는 물품을 지급할 수 있다(제14조 제2항).

### (7) 자활급여

자활급여는 수급자의 자활을 돕기 위하여 다음 각 호의 급여를 실시하는 것으로 한다(제15조 제1항).

1. 자활에 필요한 금품의 지급 또는 대여
2. 자활에 필요한 근로능력의 향상 및 기능습득의 지원
3. 취업알선 등 정보의 제공
4. 자활을 위한 근로기회의 제공
5. 자활에 필요한 시설 및 장비의 대여
6. 창업교육, 기능훈련 및 기술·경영 지도 등 창업지원
7. 자활에 필요한 자산형성 지원
8. 그 밖에 대통령령으로 정하는 자활을 위한 각종 지원

자활급여는 관련 공공기관·비영리법인·시설과 그 밖에 대통령령으로 정하는 기관에 위탁하여 실시할 수 있다. 이 경우 그에 드는 비용은 보장기관이 부담한다(제15조 제2항).

### (8) 급여의 특례

제8조(생계급여), 제11조(주거급여), 제12조(교육급여), 제12조의3(의료급여), 제13조(해산급여), 제14조(장제급여) 및 제15조(자활급여)에 따른 수급권자에 해당하지 아니하여도 생활이 어려운 사람으로서 일정 기간 동안 이 법에서 정하는 급여의 전부 또는 일부가 필요하다고 보건복지부장관 또는 소관 중앙행정기관의 장이 정하는 사람은 수급권자로 본다(제14조의2).

## 6) 급여의 실시

### (1) 급여의 신청

수급권자와 그 친족, 그 밖의 관계인은 관할 시장·군수·구청장에게 수급권자에 대한 급여를 신청할 수 있다. 차상위자가 급여를 신청하려는 경우에도 같다(제21조 제1항). 사회복지전담공무원은 이 법에 따른 급여를 필요로 하는 사람이 누락되지 아니하도록 하기 위하여 관할지역에 거주하는 수급권자에 대한 급여를 직권으로 신청할 수 있다. 이 경우 수급권자의 동의를 구하여야 하며 수급권자의 동의는 수급권자의 신청으로 볼 수 있다(제21조 제2항). 급여신청을 할 때나 사회복지 전담공무원이 급여신청을 하는 것에 수급권자가 동의하였을 때에는 수급권자와 부양의무자는 금융정보, 신용정보, 보험정보의 제공에 동의한다는 서면을 제출하여야 한다(제21조 제3항).

### (2) 신청에 의한 조사

시장·군수·구청장은 급여신청이 있는 경우에는 사회복지 전담공무원으로 하여금 급여의 결정 및 실시 등에 필요한 다음과 같은 사항을 조사하게 하거나 수급권자에게 보장기관이 지정하는 의료기관에서 검진을 받게 할 수 있다(제22조 제1항).

1. 부양의무자의 유무 및 부양능력 등 부양의무자와 관련된 사항
2. 수급권자 및 부양의무자의 소득·재산에 관한 사항

3. 수급권자의 근로능력, 취업상태, 자활욕구 등 자활지원계획 수립에 필요한 사항
4. 그 밖에 수급권자의 건강상태, 가구 특성 등 생활실태에 관한 사항

시장·군수·구청장은 신청한 수급권자 또는 그 부양의무자의 소득, 재산 및 건강상태 등을 확인하기 위하여 필요한 자료를 확보하기 곤란한 경우 보건복지부령으로 정하는 바에 따라 수급권자 또는 부양의무자에게 필요한 자료의 제출을 요구할 수 있으며(제22조 제2항), 급여의 결정 또는 실시 등을 위하여 필요한 경우에는 위의 조사를 관계 기관에 위촉하거나 수급권자 또는 그 부양의무자의 고용주, 그 밖의 관계인에게 이에 관한 자료의 제출을 요청할 수 있다(제22조 제3항).

보장기관이 조사를 하기 위하여 금융·국세·지방세·토지·건물·자동차·건강보험·국민연금·고용보험·출입국·병무·교정 등 관련 전산망 또는 자료를 이용하려는 경우에는 관계 기관의 장에게 협조를 요청할 수 있다. 이 경우 관계 기관의 장은 정당한 사유가 없으면 협조하여야 한다(제22조 제4항).

보장기관은 수급권자 또는 부양의무자가 조사 또는 자료제출 요구를 2회 이상 거부·방해 또는 기피하거나 검진 지시에 따르지 아니하면 급여신청을 각하할 수 있다(제22조 제8항 본문).

### (3) 확인조사

시장·군수·구청장은 수급자 및 수급자에 대한 급여의 적정성을 확인하기 위하여 매년 연간조사계획을 수립하고 관할구역의 수급자를 대상으로 관련 사항을 매년 1회 이상 정기적으로 조사하여야 하며, 특히 필요하다고 인정하는 경우에는 보장기관이 지정하는 의료기관에서 검진을 받게 할 수 있다. 다만, 보건복지부장관이 정하는 사항은 분기마다 조사하여야 한다(제23조 제1항).

### (4) 차상위계층에 대한 조사

시장·군수·구청장은 급여의 종류별 수급자 선정기준의 변경 등에 의하여

수급권자의 범위가 변동함에 따라 다음 연도에 이 법에 따른 급여가 필요할 것으로 예측되는 수급권자의 규모를 조사하기 위하여 보건복지부령으로 정하는 바에 따라 차상위계층에 대하여 조사할 수 있다(제24조 제1항). 이 조사를 하려는 경우 조사대상자의 동의를 받아야 하는데 이 경우 조사대상자의 동의는 다음 연도의 급여신청으로 본다(제24조 제2항).

### (5) 급여의 결정 및 통지

시장·군수·구청장은 급여신청에 대한 조사를 하였을 때에는 지체 없이 급여 실시 여부와 급여의 내용을 결정하여야 한다(제26조 제1항). 차상위계층을 조사한 시장·군수·구청장은 급여개시일이 속하는 달에 급여 실시 여부와 급여 내용을 결정하여야 한다(제26조 제2항).

시장·군수·구청장은 급여 실시 여부와 급여 내용을 결정하였을 때에는 그 결정의 요지, 급여의 종류·방법 및 급여의 개시 시기 등을 서면으로 수급권자 또는 신청인에게 통지하여야 한다(제26조 제3항).

### (6) 급여의 실시

급여실시 및 내용이 결정된 수급자에 대한 급여는 급여의 신청일부터 시작한다. 다만, 보건복지부장관 또는 소관 중앙행정기관의 장이 매년 결정·공표하는 급여의 종류별 수급자 선정기준의 변경으로 인하여 매년 1월에 새로 수급자로 결정되는 사람에 대한 급여는 해당 연도의 1월 1일을 그 급여개시일로 한다(제27조 제1항). 그러나 시장·군수·구청장은 급여실시 여부의 결정을 하기 전이라도 수급권자에게 급여를 실시하여야 할 긴급한 필요가 있다고 인정할 때에는 제7조 제1항 각 호에 규정된 급여의 일부를 실시할 수 있다(제27조 제2항).

### (7) 급여의 지급방법

보장기관이 급여를 금전으로 지급할 때에는 수급자의 신청에 따라 수급자 명의의 지정된 계좌(급여수급계좌)로 입금하여야 한다. 다만, 정보통신장애나 그 밖에 대통령령으로 정하는 불가피한 사유로 급여수급계좌로 이체할 수 없을 때에는 대통령령으로 정하는 바에 따라 급여를 지급할 수 있다(제27조의2 제1항). 급여수급계좌의 해당 금융기관은 이 법에 따른 급여와 제4조 제4항에 따라 지방자치단체가 실시하는 급여만이 급여수급계좌에 입금되도록 관리하여야 한다(제27조의2 제2항).

### (8) 자활지원계획의 수립

시장 · 군수 · 구청장은 수급자의 자활을 체계적으로 지원하기 위하여 보건복지부장관이 정하는 바에 따라 제22조, 제23조, 제23조의2 및 제24조에 따른 조사 결과를 고려하여 수급자 가구별로 자활지원계획을 수립하고 그에 따라 이 법에 따른 급여를 실시하여야 한다(제28조 제1항).

### (9) 급여의 변경

보장기관은 수급자의 소득 · 재산 · 근로능력 등이 변동된 경우에는 직권으로 또는 수급자나 그 친족, 그 밖의 관계인의 신청에 의하여 그에 대한 급여의 종류 · 방법 등을 변경할 수 있다(제29조 제1항). 급여의 변경은 서면으로 그 이유를 구체적으로 밝혀 수급자에게 통지하여야 한다(제29조 제2항).

### (10) 급여의 중지

보장기관은 수급자가 수급자에 대한 급여의 전부 또는 일부가 필요 없게 된 경우나 수급자가 급여의 전부 또는 일부를 거부한 경우에는 급여의 전부 또는 일부를 중지하여야 한다(제30조 제1항).

근로능력이 있는 수급자가 자활사업참가조건부 생계급여(제9조 제5항)의 조건을 이행하지 아니하는 경우 조건을 이행할 때까지 근로능력이 있는 수급자 본인의 생계급여의 전부 또는 일부를 지급하지 아니할 수 있다(제30조 제2항).

### (11) 청문

보장기관은 지역자활센터의 지정을 취소하려는 경우와 급여의 결정을 취소하려는 경우에는 청문을 하여야 한다(제31조).

## 6. 전달체계

### 1) 기초생활보장 계획의 수립 및 평가

소관 중앙행정기관의 장은 수급자의 최저생활을 보장하기 위하여 3년마다 소관별로 기초생활보장 기본계획을 수립하여 보건복지부장관에게 제출하여야 한다(제20조의2 제1항). 보건복지부장관 및 소관 중앙행정기관의 장은 제4항에 따른 실태조사 결과를 고려하여 급여기준의 적정성 등에 대한 평가를 실시할 수 있으며, 이와 관련하여 전문적인 조사·연구 등을 「공공기관의 운영에 관한 법률」에 따른 공공기관 또는 민간 법인·단체 등에 위탁할 수 있다(제20조의2 제2항). 보건복지부장관은 제1항에 따른 기초생활보장 기본계획 및 제2항에 따른 평가결과를 종합하여 기초생활보장 종합계획을 수립하여 중앙생활보장위원회의 심의를 받아야 하며(제20조의2 제3항), 수급권자, 수급자 및 차상위계층 등의 규모·생활실태 파악, 최저생계비 계측 등을 위하여 3년마다 실태조사를 실시·공표하여야 한다(제20조의2 제4항).

### 2) 보장기관

이 법에 따른 급여는 수급권자 또는 수급자의 거주지를 관할하는 시·도지사와 시장·군수·구청장(제7조 제1항 제4호의 교육급여인 경우에는 특별시·광역시·특별자치도·도·특별자치도의 교육감)이 실시한다. 다만, 주거가 일정하지 아니한 경우에는 수급권자 또는 수급자가 실제 거주하는 지역을 관할하는 시장·군수·구청장이 실시한다(제19조 제1항). 그러나 위의 규정에도 불구하고 보건복지부장관, 소관 중앙행정기관의 장과 시·도지사는 수급자를 각각 국가나 해당 지방자치단체가 경영하는 보장시설에 입소하게 하거나 다른 보장시설에 위탁하여 급여를 실시할 수 있다(제19조 제2항).

보장기관은 수급권자·수급자·차상위계층에 대한 조사와 수급자 결정 및 급여의 실시 등 이 법에 따른 보장업무를 수행하게 하기 위하여 사회복지사업법 제14조에 따른 사회복지 전담공무원을 배치하여야 한다. 이 경우 자활급여 업무(제15조)를 수행하는 사회복지 전담공무원은 따로 배치하여야 한다(제19조 제4항).

### 3) 생활보장위원회

이 법에 따른 생활보장사업의 기획·조사·실시 등에 관한 사항을 심의·의결하기 위하여 보건복지부와 시·도 및 시·군·구에 각각 생활보장위원회를 둔다. 다만, 시·도 및 시·군·구에 두는 생활보장위원회는 그 기능을 담당하기에 적합한 다른 위원회가 있고 그 위원회의 위원이 제4항에 규정된 자격을 갖춘 경우에는 시·도 또는 시·군·구의 조례로 정하는 바에 따라 그 위원회가 생활보장위원회의 기능을 대신할 수 있다(제20조 제1항).

보건복지부에 두는 생활보장위원회를 중앙생활보장위원회라 하는데, 이 위원회는 ① 기초생활보장 종합계획의 수립, ② 소득인정액 산정방식과 기준 중위소득의 결정, ③ 급여의 종류별 수급자 선정기준과 최저보장수준의 결정, ④ 급여기준의 적정성 등 평가 및 실태조사에 관한 사항, ⑤ 급여의 종류별 누락·중복, 차상위계층의 지원사업 등에 대한 조정, ⑥ 제18조의3에 따른 자활기금의 적립·관리 및 사용에 관한 지침의 수립, ⑦ 그 밖에 위원장이 회의에 부치는 사항을 심의·의결한다(제20조 제2항).

중앙생활보장위원회는 위원장을 포함하여 16명 이내의 위원으로 구성하고 위원은 보건복지부장관이 공공부조 또는 사회복지와 관련된 학문을 전공한 전문가로서 대학의 조교수 이상인 사람 또는 연구기관의 연구원으로 재직 중인 사람 5명 이내, 공익을 대표하는 사람 5명 이내, 관계 행정기관 소속 3급 이상 공무원 또는 고위공무원단에 속하는 일반직공무원 5명 이내 중에서 위촉·지명하며, 위원장은 보건복지부장관으로 한다(제20조 제3항).

시·도 및 시·군·구 생활보장위원회의 위원은 시·도지사 또는 시장·군수·구청장이 사회보장에 관한 학식과 경험이 있는 사람, 공익을 대표하는 사람, 관계 행정기관 소속 공무원 중에서 위촉·지명하며 위원장은 당해 시·도지사 또는 시장·군수·구청장으로 한다(제20조 제4항).

### 4) 보장시설

이 법에서 “보장시설”이란 제7조에 규정된 급여를 실시하는 사회복지사업법에 따른 사회복지시설로서 다음의 시설 중 보건복지부령으로 정하는 시설을 말한다(제32조).

① 장애인 거주시설, ② 노인주거복지시설 및 노인의료복지시설, ③ 아동복지시설 및 통합시설, ④ 정신요양시설 및 정신재활시설, ⑤ 노숙인재활시설 및 노숙인요양시설, ⑥ 가정폭력피해자 보호시설, ⑦ 성매매피해자 등을 위한 지원시설, ⑧ 성폭력피해자보호시설, ⑨ 한부모가족복지시설, ⑩ 사회복지시설 중 결핵 및 한센병요양시설, ⑪ 그 밖에 보건복지부령으로 정하는 시설

보장시설의 장은 보장기관으로부터 수급자에 대한 급여를 위탁받은 경우에는 정당한 사유 없이 이를 거부하여서는 아니 되며(제33조 제1항), 위탁받은 수급자에게 보건복지부장관 및 소관 중앙행정기관의 장이 정하는 최저기준 이상의 급여를 실시하여야 한다(제33조 제2항).

### 5) 자활지원

#### (1) 한국자활복지개발원

수급자 및 차상위자의 자활촉진에 필요한 사업을 수행하기 위하여 한국자활복지개발원을 설립한다. 자활복지개발원은 법인으로 한다(제15조의2 제1항~제2항).

#### (2) 광역자활센터

보장기관은 수급자 및 차상위자의 자활촉진에 필요한 다음 각 호의 사업을 수행하게 하기 위하여 사회복지법인, 사회적협동조합 등 비영리법인과 단체(법인 등)를 법인 등의 신청을 받아 특별시·광역시·특별자치시, 도·특별자치도(이하 “시·도”라 한다) 단위의 광역자활센터로 지정한다(제15조의10 제1항).

1. 시·도 단위의 자활기업 창업지원
2. 시·도 단위의 수급자 및 차상위자에 대한 취업·창업 지원 및 알선
3. 제16조에 따른 지역자활센터 종사자 및 참여자에 대한 교육훈련 및 지원
4. 지역특화형 자활프로그램 개발·보급 및 사업개발 지원

5. 제16조에 따른 지역자활센터 및 제18조에 따른 자활기업에 대한 기술·경영 지도
6. 그 밖에 자활촉진에 필요한 사업으로서 보건복지부장관이 정하는 사업

### (3) 지역자활센터

보장기관은 수급자 및 차상위자의 자활 촉진에 필요한 다음 각 호의 사업을 수행하게 하기 위하여 사회복지법인, 사회적협동조합 등 비영리법인과 단체(법인 등)를 법인 등의 신청을 받아 지역자활센터로 지정할 수 있다. 이 경우 보장기관은 법인 등의 지역사회복지사업 및 자활지원사업 수행능력·경험 등을 고려하여야 한다(제16조 제1항).

1. 자활의욕 고취를 위한 교육
2. 자활을 위한 정보제공, 상담, 직업교육 및 취업알선
3. 생업을 위한 자금융자 알선
4. 자영창업 지원 및 기술·경영지도
5. 제18조에 따른 자활기업의 설립·운영 지원
6. 그 밖에 자활을 위한 각종 사업

보장기관은 지정을 받은 지역자활센터에 대하여 지역자활센터의 설립·운영 비용 또는 사업수행 비용의 전부 또는 일부, 국유·공유 재산의 무상임대, 보장기관이 실시하는 사업의 우선 위탁과 같은 지원을 할 수 있다(제16조 제2항). 보장기관은 지역자활센터에 대하여 정기적으로 사업실적 및 운영실태를 평가하고 수급자의 자활촉진을 달성하지 못하는 지역자활센터에 대하여는 그 지정을 취소할 수 있다(제16조 제3항).

### (4) 자활기관협의체

시장·군수·구청장은 자활지원사업의 효율적인 추진을 위하여 지역자활센터, 「직업안정법」 제2조의2 제1호의 직업안정기관, 사회복지사업법 제2조 제4호의 사회복지시설의 장 등과 상시적인 협의체계를 구축하여야 한다(제17조 제1항).

### (5) 자활기업

수급자 및 차상위자는 상호 협력하여 자활기업을 설립・운영할 수 있다(제18조 제1항). 자활기업은 조합 또는 부가가치세법상의 사업자로 한다(제18조 제2항).

보장기관은 자활기업에게 직접 또는 한국자활복지개발원, 광역자활센터 및 지역자활센터를 통하여 자활을 위한 사업자금 융자, 국유지・공유지 우선 임대, 국가나 지방자치단체가 실시하는 사업의 우선 위탁, 국가나 지방자치단체의 조달구매 시 자활기업 생산품의 우선 구매, 그 밖에 수급자의 자활촉진을 위한 각종 사업의 지원을 할 수 있다(제18조 제3항).

### (6) 수급자의 고용 촉진

보장기관은 수급자 및 차상위자의 고용을 촉진하기 위하여 상시근로자의 일정 비율 이상을 수급자 및 차상위자로 채용하는 기업에 대하여는 대통령령으로 정하는 바에 따라 제18조 제3항 각 호에 해당하는 지원을 할 수 있다(제18조의2 제1항). 시장・군수・구청장은 수급자 및 차상위자에게 가구별 특성을 감안하여 관련 기관의 고용지원서비스를 연계할 수 있으며(제18조의2 제2항), 수급자 및 차상위자의 취업활동으로 인하여 지원이 필요하게 된 해당 가구의 아동・노인 등에게 사회복지서비스를 지원할 수 있다(제18조의2 제3항).

### (7) 자활기금의 적립 및 자산형성 지원

보장기관은 이 법에 따른 자활지원사업의 원활한 추진을 위하여 자활기금을 적립한다(제18조의3 제1항). 보장기관은 자활지원사업의 효율적 추진을 위하여 필요하다고 인정하는 경우에는 자활기금의 관리・운영을 한국자활복지개발원 또는 자활지원사업을 수행하는 비영리법인에 위탁할 수 있다. 이 경우 그에 드는 비용은 보장기관이 부담한다(제18조의3 제2항).

보장기관은 수급자 및 차상위자가 자활에 필요한 자산을 형성할 수 있도록 재정적인 지원을 할 수 있으며(제18조의4 제1항), 필요한 교육을 실시할 수 있다(제18조의4 제2항). 제1항에 따른 지원으로 형성된 자산은 대통령령으로 정하는 바에 따라 수급자의 재산의 소득환산액 산정 시 이를 포함하지 아니한다(제18조의4 제3항). 보건복지부장관, 특별시장 · 광역시장 · 특별자치시장 · 도지사 · 특별자치도지사, 시장 · 군수 · 구청장은 수급자 및 차상위자의 자활촉진을 위하여 교육을 실시할 수 있다(제18조의5 제1항).

### 7. 재정(비용)

#### 1) 보장비용

이 법에서 말하는 "보장비용"이라 함은 이 법에 따른 보장업무에 드는 인건비와 사무비, 생활보장위원회의 운영에 드는 비용, 급여실시비용, 그 밖에 이 법에 따른 보장업무에 드는 비용을 말한다(제42조).

#### 2) 보장비용의 부담 구분

보장비용의 부담은 다음 각 호의 구분에 따른다(제43조 제1항).

1. 국가 또는 시 · 도가 직접 수행하는 보장업무에 드는 비용은 국가 또는 해당 시 · 도가 부담한다.
2. 제19조 제2항에 따른 급여의 실시 비용은 국가 또는 해당 시 · 도가 부담한다.
3. 시 · 군 · 구가 수행하는 보장업무에 드는 비용 중 제42조 제1호 및 제2호의 비용은 해당 시 · 군 · 구가 부담한다.
4. 시 · 군 · 구가 수행하는 보장업무에 드는 비용 중 제42조 제3호 및 제4호의 비용(시 · 군 · 구 보장비용)은 시 · 군 · 구의 재정여건, 사회보장비 지출 등을 고려하여 국가, 시 · 도 및 시 · 군 · 구가 다음 각 목에 따라 차등하여 분담한다.
   가. 국가는 시 · 군 · 구 보장비용의 총액 중 100분의 40 이상 100분의 90 이하를 부담한다.

나. 시·도는 시·군·구 보장비용의 총액에서 가목의 국가부담분을 뺀 금액 중 100분의 30 이상 100분의 70 이하를 부담하고, 시·군·구는 시·군·구 보장비용의 총액 중에서 국가와 시·도가 부담하는 금액을 뺀 금액을 부담한다. 다만, 특별자치시·특별자치도는 시·군·구 보장비용의 총액 중에서 국가가 부담하는 금액을 뺀 금액을 부담한다.

지방자치단체의 조례에 따라 이 법에 따른 급여 범위 및 수준을 초과하여 급여를 실시하는 경우 그 초과 보장비용은 해당 지방자치단체가 부담한다(제43조 제5항).

### 3) 교육급여 보장비용 부담의 특례

교육급여(제12조 및 제12조의2)에 따라 시·도교육감이 수행하는 보장업무에 드는 비용은 다음 각 호에 따라 차등하여 분담한다(제43조의2).

1. 소득인정액이 기준 중위소득의 100분의 40 이상인 수급자에 대한 입학금 및 수업료의 지원은 초·중등교육법 제60조의4에 따른다.
2. 소득인정액이 기준 중위소득의 100분의 40 이상인 수급자에 대한 학용품비와 그 밖의 수급품은 국가, 시·도, 시·군·구가 부담하며, 구체적인 부담비율에 관한 사항은 제43조 제1항 제4호 각 목에 따른다.
3. 소득인정액이 기준 중위소득의 100분의 40 미만인 수급자에 대한 보장비용은 국가, 시·도, 시·군·구가 제43조 제1항 제4호 각 목에 따라 부담하되, 제12조의2에 따라 추가적으로 적용되는 기준에 따른 수급자에 대한 입학금 및 수업료의 지원은 초·중등교육법 제60조의4에 따른다.

### 4) 비용의 징수

수급자에게 부양능력을 가진 부양의무자가 있음이 확인된 경우에는 보장비용을 지급한 보장기관은 제20조에 따른 생활보장위원회의 심의·의결을 거쳐 그 비용의 전부 또는 일부를 그 부양의무자로부터 부양의무의 범위에서

징수할 수 있다(제46조 제1항). 속임수나 그 밖의 부정한 방법으로 급여를 받거나 타인으로 하여금 급여를 받게 한 경우에는 보장비용을 지급한 보장기관은 그 비용의 전부 또는 일부를 그 급여를 받은 사람 또는 급여를 받게 한 자로부터 징수할 수 있다(제46조 제2항).

#### 5) 반환명령

보장기관은 급여의 변경 또는 급여의 정지·중지에 따라 수급자에게 이미 지급한 수급품 중 과잉지급분이 발생한 경우에는 즉시 수급자에 대하여 그 전부 또는 일부의 반환을 명하여야 한다. 다만, 이미 이를 소비하였거나 그 밖에 수급자에게 부득이한 사유가 있을 때에는 그 반환을 면제할 수 있다(제47조 제1항). 시장·군수·구청장이 긴급급여(제27조 제2항)를 실시하였으나 조사 결과에 따라 급여를 실시하지 아니하기로 결정한 경우 급여비용의 반환을 명할 수 있다(제47조 제2항).

### 8. 권리보호

#### 1) 급여 변경·압류·양도 금지

수급자에 대한 급여는 정당한 사유 없이 이를 불리하게 변경할 수 없다(제34조). 수급자에게 지급된 수급품과 이를 받을 권리는 압류할 수 없으며(제35조 제1항), 제27조의2 제1항에 따라 지정된 급여수급계좌의 예금에 관한 채권은 압류할 수 없다(제35조 제2항). 또한 수급자는 급여를 받을 권리를 타인에게 양도할 수 없다(제36조).

#### 2) 이의신청

수급자나 급여 또는 급여 변경을 신청한 사람은 시장·군수·구청장(교육급여인 경우에는 시·도 교육감)의 처분에 대하여 이의가 있는 경우에는 그 결정의 통지를 받은 날부터 90일 이내에 해당 보장기관을 거쳐 시·도지사(특별자치시장 · 특별자치도지사 및 시 · 도 교육감의 처분에 이의가 있는 경우에는 해당 특별자치시장 · 특별자치도지사 및 시 · 도 교육감을 말한다)에게 서면 또는 구두로 이의를 신청할 수 있다. 이 경우 구두로 이의신청을 접수한 보장기관의 공무원은 이의신청서를 작성할 수 있도록 협조하여야 한다(제38조 제1항). 이의신청을 받은 시장 · 군수 · 구청장은 10일 이내에 의견서와 관계 서류를 첨부하여 시 · 도지사에게 보내야 한다(제38조 제2항). 시 · 도지사가 시장 · 군수 · 구청장으로부터 이의신청서를 받았을 때(특별자치시장 · 특별자치도지사 및 시 · 도 교육감의 경우에는 직접 이의신청을 받았을 때를 말한다)에는 30일 이내에 필요한 심사를 하고 이의신청을 각하 또는 기각하거나 해당 처분을 변경 또는 취소하거나 그 밖에 필요한 급여를 명하여야 하고(제39조 제1항), 제1항에 따른 처분 등을 하였을 때에는 지체 없이 신청인과 해당 시장 · 군수 · 구청장에게 각각 서면으로 통지하여야 한다(제39조 제2항).

시 · 도지사의 처분 등에 이의가 있는 사람은 그 처분 등의 통지를 받은 날부터 90일 이내에 시 · 도지사를 거쳐 보건복지부장관(주거급여 또는 교육급여인 경우에는 소관 중앙행정기관의 장을 말하며, 보건복지부장관에게 한 이의신청은 소관 중앙행정기관의 장에게 한 것으로 본다)에게 서면 또는 구두로 이의를 신청할 수 있다. 이 경우 구두로 이의신청을 접수한 보장기관의 공무원은 이의신청서를 작성할 수 있도록 협조하여야 한다(제40조 제1항). 시 · 도지사는 이의신청을 받으면 10일 이내에 의견서와 관계 서류를 첨부하여 보건복지부장관 또는 소관 중앙행정기관의 장(주거급여 또는 교육급여인 경우에 한정한다)에게 보내야 한다(제40조 제2항). 보건복지부장관 또는 소관 중앙행정기관의 장은 이의신청서를 받았을 때에는 30일 이내에 필요한 심사를 하고 이의신청을 각하 또는 기각하거나 해당 처분의 변경 또는 취소의 결정을 하여야 하며(제41조 제1항), 결정을 하였을 때에는 지체 없이 시 · 도지사 및 신청인에게 각각 서면으로 결정내용을 통지하여야 한다(제41조 제2항).

# 제3절 의료급여법

## 1. 의 의

의료급여는 「국민기초생활보장법」에 의한 수급자 등 일정 수준 이하의 저소득층을 대상으로 그들의 자력으로 의료문제를 해결할 수 없는 경우에 국가재정으로 의료혜택을 주는 공공부조제도로서 건강보험과 함께 국민의 의료보장정책의 중요한 수단이 된다.

「의료급여법」은 생활이 어려운 사람에게 의료급여를 함으로써 국민보건의 향상과 사회복지의 증진에 이바지함을 목적으로 한다(제1조).

## 2. 입법배경 및 연혁

1961년 「생활보호법」이 제정되어 동법 제5조에 의료보호에 관한 규정을 둠으로써 의료보호가 처음으로 법제화되었다. 의료보호는 생활보호대상자를 중심으로 주로 국·공립의료기관에서 무료진료를 실시하는 수준이었고, 의료의 내용이 빈약하여 의료보장으로서의 실효성을 거둘 수 없었다.

이러한 현실을 감안하여 1976년 9월 전국의료보장 기반 확립을 위한 의료시혜 확대방안이 마련되었다. 이어서 1977년 1월 4일 「의료보호에 관한 규칙」의 제정을 통하여 비로소 의료보호사업이 본격화되기 시작하였으며, 1977년 12월 31일에는 의료보호법이 제정됨으로써 의료보호사업이 공공부조제도로서 정착할 기틀을 마련하였다.

그 후 의료보호대상자의 확대와 전 국민 의료보험체제의 확립에 따른 의료보장여건의 변화에 부응하는 한편, 의료보호 내용의 충실화를 도모하려는 취지에서 1991년 3월 8일에 종래의 「의료보호법」을 전면 개정하였다. 그 후 1999년 9월 7일 「국민기초생활보장법」의 제정과 더불어 일부 개정된 뒤, 2001년 5월 24일에는 「국민기초생활보장법」이 '의료보호'를 '의료급여'로 변경함에 따라

「의료급여법」으로 전문개정되어 2001년 10월 1일부터 시행됨으로써 과거 의료보호제도의 운영에서 드러난 미비점을 개선·보완할 수 있게 되었다.

그리고 2006년 12월 28일 개정에서는 수급권자가 진료를 받을 때 동 진료가 의료급여항목에 해당하는지 여부를 직접 확인할 수 있도록 하고, 의료급여기관이 수급권자에게 입원보증금 등을 청구하지 못하도록 하고, 또 제3자의 고의·과실로 인하여 상해를 입은 경우에도 의료급여를 지원할 수 있도록 하는 등의 규정을 보완하였다. 2011년 3월 30일 개정에서는 의료급여를 과다하게 또는 과소하게 이용하는 사람에 대하여 합리적 의료이용을 유도하여 건강관리 능력 향상과 의료급여 재정절감을 꾀하고, 수급권자의 삶의 질을 향상시키기 위하여 도입한 의료급여 수급자에 대한 사례관리 사업을 체계적이고 효율적으로 수행하는 데에 필요한 제반 행정사항에 대한 법적 근거를 마련하였다. 2013년 6월 12일 개정에서는 의료급여가 반드시 필요한 사람에게 지급될 수 있도록 이재민, 노숙인 등 수급권자 자격에 관한 기준을 보완하고, 수급권자의 소득·재산을 확인하는 등 수급권자의 인정 절차에 관한 규정을 마련하며, 의료기관 또는 약국을 개설할 수 없는 자가 개설한 의료급여기관이 속임수, 그 밖의 부당한 방법으로 의료급여비용을 받는 경우 의료급여기관과 의료급여기관 개설자가 연대하여 부당이득금을 납부하게 할 수 있도록 함으로써 급여비용의 누수를 방지하고, 의료급여기관의 부당청구에 대한 행정처분의 실효성을 확보하기 위하여 의료급여기관에 대한 업무정지처분의 효과가 양수인 등에게 승계되도록 하였다. 2014년 1월 28일 개정에서는 의료급여비용의 심사·조정에 관한 급여비용심사기관의 이의신청에 대한 결정에 불복이 있을 경우 종전의 국민권익위원회 소속 중앙행정심판위원회가 아닌 국민건강보험법에 따른 건강보험분쟁조정위원회에 심판을 청구하도록 하여 심판청구의 공정·객관성 및 전문성을 확보하고 국민의 권익보호 증진에 이바지하고자 하였다.

## 3. 적용대상

### 1) 수급권자

수급권자라 함은 이 법에 따라 의료급여를 받을 수 있는 자격을 가진 사람을 말한다(제2조 제1호). 이 법에 따른 수급권자는 다음 각 호와 같다(제3조 제1항).

1. 「국민기초생활보장법」에 따른 의료급여수급자
2. 「재해구호법」에 따른 이재민으로서 보건복지부장관이 의료급여가 필요하다고 인정한 사람
3. 「의사상자 등 예우 및 지원에 관한 법률」에 따라 의료급여를 받는 사람
4. 「입양특례법」에 따라 국내에 입양된 18세 미만의 아동
5. 「독립유공자예우에 관한 법률」, 「국가유공자 등 예우 및 지원에 관한 법률」 및 「보훈보상대상자 지원에 관한 법률」의 적용을 받고 있는 사람과 그 가족으로서 국가보훈처장이 의료급여가 필요하다고 추천한 사람 중에서 보건복지부장관이 의료급여가 필요하다고 인정한 사람
6. 「무형문화재 보전 및 진흥에 관한 법률」에 따라 지정된 국가무형문화재의 보유자(명예보유자를 포함한다)와 그 가족으로서 문화재청장이 의료급여가 필요하다고 추천한 사람 중에서 보건복지부장관이 의료급여가 필요하다고 인정한 사람
7. 「북한이탈주민의 보호 및 정착지원에 관한 법률」의 적용을 받고 있는 사람과 그 가족으로서 보건복지부장관이 의료급여가 필요하다고 인정한 사람
8. 「5·18민주화운동 관련자 보상 등에 관한 법률」 제8조에 따라 보상금 등을 받은 사람과 그 가족으로서 보건복지부장관이 의료급여가 필요하다고 인정한 사람
9. 「노숙인 등의 복지 및 자립지원에 관한 법률」에 따른 노숙인 등으로서 보건복지부장관이 의료급여가 필요하다고 인정한 사람

10. 그 밖에 생활유지 능력이 없거나 생활이 어려운 사람으로서 대통령령으로 정하는 사람

제1항 제2호 및 제5호부터 제9호까지의 규정에 따른 수급권자의 인정기준 등에 관한 사항은 보건복지부장관이 정하는 바에 따른다(제3조 제2항). 그리고 수급권자에 대한 의료급여의 내용과 기준은 대통령령으로 정하는 바에 따라 구분하여 달리 정할 수 있다(제3조 제3항). 수급권자는 제1종 수급권자와 2종 수급권자로 구분한다(시행령 제3조 제1항).

이 외에 제3조의2에는 난민에 대한 특례를 두고 있다. 즉, 난민법에 따른 난민인정자로서 국민기초생활보장법 제12조의3 제2항에 따른 의료급여의 수급권자의 범위에 해당하는 사람은 수급권자로 본다(제3조의2).

### 2) 수급권자의 인정절차 등

제3조 제1항 제2호부터 제10호까지의 수급권자가 되려는 사람은 보건복지부령으로 정하는 바에 따라 특별자치시장·특별자치도지사·시장·군수·구청장에게 수급권자 인정 신청을 하여야 한다(제3조의3 제1항). 시장·군수·구청장은 신청인을 수급권자로 인정하는 것이 타당한지를 확인하기 위하여 필요한 경우 그 신청인에게 「국민기초생활보장법」 제21조 제3항 각 호에 따른 자료 또는 정보의 제공에 동의한다는 서면을 제출하게 할 수 있다(제3조의3 제2항). 시장·군수·구청장은 인정 신청을 한 사람 중에서 제3조 제2항에 따른 수급권자의 인정 기준에 따라 수급권자를 정하여야 한다(제3조의3 제5항).

### 3) 적용 배제

수급권자가 업무 또는 공무로 생긴 질병·부상·재해로 다른 법령에 따른 급여나 보상(報償) 또는 보상(補償)을 받게 되는 경우에는 이 법에 따른 의료급여를 하지 아니한다(제4조 제1항). 그리고 수급권자가 다른 법령에 따라 국가나 지방자치단체 등으로부터 의료급여에 상당하는 급여 또는 비용을 받게 되는 경우에는 그 한도에서 이 법에 따른 의료급여를 하지 아니한다(제4조 제2항).

#### 4) 의료급여증

시장・군수・구청장은 수급권자에게 의료급여증을 발급하여야 한다. 다만, 부득이한 사유가 있는 경우에는 의료급여증에 갈음하여 의료급여증명서를 발급하거나 보건복지부령으로 정하는 바에 따라 의료급여증을 발급하지 아니할 수 있다(제8조 제1항).

### 4. 급 여

#### 1) 의료급여의 내용

수급권자의 질병・부상・출산 등에 대한 의료급여의 내용은 ① 진찰・검사, ② 약제・치료재료의 지급, ③ 처치・수술과 그 밖의 치료, ④ 예방・재활, ⑤ 입원, ⑥ 간호, ⑦ 이송과 그 밖의 의료목적 달성을 위한 조치이다(제7조 제1항).

의료급여의 방법・절차・범위・한도 등 의료급여의 기준에 관하여는 보건복지부령으로 정하고, 의료수가기준과 그 계산방법 등에 관하여는 보건복지부장관이 정한다(제7조 제2항). 보건복지부장관은 의료급여의 기준을 정할 때에는 업무 또는 일상생활에 지장이 없는 질환 등 보건복지부령으로 정하는 사항은 의료급여의 대상에서 제외할 수 있다(제7조 제3항).

의료급여와는 별도로 시장・군수・구청장은 이 법에 따른 수급권자에 대하여 질병의 조기발견과 그에 따른 의료급여를 하기 위하여 건강검진을 할 수 있다(제14조 제1항). 또한 시장・군수・구청장은 장애인복지법에 따라 등록한 장애인인 수급권자에게 보장구에 대하여 급여를 실시할 수 있으며(제13조 제1항), 임신한 수급권자가 임신기간 중 의료급여기관에서 받는 진료에 드는 비용(출산비용을 포함한다)에 대하여 추가급여를 실시할 수 있다(제13조 제2항).

### 2) 의료급여의 제한 등

#### (1) 급여의 제한

시장 · 군수 · 구청장은 수급권자가 자신의 고의 또는 중대한 과실로 인한 범죄행위에 그 원인이 있거나 고의로 사고를 일으켜 의료급여가 필요하게 된 경우 또는 정당한 이유 없이 이 법의 규정이나 의료급여기관의 진료에 관한 지시에 따르지 아니한 경우에는 이 법에 따른 의료급여를 하지 아니한다. 다만, 보건복지부장관이 의료급여를 할 필요가 있다고 인정하는 경우에는 그러하지 아니하다(제15조 제1항).

#### (2) 의료급여의 변경

시장 · 군수 · 구청장은 수급권자의 소득, 재산상황, 근로능력 등이 변동되었을 때에는 직권 또는 수급권자나 그 친족, 그 밖의 관계인의 신청을 받아 의료급여의 내용 등을 변경할 수 있다(제16조 제1항).

#### (3) 의료급여의 중지

시장 · 군수 · 구청장은 수급권자에 대한 의료급여가 필요 없게 된 경우 또는 수급권자가 의료급여를 거부한 경우에는 의료급여를 중지하여야 한다(제17조 제1항). 시장 · 군수 · 구청장은 수급권자가 의료급여를 거부한 경우에는 의료급여를 거부한 수급권자가 속한 가구원 전부에 대하여 의료급여를 중지하여야 하며, 의료급여가 중지된 가구에 대하여는 그 해에 다시 의료급여를 하지 아니한다(제17조 제2항). 시장 · 군수 · 구청장은 의료급여를 중지한 때에는 서면으로 그 이유를 밝혀 수급권자에게 알려야 한다(제17조 제3항).

### 3) 구상권

시장 · 군수 · 구청장은 제3자의 행위로 인하여 수급권자에게 의료급여를 한 경우에는 그 급여비용의 범위에서 제3자에게 손해배상을 청구할 권리를 얻는다(제19조 제1항). 제1항에 따라 의료급여를 받은 사람이 제3자로부터 이미 손해배상을 받은 경우에는 시장·군수·구청장은 그 배상액의 한도에서 의료급여를 하지 아니한다(제19조 제2항).

## 5. 전달체계

### 1) 보장기관

#### (1) 보장기관

이 법에 따른 의료급여에 관한 업무는 수급권자의 거주지를 관할하는 특별시장·광역시장·도지사와 시장·군수·구청장이 한다(제5조 제1항). 제1항에도 불구하고 주거가 일정하지 아니한 수급권자에 대한 의료급여 업무는 그가 실제 거주하는 지역을 관할하는 시장·군수·구청장이 한다(제5조 제2항). 특별시장·광역시장·도지사 및 시장·군수·구청장은 수급권자의 건강 유지 및 증진을 위하여 필요한 사업을 실시하여야 한다(제5조 제3항).

#### (2) 권한의 위임 및 위탁

이 법에 따른 보건복지부장관의 권한은 대통령령으로 정하는 바에 따라 그 일부를 시·도지사에게 위임할 수 있다(제33조 제1항). 이 법에 따른 시장·군수·구청장의 업무 중 수급권자의 관리, 급여비용의 심사·조정, 의료급여의 적정성 평가, 급여대상 여부의 확인 및 급여비용의 지급업무 등 의료급여에 관한 업무는 그 일부를 대통령령으로 정하는 바에 따라 관계 전문기관에 위탁할 수 있다.[4] 이 경우 위탁에 드는 비용은 보건복지부장관이 정하는 바에 따라 기금에서 부담한다(제33조 제2항).

4 시장·군수·구청장의 업무 중 의료급여비용(건강검진비용을 포함)의 심사·조정, 의료급여(건강검진을 포함)의 적정성 평가, 심사 및 평가기준의 설정업무를 건강보험심사평가원에 위탁한다(제33조 제2항 및 시행령 제20조 제1항). 그리고 시장·군수·구청장의 업무 중 의료급여비용의 지급, 전산기기에 의한 수급권자의 자격, 개인별 진료내역의 관리 그리고 의료급여의 제한에 필요한 실태조사 및 자료수집의 업무를 국민건강보험공단에 위탁한다(제33조 제2항 및 시행령 제20조 제2항).

### (3) 사례관리

보건복지부장관, 특별시장·광역시장·도지사 및 시장·군수·구청장은 수급권자의 건강관리 능력 향상 및 합리적 의료이용 유도 등을 위하여 사례관리를 실시할 수 있다(제5조의2 제1항). 사례관리를 실시하기 위하여 특별시·광역시·특별자치시·도·특별자치도 및 시·군·구에 의료급여 관리사를 둔다(제5조의2 제2항). 보건복지부장관은 제1항에 따른 사례관리 사업의 전문적인 지원을 위하여 해당 업무를 공공 또는 민간 기관·단체 등에 위탁하여 실시할 수 있다(제5조의2 제3항).

### 2) 의료급여심의위원회

이 법에 따른 의료급여사업의 실시에 관한 사항을 심의하기 위하여 보건복지부, 시·도 및 시·군·구에 각각 의료급여심의위원회를 둔다. 다만, 시·도 및 시·군·구에 두는 의료급여심의위원회의 경우에는 그 기능을 담당하기에 적합한 다른 위원회가 있고 그 위원회의 위원이 제4항에 규정된 자격을 갖춘 경우 시·도 또는 시·군·구의 조례로 각각 정하는 바에 따라 그 위원회로 하여금 의료급여심의위원회의 기능을 수행하게 할 수 있다(제6조 제1항). 보건복지부에 두는 의료급여심의위원회(중앙의료급여심의위원회)는 의료급여사업의 기본방향 및 대책 수립에 관한 사항, 의료급여의 기준 및 수가에 관한 사항, 그 밖에 보건복지부장관 또는 위원장이 부의하는 사항을 심의한다(제6조 제2항).

### 3) 의료급여기관

의료급여는 다음 각 호의 의료급여기관에서 실시한다. 이 경우 보건복지부장관은 공익상 또는 국가시책상 의료급여기관으로 적합하지 아니하다고 인정할 때에는 대통령령으로 정하는 바에 따라 의료급여기관에서 제외할 수 있다(제9조 제1항).

1. 의료법에 따라 개설된 의료기관
2. 지역보건법에 따라 설치된 보건소·보건의료원 및 보건지소

3. 농어촌 등 보건의료를 위한 특별조치법에 따라 설치된 보건진료소
4. 약사법에 따라 개설등록된 약국 및 같은 법 제91조에 따라 설립된 한국희귀·필수의약품센터

의료급여기관은 다음 각 호 같이 구분하되, 의료급여기관별 진료범위는 보건복지부령으로 정한다(제9조 제2항).

1. 제1차 의료급여기관
   가. 의료법 제33조 제3항에 따라 개설신고를 한 의료기관
   나. 제1항 제2호부터 제4호까지의 규정에 따른 의료급여기관
2. 제2차 의료급여기관 : 의료법 제33조 제4항 전단에 따라 개설허가를 받은 의료기관
3. 제3차 의료급여기관 : 제2차 의료급여기관 중 보건복지부장관이 지정하는 의료기관

의료급여기관은 정당한 이유 없이 이 법에 따른 의료급여를 거부하지 못한다(제9조 제3항).

## 6. 재정(비용)

### 1) 급여비용의 부담

급여비용은 대통령령으로 정하는 바에 따라 그 전부 또는 일부를 제25조에 따른 의료급여기금에서 부담하되, 의료급여기금에서 일부를 부담하는 경우 그 나머지 비용은 본인이 부담한다(제10조).

### 2) 급여비용의 청구와 지급

의료급여기관은 의료급여기금에서 부담하는 급여비용의 지급을 시장·군수·구청장에게 청구할 수 있다. 이 경우 제2항에 따른 심사청구는 시장·군수·구청장에 대한 급여비용의 청구로 본다(제11조 제1항). 급여비용을 청구하려는 의료급여기관은 급여비용심사기관에 급여비용의 심사청구를 하여야 하며,

심사청구를 받은 급여비용심사기관은 이를 심사한 후 지체 없이 그 내용을 시장・군수・구청장 및 의료급여기관에 알려야 한다(제11조 제2항). 심사의 내용을 통보받은 시장・군수・구청장은 지체 없이 그 내용에 따라 급여비용을 의료급여기관에 지급하여야 한다(제11조 제3항).

### 3) 급여비용의 대지급

급여비용의 일부를 의료급여기금에서 부담하는 경우 그 나머지 급여비용(보건복지부장관이 정한 금액으로 한정한다)은 수급권자 또는 그 부양의무자의 신청을 받아 제25조에 따른 의료급여기금에서 대지급(代支給)할 수 있다(제20조 제1항). 제20조에 따라 대지급금을 받은 사람(그 부양의무자를 포함한다)은 보건복지부령으로 정하는 바에 따라 대지급금을 그 거주지를 관할하는 시장・군수・구청장에게 상환하여야 한다. 이 경우 대지급금의 상환은 무이자로 한다(제21조 제1항).

### 4) 의료급여기금

이 법에 따른 급여비용의 재원에 충당하기 위하여 시・도에 의료급여기금(기금)을 설치한다(제25조 제1항). 기금은 국고보조금, 지방자치단체의 출연금, 상환받은 대지급금, 부당이득금, 과징금, 기금의 결산상 잉여금 및 그 밖의 수입금으로 조성한다(제25조 제2항). 국가와 지방자치단체는 기금운영에 필요한 충분한 예산을 확보하여야 한다(제25조 제3항).

기금은 급여비용, 대지급에 드는 비용, 제33조 제2항에 따른 업무위탁에 드는 비용 또는 그 밖의 의료급여 업무에 직접 드는 비용으로서 보건복지부령으로 정하는 비용에만 사용하여야 한다(제26조 제2항).

# 제4절 긴급복지지원법

## 1. 의 의

이 법은 생계곤란 등의 위기상황에 처하여 도움이 필요한 사람을 신속하게 지원함으로써 이들이 위기상황에서 벗어나 건강하고 인간다운 생활을 하게 함을 목적으로 한다(제1조). 이 법에서 "위기상황"이란 본인 또는 본인과 생계 및 주거를 같이하고 있는 가구구성원이 다음 각 호의 어느 하나에 해당하는 사유로 인하여 생계유지 등이 어렵게 된 것을 말한다(제2조).

1. 주 소득자가 사망, 가출, 행방불명, 구금시설에 수용되는 등의 사유로 소득을 상실한 경우
2. 중한 질병 또는 부상을 당한 경우
3. 가구구성원으로부터 방임 또는 유기되거나 학대 등을 당한 경우
4. 가정폭력을 당하여 가구구성원과 함께 원만한 가정생활을 하기 곤란하거나 가구구성원으로부터 성폭력을 당한 경우
5. 화재 또는 자연재해 등으로 인하여 거주하는 주택 또는 건물에서 생활하기 곤란하게 된 경우
6. 주소득자 또는 부소득자(副所得者)의 휴업, 폐업 또는 사업장의 화재 등으로 인하여 실질적인 영업이 곤란하게 된 경우
7. 주소득자 또는 부소득자의 실직으로 소득을 상실한 경우
8. 보건복지부령으로 정하는 기준에 따라 지방자치단체의 조례로 정한 사유가 발생한 경우
9. 그 밖에 보건복지부장관이 정하여 고시하는 사유가 발생한 경우

## 2. 입법배경 및 연혁

경제 양극화 및 이혼 증가 등 사회변화 속에서 소득상실, 질병과 같이 갑작스러운 위기상황이 발생한 경우 누구든지 손쉽게 도움을 청하고 필요한 지원

을 받을 수 있는 제도를 마련하기 위하여 지역사회의 각종 복지지원을 활용하여 위기상황에 처한 자를 조기에 찾을 수 있는 체계를 갖추고 이들에게 필요한 지원을 신속하게 실시하며 기존의 공공부조제도나 사회복지서비스와 연계되도록 하려는 목적으로 2005년 12월 23일 제정되고 2006년 3월 24일 시행되었다. 제정 당시 시행일로부터 5년간 효력을 가지는 한시법이었으나 2009년 5월 28일 개정을 통하여 한시법에서 영속법으로 변경되었다. 2012년 10월 22일 개정에서는 현행법령상 생계지원의 소득기준은 의료・주거・교육지원 등 다른 긴급지원의 소득기준보다 엄격한바, 생계지원 소득기준을 완화함으로써 긴급지원대상자 진입제한을 해소하고 긴급지원의 예방적 효과를 제고하며, 주거지원 기간의 상한을 현행 6개월에서 12개월로 연장함으로써 안정적인 주거확보 기간을 보장하여 주거지원의 실효성을 확보하는 한편, 2008년 이후 운영 실적이 없는 긴급지원협의회를 폐지하였다. 2014년 12월 30일 개정에서는 긴급지원 여부를 지방자치단체가 판단할 수 있도록 범위의 확대, 안내 강화, 정기적으로 위기상황에 처한 사람에 대한 발굴조사 및 운영실태 점검, 긴급지원담당공무원의 권한을 확대하는 등 긴급지원의 진입장벽을 낮추고, 찾아가는 복지를 통하여 최소한의 사회안전망을 확보하려고 하였다.

### 3. 기본 원칙

이 법에 따른 지원은 위기상황에 처한 사람에게 일시적으로 신속하게 지원하는 것을 기본 원칙으로 한다(제3조 제1항). 「재해구호법」, 「국민기초생활보장법」, 「의료급여법」, 「사회복지사업법」, 「가정폭력방지 및 피해자보호 등에 관한 법률」, 「성폭력방지 및 피해자보호 등에 관한 법률」 등 다른 법률에 따라 이 법에 따른 지원 내용과 동일한 내용의 구호・보호 또는 지원을 받고 있는 경우에는 이 법에 따른 지원을 하지 아니한다(제3조 제2항).

### 4. 국가 및 지방자치단체의 책무

국가 및 지방자치단체는 위기상황에 처한 사람을 찾아내어 최대한 신속하게 필요한 지원을 하도록 노력하여야 하며, 긴급지원의 지원대상 및 소득 또는 재산기준, 자원 종류·내용·절차와 그 밖에 필요한 사항 등 긴급지원사업에 관하여 적극적으로 안내하여야 한다(제4조 제1항).

국가 및 지방자치단체는 이 법에 따른 지원 후에도 위기상황이 해소되지 아니하여 계속 지원이 필요한 것으로 판단되는 사람에게는 다른 법률에 따른 구호·보호 또는 지원을 받을 수 있도록 노력하여야 하며(제4조 제2항), 구호·보호 또는 지원이 어렵다고 판단되는 경우에는 민간기관·단체와의 연계를 통하여 구호·보호 또는 지원을 받을 수 있도록 노력하여야 한다(제4조 제3항).

### 5. 대상자의 범위

이 법에 따른 지원대상자는 위기상황에 처한 사람으로서 이 법에 따른 지원이 긴급하게 필요한 사람(긴급지원대상자)으로 한다(제5조). 또한 국내에 체류하고 있는 외국인 중 대통령령으로 정하는 사람이 제5조에 해당하는 경우에는 긴급지원대상자가 된다(제5조의2).

### 6. 긴급지원기관

이 법에 따른 지원은 긴급지원대상자의 거주지를 관할하는 시장·군수·구청장이 한다. 다만, 긴급지원대상자의 거주지가 분명하지 아니한 경우에는 지원요청 또는 신고를 받은 시장·군수·구청장이 한다(제6조 제1항). 제1항 단서에도 불구하고 거주지가 분명하지 아니한 사람에게 지원요청 또는 신고가 특정 지역에 집중되는 경우에는 보건복지부령으로 정하는 바에 따라 긴급지원기관을 달리 정할 수 있다(제6조 제2항). 시장·군수·구청장은 이 법에 따른 긴급지원사업을 수행할 담당공무원을 지정하여야 한다(제6조 제3항).

## 7. 긴급지원 절차

### 1) 긴급지원요청 및 신고

긴급지원대상자와 친족, 그 밖의 관계인은 구술 또는 서면 등으로 관할 시장·군수·구청장에게 이 법에 따른 지원을 요청할 수 있다(제7조 제1항). 누구든지 긴급지원대상자를 발견한 경우에는 관할 시장·군수·구청장에게 신고하여야 한다(제7조 제2항). 그리고 다음 각 호의 어느 하나에 해당하는 사람, 즉 의료법에 따른 의료기관의 종사자, 「유아교육법」, 「초·중등교육법」 및 「고등교육법」에 따른 교원, 직원, 산학겸임강사, 강사, 「사회복지사업법」에 따른 사회복지시설의 종사자, 「국가공무원법」 및 「지방공무원법」에 따른 공무원, 「장애인활동지원에 관한 법률」 제20조에 따른 활동지원기관의 장 및 그 종사자와 같은 법 제26조에 따른 활동지원인력, 「학원의 설립·운영 및 과외교습에 관한 법률」 제6조에 따른 학원의 운영자·강사·직원 및 같은 법 제14조에 따른 교습소의 교습자·직원, 「건강가정기본법」 제35조에 따른 건강가정지원센터의 장과 그 종사자, 「청소년 보호법」 제35조에 따른 청소년 보호·재활센터의 장과 그 종사자, 「평생교육법」 제2조에 따른 평생교육기관의 장과 그 종사자, 그 밖에 긴급지원대상자를 발견할 수 있는 자로서 보건복지부령으로 정하는 자는 진료·상담 등 직무수행 과정에서 긴급지원대상자가 있음을 알게 된 경우에는 관할 시장·군수·구청장에게 이를 신고하고, 긴급지원대상자가 신속하게 지원을 받을 수 있도록 노력하여야 한다(제7조 제3항).

관계 중앙행정기관의 장은 제3항 각 호의 어느 하나에 해당하는 사람의 자격취득 또는 보수교육 과정에 긴급지원사업의 신고와 관련된 교육 내용을 포함하도록 하여야 하며, 긴급복지 신고의무자가 소속된 기관·시설 등의 장은 소속 긴급복지 신고의무자에게 신고의무 교육을 실시하고, 그 결과를 관계 중앙행정기관의 장에게 제출하여야 한다(제7조 제4항).

### 2) 위기상황의 발굴

국가 및 지방자치단체는 위기상황에 처한 사람에 대한 발굴조사를 연 1회 이상 정기적으로 실시하여야 한다(제7조의2 제1항). 국가 및 지방자치단체는 정기 발굴조사 또는 수시 발굴조사를 위하여 필요한 경우 관계 기관・법인・단체 등의 장에게 자료의 제출, 위기상황에 처한 사람의 거주지 등 현장조사 시 소속 직원의 동행 등 협조를 요청할 수 있다. 이 경우 관계 기관・법인・단체 등의 장은 정당한 사유가 없으면 이에 따라야 한다(제7조의2 제2항). 국가 및 지방자치단체는 위기상황에 처한 사람에 대한 발굴체계의 운영 실태를 정기적으로 점검하고 개선방안을 수립하여야 한다(제7조의2 제3항).

### 3) 현장 확인 및 지원

시장・군수・구청장은 지원요청 또는 신고를 받거나 위기상황에 처한 사람을 찾아낸 경우에는 지체 없이 긴급지원담당공무원으로 하여금 긴급지원대상자의 거주지 등을 방문하여 위기상황을 확인하여야 한다(제8조 제1항). 시장・군수・구청장은 위기상황을 확인하기 위하여 필요한 경우에는 관할 경찰관서, 소방관서 등 관계 행정기관의 장에게 협조를 요청할 수 있다. 이 경우 관계 행정기관의 장은 정당한 사유가 없으면 그 요청에 따라야 한다(제8조 제2항). 시장・군수・구청장은 현장 확인 결과 위기상황의 발생이 확인된 사람에 대하여는 지체 없이 긴급지원의 종류 및 내용을 결정하여 지원을 하여야 한다. 이 경우 긴급지원대상자에게 신속히 지원할 필요가 있다고 판단되는 경우 긴급지원담당공무원으로 하여금 우선 필요한 지원을 하도록 할 수 있다(제8조 제3항).

### 4) 금융정보 등의 제공동의서 제출

긴급지원을 요청할 때 또는 긴급지원담당공무원이 위기상황을 확인할 때에 그 긴급지원대상자 및 가구구성원은 금융정보, 신용정보, 보험정보에 관한 자료 또는 정보의 제공에 대하여 동의한다는 서면을 제출하여야 한다. 다만, 긴급지원대상자가 의식불명 등 대통령령으로 정하는 사유에 해당하여 서면

제출이 사실상 불가능하다고 긴급지원담당공무원이 확인한 경우에는 지원을 받은 후에 제출할 수 있다(제8조의2 제1항).

## 8. 긴급지원의 종류 및 내용

이 법에 따른 지원의 종류 및 내용은 다음과 같다(제9조 제1항).

1. 금전 또는 현물 등의 직접지원
   가. 생계지원 : 식료품비 · 의복비 등 생계유지에 필요한 비용 또는 현물 지원
   나. 의료지원 : 각종 검사 및 치료 등 의료서비스 지원
   다. 주거지원 : 임시거소 제공 또는 이에 해당하는 비용 지원
   라. 사회복지시설 이용 지원 : 사회복지사업법에 따른 사회복지시설 입소 또는 이용 서비스 제공이나 이에 필요한 비용 지원
   마. 교육지원 : 초 · 중 · 고등학생의 수업료, 입학금, 학교운영지원비 및 학용품비 등 필요한 비용 지원
   바. 그 밖의 지원 : 연료비나 그 밖에 위기상황의 극복에 필요한 비용 또는 현물 지원
2. 민간기관 · 단체와의 연계 등의 지원
   가. 「대한적십자사 조직법」에 따른 대한적십자사, 「사회복지공동모금회법」에 따른 사회복지공동모금회 등의 사회복지기관 · 단체와의 연계 지원
   나. 상담 · 정보제공, 그 밖의 지원

이 경우 제1항 제1호 가목 및 다목의 지원은 「국민기초생활보장법」에 따른 중위소득의 100분의 40을 각각 한도로 한다(제9조 제2항). 시장 · 군수 · 구청장은 사회복지시설 이용 지원을 하는 경우 관할 사회복지시설의 장에게 지원을 요청할 수 있다. 이 경우 지원요청을 받은 사회복지시설의 장은 정당한 사유가 없으면 해당 시설의 입소기준에도 불구하고 긴급지원대상자가 제10조에 따른 기간에 그 시설을 이용할 수 있도록 조치하여야 한다(제9조 제3항).

## 9. 긴급지원의 기간

생계지원, 주거지원, 사회복지시설 이용지원, 그 밖의 지원은 1개월간의 생계유지 등에 필요한 지원으로 한다. 다만, 시장・군수・구청장이 긴급지원대상자의 위기상황이 계속된다고 판단하는 경우에는 1개월씩 두 번의 범위에서 기간을 연장할 수 있다(제10조 제1항). 의료지원은 위기상황의 원인이 되는 질병 또는 부상을 검사・치료하기 위한 범위에서 한 번 실시하며, 교육지원도 한 번 실시한다(제10조 제2항).

시장・군수・구청장은 제1항 및 제2항에 따른 지원에도 불구하고 위기상황이 계속되는 경우에는 제12조에 따른 긴급지원심의위원회의 심의를 거쳐 지원을 연장할 수 있다. 이 경우 생계지원, 사회복지시설이용지원 및 그 밖의 지원은 지원기간을 합하여 총 6개월을 초과하여서는 아니 되고, 주거지원은 제1항에 따른 지원기간을 합하여 총 12개월을 초과하여서는 아니 되며, 의료지원은 제2항에 따른 지원횟수를 합하여 총 두 번, 교육지원은 제2항에 따른 지원횟수를 합하여 총 네 번을 초과하여서는 아니 된다(제10조 제3항).

## 10. 담당기구 설치 등

보건복지부장관은 위기상황에 처한 사람에게 상담・정보제공 및 관련 기관・단체 등과의 연계서비스를 제공하기 위하여 담당기구를 설치・운영할 수 있다(제11조 제1항). 시장・군수・구청장은 긴급지원사업을 원활하게 수행하기 위하여 「사회복지사업법」 제7조의2에 따른 지역사회복지협의체를 통하여 사회복지・보건의료 관련 기관・단체 간의 연계・협력을 강화하여야 한다(제11조 제3항).

## 11. 긴급복지심의위원회

다음 각 호의 사항을 심의・의결하기 위하여 시・군・구에 긴급지원심의

위원회를 둔다(제12조 제1항).

1. 제10조 제3항에 따른 긴급지원연장 결정
2. 제14조 제1항에 따른 긴급지원의 적정성 심사
3. 제15조 제1항에 따른 긴급지원의 중단 또는 지원비용의 환수 결정
4. 그 밖에 긴급지원심의위원회의 위원장이 회의에 부치는 사항

긴급지원심의위원회는 위원장 1명을 포함한 15명 이내의 위원으로 구성하며(제12조 제2항), 위원장은 시장·군수·구청장이 된다(제12조 제3항). 시·군·구에 국민기초생활보장법 제20조 제1항 본문에 따른 생활보장위원회가 있는 경우 그 위원회는 조례로 정하는 바에 따라 긴급지원심의위원회의 기능을 대신할 수 있다(제12조 제4항).

## 12. 사후조사

시장·군수·구청장은 제8조 제3항에 따라 지원을 받았거나 받고 있는 긴급지원대상자에 대하여 소득 또는 재산 등 대통령령으로 정하는 기준에 따라 긴급지원이 적정한지를 조사하여야 한다(제13조 제1항).

## 13. 긴급지원의 적정성 심사

긴급지원심의위원회는 시장·군수·구청장이 한 사후조사 결과를 참고하여 긴급지원의 적정성을 심사한다(제14조 제1항). 긴급지원심의위원회는 긴급지원대상자가 국민기초생활보장법 또는 의료급여법에 따른 수급권자로 결정된 경우에는 심사를 하지 아니할 수 있다(제14조 제2항). 시장·군수·구청장은 심사 결과 긴급지원대상자에 대한 지원이 적정하지 아니한 것으로 결정된 경우에도 긴급지원담당공무원의 고의 또는 중대한 과실이 없으면 이를 이유로 긴급지원담당공무원에 대하여 불리한 처분이나 대우를 하여서는 아니 된다(제14조 제3항).

## 14. 지원중단 또는 비용환수

시장 · 군수 · 구청장은 긴급지원의 적정성 심사 결과 거짓이나 그 밖의 부정한 방법으로 제8조 제3항에 따른 지원을 받은 것으로 결정된 사람에게는 긴급지원심의위원회의 결정에 따라 지체 없이 지원을 중단하고 지원한 비용의 전부 또는 일부를 반환하게 하여야 하며(제15조 제1항), 긴급지원이 적정하지 아니한 것으로 결정된 사람에게는 지원을 중단하고 지원한 비용의 전부 또는 일부를 반환하게 할 수 있다(제15조 제2항).

## 15. 재정(비용)

국가 및 지방자치단체는 긴급지원 업무를 수행하기 위하여 필요한 비용을 분담하여야 한다(제17조).

## 16. 권리보호

### 1) 압류 등의 금지

이 법에 따라 긴급지원대상자에게 지급되는 금전 또는 현물은 압류할 수 없다(제18조 제1항). 긴급지원수급계좌의 긴급지원금과 이에 관한 채권은 압류할 수 없다(제18조 제2항). 긴급지원대상자는 이 법에 따라 지급되는 금전 또는 현물을 생계유지 등의 목적 외의 다른 용도로 사용하기 위하여 양도하거나 담보로 제공할 수 없다(제18조 제3항).

### 2) 이의신청

시장 · 군수 · 구청장의 지원의 종류 및 내용에 관한 결정이나 반환명령에 이의가 있는 사람은 그 처분을 고지받은 날부터 30일 이내에 해당 시장 · 군수 · 구청장을 거쳐 특별시장 · 광역시장 · 도지사 · 특별자치도지사에게 서면으로 이의신청할 수 있다. 이 경우 시장·군수·구청장은 이의신청을 받은 날부터 10일 이내에 의견서와 관련 서류를 첨부하여 시·도지사에게 송부하여야 한다(제16조 제1항). 시·도지사는 송부를 받은 날부터 15일 이내에 이를 검토하고 처분이 위법·부당하다고 인정되는 때는 시정, 그 밖에 필요한 조치를 하여야 한다(제16조 제2항).

## 제5절 기초연금법

### 1. 도입배경

1960년대 이후 이룩한 괄목할 만한 경제성장에도 불구하고 한국의 노인빈곤율은 OECD 국가 중 가장 높은 수준이다(2010년 한국 47.2%, OECD 평균 12.8%).[5] 국민연금은 제도의 미성숙으로 인해 현재까지 광범위한 사각지대가 존재하는 동시에 국민연금 수급자의 급여 수준 또한 상당히 낮은 편이다(2012년 12월 기준으로 65세 이상 전체 노인 중 국민연금 수급자는 31.2% 수준에 불과하며, 국민연금의 노령연금 월평균지급액은 대략 30만 원 수준).

이와 같은 심각한 노인빈곤과 공적연금제도의 광범위한 사각지대 문제에 대응하기 위해 2008년부터 비기여방식의 기초노령연금제도가 시행되었다.[6] 그러나 급여수준이 상당히 낮게 설정된 관계로 심각한 노인빈곤에 효과적으로 대응하기에는 큰 한계가 있었을 뿐 아니라, 기초노령연금제도가 지닌 모호한 성격은 결과적으로 국민연금과의 역할 정립과 유기적 연계를 어렵게 하는 요인으로 작용하였다. 즉, 기초노령연금은 현 노인세대를 대상으로 한 한시적인 제도인지 아니면 세대를 가로질러 지속되는 항구적인 제도인지와 제

5 OECD(2013). Pensions at a Glance 2013.

6 기초노령연금법이 제정되기 전에 노후소득 문제를 해결하기 위한 방법으로는 노령수당제도가 있었다(1991년부터 70세 이상 거택보호 가구주 등에게 월 1만 원의 노령수당 지급). 1997년 노인복지법의 전면 개정으로 노령수당제도를 폐지하고 무갹출 경로연금을 지급하기로 결정하였다(경로연금의 지급액은 국민연금법상 특례노령연금의 최저지급액을 감안하여 예산의 범위 안에서 매년 복지부장관이 결정).

도 성격이 공적연금인지 아니면 공공부조인지 등 그 정체성과 관련된 많은 논란이 있었다(원종욱 외, 2014).

2012년 18대 대통령 선거과정에서 여·야 후보를 막론하고 노인빈곤문제를 해소하기 위하여 기초연금과 관련한 공약을 경쟁적으로 내놓게 되었다. 여당의 박근혜 후보는 모든 노인에게 기초연금 20만 원 지급이라는 공약을 내걸었고, 야당의 문재인 후보는 중하위 80% 노인에게 기초노령연금 2배 지급이라는 공약을 내걸었다. 박근혜 대통령은 당선 이후 이 문제를 재검토하게 되었는데, 정치적 논란 끝에 2014년 5월 2일 여·야 합의로 「기초연금법」이 국회를 통과하였고, 2014년 7월 1일 시행되었다. 「기초연금법」이 시행됨에 따라 기존의 「기초노령연금법」은 폐지되었다.

「기초연금법」은 제정 이유에서 "국가재정의 지속 가능성을 확보하면서 노인세대를 위한 안정적인 공적연금제도를 마련하여 65세 이상의 노인 중 소득기반이 취약한 70퍼센트의 노인에게 기초연금을 지급함으로써 노인 빈곤 문제를 해소하고 노인의 생활안정과 복지 증진에 기여하려는 것"이라고 밝히고 있다. 기초연금은 노령층에게 세대 간 이전(intergenerational transfer)을 통해 무갹출연금(non-contributory pension)을 지급하는 제도이다. 기초연금제도는 기초노령연금제도가 지녔던 선별적인 공공부조제도로서의 싹을 끊어내고 보편적인 기초연금으로서의 제도 정체성을 확실하게 갖게 되었다. 그러나 세대 간 이전의 공평성[7] 측면에서는 불완전한 제도이다(석재은, 2015).

## 2. 목 적

이 법은 노인에게 기초연금을 지급하여 안정적인 소득기반을 제공함으로써 노인의 생활안정을 지원하고 복지를 증진함을 목적으로 한다(제1조).

7 "세대 간 이전의 공평성" 이란 세대 간 이전이 모든 노인에게 균등한 것을 의미한다. 세대 간 이전은 세대 간에 이루어지는 부양계약이기 때문에 노령집단 중 그 누구도 세대 간 이전 혜택에서 배제되지 않아야 하고 기여 여부 및 소득에 관계없이 모든 노인에게 균등한 세대 간 이전이 이루어지는 것이 공평하다(석재은, 2015).

## 3. 적용대상

기초연금은 65세 이상인 사람으로서 소득인정액[8]이 보건복지부장관이 정하여 고시하는 금액(선정기준액) 이하인 사람에게 지급한다(제3조 제1항). 보건복지부장관은 선정기준액을 정하는 경우 65세 이상인 사람 중 기초연금 수급자가 100분의 70 수준이 되도록 한다(제3조 제2항).

다음 각 호의 어느 하나에 해당하는 연금의 수급권자와 그 배우자나 다음 각 호의 어느 하나에 해당하는 연금을 받은 사람 중 대통령령으로 정하는 사람과 그 배우자에게는 기초연금을 지급하지 아니한다(제3조 제3항).

1. 「공무원연금법」 제28조, 「공무원 재해보상법」 제8조 또는 「사립학교교직원 연금법」 제42조 제1항에 따른 퇴직연금, 퇴직연금일시금, 퇴직연금공제일시금, 장해연금, 비공무상 장해연금, 비직무상 장해연금, 장해일시금, 비공무상 장해일시금, 비직무상 장해일시금, 퇴직유족연금, 장해유족연금, 순직유족연금, 직무상유족연금, 위험직무순직유족연금, 퇴직유족연금일시금 또는 퇴직유족일시금[퇴직유족일시금의 경우에는 「공무원 재해보상법」 제20조 제1항에 따라 순직유족연금의 수급권자가 순직유족연금을 갈음하여 선택한 경우(「사립학교교직원 연금법」 제42조 제1항에 따른 직무상유족연금의 수급권자가 직무상유족연금을 갈음하여 선택한 경우를 포함한다) 및 같은 법 제20조 제2항에 따라 위험직무순직유족연금의 수급권자가 위험직무순직유족연금을 갈음하여 선택한 경우로 한정한다]
2. 「군인연금법」 제7조에 따른 퇴역연금, 퇴역연금일시금, 퇴역연금공제일시금, 퇴역유족연금, 퇴역유족연금일시금 또는 「군인 재해보상법」 제7조에 따른 상이연금, 상이유족연금, 순직유족연금, 순직유족연금일시금
3. 「별정우체국법」 제24조 제2항에 따른 퇴직연금, 퇴직연금일시금, 퇴직연금공제일시금, 유족연금 또는 유족연금일시금

---

8 "소득인정액"이란 본인 및 배우자의 소득평가액과 재산의 소득환산액을 합산한 금액을 말한다. 이 경우 소득평가액과 재산의 소득환산액을 산정하는 소득 및 재산의 범위는 대통령령으로 정하고, 소득평가액과 재산의 소득환산액의 구체적인 산정방법은 보건복지부령으로 정한다(제2조 제4호).

4. 「국민연금과 직역연금의 연계에 관한 법률」 제10조 또는 제13조에 따른 연계퇴직연금 또는 연계퇴직유족연금 중 같은 법 제2조 제1항 제7호에 따른 직역재직기간이 10년 이상인 경우의 연계퇴직연금 또는 연계퇴직유족연금

### 4. 급 여

#### 1) 기초연금액의 산정 등

##### (1) 기초연금액 산정

기초연금 수급권자에 대한 기초연금의 금액(기초연금액)은 기준연금액과 국민연금 급여액 등을 고려하여 산정한다(제5조 제1항).

##### (2) 기준연금액 고시

기준연금액은 보건복지부장관이 그 전년도의 기준연금액에 대통령령으로 정하는 바에 따라 전국소비자물가변동률(통계법 제3조에 따라 통계청장이 매년 고시하는 전국소비자물가변동률을 말한다)을 반영하여 매년 고시한다. 이 경우 그 고시한 기준연금액의 적용기간은 해당 조정연도 1월부터 12월까지로 한다(제5조 제2항).

##### (3) 국민연금 수급권자의 기초연금액 산정

기초연금 수급권자 중 제5조 제3항 규정의 국민연금수급권자(국민연금법 제61조, 제64조 또는 법률 제8541호 국민연금법 전부개정법률 부칙 제2조・제6조・제9조에 따른 노령연금수급권자 또는 분할연금 수급권자 및 「북한이탈주민의 보호 및 정착지원에 관한 법률」 제26조의2에 따른 국민연금 수급권자)에게 지급하는 기초연금액은 제5조 제4항에 따라 산정한 금액으로 한다(제5조 제3항). 즉, 국민연금 수급권자에게 지급하는 기초연금액은 제5조 제4항 제1호의 금액에서 제2호의 금액을 뺀 금액(그 뺀 후의 금액이 0보다 작은 경우에는 0으로 한다)에 제3호의 금액을 더한 금액으로 한다(제5조 제4항).

1. 기준연금액

2. 국민연금 수급권자가 받을 수 있는 연금의 금액 중 「국민연금법」 제51조 제1항 제1호의 금액을 기초로 산정한 금액(「국민연금법」 제51조 제2항에 따라 매년 조정한 금액을 말하며, 이하 "소득재분배급여금액"이라 한다)에 3분의 2를 곱한 금액. 다만, 「국민연금법」에 따라 국민연금 수급권자의 연금의 금액을 연기 또는 조기 지급하거나 가산 또는 감액하여 지급하는 경우 등의 소득재분배급여금액 산정 기초가 되는 연금의 금액 기준은 대통령령으로 정한다.
3. 부가연금액 : 기준연금액의 2분의 1에 해당하는 금액

### (4) 연계노령연금수급권자의 기초연금액

기초연금 수급권자 중 「국민연금과 직역연금의 연계에 관한 법률」 제10조에 따른 연계노령연금수급권자에게는 제1호의 금액에서 제2호의 금액을 뺀 금액(그 뺀 후의 금액이 0보다 작은 경우에는 0으로 한다)에 제3호의 금액을 더한 금액을 지급한다(제5조 제5항).

1. 기준연금액
2. 가목과 나목의 금액을 합한 금액에 3분의 2를 곱한 금액
   가. 소득재분배급여금액
   나. 「국민연금과 직역연금의 연계에 관한 법률」 제12조에 따른 연계퇴직연금액에 2분의 1을 곱한 금액
3. 부가연금액 : 기준연금액의 2분의 1에 해당하는 금액

### (5) 기준연금액 지급의 경우

기초연금 수급권자 중 다음 각 호의 어느 하나에 해당하는 사람에게 지급하는 기초연금액은 기준연금액으로 한다(제5조 제6항).

1. 제3항 각 호 또는 제5항에 해당하지 아니하는 사람
2. 제3항 각 호 또는 제5항에 해당하는 사람으로서 다음 각 목의 어느 하나에 해당하는 사람
   가. 「국민연금법」 제56조 제1항에 따라 국민연금 지급이 정지된 노령연

금수급권자 및 분할연금 수급권자

나. 「장애인연금법」 제4조에 따른 수급권자

다. 「국민기초생활보장법」 제2조에 따른 수급권자로서 대통령령으로 정하는 사람

라. 그 밖에 대통령령으로 정하는 사람

### (6) 국민연금 급여액 등에 따른 기초연금액 산정의 특례

제5조에도 불구하고 제5조 제3항 각 호 또는 같은 조 제5항에 해당하는 사람 중 「국민연금법」 및 「국민연금과 직역연금의 연계에 관한 법률」에 의한 수급권에 따라 매월 지급받을 수 있는 급여액(「국민연금법」 제52조에 따른 부양가족연금액을 제외한 금액으로 한다. 이하 "국민연금 급여액 등"이라 한다)이 기준연금액의 100분의 150 이하인 사람에게 지급하는 기초연금액은 기준연금액으로 한다(제6조 제1항). 제5조에도 불구하고 제5조 제3항 각 호 또는 같은 조 제5항에 해당하는 사람 중 국민연금 급여액 등이 기준연금액의 100분의 150 초과 100분의 200 이하인 사람에게 지급하는 기초연금액은 기준연금액의 범위에서 대통령령으로 정하는 바에 따라 제5조에 따라 산정된 금액 이상으로 달리 정할 수 있다(제6조 제2항).

### (7) 기초연금액의 한도

제5조 제3항부터 제5항까지의 규정에 따라 산정한 기초연금액이 기준연금액을 초과하는 경우 기준연금액을 기초연금액으로 본다(제7조).

### (8) 기초연금액 감액

본인과 그 배우자가 모두 기초연금 수급권자인 경우에는 각각의 기초연금액에서 기초연금액의 100분의 20에 해당하는 금액을 감액한다(제8조 제1항). 소득인정액과 제5조, 제5조의2, 제6조 및 제7조에 따른 기초연금액(제1항이 적용되는 경우에는 그 감액분이 반영된 금액을 말한다)을 합산한 금액이 선정기준액 이상인 경우에는 선정기준액을 초과하는 금액의 범위에서 기초연금액의 일부를 감액할

수 있다(제8조 제2항).

#### (9) 기초연금액의 적정성 평가

보건복지부장관은 5년마다 기초연금 수급권자의 생활수준, 국민연금법 제51조 제1항 제1호에 따른 금액의 변동률, 전국소비자물가변동률 등을 종합적으로 고려하여 기초연금액의 적정성을 평가하고 그 결과를 반영하여 기준연금액을 조정하여야 한다(제9조 제1항). 적정성 평가를 할 때에는 노인 빈곤에 대한 실태 조사와 기초연금의 장기적인 재정 소요에 대한 전망을 함께 실시하여야 한다(제9조 제2항).

### 2) 기초연금의 신청 및 지급

#### (1) 기초연금 지급의 신청

기초연금을 지급받으려는 사람(기초연금 수급희망자) 또는 보건복지부령으로 정하는 대리인은 특별자치시장·특별자치도지사·시장·군수·구청장에게 기초연금의 지급을 신청할 수 있다(제10조 제1항).

기초연금 수급희망자와 그 배우자는 신청을 할 때 다음 각 호의 자료 또는 정보를 보건복지부장관 및 특별자치시장·특별자치도지사·시장·군수·구청장(제28조 제2항에 따라 업무를 위탁받은 자를 포함한다)에게 제공하는 것에 대하여 동의한다는 서면을 제출하여야 한다(제10조 제2항).

1. 「금융실명거래 및 비밀보장에 관한 법률」에 따른 금융자산 및 금융거래에 관한 자료 또는 정보 중 예금의 평균잔액과 그 밖에 대통령령으로 정하는 자료 또는 정보(금융정보)
2. 「신용정보의 이용 및 보호에 관한 법률」에 따른 신용정보 중 채무액과 그 밖에 대통령령으로 정하는 자료 또는 정보(신용정보)
3. 보험업법에 따른 보험에 가입하여 납부한 보험료와 그 밖에 대통령령으로 정하는 자료 또는 정보(보험정보)

### (2) 조사 · 질문

보건복지부장관 또는 특별자치시장 · 특별자치도지사 · 시장 · 군수 · 구청장은 기초연금 수급권의 발생 · 변경 · 상실 등을 확인하기 위하여 기초연금을 신청한 기초연금 수급희망자, 기초연금 수급권자, 기초연금 수급자와 그 각각의 배우자 및 고용주(기초연금수급권자 등)에게 필요한 서류나 그 밖에 소득 · 재산 등에 관한 자료의 제출을 요구할 수 있으며, 소속 공무원으로 하여금 기초연금 수급권자 등의 집이나 그 밖의 필요한 장소에 출입하여 서류 등을 조사하게 하거나 관계인에게 필요한 질문을 하게 할 수 있다(제11조 제1항). 보건복지부장관 또는 특별자치시장 · 특별자치도지사 · 시장 · 군수 · 구청장은 기초연금 수급희망자, 기초연금 수급권자 또는 기초연금 수급자가 제1항에 따른 서류 또는 자료를 제출하지 아니하거나 거짓의 서류 또는 자료를 제출한 경우 또는 조사 · 질문을 거부 · 방해 또는 기피하거나 거짓 답변을 한 경우에는 기초연금 지급의 신청을 각하하거나 기초연금 지급의 결정을 취소하거나 기초연금 지급을 정지할 수 있다(제11조 제4항).

### (3) 기초연금 지급의 결정

특별자치시장 · 특별자치도지사 · 시장 · 군수 · 구청장은 제11조에 따른 조사를 한 후 기초연금 수급권의 발생 · 변경 · 상실 등을 결정하며(제13조 제1항), 결정을 한 경우에는 그 결정 내용을 서면으로 그 이유를 구체적으로 밝혀 기초연금 수급권자에게 지체 없이 통지하여야 한다(제13조 제2항).

### (4) 기초연금의 지급 및 지급 시기

특별자치시장 · 특별자치도지사 · 시장 · 군수 · 구청장은 기초연금 수급권자로 결정한 사람에 대하여 기초연금의 지급을 신청한 날이 속하는 달부터 기초연금 수급권을 상실한 날이 속하는 달까지 매월 정기적으로 기초연금을 지급한다(제14조 제1항). 기초연금의 지급이 정지된 기간에는 기초연금을 지급하지 아니한다(제14조 제2항).

### 3) 기초연금 수급자 사후관리

#### (1) 미지급 기초연금

기초연금 수급자가 사망한 경우로서 그 기초연금 수급자에게 지급되지 아니한 기초연금액이 있는 경우에는 그 기초연금 수급자의 사망 당시 생계를 같이한 부양의무자(배우자와 직계혈족 및 그 배우자를 말한다)는 미지급 기초연금을 청구할 수 있다. 이 경우 특별자치시장 · 특별자치도지사 · 시장 · 군수 · 구청장은 지체 없이 그 지급 여부를 결정하여 그 부양의무자에게 통지하여야 한다(제15조 제1항).

#### (2) 기초연금 지급의 정지

특별자치시장 · 특별자치도지사 · 시장 · 군수 · 구청장은 기초연금 수급자가 다음 각 호의 어느 하나의 경우에 해당하면 그 사유가 발생한 날이 속하는 달의 다음 달부터 그 사유가 소멸한 날이 속하는 달까지는 기초연금의 지급을 정지한다(제16조 제1항).

1. 기초연금 수급자가 금고 이상의 형을 선고받고 교정시설 또는 치료감호시설에 수용되어 있는 경우
2. 기초연금 수급자가 행방불명되거나 실종되는 등 대통령령으로 정하는 바에 따라 사망한 것으로 추정되는 경우
3. 기초연금 수급자의 국외 체류기간이 60일 이상 지속되는 경우. 이 경우 국외 체류 60일이 되는 날을 지급 정지의 사유가 발생한 날로 본다.
4. 그 밖에 제1호부터 제3호까지의 경우에 준하는 경우로서 대통령령으로 정하는 경우

#### (3) 기초연금 수급권의 상실

기초연금 수급권자는 ① 사망한 때, ② 국적을 상실하거나 국외로 이주한 때, ③ 기초연금 수급권자에 해당하지 아니하게 된 때 중 어느 하나에 해당하게 된 때에 기초연금 수급권을 상실한다(제17조).

#### 4) 기초연금 수급권자의 권리 보호

##### (1) 기초연금 수급권의 보호

기초연금 수급권은 양도하거나 담보로 제공할 수 없으며, 압류 대상으로 할 수 없다(제21조 제1항). 기초연금으로 지급받은 금품은 압류할 수 없다(제21조 제2항).

##### (2) 이의신청

제13조에 따른 결정이나 그 밖에 이 법에 따른 처분에 이의가 있는 사람은 특별자치시장・특별자치도지사・시장・군수・구청장에게 이의신청을 할 수 있다(제22조 제1항). 이의신청은 그 처분이 있음을 안 날부터 90일 이내에 서면으로 하여야 한다. 다만, 정당한 사유로 인하여 그 기간 이내에 이의신청을 할 수 없었음을 증명한 때에는 그 사유가 소멸한 때부터 60일 이내에 이의신청을 할 수 있다(제22조 제2항).

### 5. 전달체계

#### 1) 국가와 지방자치단체

국가와 지방자치단체는 기초연금이 제1조의 목적에 따라 노인의 생활안정을 지원하고 복지를 증진하는 데 필요한 수준이 되도록 최대한 노력하여야 한다(제4조 제1항). 국가와 지방자치단체는 제1항에 따라 필요한 비용을 부담할 수 있도록 재원을 조성하여야 한다. 이 경우 「국민연금법」 제101조 제1항에 따라 설치된 국민연금기금은 기초연금 지급을 위한 재원으로 사용할 수 없다(제4조 제2항). 국가와 지방자치단체는 기초연금의 지급에 따라 계층 간 소득역전 현상이 발생하지 아니하고 근로의욕 및 저축유인이 저하되지 아니하도록 최대한 노력하여야 한다(제4조 제3항).

### 2) 국민연금공단

보건복지부장관 또는 특별자치시장·특별자치도지사·시장·군수·구청장은 기초연금사업의 원활한 수행을 위하여 대통령령으로 정하는 바에 따라 ① 제10조에 따른 신청의 접수, ② 제11조에 따른 조사·질문의 지원, ③ 제14조 제1항에 따른 기초연금의 지급, ④ 제15조 제1항 전단에 따른 미지급 기초연금 청구의 접수, ⑤ 제18조 제1항에 따른 신고의 접수, ⑥ 제20조에 따른 환수금의 고지, 독촉 및 징수, ⑦ 제22조 제1항에 따른 이의신청의 접수, ⑧ 기초연금정보시스템의 구축·운영에 관한 업무를 「국민연금법」 제24조에 따른 국민연금공단에 위탁할 수 있다(제28조 제2항).

## 6. 재정(비용)

국가는 지방자치단체의 노인인구 비율 및 재정 여건 등을 고려하여 기초연금의 지급에 드는 비용 중 100분의 40 이상 100분의 90 이하의 범위에서 대통령령으로 정하는 비율에 해당하는 비용을 부담한다(제25조 제1항). 국가가 부담하는 비용을 뺀 비용은 특별시·광역시·특별자치시·도·특별자치도와 시·군·구가 상호 분담한다. 이 경우, 그 부담비율은 노인인구 비율 및 재정여건 등을 고려하여 보건복지부장관과 협의하여 시·도의 조례 및 시·군·구의 조례로 정한다(제25조 제2항).

## 7. 기초연금정보시스템

보건복지부장관은 이 법에 따른 기초연금 관련 자료 또는 정보의 효율적 처리·관리를 위하여 대통령령으로 정하는 바에 따라 기초연금정보시스템(이하 "기초연금정보시스템"이라 한다)을 구축·운영할 수 있다(제26조 제1항). 보건복지부장관은 기초연금 업무를 효율적으로 수행하기 위하여 사회복지사업법 제6조의2 제2항에 따른 정보시스템과 기초연금정보시스템을 연계하여 사용할 수 있다(제26조 제2항).

# 제17장 사회서비스법

## 제1절 사회서비스법의 의의와 특성

개정 사회보장기본법에서는 사회서비스의 정의를 새롭게 규정하였다. 즉, 기존의 사회보장기본법에 규정되어 있던 사회복지서비스와 관련 복지제도를 결합하는 등 그 범위를 크게 확장시켰다.[1] 사회보장기본법 제3조에서 "사회서비스"란 ① 국가·지방자치단체 및 민간부문의 도움이 필요한 모든 국민에게 ② 복지, 보건의료, 교육, 고용, 주거, 문화, 환경 등의 분야에서 ③ 인간다운 생활을 보장하고 상담, 재활, 돌봄, 정보의 제공, 관련 시설의 이용, 역량 개발, 사회참여 지원 등을 통하여 ④ 국민의 삶의 질이 향상되도록 지원하는 제도라고 규정하고 있다. 즉, ①의 대상에게 ②의 분야에서 ③의 수단을 통해 ④의 목적을 달성하려는 제도라고 할 수 있다. 사회서비스법은 이와 같은 사회서비스 보장에 관한 법을 말한다.

우리 사회는 저출산·고령화 문제 및 양극화 현상의 심화 등의 급격한 사회적 변화를 겪고 있고, 사회적 사고의 증대 등으로 인하여 사회문제가 가속화되어 사회적응, 인간성 회복, 사회보호 등의 사회서비스에 대한 수요가 급증하고 있다.

---

1 많은 영역을 포괄하는 장점을 갖게 되기도 하였지만 다른 한편 개념을 더 혼란스럽게 만드는 단점도 있고 개념적 긴장을 초래할 가능성이 있다. 특히 매우 넓은 사회서비스 정책을 수행해야 하는 보건복지부에 큰 도전이 될 것이며, 보건복지부의 권한 강화 필요성과 보건복지부를 중심으로 한 사회서비스 전달체계를 개혁할 필요가 있다(남찬섭, 2010b).

사회서비스법은 사회보험법이나 공공부조법과는 다른 특성이 있다. 급여의 내용과 형태가 사회보험법이나 공공부조법은 소득이나 물질적 급여가 주류를 이루지만, 사회서비스법은 비물질적·심리사회적 서비스가 주된 내용이 된다. 또한 급여의 특성상 개인적 욕구의 특수성에 따라 개별적 처우를 제공해야 하는 점이 사회보험과 공공부조에 비하여 상대적으로 어렵다고 할 수 있다. 사회서비스법의 급여는 서비스보장이어서 서비스를 전달하는 사람들의 전문적 개입과 기술이 중요하고, 전문 인력의 자질과 실천적 윤리의식이 성공적인 법의 실현에 결정적 요소가 된다.

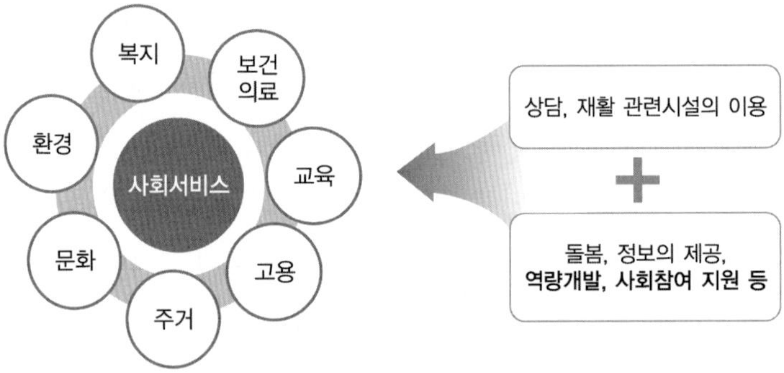


**| 그림 17-1 |** 사회서비스의 제도범주와 수단

출처 : 보건복지부(www.mohw.go.kr).

# 제2절 사회복지사업법

## 1. 의 의

사회복지사업법은 사회복지사업에 관한 기본적 사항을 규정하여 사회복지를 필요로 하는 사람에 대하여 인간의 존엄성과 인간다운 생활을 할 권리를 보장하고 사회복지의 전문성을 높이며, 사회복지사업의 공정 · 투명 · 적정을 도모하고, 지역사회복지의 체계를 구축하고 사회복지서비스의 질을 높여 사회복지의 증진에 이바지함을 목적으로 한다(제1조).

또한 사회복지사업법은 제2조에서 기본 이념을 규정하고 있다. 즉, 사회복지를 필요로 하는 사람은 누구든지 자신의 의사에 따라 서비스를 신청하고 제공받을 수 있으며(제1조의2 제1항), 사회복지법인 및 사회복지시설은 공공성을 가지며 사회복지사업을 시행하는 데 있어서 공공성을 확보하여야 하며(제1조의2 제2항), 사회복지사업을 시행하는 데 있어서 사회복지를 제공하는 자는 사회복지를 필요로 하는 사람의 인권을 보장하여야 한다(제1조의2 제3항). 또한 사회복지서비스를 제공하는 자는 필요한 정보를 제공하는 등 사회복지서비스를 이용하는 사람의 선택권을 보장하여야 한다(제1조의2 제4항).

이 법에서 "사회복지사업"이라 함은 제2조 제1호 가목~허목에 규정되어 있는 법률[2]에 따른 보호 · 선도 또는 복지에 관한 사업과 사회복지상담, 직업지원, 무료 숙박, 지역사회복지, 의료복지, 재가복지, 사회복지관 운영, 정신질환자 및 한센병력자의 사회복귀에 관한 사업 등 각종 복지사업과 이와 관련된 자원봉사활동 및 복지시설의 운영 또는 지원을 목적으로 하는 사업을 말

2 이 법률은 국민기초생활보장법, 아동복지법, 노인복지법, 장애인복지법, 한부모가족지원법, 영유아보육법, 「성매매방지 및 피해자보호 등에 관한 법률」, 「정신건강증진 및 정신질환자 복지서비스 지원에 관한 법률」, 「성폭력방지 및 피해자보호 등에 관한 법률」, 입양특례법, 「일제하 일본군위안부 피해자에 대한 생활안정지원 및 기념사업 등에 관한 법률」, 사회복지공동모금회법, 「장애인 · 노인 · 임산부 등의 편의증진 보장에 관한 법률」, 「가정폭력방지 및 피해자보호 등에 관한 법률」, 「농어촌주민의 보건복지증진을 위한 특별법」, 「식품기부 활성화에 관한 법률」, 의료급여법, 기초연금법, 긴급복지지원법, 다문화가족지원법, 장애인연금법, 「장애인활동 지원에 관한 법률」, 「노숙인 등의 복지 및 자립지원에 관한 법률」, 「보호관찰 등에 관한 법률」, 장애아동복지지원법, 「발달장애인 권리보장 및 지원에 관한 법률」, 「청소년복지지원법」 그 밖에 대통령령으로 정하는 법률이다.

한다(제2조 제1호).

과거의 사회복지사업은 경제적 · 물질적 원조를 제공하는 것을 의미하였지만, 오늘날에는 그 범위가 확대되어 건강한 문화생활을 할 수 있도록 하여주고, 정상적인 사회생활이 가능하도록 사회환경을 조성하여 주며, 자신의 문제를 스스로 처리할 수 있도록 도와주고, 잔존능력을 최대한 발휘할 수 있도록 하여주며, 인간자본의 향상을 위해 국가와 사회복지대상자 및 그 가족들이 함께 협력하여 노력하는 상담 · 지도 · 훈련 등 일체의 사업을 포함하고 있어 경제적 · 물질적 원조뿐만 아니라 비경제적 · 비물질적 원조도 사회복지사업의 주요 내용이 되고 있다(김기원, 2009 : 291).

사회복지사업법은 사회복지사업에 관한 기본법적 성격을 갖는 법으로서 사회복지사업의 내용, 절차 등에 관하여 동법 제2조 제1호 각 목의 법률에 특별한 규정이 있는 경우를 제외하고는 이 법이 정하는 바에 의한다(제3조 제1항). 그리고 제2조 제1호 각 목의 법률을 개정하는 경우에는 이 법에 부합하도록 하여야 한다(제3조 제2항).

## 2. 입법배경 및 연혁

### 1) 입법배경

우리나라의 사회복지사업은 국가적인 사회복지제도가 확립되지 않았던 1950년대에 한국전쟁이라는 특수한 상황으로 인한 여러 사회문제들을 해결하기 위하여 등장하였다. 초기 사회복지사업은 사회 · 경제적 여건이 극도로 열악하여 국가의 체계적 관리와 지원이 이루어지지 못하고, 주로 외국의 원조에 의지하여 운영되었다. 따라서 사회복지시설의 설립이나 운영 역시 체계화된 구체적인 법규정에 의한 실시가 되지 못하고 임시방편적으로 운영되었다.

그러나 빠른 산업화 과정을 거치면서 도시화 · 핵가족화 등 사회구조적 변화는 다양한 사회문제를 야기했고, 이에 대처하기 위한 각종의 사회복지 시설이나 기관이 증가하면서 시설의 설립기준이나 절차, 종사자의 자격 등에 관한 문제들이 등장하게 되었다. 이로 인해 다양화되고 확장된 사회복지사업을 체계적으로 관리할 수 있는 법이 필요하게 되어 1970년 1월 1일 제정되었다.

### 2) 연 혁

최초의 사회복지사업법 내용은 사회복지사업을 「생활보호법」·「아동복리법」·「윤락행위 등 방지법」 등에 의한 보호사업·복지사업·선도사업·복지시설의 운영 등을 목적으로 하는 사업으로 정의하였다. 그러면서 사회복지사업을 목적으로 하는 사회복지법인을 설립하고자 하는 자는 보건사회부장관의 인가를 받도록 하고, 사회복지시설의 설치·운영은 국가·지방자치단체 및 시·도지사의 허가를 받은 사회복지법인 또는 보건사회부장관의 허가를 받은 기타의 법인에 한정하였다. 또 보건사회부장관으로 하여금 공동모금의 목적달성을 위하여 법인인 모금회의 설립을 허가할 수 있도록 하는 규정 등이었다. 그 후 사회변화에 따른 복지욕구에 대응하여 여러 차례 개정되었다.

1983년 5월 21일 일부개정에서는 새로운 복지수요에 대처하기 위하여 필요한 사항을 보완하였는데 그 주요 내용은 ① 사회복지사업의 정의를 새로운 복지수요에 적합하도록 조정, ② 사회복지사 자격제도를 신설, ③ 한국사회복지협의회의 법정단체화 등이다.

1992년 12월 8일 전부개정의 주요 내용은 ① 사회복지사업법의 체제 정비, ② 사회복지사업의 범위에 모자복지법, 영유아보육법을 추가하고 사업내용에 정신질환자 사회복귀에 대한 사항 추가, ③ 사회복지 전담공무원제 신설 규정, ④ 시·군·구에 사회복지사무소 설치근거규정 신설, ⑤ 청문제도의 도입 등이다.

1997년 8월 22일 전부개정의 주요 내용은 ① 사회복지사의 전문성을 제고하기 위하여 사회복지사 1급은 국가시험에 합격한 자로 하고, ② 현행 사회복지시설 설치·운영에 대한 허가제를 신고제로 변경하여 동 시설의 설치·운영을 용이하게 하며, 개인도 동 시설을 설치·운영할 수 있도록 하고, ③ 사회복지법인과 시설운영의 투명성을 보장할 수 있도록 제도적 장치를 강화하고,

④ 자원봉사활동을 지원할 수 있는 법적 근거를 마련하며, ⑤ 사회복지시설에 대한 평가제도를 도입하는 것 등이다.

1999년 4월 30일 개정의 주요 내용은 ① 시·도지사의 허가로 설립되는 사회복지법인을 앞으로는 보건복지부장관의 허가를 받아 설립할 수 있도록 하며, ② 종전에는 사회복지법인의 임원은 주무관청의 승인을 얻어 취임하고 일정한 사유에 해당하는 임원에 대하여 취임승인을 취소하였으나, 앞으로는 사회복지법인이 임원을 임면한 후 그 사실을 보고하도록 하고 일정한 사유에 해당하는 임원에 대하여는 해임을 명할 수 있도록 하고, ③ 사회복지법인은 수익사업으로부터 생긴 수익을 그 법인이나 사회복지시설의 운영 외의 목적에 사용할 수 없도록 하는 등이다.

2000년 1월 12일 개정의 주요 내용은 크게 다음 두 가지였다. ① 국가는 국민의 사회복지에 대한 이해를 증진하고 사회복지사업 종사자의 활동을 장려하기 위하여 매년 9월 7일을 사회복지의 날로 하고 사회복지의 날부터 1주간을 사회복지주간으로 한다. ② 사회복지사는 사회복지에 관한 전문지식과 기술을 개발·보급하고 사회복지사의 자질 향상을 위한 교육훈련 및 사회복지사의 복지증진을 도모하기 위하여 한국사회복지사협회를 설립한다.

2003년 7월 30일 일부개정에서는 지역사회 중심의 사회복지사업을 효율적으로 추진하기 위한 기반을 조성하고, 사회복지서비스의 제공 절차를 구체적으로 정하는 한편, 재가복지서비스를 활성화하도록 하는 내용 등 운영상 나타난 일부 미비점을 개선·보완하였다.

2007년 12월 14일 일부개정에서는 ① 사회복지업무의 전자적 처리를 위한 근거규정 마련, ② 사회복지사의 결격사유 규정 중 파산자를 삭제하고 마약중독자 등을 추가, ③ 사회복지사의 보수교육을 위한 근거규정 마련, ④ 사회복지시설 종사자에 대한 처우개선을 지역복지 계획사항으로 추가, ⑤ 사회복지시설에 대한 국·공유재산의 우선 매각 또는 임대에 관한 규정 등을 마련하였다.

2009년 6월 9일 일부개정에서는 국가 및 지방자치단체 등 공공부문과 민간부문 간 정보를 공유하는 통합전산망을 마련함으로써 사회복지서비스의 중복 제공 및 부정수급을 방지하여 공정하고 효율적인 사회복지행정을 구현하는 한편, 통합전산망의 구축 및 운영과정에서 발생할 수 있는 정보유출, 오용 및 남용을 금지하고 이에 대한 벌칙을 마련함으로써 개인정보를 보호하도록 하였다.

2011년 8월 4일 개정에서는 출소자의 갱생보호사업을 사회복지사업에 포함시켜 사회적·재정적 지원을 받도록 하고, 사회복지법인의 설치·운영 등에 관한 보건복지부장관의 사무를 시·도지사에게 이양하며, 농어촌 지역 등의 지역 특성과 시설분포 등을 고려하여 사회복지시설을 통합하여 설치할 수 있는 근거를 마련하였다. 2012년 1월 26일 개정에서는 일부 사회복지법인 및 시설 대표자의 전횡, 시설 내 이용자 인권 침해, 사적 이익 추구 등이 사회문제로 대두됨에 따라 시설이용자의 인권보호와 사회복지법인 및 시설 운영의 투명성이 요구되고 있는바, 사회복지법인의 이사를 외부에서 추천하여 선임하도록 하는 등 임원의 자격요건을 강화하고, 성폭력범죄를 저지른 사람, 퇴직한 지 2년이 경과하지 아니한 사회복지공무원 등은 사회복지법인의 임원 또는 시설의 장 등이 될 수 없도록 하며, 사회복지법인 또는 시설에 대하여 행정처분을 한 경우에는 관련 정보를 공표할 수 있도록 하는 등 사회복지법인 및 시설에 대한 관리감독을 강화하고, 법인 이사회의 회의록을 공개하도록 하는 등 사회복지법인 및 시설의 운영을 개선하도록 하는 한편, 사회복지시설 서비스의 최저기준을 마련함으로써 사회복지서비스의 질적 수준을 제고하여 사회복지서비스 이용자들의 인권과 복지를 증진하도록 하였다.

## 3. 복지와 인권존중의 책임

### 1) 국가와 지방자치단체의 책임

국가와 지방자치단체는 사회복지서비스를 증진하고, 서비스를 이용하는 사람에 대하여 인권침해를 예방하고 차별을 금지하며 인권을 옹호할 책임을 진다(제4조 제1항).

또한 국가와 지방자치단체는 사회복지서비스와 보건의료서비스를 함께 필요로 하는 사람에게 이들 서비스가 연계되어 제공되도록 노력하여야 한다(제4조 제2항). 그리고 국가와 지방자치단체, 그 밖에 사회복지사업을 하는 자는 사회복지를 필요로 하는 사람에 대하여 그 사업과 관련한 상담, 작업치료, 직업훈련 등을 실시하고 필요한 경우에는 주민의 복지 욕구를 조사할 수 있다(제4조 제3항).

국가와 지방자치단체는 도움을 필요로 하는 국민이 본인의 선호와 필요에 따라 적절한 사회복지서비스를 제공받을 수 있도록 사회복지서비스 수요자 등을 고려하여 사회복지시설이 균형 있게 설치되도록 노력하여야 하며(제4조 제4항), 민간부문의 사회복지 증진활동이 활성화되고 국가 및 지방자치단체의 사회복지사업과 민간부문의 사회복지 증진활동이 원활하게 연계될 수 있도록 노력하여야 한다(제4조 제5항).

그리고 인권강화를 위한 국가와 지방자치단체의 책임을 강조하고 있는데, 국가와 지방자치단체는 사회복지를 필요로 하는 사람의 인권이 충분히 존중되는 방식으로 사회복지서비스를 제공하고 사회복지와 관련된 인권교육을 강화하여야 하며(제4조 제6항), 사회복지서비스를 이용하는 사람이 긴급한 인권침해 상황에 놓인 경우 신속히 대응할 체계를 갖추어야 한다(제4조 제7항).

또한 국가와 지방자치단체는 시설 거주자 희망을 반영하여 지역사회보호체계에서 서비스가 제공될 수 있도록 노력하여야 하며(제4조 제8항), 사회복지서비스를 필요로 하는 사람들에게 사회복지서비스의 실시에 대한 정보를 제공하여야 한다(제4조 제9항).

### 2) 인권존중 및 최대 봉사의 원칙

이 법에 따라 복지업무에 종사하는 사람은 그 업무를 수행할 때에 사회복지를 필요로 하는 사람을 위하여 인권을 존중하고 차별 없이 최대로 봉사하여야 한다(제5조 제1항). 국가와 지방자치단체는 복지업무에 종사하는 사람이 그 업무를 수행할 때에 사회복지를 필요로 하는 사람의 인권을 침해하는 행위를 한 경우에는 제2조 제1호 각 목의 법률이 정하는 바에 따라 처분하고 그 사실을 공표하는 등의 조치를 하여야 한다(제5조 제2항).

### 3) 사회복지서비스 제공의 원칙

사회복지서비스를 필요로 하는 사람(보호대상자)에 대한 사회복지서비스 제공은 현물로 제공하는 것을 원칙으로 한다(제5조의2 제1항). 시장・군수・구청장은 국가 또는 지방자치단체 외의 자로 하여금 제1항의 서비스 제공을 실시하게 하는 경우에는 보호대상자에게 사회복지서비스 이용권(이용권)을 지급하여 국가 또는 지방자치단체 외의 자로부터 그 이용권으로 서비스 제공을 받게 할 수 있다(제5조의2 제2항). 국가와 지방자치단체는 사회복지서비스의 품질향상과 원활한 제공을 위하여 필요한 시책을 마련하여야 한다(제5조의2 제3항). 국가와 지방자치단체는 사회복지서비스의 품질을 관리하기 위하여 사회복지서비스를 제공하는 기관・법인・시설・단체의 서비스 환경, 서비스 제공 인력의 전문성 등을 평가할 수 있다(제5조의2 제4항).

### 4) 시설설치의 방해 금지

누구든지 정당한 이유 없이 사회복지시설의 설치를 방해하여서는 아니 된다(제6조 제1항). 시장・군수・구청장은 정당한 이유 없이 사회복지시설의 설치를 지연시키거나 제한하는 조치를 하여서는 아니 된다(제6조 제2항).

### 5) 사회복지의 날

국가는 국민의 사회복지에 대한 이해를 증진하고 사회복지사업 종사자의 활동을 장려하기 위하여 매년 9월 7일을 사회복지의 날로 하고, 사회복지의 날부터 1주간을 사회복지주간으로 한다(제15조의2 제1항). 그리고 국가와 지방자치단체는 사회복지의 날 취지에 적합한 행사 등 사업을 하도록 노력하여야 한다(제15조의2 제2항).

#### 6) 사회복지시설 업무의 전자화

보건복지부장관은 사회복지법인 및 사회복지시설의 종사자, 거주자 및 이용자에 관한 자료 등 운영에 필요한 정보의 효율적 처리와 기록·관리 업무의 전자화를 위하여 정보시스템을 구축·운영할 수 있다(제6조의2 제1항). 지방자치단체의 장은 사회복지사업을 수행할 때 관할 복지행정시스템과 제1항에 따른 정보시스템을 전자적으로 연계하여 활용하여야 한다(제6조의2 제3항).

#### 7) 자원봉사활동의 지원·육성

국가와 지방자치단체는 사회복지 자원봉사활동을 지원·육성하기 위하여 ① 자원봉사활동의 홍보 및 교육, ② 자원봉사활동 프로그램의 개발·보급, ③ 자원봉사활동 중의 재해에 대비한 시책의 개발, ④ 그 밖에 자원봉사활동의 지원에 필요한 사항을 실시하여야 한다(제9조 제1항). 국가와 지방자치단체는 제1항의 사항을 효율적으로 수행하기 위하여 사회복지법인이나 그 밖의 비영리법인·단체에 이를 위탁할 수 있다(제9조 제2항).

### 4. 사회복지전달체계

#### 1) 사회복지사

##### (1) 사회복지사의 자격증 발급 등

보건복지부장관은 사회복지에 관한 전문지식과 기술을 가진 사람에게 사회복지사 자격증을 발급할 수 있다(제11조 제1항). 사회복지사의 등급은 1급·2급으로 하되, 정신건강·의료·학교 영역에 대해서는 영역별로 정신건강사회복지사 · 의료사회복지사 · 학교사회복지사의 자격을 부여할 수 있다(제11조 제2항). 사회복지사 1급 자격은 국가시험에 합격한 사람에게 부여하고, 정신건강사회복지사 · 의료사회복지사 · 학교사회복지사의 자격은 1급 사회복지사의 자격이 있는 사람 중에서 보건복지부령으로 정하는 수련기관에서 수련을 받은 사람에게 부여한다(제11조 제3항). 사회복지사의 등급별 · 영역별 자격기준 및 자격증의 발급절차 등은 대통령령으로 정한다(제11조 제4항).

그러나 ① 피성년후견인 또는 피한정후견인, ② 금고 이상의 형의 선고를 받고 그 집행이 끝나지 아니하였거나 그 집행을 받지 아니하기로 확정되지 아니한 사람, ③ 법원의 판결에 따라 자격이 상실되거나 정지된 사람, ④ 마약 · 대마 또는 향정신성의약품의 중독자, 「정신건강증진 및 정신질환자 복지서비스 지원에 관한 법률」 제3조 제1호에 따른 정신질환자는 사회복지사 결격사유에 해당되어 사회복지사가 될 수 없다(제11조의2).

### (2) 사회복지사의 자격취소 등

보건복지부장관은 사회복지사가 다음 각 호의 어느 하나에 해당하는 경우 그 자격을 취소하거나 1년의 범위에서 정지시킬 수 있다. 다만, 제1호부터 제3호까지에 해당하면 그 자격을 취소하여야 한다(제11조의3 제1항).

1. 거짓이나 그 밖의 부정한 방법으로 자격을 취득한 경우
2. 제11조의2 각 호의 어느 하나에 해당하게 된 경우
3. 자격증을 대여 · 양도 또는 위조 · 변조한 경우
4. 사회복지사의 업무수행 중 그 자격과 관련하여 고의나 중대한 과실로 다른 사람에게 손해를 입힌 경우
5. 자격정지 처분을 3회 이상 받았거나, 정지 기간 종료 후 3년 이내에 다시 자격정지 처분에 해당하는 행위를 한 경우
6. 자격정지 처분 기간에 자격증을 사용하여 자격 관련 업무를 수행한 경우

보건복지부장관은 자격이 취소된 사람에게는 그 취소된 날부터 2년 이내에 자격증을 재교부하지 못한다(제11조의3 제4항).

### (3) 사회복지사의 채용 및 교육

사회복지법인 및 사회복지시설을 설치·운영하는 자는 대통령령으로 정하는 바에 따라 사회복지사를 그 종사자로 채용하고, 보고방법·보고주기 등 보건복지부령으로 정하는 바에 따라 특별시장·광역시장·특별자치시장·도지사·특별자치도지사(시·도지사) 또는 시장·군수·구청장에게 사회복지사의 임면에 관한 사항을 보고하여야 한다. 다만, 대통령령으로 정하는 사회복지시설[3]은 그러하지 아니하다(제13조 제1항).

보건복지부장관은 사회복지사의 자질 향상을 위하여 필요하다고 인정하면 사회복지사에게 교육을 받도록 명할 수 있다. 다만, 사회복지법인 또는 사회복지시설에 종사하는 사회복지사는 정기적으로 인권에 관한 내용이 포함된 보수교육을 받아야 한다(제13조 제2항).

## 2) 사회복지법인

### (1) 의의

사회복지법인이란 사회복지사업을 행할 목적으로 설립된 법인을 말한다(제2조 제3호). 그러므로 이 법에 따른 사회복지법인이 아닌 자는 사회복지법인이라는 명칭을 사용하지 못한다(제31조). 사회복지법인에 관하여 이 법에서 규정한 사항을 제외하고는 민법과 「공익법인의 설립·운영에 관한 법률」을 준용한다(제32조).

---

3 법 제13조 제1항 단서에서 "대통령령으로 정하는 사회복지시설"이란 다음 각 호의 시설을 말한다(시행령 제6조 제2항).

1. 「노인복지법」에 따른 노인여가복지시설(노인복지관은 제외한다)
2. 「장애인복지법」에 따른 장애인 지역사회재활시설 중 수화통역센터, 점자도서관, 점자도서 및 녹음서 출판시설
3. 영유아보육법」에 따른 어린이집
4. 「성매매방지 및 피해자보호 등에 관한 법률」 제9조에 따른 성매매피해자 등을 위한 지원시설 및 같은 법 제17조에 따른 성매매피해상담소
5. 「정신건강증진 및 정신질환자 복지서비스 지원에 관한 법률」 제3조 제6호 및 제7호에 따른 정신요양시설 및 정신재활시설
6. 「성폭력방지 및 피해자보호 등에 관한 법률」에 따른 성폭력피해상담소

### (2) 법인설립의 허가 및 등기

사회복지법인(법인)을 설립하려는 자는 대통령령으로 정하는 바에 따라 시·도지사의 허가를 받아야 한다(제16조 제1항). 사회복지법인의 설립허가를 받으려는 자는 법인설립허가신청서에 보건복지부령으로 정하는 서류를 첨부하여 사회복지법인의 주된 사무소의 소재지를 관할하는 시장·군수·구청장을 거쳐 시·도지사에게 제출하여야 한다(시행령 제8조 제1항). 법인 설립 허가를 받은 자는 법인의 주된 사무소의 소재지에서 설립등기를 하여야 한다(제16조 제2항).

### (3) 법인의 정관

법인의 정관에는 다음의 사항이 포함되어야 한다(제17조 제1항).

① 목적, ② 명칭, ③ 주된 사무소의 소재지, ④ 사업의 종류, ⑤ 자산 및 회계에 관한 사항, ⑥ 임원의 임면 등에 관한 사항, ⑦ 회의에 관한 사항, ⑧ 수익을 목적으로 하는 사업이 있는 경우 그에 관한 사항, ⑨ 정관의 변경에 관한 사항, ⑩ 존립시기와 해산사유를 정한 때에는 그 시기와 사유 및 잔여예산의 처리방법, ⑪ 공고 및 공고방법에 관한 사항

정관을 변경하려는 경우에는 시·도지사의 인가를 받아야 한다. 다만, 보건복지부령으로 정하는 경미한 사항의 경우에는 그러하지 아니하다(제17조 제2항).

### (4) 법인의 임원

법인은 대표이사를 포함한 이사 7명 이상과 감사 2명 이상을 두어야 한다(제18조 제1항). 법인은 이사 정수의 3분의 1(소수점 이하는 버린다) 이상을 시·도 사회보장위원회나 지역사회보장협의체가 3배수로 추천한 사람 중에서 선임하여야 한다(제18조 제2항). 사회보장위원회와 지역사회보장협의체는 이사를 추천하기 위하여 매년 사회복지 또는 보건의료에 관한 학식과 경험이 풍부한 사람, 사회복지를 필요로 하는 사람의 이익 등을 대표하는 사람, 「비영리민간단체 지원법」 제2조에 따른 비영리민간단체에서 추천한 사람, 사회복지공동모금지회에서 추천한 사람 중 어느 하나에 해당하는 사람으로 이사 후보군을

구성하여 공고하여야 한다. 다만, 사회복지법인의 대표자, 사회복지사업을 하는 비영리법인 또는 단체의 대표자, 지역사회보장협의체의 대표자는 제외한다(제18조 제3항).

이사회의 구성에 있어서 대통령령으로 정하는 특별한 관계에 있는 사람이 이사 현원의 5분의 1을 초과할 수 없다(제18조 제3항). 이사의 임기는 3년으로 하고 감사의 임기는 2년으로 하며, 각각 연임할 수 있다(제18조 제4항). 외국인인 이사는 이사 현원의 2분의 1 미만이어야 한다(제18조 제5항). 법인은 임원을 임면하는 경우에는 보건복지부령으로 정하는 바에 따라 지체 없이 시・도지사에게 보고하여야 한다(제18조 제6항). 감사는 이사와 제3항에 따른 특별한 관계에 있는 사람이 아니어야 하며, 감사 중 1명은 법률 또는 회계에 관한 지식이 있는 사람 중에서 선임하여야 한다. 다만, 대통령령으로 정하는 일정 규모 이상의 법인은 시・도지사의 추천을 받아 「주식회사 등의 외부감사에 관한 법률」 제2조 제7호에 따른 감사인에 속한 사람을 감사로 선임하여야 한다(제18조 제7항). 이사 또는 감사 중에 결원이 생겼을 때에는 2개월 이내에 보충하여야 한다(제20조).

이사는 법인이 설치한 사회복지시설의 장을 제외한 그 시설의 직원을 겸할 수 없다(제21조 제1항). 감사는 법인의 이사, 법인이 설치한 사회복지시설의 장 또는 그 직원을 겸할 수 없다(제21조 제2항).

시・도지사는 임원이 다음 각 호의 어느 하나에 해당할 때에는 법인에 그 임원의 해임을 명할 수 있다(제22조 제1항).

1. 시・도지사의 명령을 정당한 이유 없이 이행하지 아니하였을 때
2. 회계부정이나 인권침해 등 현저한 불법행위 또는 그 밖의 부당행위 등이 발견되었을 때
3. 법인의 업무에 관하여 시・도지사에게 보고할 사항에 대하여 고의로 보고를 지연하거나 거짓으로 보고를 하였을 때
4. 제18조 제2항・제3항 또는 제7항을 위반하여 선임된 사람

5. 제21조를 위반한 사람
6. 제22조의2에 따른 직무집행 정지명령을 이행하지 아니한 사람
7. 그 밖에 이 법 또는 이 법에 따른 명령을 위반하였을 때

해임명령은 시 · 도지사가 해당 법인에게 그 사유를 들어 시정을 요구한 날부터 15일이 경과하여도 이에 응하지 아니한 경우에 한한다. 다만, 시정을 요구하여도 시정할 수 없는 것이 명백하거나 회계부정, 횡령, 뇌물수수 등 비리의 정도가 중대한 경우에는 시정요구 없이 임원의 해임을 명할 수 있으며, 그 세부적 기준은 대통령령으로 정한다(제22조 제2항).

시 · 도지사는 제22조에 따른 해임명령을 하기 위하여 같은 조 제1항 각 호의 사실 여부에 대한 조사나 감사가 진행 중인 경우 및 해임명령 기간 중인 경우에는 해당 임원의 직무집행을 정지시킬 수 있다(제22조의2 제1항). 시 · 도지사는 제1항에 따른 임원의 직무집행 정지사유가 소멸되면 즉시 직무집행 정지명령을 해제하여야 한다(제22조의2 제2항).

### (5) 법인의 재산

법인은 사회복지사업의 운영에 필요한 재산을 소유하여야 한다(제23조 제1항). 법인의 재산은 보건복지부령이 정하는 바에 따라 기본재산과 보통재산으로 구분하며, 기본재산은 그 목록과 가액을 정관에 기재하여야 한다(제23조 제2항).

법인은 기본재산에 관하여 매도 · 증여 · 교환 · 임대 · 담보제공 또는 용도변경을 하려는 경우와 보건복지부령이 정하는 금액 이상을 1년 이상 장기차입하려는 경우에는 시 · 도지사의 허가를 받아야 한다(제23조 제3항).

법인이 매수 · 기부채납(寄附採納), 후원 등의 방법으로 재산을 취득하였을 때에는 지체 없이 이를 법인의 재산으로 편입조치하여야 하며, 이 경우 법인은 그 취득 사유, 취득재산의 종류 · 수량 및 가액을 매년 시 · 도지사에게 보고하여야 한다(제24조).

### (6) 법인 설립허가의 취소

시·도지사는 법인이 다음 각 호의 어느 하나에 해당할 때에는 기간을 정하여 시정명령을 하거나 설립허가를 취소할 수 있다. 다만, 제1호 또는 제7호에 해당할 때에는 설립허가를 취소하여야 한다(제26조 제1항).

1. 거짓이나 그 밖의 부정한 방법으로 설립허가를 받았을 때
2. 설립허가 조건을 위반하였을 때
3. 목적 달성이 불가능하게 되었을 때
4. 목적사업 외의 사업을 하였을 때
5. 정당한 사유 없이 설립허가를 받은 날부터 6개월 이내에 목적사업을 시작하지 아니하거나 1년 이상 사업실적이 없을 때
6. 법인이 운영하는 시설에서 반복적 또는 집단적 성폭력범죄 및 학대관련범죄가 발생한 때
7. 법인 설립 후 기본재산을 출연하지 아니한 때
8. 제18조 제1항의 임원정수를 위반한 때
9. 제18조 제2항을 위반하여 이사를 선임한 때
10. 제22조에 따른 임원의 해임명령을 이행하지 아니한 때
11. 그 밖에 이 법 또는 이 법에 따른 명령이나 정관을 위반하였을 때

법인이 위의 어느 하나(제1호 및 제7호는 제외)에 해당하여 설립허가를 취소하는 경우는 다른 방법으로 감독 목적을 달성할 수 없거나 시정을 명한 후 6개월 이내에 법인이 이를 이행하지 아니한 경우로 한정한다(제26조 제2항). 사회복지법인의 허가 취소는 청문을 거쳐야 한다(제49조).

### (7) 법인의 수익사업

법인은 목적사업의 경비에 충당하기 위하여 필요한 때에는 법인의 설립목적 수행에 지장이 없는 범위 안에서 수익사업을 할 수 있다(제28조 제1항). 이 수익사업으로부터 생긴 수익을 법인 또는 그가 설치한 사회복지시설의 운영 외의 목적에 사용할 수 없다(제28조 제2항).

#### (8) 합병

법인은 시·도지사의 허가를 받아 이 법에 따른 다른 법인과 합병할 수 있다. 다만, 주된 사무소가 서로 다른 시·도에 소재한 법인 간의 합병의 경우에는 보건복지부장관의 허가를 받아야 한다(제30조 제1항).

### 3) 사회복지시설

#### (1) 사회복지시설의 설치

국가 또는 지방자치단체는 사회복지시설(시설)을 설치·운영할 수 있으며(제34조 제1항), 필요한 경우 사회복지법인 또는 비영리법인에 위탁하여 운영하게 할 수 있다(제34조 제4항). 국가 또는 지방자치단체 외의 자가 시설을 설치·운영하려는 경우에는 보건복지부령으로 정하는 바에 따라 시장·군수·구청장에게 신고하여야 한다. 다만, 제40조에 따라 폐쇄명령을 받고 3년이 지나지 아니한 자와 제19조 제1항 제1호 및 제1호의2부터 제1호의8까지의 어느 하나에 해당하는 개인 또는 그 개인이 임원인 법인은 시설의 설치·운영 신고를 할 수 없다(제32조 제2항). 시설을 설치·운영하는 자는 보건복지부령으로 정하는 재무·회계에 관한 기준에 따라 시설을 투명하게 운영하여야 한다(제34조 제4항).

이 법 또는 제2조 제1호 각 목의 법률에 따른 시설을 설치·운영하려는 경우에는 지역 특성과 시설분포의 실태를 고려하여 이 법 또는 제2조 제1호 각 목의 법률에 따른 시설을 통합하여 하나의 시설로 설치·운영하거나 하나의 시설에서 둘 이상의 사회복지사업을 통합하여 수행할 수 있다. 이 경우 국가 또는 지방자치단체 외의 자는 통합하여 설치·운영하려는 각각의 시설이나 사회복지사업에 관하여 해당 관계 법령에 따라 신고하거나 허가 등을 받아야 한다(제34조의2 제1항).

사회복지시설 중 사회복지관은 지역사회의 특성과 지역주민의 복지욕구를 고려하여 서비스 제공 등 지역복지 증진을 위한 사업을 실시할 수 있다(제34조의5 제1항). 사회복지관은 모든 지역주민을 대상으로 사회복지서비스를 실시하되, 국민기초생활보장법에 따른 수급자 및 차상위계층, 장애인, 노인, 한부모가족 및 다문화가족, 직업 및 취업 알선이 필요한 사람, 보호와 교육이 필요한 유아·아동 및 청소년, 그 밖에 사회복지관의 사회복지서비스를 우선 제공할 필요가 있다고 인정되는 사람에게 우선 제공하여야 한다(제34조의5 제2항).

### (2) 시설의 운영

① 보험가입 의무

시설의 운영자는 화재로 인한 손해배상책임과 화재 외의 안전사고로 인하여 생명·신체에 피해를 입은 보호대상자에 대한 손해배상책임을 이행하기 위하여 손해보험회사의 책임보험에 가입하거나 「사회복지사 등의 처우 및 지위 향상을 위한 법률」 제4조에 따른 한국사회복지공제회의 책임공제에 가입하여야 한다(제34조의3 제1항). 국가나 지방자치단체는 예산의 범위에서 제1항에 따른 책임보험 또는 책임공제의 가입에 드는 비용의 전부 또는 일부를 보조할 수 있다(제34조의3 제2항)

② 시설의 안전점검 등

시설의 장은 시설에 대하여 정기 및 수시 안전점검을 실시하여야 하고(제34조의4 제1항), 안전점검을 한 후 그 결과를 시장·군수·구청장에게 제출하여야 한다(제34조의4 제2항).

③ 시설의 장과 종사자

시설의 장은 상근하여야 한다(제35조 제1항). 다음 각 호의 어느 하나에 해당하는 사람은 시설의 장이 될 수 없다(제35조 제2항).

1. 제19조 제1항 제1호, 제1호의2부터 제1호의8까지 및 제2호의2부터 제2호의4까지의 어느 하나에 해당하는 사람
2. 제22조에 따른 해임명령에 따라 해임된 날부터 5년이 지나지 아니한 사람
3. 사회복지분야의 6급 이상 공무원으로 재직하다 퇴직한 지 3년이 경과하지 아니한 사람 중에서 퇴직 전 5년 동안 소속하였던 기초자치단체가 관할하는 시설의 장이 되고자 하는 사람

사회복지법인과 사회복지시설을 설치·운영하는 자는 시설에 근무할 종사자를 채용할 수 있다(제35조의2 제1항). 다음 각 호의 어느 하나에 해당하는 사람은 사회복지법인 또는 사회복지시설의 종사자가 될 수 없다(제35조의2 제2항).

1. 제19조 제1항 제1호의7 또는 제1호의8에 해당하는 사람
2. 제1호에도 불구하고 종사자로 재직하는 동안 시설이용자를 대상으로 「성폭력범죄의 처벌 등에 관한 특례법」 제2조에 따른 성폭력범죄 및 「아동·청소년의 성보호에 관한 법률」 제2조 제2호에 따른 아동·청소년대상 성범죄를 저질러 금고 이상의 형 또는 치료감호를 선고받고 그 형이 확정된 사람

사회복지법인과 사회복지시설을 설치·운영하는 자는 해당 법인 또는 시설의 종사자를 채용할 때 정당한 사유 없이 채용광고의 내용을 종사자가 되려는 사람에게 불리하게 변경하여 채용하여서는 아니 되며(제35조의3 제1항), 종사자를 채용한 후에 정당한 사유 없이 채용광고에서 제시한 근로조건을 종사자에게 불리하게 변경하여 적용하여서는 아니 된다(제35조의3 제2항).

④ 운영위원회

시설의 장은 시설의 운영에 관한 다음 각 호의 사항을 심의하기 위하여 시설에 운영위원회를 두어야 한다. 다만, 보건복지부령으로 정하는 경우에는 복수의 시설에 공동으로 운영위원회를 둘 수 있다(제36조 제1항).

1. 시설운영계획의 수립·평가에 관한 사항
2. 사회복지 프로그램의 개발·평가에 관한 사항
3. 시설 종사자의 근무환경 개선에 관한 사항
4. 시설 거주자의 생활환경 개선 및 고충 처리 등에 관한 사항
5. 시설 종사자와 거주자의 인권보호 및 권익증진에 관한 사항
6. 시설과 지역사회의 협력에 관한 사항
7. 그 밖에 시설의 장이 운영위원회의 회의에 부치는 사항

운영위원회의 위원은 다음 각 호의 어느 하나에 해당하는 사람 중에서 관할 시장·군수·구청장이 임명하거나 위촉한다(제36조 제2항).

1. 시설의 장
2. 시설 거주자 대표
3. 시설 거주자의 보호자 대표
4. 시설 종사자의 대표
5. 해당 시·군·구 소속의 사회복지업무를 담당하는 공무원
6. 후원자 대표 또는 지역주민
7. 공익단체에서 추천한 사람
8. 그 밖에 시설의 운영 또는 사회복지에 관하여 전문적인 지식과 경험이 풍부한 사람

시설의 장은 다음 각 호의 사항을 운영위원회에 보고하여야 한다(제36조 제3항).

1. 시설의 회계 및 예산·결산에 관한 사항
2. 후원금 조성 및 집행에 관한 사항
3. 그 밖에 시설운영과 관련된 사건·사고에 관한 사항

⑤ 시설의 서류비치

시설의 장은 후원금품대장 등 보건복지부령으로 정하는 서류를 시설에 갖추어 두어야 한다(제37조).

### (3) 시설의 서비스 최저기준

보건복지부장관은 시설에서 제공하는 서비스의 최저기준을 마련하여야 한다(제43조 제1항). 시설 운영자는 제1항의 서비스 최저기준 이상으로 서비스 수준을 유지하여야 한다(제43조 제2항). 서비스 기준 대상시설과 서비스 내용 등에 관하여 필요한 사항은 보건복지부령으로 정한다(제43조 제3항).

### (4) 시설의 평가

보건복지부장관과 시·도지사는 보건복지부령으로 정하는 바에 따라 시설

을 정기적으로 평가하고, 그 결과를 공표하거나 시설의 감독・지원 등에 반영할 수 있으며 시설거주자를 다른 시설로 보내는 등의 조치를 할 수 있다(제43조의2 제1항).

### (5) 지도・감독 등

보건복지부장관, 시・도지사 또는 시장・군수・구청장은 사회복지사업을 운영하는 자의 소관 업무에 관하여 지도・감독을 하며, 필요한 경우 그 업무에 관하여 보고 또는 관계 서류의 제출을 명하거나, 소속 공무원으로 하여금 사회복지법인의 사무소 또는 시설에 출입하여 검사 또는 질문을 하게 할 수 있다(제51조 제1항).

### (6) 시설의 휴지・재개・폐지 신고 등

시설의 설치・운영을 신고(제34조 제2항)한 자는 지체 없이 시설의 운영을 시작하여야 한다(제38조 제1항). 시설의 운영자는 그 운영을 일정 기간 중단하거나 다시 시작하거나 시설을 폐지하려는 경우에는 보건복지부령으로 정하는 바에 따라 시장・군수・구청장에게 신고하여야 한다(제38조 제2항). 시장・군수・구청장은 시설 운영이 중단되거나 시설이 폐지되는 경우에는 보건복지부령으로 정하는 바에 따라 시설 거주자가 자립을 원하는 경우 자립할 수 있도록 지원하고 그 이행을 확인하는 조치, 다른 시설을 선택할 수 있도록 하고 그 이행을 확인하는 조치 등의 시설거주자의 권익을 보호하기 위한 조치를 하고 신고를 수리하여야 한다(제38조 제3항).

### (7) 시설의 개선, 사업의 정지, 시설의 폐쇄 등

보건복지부장관, 시・도지사 또는 시장・군수・구청장은 시설이 다음 각 호의 어느 하나에 해당할 때에는 그 시설의 개선, 사업의 정지, 시설의 장의 교체를 명하거나 시설의 폐쇄를 명할 수 있다(제40조 제1항).

1. 시설이 설치기준에 미달하게 되었을 때

2. 사회복지법인 또는 비영리법인이 설치 · 운영하는 시설의 경우 그 사회복지법인 또는 비영리법인의 설립허가가 취소되었을 때
3. 설치 목적이 달성되었거나 그 밖의 사유로 계속하여 운영될 필요가 없다고 인정할 때
4. 회계부정이나 불법행위 또는 그 밖의 부당행위 등이 발견되었을 때
5. 제34조 제2항에 따른 신고를 하지 아니하고 시설을 설치 · 운영하였을 때
6. 제36조 제1항에 따른 운영위원회를 설치하지 아니하거나 운영하지 아니하였을 때
7. 정당한 이유 없이 제51조 제1항 및 제2항에 따른 보고 또는 자료 제출을 하지 아니하거나 거짓으로 하였을 때
8. 정당한 이유 없이 제51조 제1항 및 제2항에 따른 검사 · 질문 · 회계감사를 거부 · 방해하거나 기피하였을 때
9. 시설에서 「성폭력범죄의 처벌 등에 관한 특례법」 제2조 제1항 제3호부터 제5호까지의 성폭력범죄, 「아동 · 청소년의 성보호에 관한 법률」 제2조 제3호의 아동 · 청소년대상 성폭력범죄, 「아동복지법」 제3조 제7호의2의 아동학대관련범죄, 「노인복지법」 제1조의2 제5호의 노인학대관련범죄, 그 밖에 대통령령으로 정하는 성폭력범죄 또는 학대관련범죄가 발생한 때
10. 1년 이상 시설이 휴지상태에 있어 시장 · 군수 · 구청장이 재개를 권고하였음에도 불구하고 재개하지 아니한 때

### (8) 시설 수용인원의 제한

각 시설의 수용인원은 300명을 초과할 수 없다. 다만, 대통령령으로 정하는 경우에는 그러하지 아니하다(제41조).

### 4) 사회복지사협회 및 사회복지협의회

#### (1) 사회복지사협회

사회복지사는 사회복지에 관한 전문지식과 기술을 개발 · 보급하고, 사회복지사의 자질 향상을 위한 교육훈련을 실시하며, 사회복지사의 복지증진을 도모하기 위하여 한국사회복지사협회(협회)를 설립한다(제46조 제1항). 협회는 법인으로 하되, 협회의 조직과 운영 등에 필요한 사항은 대통령령으로 정한다(제46조 제2항).

#### (2) 사회복지협의회

사회복지에 관한 다음 각 호의 업무를 수행하기 위하여 전국 단위의 한국사회복지협의회(중앙협의회)와 시 · 도 단위의 시 · 도 사회복지협의회(시 · 도협의회)를 두며, 필요한 경우에는 시 · 군 · 구 단위의 시 · 군 · 구 사회복지협의회(시 · 군 · 구협의회)를 둘 수 있다(제33조 제1항).

1. 사회복지에 관한 조사 · 연구 및 정책 건의
2. 사회복지 관련 기관 · 단체 간의 연계 · 협력 · 조정
3. 사회복지 소외계층 발굴 및 민간사회복지자원과의 연계 · 협력
4. 대통령령으로 정하는 사회복지사업의 조성 등

이들 협의회는 사회복지법인으로 하되, 다른 사회복지법인처럼 사회복지사업의 운영에 필요한 재산을 소유하지 않아도 될 수 있도록 특수한 예외를 인정하고 있다(제33조 제2항). 중앙협의회, 시 · 도협의회 및 시 · 군 · 구협의회의 조직과 운영 등에 관하여 필요한 사항은 대통령령으로 정한다(제33조 제3항).

### 5) 재가복지서비스

국가나 지방자치단체는 보호대상자가 다음 각 호의 어느 하나에 해당하는 재가복지서비스를 제공받도록 할 수 있다(제41조의2 제1항).

1. 가정봉사서비스 : 가사 및 개인활동을 지원하거나 정서활동을 지원하는 서비스

2. 주간·단기 보호서비스 : 주간·단기 보호시설에서 급식 및 치료 등 일상생활의 편의를 낮 동안 또는 단기간 동안 제공하거나 가족에 대한 교육 및 상담을 지원하는 서비스

시장·군수·구청장은 「사회보장급여의 이용·제공 및 수급권자 발굴에 관한 법률」 제15조에 따른 보호대상자별 서비스 제공 계획에 따라 보호대상자에게 사회복지서비스를 제공하는 경우 시설 입소에 우선하여 제1항 각 호의 재가복지서비스를 제공하도록 하여야 한다(제41조의2 제2항).

또한 국가나 지방자치단체는 재가복지서비스를 필요로 하는 가정 또는 시설에서 보호대상자가 일상생활을 하기 위하여 필요한 각종 편의를 제공하는 가정봉사원을 양성하도록 노력하여야 한다(제41조의4).

## 5. 재정(비용)

### 1) 보조금

국가나 지방자치단체는 사회복지사업을 하는 자 중 대통령령으로 정하는 자에게 필요한 비용의 전부 또는 일부를 보조할 수 있다(제42조 제1항). 이 보조금은 그 목적 외의 용도에 사용할 수 없다(제42조 제2항). 국가나 지방자치단체는 보조금을 받은 자가 거짓이나 그 밖의 부정한 방법으로 보조금을 받았을 때, 사업 목적 외의 용도에 보조금을 사용하였을 때, 이 법 또는 이 법에 따른 명령을 위반하였을 때에는 이미 지급한 보조금의 전부 또는 일부의 반환을 명할 수 있다(제42조 제3항).

### 2) 지방자치단체에 대한 지원금

보건복지부장관은 시·도지사 및 시장·군수·구청장에게 사회복지사업의 수행에 필요한 비용을 지원할 수 있으며(제42조의3 제1항), 「사회보장급여의 이용·제공 및 수급권자 발굴에 관한 법률」 제39조에 따른 평가 결과를 반영하여 지원을 할 수 있다(제42조의3 제2항). 지원금의 지급기준·지급방법 등에 관하

여 필요한 사항은 보건복지부령으로 정한다(제42조의3 제3항).

#### 3) 비용의 징수

이 법에 따른 복지조치에 필요한 비용을 부담한 지방자치단체의 장이나 그 밖에 시설을 운영하는 자는 그 혜택을 받은 본인 또는 그 부양의무자로부터 대통령령으로 정하는 바에 따라 그가 부담한 비용의 전부 또는 일부를 징수할 수 있다(제44조).

#### 4) 후원금의 관리

사회복지법인의 대표이사와 시설의 장은 아무런 대가 없이 무상으로 받은 금품이나 그 밖의 자산(이하 "후원금"이라 한다)의 수입·지출 내용을 공개하여야 하며 그 관리에 명확성이 확보되도록 하여야 한다(제45조 제1항). 후원금에 관한 영수증 발급, 수입 및 사용결과 보고, 그 밖에 후원금 관리 및 공개 절차 등 구체적인 사항은 보건복지부령으로 정한다(제45조 제2항).

## 제3절 아동복지법

### 1. 의 의

현대국가는 아동이 한 인간으로서 건강하고 인간답게 성장할 수 있도록 양육되어야 할 권리를 기본권으로서 인정하고 있고, 아동문제의 해결을 국가적·사회적 책임으로 수용하고 있다. 아동복지법은 아동이 건강하게 출생하여 행복하고 안전하게 자랄 수 있도록 아동의 복지를 보장함을 목적으로 한다(제1조).

아동복지법은 제2조에서 기본 이념을 제시하고 있는 데 첫째, 아동은 자신 또는 부모의 성별, 연령, 종교, 사회적 신분, 재산, 장애 유무, 출생지역, 인종 등에 따른 어떠한 종류의 차별도 받지 않고 자라나야 하고, 둘째, 아동은 완전하고 조화로운 인격발달을 위하여 안정된 가정환경에서 행복하게 자라나야 하며, 셋째, 아동에 관한 모든 활동에 있어서 아동의 이익이 최우선적으로 고려되어야 하며, 넷째, 아동은 아동의 권리보장과 복지증진을 위하여 이 법에 따른 보호와 지원을 받을 권리를 가진다.

## 2. 입법배경 및 연혁

### 1) 아동복리법의 제정

아동복지에 대한 사회적 필요와 관심을 가져오게 된 결정적인 사건은 1950년 한국전쟁이었다. 한국전쟁은 수많은 전쟁고아들을 양산했고, 신체적·정신적으로 정상적인 생활이 불가능한 이들의 상태는 심각한 사회문제로 대두되었다. 그러나 전후 나라 사정은 국가적인 차원의 복지대책을 수립할 수 있는 형편이 못 되었고, 외국의 원조에 의존하여 고아원을 설립하고 전쟁고아들을 수용하는 정도의 수준에 머물렀다. 그러던 중 1957년 어린이헌장이 선포되고, 제3공화국이 들어서서 사회복지사업에 있어서 최초의 법인 아동복리법이 1961년 12월 30일 제정되었다.

### 2) 아동복지법으로 개정

초기의 아동복리법은 구호적 성격의 복지제공에 중점을 두고 있어 그동안의 경제·사회적 발전에 따라 발생한 사회적 복지욕구에 부응하지 못하였다. 그러므로 보호를 필요로 하는 아동뿐만 아니라 일반 아동을 포함한 전체 아동의 복지를 보장하고, 특히 유아기에 있어서의 기본적 인격·특성과 능력개발을 조장하기 위한 여건을 조성할 수 있도록 하기 위하여 1981년 4월 13일에 기존의 명칭을 아동복지법으로 바꾸고 전문을 개정하였다.

2000년 1월 12일에 다시 아동복지법이 전문개정되었다. 이것은 21세기를 맞이하여 우리 사회의 아동복지욕구의 다양화 및 전반적인 사회복지분야의 성장을 기초로 성립되었으며, 점차 심각한 사회문제화되는 학대아동에 대한 보호 및 아동안전에 대한 제도적 지원을 공고히 하기 위하여 아동복지지도원을 별정직공무원에서 사회복지 전담공무원으로 그 신분을 변경하고, 아동학대에 대한 정의와 금지유형을 명확히 규정하며, 아동학대에 대한 신고를 의무화하는 등 일부 미비점을 보완한 것이다. 2004년 1월 29일 일부개정에서는 국무총리 소속하에 아동정책조정위원회를 설치하고 상습적으로 아동을 학대하는 행위를 한 자를 가중 처벌하는 규정을 마련하였다. 2005년 7월 13일 일부개정에서는 보호를 필요로 하는 아동에 대한 가정위탁보호를 활성화할 수 있도록 가정위탁지원센터 등을 두고 아동학대를 근절하기 위하여 아동학대 신고의무자 등의 자격취득교육과정에 아동학대 예방 및 신고와 관련된 교육내용을 포함시키도록 규정하였다. 2008년 6월 13일 일부개정에서는 어린이 유괴·살해 사건이 빈번하게 발생하고 아동학대범죄가 줄지 아니하여 아동안전 등에 대한 국민적 불안감이 확산되고 있음에 따라 국가나 지방자치단체는 실종·유괴 예방 교육을 실시하고, 아동보호구역에 폐쇄회로 텔레비전을 설치하거나 그 밖의 필요한 조치를 할 수 있도록 하는 등의 내용을 규정하였다. 2011년 8월 4일에는 아동종합실태조사를 시행하여 그 결과를 바탕으로 아동정책 기본계획을 수립·시행하고, 아동학대의 예방과 방지, 아동학대행위자의 계도를 위한 교육 등에 관한 홍보영상을 방송할 수 있도록 하며, 아동복지서비스의 안정적 추진을 위한 근거와 아동정책을 효과적으로 수행하기 위한 정책적 기반 마련을 위한 전부개정이 이루어졌다. 2014년 1월 28일 개정에서는 아동학대에 대한 강력한 대처 및 예방을 위하여 제정된 「아동학대범죄의 처벌 등에 관한 특례법」에 따라 관련 조문을 정비하고, 아동학대 관련 범죄전력자가 아동 관련기관에 취업하는 것을 10년 동안 제한하는 등 아동학대의 예방 및 피해자 지원에 관한 내용을 정하였다. 2017년 10월 24일 개정에서는 아동학대에 대한 모든 신고의무자에게 소속 기관 및 시설의 장이 교육을 실시하도록 하고, 국가기관, 공공기관 등에서 매년 아동학대 예방교육을 실시하도록 하였다. 2020년 4월 7일 개정에서는 아동학대 조사업무를 비영리법인인 아동보호전문기관에서 아동학대전담공무원을 두고 수행하게 함으로써 아동학대 조사체계를 공공 중심으로 개편하였다.

### 3. 아동복지에 대한 책임

아동복지법상의 기본 이념과 목적을 달성하려면 국가와 보호자 그리고 모든 국민이 함께 노력하여야 한다. 국가와 지방자치단체는 아동의 안전·건강 및 복지 증진을 위하여 아동과 그 보호자 및 가정을 지원하기 위한 정책을 수립·시행하여야 하며(제4조 제1항), 보호대상아동 및 지원대상아동의 권익을 증진하기 위한 정책을 수립·시행하여야 한다(제4조 제2항). 국가와 지방자치단체는 아동이 태어난 가정에서 성장할 수 있도록 지원하고, 아동이 태어난 가정에서 성장할 수 없을 때에는 가정과 유사한 환경에서 성장할 수 있도록 조치하며, 아동을 가정에서 분리하여 보호할 경우에는 신속히 가정으로 복귀할 수 있도록 지원하여야 한다(제4조 제3항). 국가와 지방자치단체는 아동이 자신 또는 부모의 성별, 연령, 종교, 사회적 신분, 재산, 장애 유무, 출생지역 또는 인종 등에 따른 어떠한 종류의 차별도 받지 아니하도록 필요한 시책을 강구하여야 한다(제4조 제3항). 또한 국가와 지방자치단체는 장애아동의 권익을 보호하기 위하여 필요한 시책을 강구하여야 한다(제4조 제4항). 국가와 지방자치단체는 「아동의 권리에 관한 협약」에서 규정한 아동의 권리 및 복지 증진 등을 위하여 필요한 시책을 수립·시행하고, 이에 필요한 교육과 홍보를 하여야 하며(제4조 제5항), 아동의 보호자가 아동을 행복하고 안전하게 양육하기 위하여 필요한 교육을 지원하여야 한다(제4조 제7항).

아동의 보호자[4]는 아동을 가정에서 그의 성장시기에 맞추어 건강하고 안전하게 양육하여야 한다(제5조 제1항). 아동의 보호자는 아동에게 신체적 고통이나 폭언 등의 정신적 고통을 가하여서는 아니 된다(제5조 제2항). 또한 모든 국민은

---

4 "보호자"라 함은 친권자, 후견인, 아동을 보호·양육·교육하거나 그러한 의무가 있는 자 또는 업무·고용 등의 관계로 사실상 아동을 보호·감독하는 자를 말한다(제3조 제3호).

아동의 권익과 안전을 존중하여야 하며, 아동을 건강하게 양육하여야 한다(제5조 제3항).

어린이에 대한 사랑과 보호의 정신을 높임으로써 이들을 옳고 아름답고 슬기로우며 씩씩하게 자라나도록 하기 위하여 매년 5월 5일을 어린이날로 하며, 5월 1일부터 5월 7일까지를 어린이주간으로 한다(제6조).

## 4. 아동정책 기본계획 등

### 1) 아동정책 기본계획의 수립

보건복지부장관은 아동정책의 효율적인 추진을 위하여 5년마다 아동정책 기본계획(기본계획)을 수립하여야 한다(제7조 제1항). 기본계획은 다음 각 호의 사항을 포함하여야 한다(제7조 제2항).

1. 이전의 기본계획에 관한 분석 · 평가
2. 아동정책에 관한 기본방향 및 추진목표
3. 주요 추진과제 및 추진방법
4. 재원조달방안
5. 그 밖에 아동정책을 시행하기 위하여 특히 필요하다고 인정되는 사항

보건복지부장관은 기본계획을 수립할 때에는 미리 관계 중앙행정기관의 장과 협의하여야 한다(제7조 제3항). 기본계획은 아동정책조정위원회의 심의를 거쳐 확정한다(제7조 제4항).

### 2) 연도별 시행계획의 수립 · 시행

보건복지부장관, 관계 중앙행정기관의 장 및 시 · 도지사는 매년 기본계획에 따라 연도별 아동정책시행계획을 수립 · 시행하여야 한다(제8조 제1항).

### 3) 아동종합실태조사

보건복지부장관은 5년마다 아동의 양육 및 생활환경, 언어 및 인지 발달,

정서적 · 신체적 건강, 아동안전, 아동학대 등 아동의 종합실태를 조사하여 그 결과를 공표하고, 이를 기본계획과 시행계획에 반영하여야 한다. 다만, 보건복지부장관은 필요한 경우 보건복지부령으로 정하는 바에 따라 분야별 실태조사를 할 수 있다(제11조 제1항).

## 5. 적용대상

이 법의 적용을 받는 "아동"이란 18세 미만인 사람을 말한다(제3조 제1호).

## 6. 급 여

### 1) 아동에 대한 지원서비스

#### (1) 아동안전 및 건강지원

① 안전기준의 설정

국가는 대통령령으로 정하는 바에 따라 아동복지시설과 아동용품에 대한 안전기준을 정하고 아동용품을 제작 · 설치 · 관리하는 자에게 이를 준수하도록 하여야 한다(제30조).

② 아동의 안전에 대한 교육

아동복지시설의 장, 영유아보육법에 따른 어린이집의 원장, 유아교육법에 따른 유치원의 원장 및 초 · 중등교육법에 따른 학교의 장은 교육대상 아동의 연령을 고려하여 대통령령으로 정하는 바에 따라 매년 성폭력 및 아동학대 예방, 실종 · 유괴의 예방과 방지, 감염병 및 약물의 오남용예방 등 보건위생관리, 재난대비 안전, 교통안전에 관한 교육계획을 수립하여 교육을 실시하여야 한다(제31조 제1항).

③ 아동보호구역에서의 영상정보처리기기 설치 등

국가와 지방자치단체는 유괴 등 범죄의 위험으로부터 아동을 보호하기 위하여 필요하다고 인정하는 경우에는 「도시공원 및 녹지 등에 관한 법률」 제5

조에 따른 도시공원, 영유아보육법 제10조에 따른 어린이집, 초·중등교육법 제38조에 따른 초등학교 및 같은 법 제55조에 따른 특수학교, 유아교육법 제2조에 따른 유치원 주변구역을 아동보호구역으로 지정하여 범죄의 예방을 위한 순찰 및 아동지도 업무 등 필요한 조치를 할 수 있다(제32조 제1항).

④ 아동안전 보호인력의 배치

국가와 지방자치단체는 실종 및 유괴 등 아동에 대한 범죄의 예방을 위하여 순찰활동 및 아동지도 업무 등을 수행하는 아동안전 보호인력을 배치·활용할 수 있으며(제33조 제1항), 아동안전 보호인력으로 배치하고자 하는 사람에 대하여 본인의 동의를 받아 범죄경력을 확인하여야 한다(제33조 제3항).

⑤ 아동긴급보호소 지정 및 운영

경찰청장은 유괴 등의 위험에 처한 아동을 보호하기 위하여 아동긴급보호소를 지정·운영할 수 있으며(제34조 제1항), 아동긴급보호소의 지정을 원하는 자에 대하여 본인의 동의를 받아 범죄경력을 확인하여야 한다(제34조 제2항).

⑥ 건강한 심신의 보존

아동의 보호자는 아동의 건강 유지와 향상을 위하여 최선의 주의와 노력을 하여야 한다(제35조 제1항). 국가와 지방자치단체는 아동의 건강 증진과 체력 향상을 위하여 신체적 건강 증진에 관한 사항, 자살 및 각종 중독의 예방 등 정신적 건강 증진에 관한 사항, 급식지원 등을 통한 결식예방 및 영양개선에 관한 사항, 비만 방지 등 체력 및 여가 증진에 관한 사항을 지원하여야 한다(제35조 제2항). 국가와 지방자치단체는 아동의 신체적·정신적 문제를 미리 발견하여 아동이 제때에 상담과 치료를 받을 수 있는 기반을 마련하여야 한다(제35조 제3항).

⑦ 보건소

보건소는 이 법에 따라 아동의 전염병 예방조치, 아동의 건강상담, 신체검사와 보건위생에 관한 지도 및 아동의 영양개선의 업무를 행한다(제36조).

### (2) 취약계층 아동 통합서비스지원 및 자립지원 등

① 취약계층 아동에 대한 통합서비스지원

국가와 지방자치단체는 아동의 건강한 성장과 발달을 도모하기 위하여 대통령령으로 정하는 바에 따라 아동의 성장 및 복지 여건이 취약한 가정을 선정하여 그 가정의 지원대상아동과 가족을 대상으로 보건, 복지, 보호, 교육, 치료 등을 종합적으로 지원하는 통합서비스를 실시한다(제37조 제1항).

② 자립지원

국가와 지방자치단체는 보호대상아동의 위탁보호 종료 또는 아동복지시설 퇴소 이후의 자립을 지원하기 위하여 자립에 필요한 주거·생활·교육·취업 등의 지원, 자립에 필요한 자산의 형성 및 관리 지원(자산형성지원), 자립에 관한 실태조사 및 연구, 사후관리체계 구축 및 운영, 그 밖에 자립지원에 필요하다고 대통령령으로 정하는 사항에 해당하는 조치를 시행하여야 한다(제38조 제1항).

보장원의 장, 가정위탁지원센터의 장 및 아동복지시설의 장은 보호하고 있는 15세 이상의 아동을 대상으로 매년 개별 아동에 대한 자립지원계획을 수립하고, 그 계획을 수행하는 종사자를 대상으로 자립지원에 관한 교육을 실시하여야 한다(제39조 제1항).

③ 자산형성지원

국가와 지방자치단체는 아동이 건전한 사회인으로 성장·발전할 수 있도록 자산형성지원사업을 실시할 수 있다(제42조 제1항).

### (3) 방과후돌봄서비스지원

시·도지사 및 시장·군수·구청장은 초등학교의 정규교육 이외의 시간 동안 다음 각 호의 돌봄서비스(방과 후 돌봄서비스)를 실시하기 위하여 다함께돌봄센터를 설치·운영할 수 있다(제44조의2 제1항).

1. 아동의 안전한 보호

2. 안전하고 균형 있는 급식 및 간식의 제공
3. 등·하교 전후, 야간 또는 긴급상황 발생 시 돌봄서비스 제공
4. 체험활동 등 교육·문화·예술·체육 프로그램의 연계·제공
5. 돌봄 상담, 관련 정보의 제공 및 서비스의 연계
6. 그 밖에 보건복지부령으로 정하는 방과 후 돌봄서비스의 제공

2) **아동보호서비스**

**(1) 보호조치**

시·도지사 또는 시장·군수·구청장은 그 관할 구역에서 보호대상아동[5]을 발견하거나 보호자의 의뢰를 받은 때에는 아동의 최상의 이익을 위하여 대통령령으로 정하는 바에 따라 다음 각 호에 해당하는 보호조치를 하여야 한다(제15조 제1항).

1. 전담공무원 또는 아동위원에게 보호대상아동 또는 그 보호자에 대한 상담·지도를 수행하게 하는 것
2. 보호자 또는 대리양육을 원하는 연고자에 대하여 그 가정에서 아동을 보호·양육할 수 있도록 필요한 조치를 하는 것
3. 아동의 보호를 희망하는 사람에게 가정위탁하는 것
4. 보호대상아동을 그 보호조치에 적합한 아동복지시설에 입소시키는 것
5. 약물 및 알코올 중독, 정서·행동·발달 장애, 성폭력·아동학대 피해 등으로 특수한 치료나 요양 등의 보호를 필요로 하는 아동을 전문치료기관 또는 요양소에 입원 또는 입소시키는 것
6. 입양특례법에 따른 입양과 관련하여 필요한 조치를 하는 것

시·도지사 또는 시장·군수·구청장은 제1항 제1호 및 제2호의 보호조치가 적합하지 아니한 보호대상아동에 대하여 제1항 제3호부터 제6호까지의 보호조치를 할 수 있다. 이 경우 가정위탁지원센터 또는 아동복지시설의 장은

5 "보호대상아동"이란 보호자가 없거나 보호자로부터 이탈된 아동 또는 보호자가 아동을 학대하는 경우 등 그 보호자가 아동을 양육하기에 적당하지 아니하거나 양육할 능력이 없는 경우의 아동을 말한다(제3조 제4호).

해당 보호대상아동의 개별 보호·관리 계획을 세워 보호하여야 하며, 그 계획을 수립할 때 해당 보호대상아동의 보호자를 참여시킬 수 있다(제15조 제3항). 시·도지사 또는 시장·군수·구청장은 제1항 제3호부터 제6호까지의 보호조치를 함에 있어서 해당 보호대상아동의 의사를 존중하여야 하며, 보호자가 있을 때에는 그 의견을 들어야 한다. 다만, 아동의 보호자가 「아동학대범죄의 처벌 등에 관한 특례법」 제2조 제5호의 아동학대행위자인 경우에는 그러하지 아니하다(제15조 제3항). 시·도지사 또는 시장·군수·구청장은 제1항 제3호부터 제6호까지의 보호조치를 할 때까지 필요하면 제52조 제1항 제2호에 따른 아동일시보호시설에 보호대상아동을 입소시켜 보호하거나, 적당하다고 인정하는 자에게 일시 위탁하여 보호하게 할 수 있다(제15조 제4항).

시·도지사 또는 시장·군수·구청장은 그 관할 구역에서 약물 및 알코올 중독, 정서·행동·발달 장애 등의 문제를 일으킬 가능성이 있는 아동의 가정에 대하여 예방 차원의 적절한 조치를 강구하여야 한다(제15조 제5항). 누구든지 제1항에 따른 보호조치와 관련하여 그 대상이 되는 아동복지시설, 아동복지전담기관의 종사자를 신체적·정신적으로 위협하는 행위를 하여서는 아니 된다(제15조 제6항). 시·도지사 또는 시장·군수·구청장은 아동의 가정위탁보호를 희망하는 사람에 대하여 범죄경력을 확인하여야 한다. 이 경우 본인의 동의를 받아 관계 기관의 장에게 범죄의 경력 조회를 요청하여야 한다(제15조 제7항).

가정위탁지원센터의 장은 위탁아동, 가정위탁보호를 희망하는 사람, 위탁아동의 부모 등의 신원확인 등의 조치를 시·도지사 또는 시장·군수·구청장에게 협조 요청할 수 있으며, 요청을 받은 시·도지사 또는 시장·군수·구청장은 정당한 사유가 없는 한 이에 응하여야 한다(제15조 제8항).

### (2) 보호대상아동의 퇴소조치 등

법 제15조 제1항 제3호부터 제5호까지의 보호조치 중인 보호대상아동의 연령이 18세에 달하였거나, 보호 목적이 달성되었다고 인정되면 해당 시·도지사, 시장·군수·구청장은 대통령령으로 정하는 절차와 방법에 따라 그 보호 중인 아동의 보호조치를 종료하거나 해당 시설에서 퇴소시켜야 한다(제16조 제1항). 다만, 보호조치 중인 아동이 ① 고등교육법 제2조에 따른 대학 이하의 학교(대학원은 제외한다)에 재학 중인 경우, ② 제52조 제1항 제1호의 아동양육시설 또는 근로자직업능력 개발법 제2조 제3호에 따른 직업능력개발훈련시설에서 직업 관련 교육·훈련을 받고 있는 경우, ③ 그 밖에 위탁가정 및 각종 아동복지시설에서 해당 아동을 계속하여 보호·양육할 필요가 있다고 대통령령으로 정하는 경우에는 시·도지사, 시장·군수·구청장 또는 아동복지시설의 장은 해당 아동의 보호기간을 연장할 수 있다(제16조 제4항).

### (3) 보호대상아동의 사후관리

시·도지사 또는 시장·군수·구청장은 전담공무원 등 관계 공무원으로 하여금 보호조치의 종료로 가정으로 복귀한 보호대상아동의 가정을 방문하여 해당 아동의 복지 증진을 위하여 필요한 지도·관리를 제공하게 하여야 한다(제16조의2).

### (4) 친권상실 선고의 청구 등

시·도지사, 시장·군수·구청장 또는 검사는 아동의 친권자가 그 친권을 남용하거나 현저한 비행이나 아동학대, 그 밖에 친권을 행사할 수 없는 중대한 사유가 있는 것을 발견한 경우 아동의 복지를 위하여 필요하다고 인정할 때에는 법원에 친권행사의 제한 또는 친권상실의 선고를 청구하여야 한다(제18조 제1항). 아동복지시설의 장 및 초·중등교육법에 따른 학교의 장은 제1항의 사유에 해당하는 경우 시·도지사, 시장·군수·구청장 또는 검사에게 법원에 친권행사의 제한 또는 친권상실의 선고를 청구하도록 요청할 수 있다(제18조 제2항).

### (5) 후견인과 보조인의 선임

시·도지사, 시장·군수·구청장, 아동복지시설의 장 및 학교의 장은 친권자 또는 후견인이 없는 아동을 발견한 경우 그 복지를 위하여 필요하다고 인정할 때에는 법원에 후견인의 선임을 청구하여야 한다(제19조 제1항). 시·도지사, 시장·군수·구청장, 아동복지시설의 장, 학교의 장 또는 검사는 후견인이 해당 아동을 학대하는 등 현저한 비행을 저지른 경우에는 후견인 변경을 법원에 청구하여야 한다(제19조 제2항).

### 3) 아동학대의 예방과 방지

"아동학대"란 보호자를 포함한 성인이 아동의 건강 또는 복지를 해치거나 정상적 발달을 저해할 수 있는 신체적·정신적·성적 폭력이나 가혹행위를 하는 것과 아동의 보호자가 아동을 유기하거나 방임하는 것을 말한다(제3조 제7호). "아동학대관련범죄"란 「아동학대범죄의 처벌 등에 관한 특례법」 제2조 제4호에 따른 아동학대범죄 또는 아동에 대한 형법 제2편 제24장 살인의 죄 중 제250조부터 제255조까지의 죄를 말한다(제3조 제7의2호).

아동학대범죄에 대하여는 「아동학대범죄의 처벌 등에 관한 특례법」[6]을 우선 적용한다. 다만, 「성폭력범죄의 처벌 등에 관한 특례법」, 「아동·청소년의 성보호에 관한 법률」에서 가중처벌되는 경우에는 그 법에서 정한 바에 따른다(아동학대범죄의 처벌 등에 관한 특례법 제3조).

#### (1) 아동에 대한 금지행위

누구든지 다음 각 호의 어느 하나에 해당하는 행위를 하여서는 아니 된다(제17조).

1. 아동을 매매하는 행위
2. 아동에게 음란한 행위를 시키거나 이를 매개하는 행위 또는 아동에게 성적 수치심을 주는 성희롱 등의 성적 학대행위
3. 아동의 신체에 손상을 주거나 신체의 건강 및 발달을 해치는 신체적 학대행위

6 이 법은 아동학대범죄의 처벌 및 그 절차에 관한 특례와 피해아동에 대한 보호절차 및 아동학대행위자에 대한 보호처분을 규정함으로써 아동을 보호하여 아동이 건강한 사회 구성원으로 성장하도록 함을 목적으로 2014. 1. 28. 제정되었다.

4. 아동의 정신건강 및 발달에 해를 끼치는 정서적 학대행위
5. 자신의 보호·감독을 받는 아동을 유기하거나 의식주를 포함한 기본적 보호·양육·치료 및 교육을 소홀히 하는 방임행위
6. 장애를 가진 아동을 공중에 관람시키는 행위
7. 아동에게 구걸을 시키거나 아동을 이용하여 구걸하는 행위
8. 공중의 오락 또는 흥행을 목적으로 아동의 건강 또는 안전에 유해한 곡예를 시키는 행위 또는 이를 위하여 아동을 제3자에게 인도하는 행위
9. 정당한 권한을 가진 알선기관 외의 자가 아동의 양육을 알선하고 금품을 취득하거나 금품을 요구 또는 약속하는 행위
10. 아동을 위하여 증여 또는 급여된 금품을 그 목적 외의 용도로 사용하는 행위

### (2) 아동학대의 예방과 방지

① 아동학대의 예방과 방지 의무

국가와 지방자치단체는 아동학대의 예방과 방지를 위하여 아동학대의 예방과 방지를 위한 각종 정책의 수립 및 시행, 아동학대의 예방과 방지를 위한 연구·교육·홍보 및 아동학대 실태조사, 아동학대에 관한 신고체제의 구축·운영, 피해아동의 보호와 치료 및 피해아동의 가정에 대한 지원, 그 밖에 대통령령으로 정하는 아동학대의 예방과 방지를 위한 사항의 조치를 취하여야 한다(제22조 제1항).

지방자치단체는 아동학대를 예방하고 수시로 신고를 받을 수 있도록 긴급전화를 설치하여야 한다(제22조 제2항).

국가와 지방자치단체는 「유아교육법」에 따른 유치원의 유아 및 「초·중등교육법」에 따른 학교의 학생(학생 등)에 대한 아동학대의 조기 발견 체계 및 아동보호전문기관 등 관련 기관과의 연계 체계를 구축하고, 학대피해 학생 등이 유치원 또는 학교에 안정적으로 적응할 수 있도록 지원하여야 한다(제22조의2 제1항). 교육부장관은 아동학대의 조기 발견과 신속한 보호조치를 위하여

대통령령으로 정하는 바에 따라 장기결석 학생 등의 정보 등을 보건복지부장관과 공유하여야 한다(제22조의2 제2항).

시·도지사 또는 시장·군수·구청장은 피해아동의 발견 및 보호 등을 위하여 다음 각 호의 업무를 수행하여야 하며(제22조 제3항), 이 업무 수행을 위한 아동학대전담 공무원을 두어야 한다(제22조 제4항).

1. 아동학대 신고접수, 현장조사 및 응급보호
2. 피해아동, 피해아동의 가족 및 아동학대행위자에 대한 상담·조사
3. 그 밖에 대통령령으로 정하는 아동학대 관련 업무

② 아동학대예방의 날

아동의 건강한 성장을 도모하고, 범국민적으로 아동학대의 예방과 방지에 관한 관심을 높이기 위하여 매년 11월 19일을 아동학대예방의 날로 지정하고, 아동학대예방의 날부터 1주일을 아동학대예방주간으로 한다(제23조 제1항).

③ 홍보영상의 제작·배포·송출

보건복지부장관은 아동학대의 예방과 방지, 위반행위자의 계도를 위한 교육 등에 관한 홍보영상을 제작하여 방송법 제2조 제23호의 방송편성책임자에게 배포하여야 하며(제24조 제1항), 방송법 제2조 제3호에 따른 방송사업자에게 같은 법 제73조 제4항에 따라 대통령령으로 정하는 비상업적 공익광고 편성비율의 범위에서 제1항의 홍보영상을 채널별로 송출하도록 요청할 수 있다(제24조 제2항).

④ 아동학대 신고의무자에 대한 교육

관계 중앙행정기관의 장은 「아동학대범죄의 처벌 등에 관한 특례법」 제10조 제2항 각 호의 어느 하나에 해당하는 사람(아동학대 신고의무자)의 자격 취득 과정이나 보수교육 과정에 아동학대 예방 및 신고의무와 관련된 교육 내용을 포함하도록 하여야 한다(제26조 제1항). 아동학대 신고의무자가 소속된 기관·시설 등의 장은 소속 아동학대 신고의무자에게 신고의무 교육을 실시하고, 그 결과를 관계 중앙행정기관의 장에게 제출하여야 한다(제26조 제3항).

국가기관과 지방자치단체의 장, 「공공기관의 운영에 관한 법률」에 따른 공공기관과 대통령령으로 정하는 공공단체의 장은 아동학대의 예방과 방지를 위하여 필요한 교육을 연 1회 이상 실시하고, 그 결과를 보건복지부장관에게 제출하여야 한다(제26조의2 제1항).

⑤ 아동학대 등의 통보

사법경찰관리는 아동 사망 및 상해 사건, 가정폭력 사건 등에 관한 직무를 행하는 경우 아동학대가 있었다고 의심할 만한 사유가 있는 때에는 시・도지사, 시장・군수・구청장 또는 보장원의 장에게 그 사실을 통보하여야 한다(제27조의2 제1항).

⑥ 피해아동 응급조치에 대한 거부금지

「아동학대범죄의 처벌 등에 관한 특례법」 제12조 제1항 제3호 또는 제4호에 따라 사법경찰관리 또는 아동학대전담공무원이 피해아동을 인도하는 경우에는 아동학대 관련 보호시설이나 의료기관은 정당한 사유 없이 이를 거부하여서는 아니 된다(제27조의3).

⑦ 사후관리

보장원의 장 또는 아동보호전문기관의 장은 아동학대가 종료된 이후에도 가정방문, 전화상담 등을 통하여 아동학대의 재발 여부를 확인하여야 하며(제28조 제1항), 아동학대가 종료된 이후에도 아동학대의 재발 방지 등을 위하여 필요하다고 인정하는 경우 피해아동 및 보호자를 포함한 피해아동의 가족에게 필요한 지원을 제공할 수 있다(제28조 제2항).

⑧ 아동학대정보시스템

보건복지부장관은 아동학대 관련 정보를 공유하고 아동학대를 예방하기 위하여 대통령령으로 정하는 바에 따라 국가아동학대정보시스템을 구축・운영하여야 한다(제28조의2 제1항).

⑨ 피해아동 및 그 가족에 대한 지원

보장원의 장 또는 아동보호전문기관의 장은 아동의 안전 확보와 재학대 방지, 건전한 가정기능의 유지 등을 위하여 피해아동 및 보호자를 포함한 피해아동의 가족에게 상담, 교육 및 의료적·심리적 치료 등의 필요한 지원을 제공하여야 한다(제29조 제1항). 국가와 지방자치단체는 초·중등교육법 제2조 각 호의 학교에 재학 중인 피해아동 및 피해아동의 가족이 주소지 외의 지역에서 취학(입학·재입학·전학·편입학을 포함)할 필요가 있을 때에는 그 취학이 원활하게 이루어질 수 있도록 지원하여야 한다(제29조 제5항).

⑩ 아동학대행위자에 대한 상담·교육 등의 권고

시·도지사, 시장·군수·구청장, 보장원의 장 또는 아동보호전문기관의 장은 아동학대행위자에 대하여 상담·교육 및 심리적 치료 등 필요한 지원을 받을 것을 권고할 수 있다. 이 경우 아동학대행위자는 정당한 사유가 없으면 상담·교육 및 심리적 치료 등에 성실히 참여하여야 한다(제29조의2).

⑪ 아동관련기관의 취업제한 등

법원은 아동학대관련범죄로 형 또는 치료감호를 선고하는 경우에는 판결(약식명령을 포함한다)로 그 형 또는 치료감호의 전부 또는 일부의 집행을 종료하거나 집행이 유예·면제된 날(벌금형을 선고받은 경우에는 그 형이 확정된 날을 말한다)부터 일정 기간(취업제한기간) 동안 아동관련기관을 운영하거나 아동관련기관에 취업 또는 사실상 노무를 제공할 수 없도록 하는 명령(취업제한명령)을 아동학대관련범죄 사건의 판결과 동시에 선고(약식명령의 경우에는 고지를 말한다)하여야 한다. 다만, 재범의 위험성이 현저히 낮은 경우나 그 밖에 취업을 제한하여서는 아니 되는 특별한 사정이 있다고 판단하는 경우에는 그러하지 아니하다(제29조의3 제1항).

아동관련기관의 설치 또는 설립인가·허가·신고를 관할하는 중앙행정기관의 장, 지방자치단체의 장, 교육감 또는 교육장은 아동관련기관을 운영하려는 자에 대하여 본인의 동의를 받아 관계 기관의 장에게 아동학대관련범죄 전력 조회를 요청하여야 한다(제29조의3 제4항). 아동관련기관의 장은 그 기관에 취업 중이거나 사실상 노무를 제공 중인 사람 또는 취업하려 하거나 사실상 노무를 제공하려는 사람에 대하여 아동학대관련범죄 전력을 확인하여야 하며, 이 경우 본인의 동의를 받아 관계 기관의 장에게 아동학대관련범죄 전력 조회를 요청하여야 한다(제29조의3 제5항).

⑫ 아동학대에 대한 법률상담 등

국가는 피해아동을 위한 법률상담과 소송대리 등의 지원을 할 수 있다(제29조의6 제1항). 보건복지부장관, 시・도지사, 시장・군수・구청장, 보장원의 장 및 아동보호전문기관의 장은 「법률구조법」 제8조에 따른 대한법률구조공단 또는 대통령령으로 정하는 그 밖의 기관에 법률상담 등을 요청할 수 있다(제29조의6 제2항).

⑬ 아동학대 전담의료기관의 지정

보건복지부장관, 시・도지사 및 시장・군수・구청장은 국・공립병원, 보건소 또는 민간의료기관을 피해아동의 치료를 위한 전담의료기관으로 지정할 수 있다(제29조의7 제1항).

## 7. 전달체계

### 1) 아동복지시설

#### (1) 아동복지시설의 설치 등

국가 또는 지방자치단체는 아동복지시설을 설치할 수 있다(제50조 제1항). 그러나 그 이외의 자는 관할 시장・군수・구청장에게 신고하고 아동복지시설을 설치할 수 있다(제50조 제2항). 아동복지시설을 폐업 또는 휴업하거나 그 운영을 재개하고자 하는 자는 보건복지부령으로 정하는 바에 따라 미리 시장・군수・구청장에게 신고하여야 한다(제51조).

### (2) 아동복지시설의 종류

아동복지시설의 종류는 다음과 같다(제52조 제1항). 아동복지시설들은 통합하여 설치할 수 있다(제52조 제2항).

1. 아동양육시설 : 보호대상아동을 입소시켜 보호, 양육 및 취업훈련, 자립지원 서비스 등을 제공하는 것을 목적으로 하는 시설
2. 아동일시보호시설 : 보호대상아동을 일시보호하고 아동에 대한 향후의 양육대책 수립 및 보호조치를 행하는 것을 목적으로 하는 시설
3. 아동보호치료시설 : 아동에게 보호 및 치료 서비스를 제공하는 다음 각 목의 시설
   가. 불량행위를 하거나 불량행위를 할 우려가 있는 아동으로서 보호자가 없거나 친권자나 후견인이 입소를 신청한 아동 또는 가정법원, 지방법원소년부지원에서 보호위탁된 19세 미만인 사람을 입소시켜 치료와 선도를 통하여 건전한 사회인으로 육성하는 것을 목적으로 하는 시설
   나. 정서적 · 행동적 장애로 인하여 어려움을 겪고 있는 아동 또는 학대로 인하여 부모로부터 일시 격리되어 치료받을 필요가 있는 아동을 보호 · 치료하는 시설
4. 공동생활가정 : 보호대상아동에게 가정과 같은 주거여건과 보호, 양육, 자립지원 서비스를 제공하는 것을 목적으로 하는 시설
5. 자립지원시설 : 아동복지시설에서 퇴소한 사람에게 취업준비기간 또는 취업 후 일정 기간 동안 보호함으로써 자립을 지원하는 것을 목적으로 하는 시설
6. 아동상담소 : 아동과 그 가족의 문제에 관한 상담, 치료, 예방 및 연구 등을 목적으로 하는 시설
7. 아동전용시설 : 어린이공원, 어린이놀이터, 아동회관, 체육 · 연극 · 영화 · 과학실험전시 시설, 아동휴게숙박시설, 야영장 등 아동에게 건전한 놀

이・오락, 그 밖의 각종 편의를 제공하여 심신의 건강유지와 복지증진에 필요한 서비스를 제공하는 것을 목적으로 하는 시설

8. 지역아동센터 : 지역사회 아동의 보호・교육, 건전한 놀이와 오락의 제공, 보호자와 지역사회의 연계 등 아동의 건전육성을 위하여 종합적인 아동복지서비스를 제공하는 시설
9. 아동보호전문기관
10. 제48조에 따른 가정위탁지원센터
11. 제10조의2에 따른 아동권리보장원

### (3) 아동복지시설의 고유업무 외 사업

아동복지시설은 각 시설의 고유의 목적 사업을 해치지 아니하고 각 시설별 설치기준 및 운영기준을 충족하는 경우 다음 각 호의 사업을 추가로 실시할 수 있다(제52조 제3항).

1. 아동가정지원사업 : 지역사회 아동의 건전한 발달을 위하여 아동, 가정, 지역주민에게 상담, 조언 및 정보를 제공하여 주는 사업
2. 아동주간보호사업 : 부득이한 사유로 가정에서 낮 동안 보호를 받을 수 없는 아동을 대상으로 개별적인 보호와 교육을 통하여 아동의 건전한 성장을 도모하는 사업
3. 아동전문상담사업 : 학교부적응아동 등을 대상으로 올바른 인격형성을 위한 상담, 치료 및 학교폭력예방을 실시하는 사업
4. 학대아동보호사업 : 학대아동의 발견, 보호, 치료 및 아동학대의 예방 등을 전문적으로 실시하는 사업
5. 공동생활가정사업 : 보호대상아동에게 가정과 같은 주거여건과 보호를 제공하는 것을 목적으로 하는 사업
6. 방과 후 아동지도사업 : 저소득층 아동을 대상으로 방과 후 개별적인 보호와 교육을 통하여 건전한 인격형성을 목적으로 하는 사업

### (4) 아동전용시설의 설치

국가와 지방자치단체는 아동이 항상 이용할 수 있는 아동전용시설을 설치하도록 노력하여야 한다(제53조 제1항). 아동이 이용할 수 있는 문화·오락 시설, 교통시설, 그 밖의 서비스시설 등을 설치·운영하는 자는 대통령령으로 정하는 바에 따라 아동의 이용편의를 고려한 편익설비를 갖추고 아동에 대한 입장료와 이용료 등을 감면할 수 있다(제53조 제2항).

### (5) 학대피해아동쉼터의 지정

시장·군수·구청장은 제52조 제1항 제4호에 따른 공동생활가정 중에서 피해아동에 대한 보호, 치료, 양육 서비스 등을 제공하는 학대피해아동쉼터를 지정할 수 있다(제53조의2).

### (6) 시설의 장과 종사자

아동복지시설의 장은 보호아동의 권리를 최대한 보장하여야 하며 친권자가 있는 경우 보호아동의 가정복귀를 위하여 적절한 상담과 지도를 병행하여야 한다(제57조). 아동복지시설에는 필요한 전문인력을 배치하여야 한다(제54조 제1항). 아동복지시설 종사자의 직종과 수, 그 자격 및 배치기준은 대통령령으로 정한다(제54조 제2항). 보건복지부장관은 아동복지시설 종사자[7]의 양성 및 자질향상을 위한 교육·훈련을 실시하여야 하며(제55조 제1항). 이 교육·훈련을 대학(전문대학을 포함) 또는 아동복지단체, 그 밖의 교육훈련시설에 위탁하여 실시할 수 있다(제55조 제2항).

### (7) 시설의 개선, 사업의 정지, 시설의 폐쇄 등

보건복지부장관, 시·도지사 또는 시장·군수·구청장은 아동복지시설과 교육훈련시설(대학 및 전문대학은 제외한다)이 다음 각 호의 어느 하나에 해당하는 경우에는 소관에 따라 그 시설의 개선, 6개월 이내의 사업의 정지, 위탁의 취

7 "아동복지시설 종사자"란 아동복지시설에서 아동의 상담·지도·치료·양육, 그 밖에 아동의 복지에 관한 업무를 담당하는 사람을 말한다(제3조 제11호).

소 또는 해당 시설의 장의 교체를 명하거나 시설의 폐쇄를 명할 수 있다(제56조 제1항).

1. 시설이 설치기준에 미달하게 된 경우
2. 사회복지법인 또는 비영리법인이 설치·운영하는 시설로서 그 사회복지법인이나 비영리법인의 설립허가가 취소된 경우
3. 설치목적의 달성이나 그 밖의 사유로 계속하여 운영될 필요가 없다고 인정할 때
4. 보호대상아동에 대한 아동학대행위가 확인된 경우
5. 거짓이나 그 밖의 부정한 방법으로 경비의 지원을 받은 경우
6. 아동복지시설의 사업정지기간 중에 사업을 한 경우
7. 그 밖에 이 법 또는 이 법에 따른 명령을 위반한 경우

#### 2) 아동정책조정위원회

아동의 권리증진과 건강한 출생 및 성장을 위하여 종합적인 아동정책을 수립하고 관계부처의 의견을 조정하며 그 정책의 이행을 감독하고 평가하기 위하여 국무총리 소속으로 아동정책조정위원회를 둔다(제10조 제1항).

위원회는 기본계획의 수립에 관한 사항, 아동의 권익 및 복지 증진을 위한 기본방향에 관한 사항, 아동정책의 개선과 예산지원에 관한 사항, 아동 관련 국제조약의 이행 및 평가·조정에 관한 사항, 아동정책에 관한 관련 부처 간 협조에 관한 사항, 그 밖에 위원장이 부의하는 사항을 심의·조정한다(제10조 제2항).

#### 3) 아동복지심의위원회

시·도지사, 시장·군수·구청장은 다음 사항을 심의하기 위하여 그 소속으로 아동복지심의위원회를 각각 두며(제12조 제1항), 심의위원회의 조직·구성 및 운영 등에 필요한 사항은 대통령령으로 정하는 기준에 따라 해당 지방자치단체의 조례로 정한다(제12조 제2항).

1. 제8조에 따른 시행계획 수립 및 시행에 관한 사항
2. 제15조에 따른 보호조치에 관한 사항
3. 제16조에 따른 퇴소조치에 관한 사항
4. 제18조에 따른 친권행사의 제한이나 친권상실 선고 청구에 관한 사항
5. 제19조에 따른 아동의 후견인의 선임이나 변경 청구에 관한 사항
6. 지원대상아동의 선정과 그 지원에 관한 사항
7. 그 밖에 아동의 보호 및 지원서비스를 위하여 시·도지사 또는 시장·군수·구청장이 필요하다고 인정하는 사항

### 4) 아동보호전문기관

지방자치단체는 학대받은 아동의 치료, 아동학대의 재발 방지 등 사례관리 및 아동학대예방을 담당하는 아동보호전문기관을 시·도 및 시·군·구에 1개소 이상 두어야 한다. 다만, 시·도지사는 관할구역의 아동 수 및 지리적 요건을 고려하여 조례로 정하는 바에 따라 둘 이상의 시·군·구를 통합하여 하나의 아동보호전문기관을 설치·운영할 수 있다(제45조 제2항). 보건복지부장관, 시·도지사 및 시장·군수·구청장은 아동학대예방사업을 목적으로 하는 비영리법인을 지정하여 아동보호전문기관의 운영을 위탁할 수 있다(제45조 제4항).

아동보호전문기관은 피해아동, 피해아동의 가족 및 아동학대행위자를 위한 상담·치료 및 교육, 아동학대예방 교육 및 홍보, 피해아동 가정의 사후관리, 그 밖에 대통령령으로 정하는 아동학대예방사업과 관련된 업무를 수행한다(제46조 제2항).

### 5) 아동복지 전담공무원

아동복지에 관한 업무를 담당하기 위하여 특별시·광역시·도·특별자치도(이하 "시·도"라 한다) 및 시·군·구에 각각 아동복지 전담공무원(이하 "전담공무원"이라 한다)을 둘 수 있다(제13조 제1항). 전담공무원은 사회복지사의 자격을 가진 사람으로 하고 그 임용 등에 필요한 사항은 해당 시·도 및 시·군·구의 조

례로 정한다(제13조 제2항). 전담공무원은 아동에 대한 상담 및 보호조치, 가정환경에 대한 조사, 아동복지시설에 대한 지도・감독, 아동범죄 예방을 위한 현장확인 및 지도・감독 등 지역 단위에서 아동의 복지증진을 위한 업무를 수행한다(제13조 제3항).

### 6) 아동위원

시・군・구에 아동위원을 둔다(제14조 제1항). 아동위원은 그 관할 구역의 아동에 대하여 항상 그 생활상태 및 가정환경을 상세히 파악하고 아동복지에 필요한 원조와 지도를 행하며 전담공무원 및 관계 행정기관과 협력하여야 하며(제14조 제2항), 그 업무의 원활한 수행을 위하여 적절한 교육을 받을 수 있다(제14조 제3항). 아동위원은 명예직으로 하되, 아동위원에 대하여는 수당을 지급할 수 있다(제14조 제4항).

### 7) 가정위탁지원센터

"가정위탁"이란 보호대상아동의 보호를 위하여 성범죄, 가정폭력, 아동학대, 정신질환 등의 전력이 없는 보건복지부령으로 정하는 기준에 적합한 가정에 보호대상아동을 일정 기간 위탁하는 것을 말한다(제3조 제6호).

지방자치단체는 보호대상아동에 대한 가정위탁사업을 활성화하기 위하여 시・도 및 시・군・구에 가정위탁지원센터를 둔다. 다만, 시・도지사는 조례로 정하는 바에 따라 둘 이상의 시・군・구를 통합하여 하나의 가정위탁지원센터를 설치・운영할 수 있다(제48조). 가정위탁지원센터는 가정위탁사업의 홍보 및 가정위탁을 하고자 하는 가정의 발굴, 가정위탁을 하고자 하는 가정에 대한 조사 및 가정위탁 대상 아동에 대한 상담, 가정위탁을 하고자 하는 사람과 위탁가정 부모에 대한 교육, 위탁가정의 사례관리, 친부모 가정으로의 복귀 지원, 가정위탁 아동의 자립계획 및 사례 관리, 관할 구역 내 가정위탁 관련 정보 제공, 그 밖에 대통령령으로 정하는 가정위탁과 관련된 업무를 수행한다(제49조).

## 8. 재정(비용)

### 1) 비용보조

국가 또는 지방자치단체는 대통령령으로 정하는 바에 따라 아동복지시설의 설치 및 운영과 프로그램의 운용에 필요한 비용 또는 수탁보호 중인 아동의 양육 및 보호관리에 필요한 비용, 보호대상아동의 대리양육이나 가정위탁보호에 따른 비용, 아동복지사업의 지도, 감독, 계몽 및 홍보에 필요한 비용, 제26조에 따른 신고의무 교육에 소요되는 비용, 제37조에 따른 취약계층 아동에 대한 통합서비스지원에 필요한 비용, 제38조에 따른 보호대상아동의 자립지원에 필요한 비용, 제42조에 따른 자산형성지원사업에 필요한 비용, 제58조에 따른 아동복지단체의 지도·육성에 필요한 비용의 전부 또는 일부를 보조할 수 있다(제59조).

### 2) 비용의 징수

시·도지사, 시장·군수·구청장 또는 아동복지시설의 장은 제15조 제1항 제3호부터 제5호까지 및 같은 조 제5항 및 제6항에 따른 보호조치에 필요한 비용의 전부 또는 일부를 대통령령으로 정하는 바에 따라 각각 그 아동의 부양의무자로부터 징수할 수 있다(제60조).

### 3) 국유·공유 재산의 무상 대부

국가 또는 지방자치단체는 아동복지시설의 설치·운영을 위하여 필요하다고 인정하는 경우 국유재산법 및 공유재산 및 물품 관리법에도 불구하고 국유·공유 재산을 무상으로 대부하거나 사용·수익하게 할 수 있다(제62조 제1항).

### 4) 면 세

아동복지시설에서 그 보호아동을 위하여 사용하는 건물 및 토지, 시설설치 및 운영에 소요되는 비용에 대하여는 조세특례제한법, 기타 관계 법령이 정하는 바에 따라 조세, 그 밖의 공과금을 면제할 수 있다(제63조).

### 9. 권리보호

누구도 이 법에 따라 지급된 금품과 이를 받을 권리는 압류하지 못한다(제64조).

## 제4절 노인복지법

### 1. 의 의

노인복지법은 노인의 질환을 사전예방 또는 조기발견하고 질환상태에 따른 적절한 치료·요양으로 심신의 건강을 유지하고, 노후의 생활안정을 위하여 필요한 조치를 강구함으로써 노인의 보건복지 증진에 기여함을 목적으로 한다(제1조).

노인복지법은 노인복지의 이념으로 다음 세 가지를 들고 있다(제2조). 첫째, 노인은 후손의 양육과 국가 및 사회의 발전에 기여하여 온 자로서 존경받으며 건전하고 안정된 생활을 보장받는다. 둘째, 노인은 그 능력에 따라 적당한 일에 종사하고 사회적 활동에 참여할 기회를 보장받는다. 셋째, 노인은 노령에 따르는 심신의 변화를 자각하여 항상 심신의 건강을 유지하고 그 지식과 경험을 활용하여 사회의 발전에 기여하도록 노력하여야 한다.

노인복지법은 이와 같은 이념과 목적하에 국가 및 지방자치단체, 노인 자신, 노인복지사업자, 일반 국민 모두가 함께 노력하여 노인복지를 실현하기 위한 제반 활동에 관한 법이다.

### 2. 입법배경 및 연혁

노인복지법은 1981년 6월 5일 제정되었다. 이 법의 제정 이전의 노인에 대한 국가적인 정책은 생활보호법에 근거한 빈곤노인에 한정된 선별적인 급부와 서비스가 전부였다고 할 수 있다. 그러나 사회환경의 급격한 변화, 가족기능의 약화, 노인부양에 대한 가치관의 변화 등은 빈곤노인에 한정된 급부와 서비스 제공만으로는 한계를 보이고 또한 노인복지 문제는 관련 분야가 넓기 때문에 전체 노인을 대상으로 하는 단일 법률을 제정하여 노인복지 문제에 종합적으로 대처하기 위하여 노인복지법을 제정하게 된 것이다.

그 후 사회·경제적 변화에 따라 발생하는 제반 노인복지 욕구를 해결하기 위하여 노인복지조치를 더욱 강화하기 위한 여러 차례의 개정이 이루어졌다.

1989년 12월 30일에 1차로 개정되었는데 여기에는 노인복지대책위원회의 설치, 가정봉사원제도 및 결연사업의 실시, 노령수당의 지급 등의 내용이 담겨 있다. 1993년 12월 27일 개정에서는 민간기업이나 개인도 시·도지사의 허가를 받아 유료 노인복지시설을 설치·운영할 수 있도록 하였으며 재가노인복지사업의 종류를 가정봉사원파견사업, 주간보호사업, 단기보호사업으로 명시하고 실시의 법적 근거를 규정하였다.

1997년 8월 22일 개정에서는 경로연금의 지급, 중증노인과 만성퇴행성 노인환자를 위한 노인전문요양시설, 유료 노인전문요양시설 및 노인전문병원의 설치 등의 법적 근거를 규정하였다. 1999년 2월 8일 개정에서는 행정규제기본법에 의한 규제정비계획에 따라 노인복지시설에 대한 규제완화를 통하여 시설운영의 자율성을 높이고 경로연금제도의 운영상 나타난 일부 미비점을 보완하였다.

2004년 1월 29일 개정에서는 노인학대를 방지하고 학대받는 노인을 보호할 수 있도록 긴급전화 및 노인전문기관을 설치하도록 하였고, 노인학대에 대한 신고의무와 조치사항을 규정하는 등 노인학대의 예방과 학대받는 노인의 보호를 위한 제도적 장치를 강화하였다.

2005년 3월 31일 개정에서는 노인의료복지시설의 설치·폐지 등의 신고 등에 관한 사회복지시설에 대한 현황 파악이 용이하도록 시·도지사의 사무를 시·군·구청장에게 이양하였다. 같은 해 7월 13일 개정에서는 국가 또는 지방자치단체가 노인들의 능력과 적성에 맞는 일자리의 개발·보급 및 교육훈련 등을 위한 전담기관 설치·운영을 법인·단체 등에 위탁할 수 있도록 하였다.

2007년 4월 25일 개정에서는 기초노령연금법이 제정되어 경로연금에 관한 부분은 기초노령연금법에 의해 규정되었고, 같은 해 8월 3일 개정에서는 노인장기요양보험에 대비하여 노인복지시설의 무료·실비 및 유료 구분을 없애고, 요양보호사 자격제도를 도입하였다. 2010년 1월 25일 개정에서는 요양보호사 자격시험제도를 도입하고, 요양보호사 교육기관 운영제도를 신고제에서 지정제로 변경하여 전문성을 갖추게 하였다. 2011년 6월 7일 개정에서는 민간복지서비스 전달체계의 효율화를 위한 기능조정의 일환으로 노인전문병원을 의료법상의 요양병원으로 일원화하고, 노인복지시설로서의 기능과 역할이 미약한 노인휴양소를 폐지하며, 노인학대 신고 의무자 범위를 확대하였다. 2012년 10월 22일 개정에서는 노인학대 신고의무를 위반하는 경우 이를 처벌할 수 있는 근거 규정을 마련하였다. 2013년 6월 4일 개정에서는 노인일자리지원기관은 사회복지사업을 수행하고 있으므로 노인복지시설의 한 종류로 규정하여 사회복지시설로 인정받을 수 있는 법적 근거를 마련하고, 치매질환자를 「실종아동 등의 보호 및 지원에 관한 법률」에서 규율함에 따라 법률 간 상충 문제를 해소하기 위하여 이 법에서 치매로 인한 실종 부분을 삭제하였다.

2015년 1월 28일 개정에서는 노인복지주택 입소자의 범위를 확대하고, 노인복지주택 중 분양형을 폐지하고 임대형으로만 설치·운영하도록 하였으며, 노인학대현장 출동 시 노인보호전문기관과 수사기관 상호 간에 동행협조를 요청할 수 있는 근거규정을 신설하는 등 노인학대신고에 대한 효과적인 대응이 이루어지도록 하였고, 같은 해 12월 29일 개정[8]에서는 노인학대 사례가 꾸준히 증가하고 있어서 노인학대의 예방 및 방지를 위한 법적·제도적 장치를 강화할 필요가 있으므로, 노인학대 관련 범죄전력자의 취업제한 등 노인학대

8 이 개정법은 공포 후 1년이 경과한 날부터 시행한다. 다만, 제39조의5 제1항·제2항 및 제39조의16의 개정규정은 공포한 날부터 시행하고, 제39조의11, 제39조의15, 제40조 제5항·제6항, 제43조 제3항 및 제57조 제2항 제3호의 개정규정은 공포 후 6개월이 경과한 날부터 시행하며, 제46조 제5항의 개정규정은 2016년 1월 1일부터 시행한다(동법 부칙 제1조).

관련 규제 및 처벌을 강화하였으며, 노인복지시설 휴지·폐지 또는 사업정지·폐지의 경우 이용자 권익보호조치를 하도록 의무화하였다.

## 3. 노인복지의 책임

### 1) 국가 및 지방자치단체의 책임 등

"국가와 지방자치단체는 노인의 보건 및 복지증진의 책임이 있으며, 이를 위한 시책을 강구하여 추진하여야 한다(제4조 제1항)"고 규정함으로써 노인복지의 책임이 원칙적으로 국가와 지방자치단체에 있음을 명시하고 있다. 그리고 이러한 시책을 강구함에 있어 제2조에 규정된 기본이념이 구현되도록 노력하여야 한다(제4조 제2항).

노인복지의 책임은 국가와 지방자치단체에만 있는 것이 아니라 노인가족을 포함한 일반 국민에게도 있다. 즉, "국가와 국민은 경로효친의 미풍양속에 따른 건전한 가족제도가 유지·발전되도록 노력하여야 한다(제3조)"고 규정하여 노인복지에 대하여 일반 국민도 책임의 일익을 맡고 있음을 규정하고 있다.

"노인의 일상생활에 관련되는 사업을 경영하는 자는 그 사업을 경영함에 있어 노인의 보건복지가 증진되도록 노력하여야 한다(제4조 제3항)"고 규정하여 민간의 노인복지증진 책임도 언급하고 있다. '노인의 일상생활에 관련되는 사업'이란 노인복지 관련 사업이 종래에는 국가책임으로 빈곤층에 대해 무료의 서비스를 제공하던 것에서 고령화사회 등 사회적 변화에 의해 사회적 욕구가 보편화·다양화·고도화되어 감에 따라 공적 복지의 제공이 한계를 맞게 되고, 이 같은 문제에 대응하여 수익자가 일부 또는 전부를 부담하는 실비 또는 유료의 다양한 노인복지서비스가 전 국민을 대상으로 제공되고 있음을 감안한 조치라고 판단된다. 그러므로 사회복지법인은 물론 개인이나 단체, 영리법인의 사업이라고 할지라도 노인복지 관련 사업인 경우에는 사회복지적 특성을 살려서 노인의 보건복지가 증진되도록 노력하여 공익성을 중시해야 한다는 의미로 해석된다(현외성, 2001 : 451).

### 2) 노인실태조사

보건복지부장관은 노인의 보건 및 복지에 관한 실태조사를 3년마다 실시하고 그 결과를 공표하여야 한다(제5조 제1항).

### 3) 노인의 날 등

노인에 대한 사회적 관심과 공경의식을 높이기 위하여 매년 10월 2일을 노인의 날로, 매년 10월을 경로의 달로 한다(제6조 제1항). 부모에 대한 효사상을 앙양하기 위하여 매년 5월 8일을 어버이날로 한다(제6조 제2항). 그리고 범국민적으로 노인학대에 대한 인식을 높이고 관심을 유도하기 위하여 매년 6월 15일을 노인학대예방의 날로 지정하고, 국가와 지방자치단체는 노인학대예방의 날의 취지에 맞는 행사와 홍보를 실시하도록 노력하여야 한다(제6조 제4항).

### 4) 인권교육

노인복지시설 중 경로당과 노인교실을 제외한 시설을 설치 · 운영하는 자와 그 종사자는 인권에 관한 교육을 받아야 하며, 해당 시설을 설치 · 운영하는 자는 시설을 이용하고 있는 노인들에게 인권교육을 실시할 수 있다(제6조의3 및 시행령 제11조의2).

## 4. 적용대상

이 법의 개별규정(제25조~제28조)에서 대부분 65세 이상의 노인을 적용대상으로 하고 있다.

## 5. 급 여

### 1) 보건 · 복지 조치

#### (1) 노인사회참여 지원

국가 또는 지방자치단체는 노인의 사회참여 확대를 위하여 노인의 지역봉사 활동기회를 넓히고 노인에게 적합한 직종의 개발과 그 보급을 위한 시책을 강구하며 근로능력 있는 노인에게 일할 기회를 우선적으로 제공하도록 노력하여야 한다(제23조 제1항). 국가 또는 지방자치단체는 노인의 지역봉사활동 및 취업의 활성화를 기하기 위하여 노인지역봉사기관, 노인취업알선기관 등 노인복지관계기관에 대하여 필요한 지원을 할 수 있다(제23조 제2항).

#### (2) 노인일자리전담기관의 설치 · 운영 등

노인의 능력과 적성에 맞는 일자리지원사업을 전문적 · 체계적으로 수행하기 위한 전담기관(노인일자리전담기관)은 다음 각 호의 기관으로 한다(제23조의2 제1항).

1. 노인인력개발기관 : 노인일자리 개발 · 보급사업, 조사사업, 교육 · 홍보 및 협력사업, 프로그램 인증 · 평가사업 등을 지원하는 기관
2. 노인일자리지원기관 : 지역사회 등에서 노인일자리의 개발 · 지원, 창업 · 육성 및 노인에 의한 재화의 생산 · 판매 등을 직접 담당하는 기관
3. 노인취업알선기관 : 노인에게 취업 상담 및 정보를 제공하거나 노인일자리를 알선하는 기관

국가 또는 지방자치단체는 노인일자리전담기관을 설치 · 운영하거나 그 운영의 전부 또는 일부를 법인 · 단체 등에 위탁할 수 있다(제23조의2 제2항). 국가, 지방자치단체 및 그 밖의 공공단체는 제23조의2 제1항 제2호의 노인일자리지원기관에서 생산한 물품의 우선구매에 필요한 조치를 마련하여야 한다(제23조의3).

### (3) 지역봉사지도원의 위촉 및 업무

국가와 지방자치단체는 사회적 신망과 경험이 있는 노인으로서 지역봉사를 희망하는 경우에는 이를 지역봉사지도원으로 위촉할 수 있다(제24조 제1항). 지역봉사지도원은 ① 국가 또는 지방자치단체가 행하는 업무 중 민원인에 대한 상담 및 조언, ② 도로의 교통정리, 주·정차 단속의 보조, 자연보호 및 환경침해 행위 단속의 보조와 청소년 선도, ③ 충효사상, 전통의례 등 전통문화의 전수교육, ④ 문화재의 보호 및 안내, ⑤ 노인에 대한 교통안전 및 교통사고예방교육, ⑥ 기타 대통령령이 정하는 업무를 담당한다(제24조 제2항).

### (4) 생업지원

국가 또는 지방자치단체, 그 밖의 공공단체 중 대통령령으로 정하는 기관은 소관 공공시설에 식료품·사무용품·신문 등 일상생활용품의 판매를 위한 매점이나 자동판매기의 설치를 허가 또는 위탁할 때에는 65세 이상 노인의 신청이 있는 경우 이를 우선적으로 반영하여야 한다(제25조 제1항).

### (5) 경로우대

국가 또는 지방자치단체는 65세 이상의 자에 대하여 대통령령이 정하는 바에 의하여 국가 또는 지방자치단체의 수송시설 및 고궁·능원·박물관·공원 등의 공공시설을 무료로 또는 그 이용요금을 할인하여 이용하게 할 수 있다(제26조 제1항). 그리고 노인의 일상생활에 관련된 사업을 경영하는 자에게 65세 이상의 자에 대하여 그 이용요금을 할인하여 주도록 권유할 수 있으며(제26조 제2항), 이 경우 이용요금 할인자에게 적절한 지원을 할 수 있다(제26조 제3항).

### (6) 건강진단 등

국가 또는 지방자치단체는 대통령령이 정하는 바에 의하여 65세 이상의 자에 대하여 건강진단과 보건교육을 실시할 수 있다. 이 경우 보건복지부령으로 정하는 바에 따라 성별 다빈도질환 등을 반영하여야 한다(제27조 제1항).

### (7) 노인성 질환에 대한 의료지원

국가 또는 지방자치단체는 노인성 질환자의 경제적 부담능력 등을 고려하여 노인성 질환의 예방교육, 조기발견 및 치료 등에 필요한 비용의 전부 또는 일부를 지원할 수 있다(제27조의4 제1항).

### (8) 홀로 사는 노인에 대한 지원 및 독거노인종합지원센터

국가 또는 지방자치단체는 홀로 사는 노인에 대하여 방문요양과 돌봄 등의 서비스와 안전확인 등의 보호조치를 취하여야 한다(제27조의2 제1항).

보건복지부장관은 홀로 사는 노인에 대한 돌봄과 관련된 사업을 수행하기 위하여 독거노인종합지원센터를 설치·운영할 수 있다(제27조의3 제1항).

### (9) 상담·입소 등의 조치

보건복지부장관, 시·도지사와 시장·군수·구청장은 노인에 대한 복지를 도모하기 위하여 필요하다고 인정한 때에는 다음 각 호의 조치를 하여야 한다(제28조 제1항).

1. 65세 이상의 자 또는 그를 보호하고 있는 자를 관계공무원 또는 노인복지상담원으로 하여금 상담·지도하게 하는 것
2. 65세 이상의 자로서 신체적·정신적·경제적 이유 또는 환경상의 이유로 거택에서 보호받기가 곤란한 자를 노인주거복지시설 또는 재가노인복지시설에 입소시키거나 입소를 위탁하는 것
3. 65세 이상의 자로서 신체 또는 정신상의 현저한 결함으로 인하여 항상 보호를 필요로 하고 경제적 이유로 거택에서 보호받기가 곤란한 자를 노인의료복지시설에 입소시키거나 입소를 위탁하는 것

### (10) 노인재활요양사업

국가 또는 지방자치단체는 신체적·정신적으로 재활요양을 필요로 하는 노인을 위한 재활요양사업을 실시할 수 있다(제30조 제1항).

### 2) 노인학대

#### (1) 노인학대의 정의

노인학대라 함은 노인에 대하여 신체적·정신적·정서적·성적 폭력 및 경제적 착취 또는 가혹행위를 하거나 유기 또는 방임을 하는 것을 말한다(제1조의2 제4호).

#### (2) 금지행위

누구든지 65세 이상의 사람(노인)에 대하여 다음 각 호의 1에 해당하는 행위를 하여서는 아니 된다(제39조의9).

1. 노인의 신체에 폭행을 가하거나 상해를 입히는 행위
2. 노인에게 성적 수치심을 주는 성폭행·성희롱 등의 행위
3. 자신의 보호·감독을 받는 노인을 유기하거나 의식주를 포함한 기본적 보호 및 치료를 소홀히 하는 방임행위
4. 노인에게 구걸을 하게 하거나 노인을 이용하여 구걸하는 행위
5. 노인을 위하여 증여 또는 급여된 금품을 그 목적 외의 용도에 사용하는 행위
6. 폭언, 협박, 위협 등으로 노인의 정신건강에 해를 끼치는 정서적 학대행위

#### (3) 노인보호전문기관

국가는 지역 간의 연계체계를 구축하고 노인학대를 예방하기 위하여 다음 각 호의 업무를 담당하는 중앙노인보호전문기관을 설치·운영하여야 한다(제39조의5 제1항).

1. 노인인권보호 관련 정책제안
2. 노인인권보호를 위한 연구 및 프로그램의 개발
3. 노인학대 예방의 홍보, 교육자료의 제작 및 보급
4. 노인보호전문사업 관련 실적 취합, 관리 및 대외자료 제공
5. 지역노인보호전문기관의 관리 및 업무지원

6. 지역노인보호전문기관 상담원의 심화교육
7. 관련 기관 협력체계의 구축 및 교류
8. 노인학대 분쟁사례조정을 위한 중앙노인학대사례판정위원회 운영
9. 그 밖에 노인의 보호를 위하여 대통령령으로 정하는 사항

학대받는 노인의 발견·보호·치료 등을 신속히 처리하고 노인학대를 예방하기 위하여 다음 각 호의 업무를 담당하는 지역노인보호전문기관을 특별시·광역시·도·특별자치도(이하 "시·도"라 한다)에 둔다(제39조의5 제2항).

1. 노인학대 신고전화의 운영 및 사례접수
2. 노인학대 의심사례에 대한 현장조사
3. 피해노인 및 노인학대자에 대한 상담
4. 피해노인가족 관련자와 관련 기관에 대한 상담
5. 상담 및 서비스제공에 따른 기록과 보관
6. 일반인을 대상으로 한 노인학대 예방교육
7. 노인학대행위자를 대상으로 한 재발방지 교육
8. 노인학대사례 판정을 위한 지역노인학대사례판정위원회 운영 및 자체사례회의 운영
9. 그 밖에 노인의 보호를 위하여 보건복지부령으로 정하는 사항

보건복지부장관 및 시·도지사는 노인학대예방사업을 목적으로 하는 비영리법인을 지정하여 제1항에 따른 중앙노인보호전문기관과 제2항에 따른 지역노인보호전문기관의 운영을 위탁할 수 있다(제39조의5 제3항).

### (4) 긴급전화의 설치 등

국가 및 지방자치단체는 노인학대를 예방하고 수시로 신고를 받을 수 있도록 노인보호전문기관에 전국적으로 통일된 번호로 매일 24시간 운영되는 긴급전화를 설치하여야 한다(제39조의4 제1항, 시행령 제20조의4 제1항).

### (5) 노인학대 신고의무와 절차

누구든지 노인학대를 알게 된 때에는 노인보호전문기관 또는 수사기관에 신고할 수 있다(제39조의6 제1항). 특히 다음 각 호의 1에 해당하는 자는 그 직무상 65세 이상의 사람에 대한 노인학대를 알게 된 때에는 즉시 노인보호전문기관 또는 수사기관에 신고하여야 한다(제39조의6 제2항).

1. 의료법 제3조 제1항의 의료기관에서 의료업을 행하는 의료인 및 의료기관의 장
2. 제27조의2에 따른 방문요양과 돌봄이나 안전확인 등의 서비스 종사자, 제31조에 따른 노인복지시설의 장과 그 종사자 및 제7조에 따른 노인복지상담원
3. 장애인복지법 제58조의 규정에 의한 장애인복지시설에서 장애노인에 대한 상담·치료·훈련 또는 요양업무를 수행하는 사람
4. 「가정폭력방지 및 피해자보호 등에 관한 법률」 제5조 및 제7조에 따른 가정폭력 관련 상담소 및 가정폭력피해자 보호시설의 장과 그 종사자
5. 사회복지사업법 제14조에 따른 사회복지전담공무원 및 같은 법 제34조에 따른 사회복지관, 부랑인 및 노숙인보호를 위한 시설의 장과 그 종사자
6. 노인장기요양보험법 제31조에 따른 장기요양기관의 장과 그 종사자
7. 「119구조·구급에 관한 법률」 제10조에 따른 119구급대의 구급대원
8. 건강가정기본법 제35조에 따른 건강가정지원센터의 장과 그 종사자
9. 다문화가족지원법 제12조에 따른 다문화가족지원센터의 장과 그 종사자
10. 「성폭력방지 및 피해자보호 등에 관한 법률」 제10조에 따른 성폭력피해상담소 및 같은 법 제12조에 따른 성폭력피해자보호시설의 장과 그 종사자
11. 「응급의료에 관한 법률」 제36조에 따른 응급구조사
12. 「의료기사 등에 관한 법률」 제1조의2 제1호에 따른 의료기사
13. 「국민건강보험법」에 따른 국민건강보험공단 소속 요양직 직원

14. 「지역보건법」 제2조에 따른 지역보건의료기관의 장과 종사자

15. 제31조에 따른 노인복지시설 설치 및 관리 업무 담당 공무원

이때 신고인의 신분은 보장되어야 하며 그 의사에 반하여 신분이 노출되어서는 아니 된다(제39조의6 제3항).

### (6) 응급조치 의무 등

노인학대신고를 접수한 노인보호전문기관의 직원이나 사법경찰관리는 지체 없이 노인학대의 현장에 출동하여야 한다. 이 경우 노인보호전문기관의 장이나 수사기관의 장은 서로 동행하여 줄 것을 요청할 수 있고, 그 요청을 받은 때에는 정당한 사유가 없으면 소속 직원이나 사법경찰관리를 현장에 동행하도록 하여야 한다(제39조의7 제1항). 출동한 노인보호전문기관의 직원이나 사법경찰관리는 피해자를 보호하기 위하여 신고된 현장에 출입하여 관계인에 대하여 조사를 하거나 질문을 할 수 있다(제39조의7 제2항). 현장에 출동한 자는 학대받은 노인을 노인학대행위자로부터 분리하거나 치료가 필요하다고 인정할 때에는 노인보호전문기관 또는 의료기관에 인도하여야 한다(제39조의7 제5항).

### (7) 학대피해노인 전용쉼터의 설치

국가와 지방자치단체는 노인학대로 인하여 피해를 입은 노인을 일정기간 보호하고 심신 치유 프로그램을 제공하기 위하여 학대피해노인 전용 쉼터를 설치·운영할 수 있다(제39조의19 제1항).

### (8) 노인학대의 사후관리 등

노인보호전문기관의 장은 노인학대가 종료된 후에도 가정방문, 시설방문, 전화상담 등을 통하여 노인학대의 재발 여부를 확인하여야 하며, 노인학대의 재발 방지를 위하여 필요하다고 인정하는 경우 피해노인 및 보호자를 포함한 피해노인의 가족에게 상담, 교육 및 의료적·심리적 치료 등의 지원을 하여야 한다(제39조의20 제1항~제2항).

### 3) 실종노인에 관한 신고의무와 조사 등

누구든지 정당한 사유 없이 사고 등의 사유로 인하여 보호자로부터 이탈된 노인(실종노인)을 경찰관서 또는 지방자치단체의 장에게 신고하지 아니하고 보호하여서는 아니 된다(제39조의10 제1항). 노인복지시설(사회복지시설 및 사회복지시설에 준하는 시설로 인가·신고 등을 하지 아니하고 노인을 보호하는 시설을 포함)의 장 또는 그 종사자는 그 직무를 수행하면서 실종노인임을 알게 된 때에는 지체 없이 보건복지부령으로 정하는 신상카드를 작성하여 지방자치단체의 장과 실종노인의 데이터베이스를 구축하고 운영하는 기관의 장에게 제출하여야 한다(제39조의10 제2항).

경찰청장은 실종노인의 조속한 발견과 복귀를 위하여 실종노인에 대한 신고체계의 구축 및 운영, 그 밖에 실종노인의 발견과 복귀를 위하여 필요한 사항을 시행하여야 한다(제39조의10 제4항).

보건복지부장관, 시·도지사 또는 시장·군수·구청장은 필요하다고 인정하는 때에는 관계공무원 또는 노인복지상담원으로 하여금 노인복지시설과 노인의 주소·거소, 노인의 고용장소 또는 제39조의9의 금지행위를 위반할 우려가 있는 장소에 출입하여 노인 또는 관계인에 대하여 필요한 조사를 하거나 질문을 하게 할 수 있다(제39조의11 제1항). 경찰청장, 시·도지사 또는 시장·군수·구청장은 실종노인의 발견을 위하여 필요한 때에는 보호시설의 장 또는 그 종사자에게 필요한 보고 또는 자료제출을 명하거나 소속 공무원으로 하여금 보호시설에 출입하여 관계인 또는 노인에 대하여 필요한 조사 또는 질문을 하게 할 수 있다(제39조의11 제2항).

## 6. 전달체계

### 1) 노인복지시설

#### (1) 노인복지시설의 종류

노인복지시설의 종류에는 노인주거복지시설, 노인의료복지시설, 노인여가복지시설, 재가노인복지시설, 노인보호전문기관, 제23조의2 제1항 제2호의 노인일자리지원기관, 학대피해노인점용쉼터가 있다(제31조).[9]

① 노인주거복지시설

노인주거복지시설은 다음 각 호의 시설로 한다(제32조 제1항).

1. 양로시설 : 노인을 입소시켜 급식과 그 밖에 일상생활에 필요한 편의를 제공함을 목적으로 하는 시설
2. 노인공동생활가정 : 노인들에게 가정과 같은 주거여건과 급식, 그 밖에 일상생활에 필요한 편의를 제공함을 목적으로 하는 시설
3. 노인복지주택 : 노인에게 주거시설을 임대하여 주거의 편의·생활지도·상담 및 안전관리 등 일상생활에 필요한 편의를 제공함을 목적으로 하는 시설

국가 또는 지방자치단체는 노인주거복지시설을 설치할 수 있으며(제33조 제1항), 그 외의 자가 노인주거복지시설을 설치하고자 하는 경우에는 특별자치시장·특별자치도지사·시장·군수·구청장에게 신고하여야 한다(제33조 제2항).

노인복지주택에 입소할 수 있는 자는 60세 이상의 노인(이하 "입소자격자"라 한다)으로 한다. 다만, 입소자격자의 배우자나 입소자격자가 부양을 책임지고 있는 19세 미만의 자녀·손자녀는 입소자격자와 함께 입소할 수 있다(제33조의2 제1항). 노인복지주택을 설치하거나 설치하려는 자는 노인복지주택을 입소자격자에게 임대하여야 한다(제33조의2 제2항). 제2항에 따라 노인복지주택을 임차한 자는 해당 노인주거시설을 입소자격자가 아닌 자에게 다시 임대할 수 없다(제33조의2 제3항).

---

9 노인보호전문기관, 노인일자리지원기관, 학대피해노인 전용쉼터는 앞에서 설명했으므로 여기서는 생략한다.

② 노인의료복지시설

노인의료복지시설은 다음 각 호의 시설로 한다(제34조 제1항).

1. **노인요양시설** : 치매·중풍 등 노인성질환 등으로 심신에 상당한 장애가 발생하여 도움을 필요로 하는 노인을 입소시켜 급식·요양과 그 밖에 일상생활에 필요한 편의를 제공함을 목적으로 하는 시설
2. **노인요양공동생활가정** : 치매·중풍 등 노인성질환 등으로 심신에 상당한 장애가 발생하여 도움을 필요로 하는 노인에게 가정과 같은 주거여건과 급식·요양, 그 밖에 일상생활에 필요한 편의를 제공함을 목적으로 하는 시설

국가 또는 지방자치단체는 노인의료복지시설을 설치할 수 있으며(제35조 제1항), 그 외의 자가 노인의료복지시설을 설치하고자 하는 경우에는 시장·군수·구청장에게 신고하여야 한다(제35조 제2항).

③ 노인여가복지시설

노인여가복지시설은 다음 각 호의 시설로 한다(제36조 제1항).

1. **노인복지관** : 노인의 교양·취미생활 및 사회참여활동 등에 대한 각종 정보와 서비스를 제공하고, 건강증진 및 질병예방과 소득보장·재가복지, 그 밖에 노인의 복지증진에 필요한 서비스를 제공함을 목적으로 하는 시설
2. **경로당** : 지역노인들이 자율적으로 친목도모·취미활동·공동작업장 운영 및 각종 정보교환과 기타 여가활동을 할 수 있도록 하는 장소를 제공함을 목적으로 하는 시설
3. **노인교실** : 노인들에 대하여 사회활동 참여욕구를 충족시키기 위하여 건전한 취미생활·노인건강유지·소득보장 기타 일상생활과 관련한 학습 프로그램을 제공함을 목적으로 하는 시설

국가 또는 지방자치단체는 노인여가복지시설을 설치할 수 있고(제37조 제1항), 그 외의 자가 노인여가복지시설을 설치하고자 하는 경우에는 시장·군수·

구청장에게 신고하여야 한다(제37조 제2항). 국가 또는 지방자치단체는 경로당의 활성화를 위하여 지역별・기능별 특성을 갖춘 표준 모델 및 프로그램을 개발・보급하여야 한다(제37조 제3항).

④ 재가노인복지시설

재가노인복지시설은 다음 각 호의 어느 하나 이상의 서비스를 제공함을 목적으로 하는 시설을 말한다(제38조 제1항).

1. 방문요양서비스 : 가정에서 일상생활을 영위하고 있는 노인(이하 "재가노인"이라 한다)으로서 신체적・정신적 장애로 어려움을 겪고 있는 노인에게 필요한 각종 편의를 제공하여 지역사회 안에서 건전하고 안정된 노후를 영위하도록 하는 서비스
2. 주・야간보호서비스 : 부득이한 사유로 가족의 보호를 받을 수 없는 심신이 허약한 노인과 장애노인을 주간 또는 야간 동안 보호시설에 입소시켜 필요한 각종 편의를 제공하여 이들의 생활안정과 심신기능의 유지・향상을 도모하고, 그 가족의 신체적・정신적 부담을 덜어주기 위한 서비스
3. 단기보호서비스 : 부득이한 사유로 가족의 보호를 받을 수 없어 일시적으로 보호가 필요한 심신이 허약한 노인과 장애노인을 보호시설에 단기간 입소시켜 보호함으로써 노인 및 노인가정의 복지증진을 도모하기 위한 서비스
4. 방문 목욕서비스 : 목욕장비를 갖추고 재가노인을 방문하여 목욕을 제공하는 서비스
5. 그 밖의 서비스 : 그 밖에 재가노인에게 제공하는 서비스로서 보건복지부령이 정하는 서비스

국가 또는 지방자치단체는 재가노인복지시설을 설치할 수 있으며(제39조 제1항), 그 외의 자가 재가노인복지시설을 설치하고자 하는 경우에는 시장・군수・구청장에게 신고하여야 한다(제39조 제2항).

## 2) 노인복지 전문인력

### (1) 노인복지상담원

노인의 복지를 담당하게 하기 위하여 특별자치도와 시·군·구(자치구를 말한다. 이하 같다)에 노인복지상담원을 둔다(제7조 제1항). 노인복지상담원의 임용 또는 위촉, 직무 및 보수 등에 관하여 필요한 사항은 대통령령으로 정한다(제7조 제2항).

### (2) 노인복지명예지도원

복지실시기관은 양로시설, 노인공동생활가정, 노인복지주택, 노인요양시설 및 노인요양공동생활가정의 입소노인의 보호를 위하여 노인복지명예지도원을 둘 수 있다(제51조 제1항).

### (3) 요양보호사

① 요양보호사의 직무·자격증의 교부 등

노인복지시설의 설치·운영자는 보건복지부령으로 정하는 바에 따라 노인등의 신체활동 또는 가사활동 지원 등의 업무를 전문적으로 수행하는 요양보호사를 두어야 한다(제39조의2 제1항). 요양보호사가 되려는 사람은 요양보호사를 교육하는 기관에서 교육과정을 마치고 시·도지사가 실시하는 요양보호사 자격시험에 합격하여야 한다(제39조의2 제2항). 시·도지사는 요양보호사 자격시험에 합격한 사람에게 요양보호사 자격증을 교부하여야 한다(제39조의2 제3항).

② 요양보호사교육기관의 지정 등

시·도지사는 요양보호사의 양성을 위하여 보건복지부령으로 정하는 지정기준에 적합한 시설을 요양보호사교육기관으로 지정·운영하여야 한다(제39조의3 제1항).

### 3) 노인복지시설의 의무

#### (1) 변경 · 폐지 등 신고의무

노인주거복지시설, 노인의료복지시설, 노인여가복지시설, 재가노인복지시설을 설치한 자가 그 설치신고사항 중 보건복지부령이 정하는 사항을 변경하거나 그 시설을 폐지 또는 휴지하고자 할 때에는 대통령령이 정하는 바에 의하여 시장 · 군수 · 구청장에게 미리 신고하여야 한다(제40조 제1항~제2항). 노인주거복지시설의 장, 노인의료복지시설의 장, 노인여가복지시설의 장 또는 재가노인복지시설의 장은 해당 시설을 폐지 또는 휴지하는 경우에는 보건복지부령으로 정하는 바에 따라 해당 시설을 이용하는 사람이 다른 시설을 이용할 수 있도록 조치계획을 수립하고 이행하는 등 시설 이용자의 권익을 보호하기 위한 조치를 취하여야 한다(제40조 제5항).

#### (2) 수탁의무

양로시설, 노인공동생활가정 및 노인복지주택, 노인요양시설 및 노인요양공동생활가정 또는 재가노인복지시설을 설치 · 운영하는 자가 복지실시기관으로부터 노인의 입소 · 장례를 위탁받은 때에는 정당한 이유 없이 이를 거부하여서는 아니 된다(제41조).

#### (3) 입소자 현황 제출 의무

노인복지시설을 설치 · 운영하는 자는 보건복지부령이 정하는 바에 따라 매년도 입소자 또는 이용자 현황 등에 관한 자료를 복지실시기관에 제출하여야 한다(제42조 제2항).

### 4) 노인복지시설의 감독 등

복지실시기관은 노인복지시설 또는 요양보호사교육기관을 설치 · 운영하는 자로 하여금 당해 시설 또는 사업에 관하여 필요한 보고를 하게 하거나 관계공무원으로 하여금 당해 시설 또는 사업의 운영상황을 조사하게 하거나 장부, 그 밖의 관계서류를 검사하게 할 수 있다(제42조 제1항).

5) **사업의 정지 등**

시・도지사 또는 시장・군수・구청장은 노인주거복지시설 또는 노인의료복지시설 또는 노인일자리지원기관이 다음 각 호의 어느 하나에 해당하는 때에는 1개월의 범위에서 그 사업의 정지 또는 폐지를 명할 수 있다(제43조 제1항).

1. 제23조의2 제4항, 제33조 제4항 또는 제35조 제4항에 따른 시설 등에 관한 기준에 미달하게 된 때
2. 제41조의 규정에 위반하여 수탁을 거부한 때
3. 정당한 이유 없이 제42조의 규정에 의한 보고 또는 자료제출을 하지 아니하거나 허위로 한 때 또는 조사・검사를 거부・방해하거나 기피한 때
4. 제46조 제5항의 규정에 위반한 때

시장・군수・구청장은 노인여가복지시설 또는 재가노인복지시설이 다음 각 호의 어느 하나에 해당하는 때에는 1개월의 범위에서 사업의 정지 또는 폐지를 명할 수 있다(제43조 제2항).

1. 제37조 제4항 또는 제39조 제4항의 시설 등에 관한 기준에 미달하게 된 때
2. 제41조의 규정에 위반하여 수탁을 거부한 때(재가노인복지시설의 경우로 한정)
3. 정당한 이유 없이 제42조의 규정에 의한 보고 또는 자료제출을 하지 아니하거나 허위로 한 때 또는 조사・검사를 거부・방해하거나 기피한 때
4. 제46조 제7항의 규정에 위반한 때

시・도지사 또는 시장・군수・구청장은 노인주거복지시설 또는 노인의료복지시설이 제1항에 따라 사업이 정지 또는 폐지되거나 노인여가복지시설 또는 재가노인복지시설이 제2항에 따라 사업이 정지 또는 폐지되는 경우에는 해당 시설의 이용자를 다른 시설로 옮기도록 하는 등 시설 이용자의 권익을 보호하기 위하여 필요한 조치를 하여야 한다(제43조 제3항).

## 7. 재정(비용)

### 1) 비용의 부담

다음 각 호의 어느 하나에 해당하는 비용은 대통령령이 정하는 바에 따라 국가 또는 지방자치단체가 부담한다(제45조 제2항).

1. 제23조의2 제2항에 따른 노인일자리전담기관의 설치·운영 또는 위탁에 소요되는 비용
2. 제27조 및 제28조의 규정에 따른 건강진단 등과 상담·입소 등의 조치에 소요되는 비용
3. 제33조 제1항·제35조 제1항·제37조 제1항 및 제39조 제1항의 규정에 따른 노인복지시설의 설치·운영에 소요되는 비용

### 2) 비용의 수납 및 청구

제27조(건강진단 등) 및 제28조(상담·입소 등의 조치 등)에 따른 복지조치에 필요한 비용을 부담한 복지실시기관은 당해 노인 또는 그 부양의무자로부터 대통령령이 정하는 바에 따라 그 부담한 비용의 전부 또는 일부를 수납하거나 청구할 수 있다(제46조 제1항). 만약 부양의무가 없는 자가 상담·입소 등의 조치에 준하는 보호를 행하는 경우 즉시 그 사실을 부양의무자 및 복지실시기관에 알려야 하고(제46조 제2항), 그 보호를 행한 자는 부양의무자에게 보호비용의 전부 또는 일부를 청구할 수 있다(제46조 제3항).

### 3) 비용의 보조

국가 또는 지방자치단체는 대통령령이 정하는 바에 의하여 노인복지시설의 설치·운영에 필요한 비용을 보조할 수 있다(제47조).

## 8. 권리보호

### 1) 조세감면

제31조의 규정에 의한 노인복지시설에서 노인을 위하여 사용하는 건물·토지 등에 대하여는 조세감면규제법 등 관계 법령이 정하는 바에 의하여 조세 기타 공과금을 감면할 수 있다(제49조).

### 2) 심사청구 및 행정심판

노인 또는 그 부양의무자는 이 법에 의한 복지조치에 대하여 이의가 있을 때에는 당해 복지실시기관에 심사를 청구할 수 있다(제50조 제1항). 이 심사청구를 받은 복지실시기관은 30일 이내에 이를 심사·결정하여 청구인에게 통보하여야 한다(제50조 제2항). 심사·결정에 이의가 있는 자는 그 통보를 받은 날부터 90일 이내에 행정심판을 제기할 수 있다(제50조 제3항).

# 제5절 장애인복지법

## 1. 의 의

장애인복지의 기본 이념은 장애인의 완전한 사회참여와 평등을 통하여 사회통합을 이루는 데 있다(제3조). 즉, 장애인이 그들이 속한 사회에서 차별을 받지 않고 인간의 존엄성과 가치를 누리며 사회구성원이 받는 권리와 기회를 평등하게 받는 것을 의미한다.

장애인복지법은 장애인의 인간다운 삶과 권리보장을 위한 국가와 지방자치단체 등의 책임을 명백히 하고, 장애발생 예방과 장애인의 의료·교육·직업재활·생활환경 개선 등에 관한 사업을 정하여 장애인복지대책을 종합적으로 추진하며, 장애인의 자립생활·보호 및 수당지급 등에 관하여 필요한 사항을 정하여 장애인의 생활안정에 기여하는 등 장애인의 복지와 사회활동 참여증진을 통하여 사회통합에 기여함을 목적으로 한다(제1조).

그리고 장애인복지법은 장애인의 권리도 규정하고 있다. 즉, 장애인은 인간으로서의 존엄과 가치를 존중받으며, 그에 걸맞은 대우를 받아야 한다(제4조 제1항). 장애인은 국가·사회의 구성원으로서 정치·경제·사회·문화, 그 밖의 모든 분야의 활동에 참여할 권리를 가진다(제4조 제2항). 또한 장애인은 장애인 관련 정책결정과정에 우선적으로 참여할 권리가 있다(제4조 제3항).

누구든지 장애를 이유로 정치·경제·사회·문화생활의 모든 영역에서 차별[10]을 받지 아니하고, 누구든지 장애를 이유로 정치·경제·사회·문화생활의 모든 영역에서 장애인을 차별하여서는 아니 된다(제8조 제1항). 또한 누구든지 장애인을 비하·모욕하거나 장애인을 이용하여 부당한 영리행위를 하여서는 아니 되며, 장애인의 장애를 이해하기 위하여 노력하여야 한다(제8조 제2항).

요컨대 장애인복지법은 장애인의 인간다운 삶과 권리보장을 위한 국가와 지방자치단체의 책임을 명확히 한 점과 장애인을 위한 종합적인 복지조치 내용을 포함하고 있는 점 등이 특징이다. 이는 장애인 문제와 권리에 대한 사회적 인식과 그 해결을 위한 국가적·사회적 책임의식의 증진에 따른 결과라고 할 수 있다.

장애인복지는 장애가 갖는 생애주기적 특성과 함께 장애라는 특성의 다양성에서 사회복지의 전 분야에 걸친 다양한 접근이 필요할 것이다. 현행 장애인복지와 관련 있는 법들로는 「장애인복지법」, 「장애인고용촉진 및 직업재활법」, 「장애인 등에 대한 특수교육법」 등이 있다. 이 중 장애인복지법은 장애인복지분야에 있어서는 기본법적인 성격을 지니고 있으며, 우리나라에서 공적으로 사용되고 있는 장애인복지와 관련 있는 개념들은 일반적으로 이 법에 준하고 있다(김기원, 2009 : 605).

10 장애인차별금지 및 권리구제 등에 관한 법률이 2007. 4. 10. 제정되고, 2008. 4. 11. 시행되었다. 이 법은 모든 생활영역에서 장애를 이유로 한 차별을 금지하고 장애를 이유로 차별받은 사람의 권익을 효과적으로 구제함으로써 장애인의 완전한 사회참여와 평등권 실현을 통해 인간으로서의 존엄과 가치를 구현하려는 것이다.

## 2. 입법배경 및 연혁

「장애인복지법」은 처음에는 「심신장애자복지법」으로 1981년에 입법되었다. 입법배경을 살펴보면 국제적으로는 UN이 1981년을 세계장애인의 해로 정하고 모든 국가에 대하여 심신장애인을 위한 복지사업과 기념행사를 추진하도록 권고하였다. 이 같은 UN의 권고와 장애인의 해 제정 등의 장애인복지의 국제적인 추세와 함께 제5공화국은 복지사회건설을 국정지표로 정하여 복지대상자 가운데 가장 취약계층인 장애인복지에 큰 관심을 가지게 되었다. 그리하여 심신장애인의 발생 예방과 직업재활, 생활보호 등의 복지정책을 효과적으로 추진하기 위하여 법을 제정하고 장애인복지의 획기적인 발전기반을 확립하였다.

그 후 1988년 서울에서 개최된 제8회 장애인올림픽을 계기로 장애인들에 대한 새로운 인식과 관심이 제고되었고, 1989년 12월 30일 「심신장애자복지법」의 명칭을 「장애인복지법」으로 변경함과 함께 그 내용을 전면적으로 개정하였다.

그리고 1999년 2월 8일 「장애인복지법」은 다시 전면 개정되어 장애인정 범위를 신장 · 심장 · 정신질환 등 내부장애까지로 확대하고 장애인의 인간존엄의 실현과 완전한 사회참여를 위하여 장애인 보조견, 장애유형에 따른 재활서비스 제공, 장애인 생산품의 구매, 재활보조기구의 개발 · 보급 등 장애인의 새로운 복지수요에 대응하고자 하였다. 2003년 9월 29일 또 개정이 있었는데 국가 및 지방자치단체는 장애인의 장애 정도와 경제적 생활수준을 고려하여 소득보전을 위하여 장애인에 대해 장애수당을 지급할 수 있다고 규정하고 「국민기초생활보장법」에 의한 생계급여의 수급자에 해당하는 장애인 모두를 장애수당의 의무지급대상자로 하여 그 지급대상을 확대하였다. 2004년 3월 5일에는 장애인종합복지대책을 총괄하는 장애인복지조정위원회가 업무를 효율적으로 추진할 수 있도록 실무위원회를 설치하는 한편, 지방자치단체에서도 지방장애인복지위원회를 설치하는 규정을 마련하였다.

2007년 4월 11일 전부개정에서는 장애인의 권익을 신장하기 위한 제도의 도입, 여성장애인의 자립생활을 지원하기 위한 제도의 도입, 중증장애인의 자립생활을 실현하기 위한 제도의 도입, 장애인에 대한 사회적 인식개선 및 장애인의 정보접근성을 제고하는 등의 내용을 규정하였다. 2011년 3월 30일 개정에서는 장애인 생활시설을 포함한 장애인복지시설의 개념과 기능을 재정립하여 장애인 생활시설의 거주기능을 별도로 분리하고, 장애인거주시설의 정원은 30명을 초과할 수 없도록 하며, 장애인 생활시설에 대한 이용 절차 및 시설이 제공하는 서비스의 최저기준을 규정하는 등 장애인복지시설 이용자 중심의 서비스체계를 구축하고자 하였다. 같은 해 8월 4일 개정에서는 언어재활 분야의 민간자격에 대하여 먼저 국가자격제도를 도입하였다.

2012년 1월 26일 개정에서는 다문화·국제화 시대에 국내 거주 재외동포 및 외국인의 증가와 외국인장애인 등의 복지욕구 확대 등에 따라 재외동포 및 외국인의 장애인등록을 허용하고, 자녀교육비 및 장애수당 등의 지급 대상자를 선정할 때 신청인과 그 가구원의 금융재산을 조사할 수 있도록 하여 대상자 선정의 정확성과 형평성을 기하도록 하였다. 또한 현재 「아동·청소년의 성보호에 관한 법률」에 따라 아동·청소년 대상 성범죄에 제한적으로 인정되고 있는 장애인복지시설 종사자 등의 신고의무를 장애인 대상 성범죄에 대한 일반적인 신고의무로 확대하고, 종사자 등에게 성범죄 예방 및 신고에 대한 교육을 의무화함으로써 장애인의 인권보호를 강화하고자 하였다.

같은 해 10월 22일 개정에서는 장애인복지시설의 운영자, 종사자로 하여금 직무상 알게 된 장애인학대 사실을 수사기관에 신고하도록 의무화하고, 신고의무 위반 시 과태료를 부과하도록 하였다. 2015년 6월 22일 개정에서는 장애인종합계획의 주요 내용, 해당 연도의 사업계획, 전년도 사업계획의 추진실적 등을 매년 국회 소관 상임위원회에 보고하여 내실 있는 논의를 하도록 하였고, 국가와 지방자치단체는 등록 장애인에게 복지서비스에 관한 상담 및 정보 제공, 복지서비스 신청의 대행, 장애인 개인별로 필요한 욕구의 조사 및 서비스 제공 계획의 수립 지원, 장애인과 복지서비스 제공 기관·법인·단체·시설과의 연계 등 복지서비스에 관한 장애인 지원 사업을 실시하도록 함으로써 장애인 복지서비스의 전 과정이 유기적으로 연결된 수요자 중심의 장애인 복지서비스 전달체계를 구축하고자 하였다. 또한 장애인학대 신고와 관련한 방법·절차 등의 개선, 장애인학대 예방 및 피해장애인에 대한 사후관리 등을 담당하는 전문기관의 설치, 피해장애인과 그 가족에 대한 지원의 강화 등을 통하여 장애인을 학대로부터 보호하고자 하며, 장애인에 대한 금지행위를 추가하고, 금지행위를 위반할 경우 엄하게 처벌하도록 함으로써 장애인에 대한 보호를 강화하는 한편 장애인의 인권 신장에도 기여하려고 하였다. 같은 해 12월 29일 개정[11]에서는 장애인에 대한 인식개선 교육의 실시 대상 교육기관을 확대하고 장애인재활상담사에 대한 국가자격제도를 도입하며 장애인 대상 성범죄의 신고의무 대상자를 확대하는 한편, 국가나 지방자치단체가 장애인복지단체 또는 장애인자립생활지원센터의 운영비를 지원할 수 있는 법적 근거를 마련하였다. 또한 장애인 등록 및 장애 정도에 관한 심사 업무를 위탁받은 공공기관에서 장애인 당사자 등의 동의를 받아 의료기관에 진료기록의 열람 및 사본 교부를 요청할 경우 그 내용을 확인할 수 있도록 하며, 장애 등급 판정 사후 상담을 제공하도록 하였다. 2017년 12월 19일 개정에서는 장애등급제 개편 사항을 반영하기 위하여 '장애 등급'을 '장애 정도'로 변경하고, 맞춤형 서비스 제공을 위하여 '서비스 지원 종합조사'를 실시할 수 있는 법적 근거를 마련하며, 장애인에 대한 방문상담 및 사례관리 수행 근거를 마련하였다.

### 3. 장애인복지의 책임

#### 1) 국가 및 지방자치단체의 책임

국가와 지방자치단체는 장애발생을 예방하고, 장애의 조기발견에 대한 국민의 관심을 높이며, 장애인의 자립을 지원하고, 보호가 필요한 장애인을 보

---

11 이 개정법은 공포 후 6개월이 경과한 날부터 시행한다. 다만, 제49조 제1항의 개정규정은 2016년 1월 1일부터 시행하고, 제54조 제3항 및 제63조 제2항의 개정규정은 공포한 날부터 시행하며, 제59조의4 및 제90조 제3항 제3호의4의 개정규정 중 장애인권익옹호기관에 관한 부분은 2017년 1월 1일부터 시행하고, 제71조·제72조의3·제73조·제76조·제77조의 개정규정 중 장애인재활상담사에 관한 부분은 공포 후 2년이 경과한 날부터 시행한다.

호하여 장애인의 복지를 향상시킬 책임을 진다(제9조 제1항). 국가와 지방자치단체는 여성 장애인의 권익을 보호하기 위하여 정책을 강구하여야 한다(제9조 제2항). 국가와 지방자치단체는 장애인복지정책을 장애인과 그 보호자에게 적극적으로 홍보하여야 하며, 국민이 장애인을 올바르게 이해하도록 하는 데에 필요한 정책을 강구하여야 한다(제9조 제3항).

국가와 지방자치단체는 장애 정도가 심하여 자립하기가 매우 곤란한 장애인(중증장애인)이 필요한 보호 등을 평생 받을 수 있도록 알맞은 정책을 강구하여야 하며(제6조), 또한 국가와 지방자치단체는 여성장애인의 권익을 보호하고 사회참여를 확대하기 위하여 기초학습과 직업교육 등 필요한 시책을 강구하여야 한다(제7조).

국가와 지방자치단체는 장애인 정책의 결정과 그 실시에 있어서 장애인 및 장애인의 부모, 배우자, 그 밖에 장애인을 보호하는 자의 의견을 수렴하여야 하며, 이 경우 당사자의 의견수렴을 위한 참여를 보장하여야 한다(제5조).

국민의 장애인에 대한 이해를 깊게 하고, 장애인의 재활의욕을 높이기 위하여 매년 4월 20일을 장애인의 날로 하며 장애인의 날부터 한 주간을 장애인주간으로 한다(제14조 제1항).

### 2) 국민의 책임

장애인의 복지는 국가와 지방자치단체의 노력만으로는 가능하지 않다. 일반 국민에게도 책임이 있다. 모든 국민은 장애 발생의 예방과 장애의 조기발견을 위하여 노력하여야 하며, 장애인의 인격을 존중하고 사회통합의 이념에 기초하여 장애인의 복지향상에 협력하여야 한다(제10조).

### 3) 장애인정책종합계획

보건복지부장관은 장애인의 권익과 복지증진을 위하여 관계 중앙행정기관의 장과 협의하여 5년마다 장애인정책종합계획(종합계획)을 수립・시행하여야 한다(제10조의2 제1항). 종합계획에는 장애인의 복지에 관한 사항, 장애인의 교육문화에 관한 사항, 장애인의 경제활동에 관한 사항, 장애인의 사회참여에 관한 사항, 그 밖에 장애인의 권익과 복지증진을 위하여 필요한 사항이 포함되어야 한다(제10조의2 제2항).

## 4. 적용대상

### 1) 장애인의 정의

장애인은 신체적・정신적 장애로 인하여 오랫동안 일상생활이나 사회생활에서 상당한 제약을 받는 자를 말한다(제2조 제1항). 이 법을 적용받는 장애인은 제1항에 따른 장애인 중 다음 각 호의 어느 하나에 해당하는 장애가 있는 자로서 대통령령으로 정하는 장애의 종류 및 기준에 해당하는 자를 말한다(제2조 제2항).

① "신체적 장애"란 주요 외부 신체 기능의 장애, 내부기관의 장애 등을 말한다.

② "정신적 장애"란 발달장애 또는 정신 질환으로 발생하는 장애를 말한다.

### 2) 장애인의 종류 및 기준

이 법 제2조 제2항에서 말하는 "대통령령으로 정하는 장애의 종류 및 기준에 해당하는 자"는 <표 17-1>과 같다(시행령 제2조 제2항).

〈표 17-1〉 장애인의 종류 및 기준(시행령 제2조 관련)

| | |
|---|---|
| 1. 지체장애인 | 가. 한 팔, 한 다리 또는 몸통의 기능에 영속적인 장애가 있는 사람<br>나. 한 손의 엄지손가락을 지골(指骨 : 손가락 뼈) 관절 이상의 부위에서 잃은 사람 또는 한 손의 둘째손가락을 포함한 두 개 이상의 손가락을 모두 제1지골 관절 이상의 부위에서 잃은 사람<br>다. 한 다리를 리스프랑(Lisfranc : 발등뼈와 발목을 이어주는) 관절 이상의 부위에서 잃은 사람<br>라. 두 발의 발가락을 모두 잃은 사람<br>마. 한 손의 엄지손가락 기능을 잃은 사람 또는 한 손의 둘째손가락을 포함한 손가락 두 개 이상의 기능을 잃은 사람<br>바. 왜소증으로 키가 심하게 작거나 척추에 현저한 변형 또는 기형이 있는 사람<br>사. 지체에 위 각 목의 어느 하나에 해당하는 장애 정도 이상의 장애가 있다고 인정되는 사람 |
| 2. 뇌병변장애인 | 뇌성마비, 외상성 뇌손상, 뇌졸중 등 뇌의 기질적 병변으로 인하여 발생한 신체적 장애로 보행이나 일상생활의 동작 등에 상당한 제약을 받는 사람 |
| 3. 시각장애인 | 가. 나쁜 눈의 시력(만국식시력표에 따라 측정된 교정시력을 말한다. 이하 같다)이 0.02 이하인 사람<br>나. 좋은 눈의 시력이 0.2 이하인 사람<br>다. 두 눈의 시야가 각각 주시점에서 10도 이하로 남은 사람<br>라. 두 눈의 시야 2분의 1 이상을 잃은 사람 |
| 4. 청각장애인 | 가. 두 귀의 청력 손실이 각각 60데시벨(dB) 이상인 사람<br>나. 한 귀의 청력 손실이 80데시벨 이상, 다른 귀의 청력 손실이 40데시벨 이상인 사람<br>다. 두 귀에 들리는 보통 말소리의 명료도가 50퍼센트 이하인 사람<br>라. 평형 기능에 상당한 장애가 있는 사람 |
| 5. 언어장애인 | 음성 기능이나 언어 기능에 영속적으로 상당한 장애가 있는 사람 |
| 6. 지적장애인 | 정신 발육이 항구적으로 지체되어 지적 능력의 발달이 불충분하거나 불완전하고 자신의 일을 처리하는 것과 사회생활에 적응하는 것이 상당히 곤란한 사람 |
| 7. 자폐성장애인 | 소아기 자폐증, 비전형적 자폐증에 따른 언어・신체표현・자기조절・사회적응 기능 및 능력의 장애로 인하여 일상생활이나 사회생활에 상당한 제약을 받아 다른 사람의 도움이 필요한 사람 |
| 8. 정신장애인 | 지속적인 양극성 정동장애(情動障碍 : 여러 현실 상황에서 부적절한 정서 반응을 보이는 장애), 양극성 정동장애 및 반복성 우울장애에 따른 감정조절・행동・사고 기능 및 능력의 장애로 인하여 일상생활이나 사회생활에 상당한 제약을 받아 다른 사람의 도움이 필요한 사람 |
| 9. 신장장애인 | 신장의 기능장애로 인하여 혈액투석이나 복막투석을 지속적으로 받아야 하거나 신장기능의 영속적인 장애로 인하여 일상생활에 상당한 제약을 받는 사람 |
| 10. 심장장애인 | 심장의 기능부전으로 인한 호흡곤란 등의 장애로 일상생활에 상당한 제약을 받는 사람 |
| 11. 호흡기장애인 | 폐나 기관지 등 호흡기관의 만성적 기능부전으로 인한 호흡기능의 장애로 일상생활에 상당한 제약을 받는 사람 |

| | |
|---|---|
| 12. 간장애인 | 간의 만성적 기능부전과 그에 따른 합병증 등으로 인한 간기능의 장애로 일상생활에 상당한 제약을 받는 사람 |
| 13. 안면장애인 | 안면 부위의 변형이나 기형으로 사회생활에 상당한 제약을 받는 사람 |
| 14. 장루·요루장애인 | 배변기능이나 배뇨기능의 장애로 인하여 장루 또는 요루를 시술하여 일상생활에 상당한 제약을 받는 사람 |
| 15. 뇌전증장애인 | 뇌전증에 의한 뇌신경세포의 장애로 인하여 일상생활이나 사회생활에 상당한 제약을 받아 다른 사람의 도움이 필요한 사람 |

### 3) 다른 법률과의 관계

제2조에 따른 장애인 중 「정신건강증진 및 정신질환자 복지서비스 지원에 관한 법률」과 「국가유공자 등 예우 및 지원에 관한 법률」 등 대통령령으로 정하는 다른 법률을 적용받는 장애인에 대하여는 대통령령으로 정하는 바에 따라 이 법의 적용을 제한할 수 있다(제15조).

## 5. 급 여

### 1) 기본정책의 강구

#### (1) 장애발생 예방

국가와 지방자치단체는 장애의 발생 원인과 예방에 관한 조사 연구를 촉진하여야 하며, 모자보건사업의 강화, 장애의 원인이 되는 질병의 조기발견과 조기치료, 그 밖에 필요한 정책을 강구하여야 한다(제17조 제1항). 또한 국가와 지방자치단체는 교통사고·산업재해·약물중독 및 환경오염 등에 의한 장애발생을 예방하기 위하여 필요한 조치를 강구하여야 한다(제17조 제2항).

#### (2) 의료와 재활치료

국가와 지방자치단체는 장애인이 생활기능을 익히거나 되찾을 수 있도록 필요한 기능치료와 심리치료 등 재활의료를 제공하고 장애인의 장애를 보완할 수 있는 재활보조기구를 제공하는 등 필요한 정책을 강구하여야 한다(제18조).

### (3) 사회적응훈련

국가와 지방자치단체는 장애인이 재활치료를 마치고 일상생활이나 사회생활을 원활히 할 수 있도록 사회적응훈련을 실시하여야 한다(제19조).

### (4) 교육

국가와 지방자치단체는 사회통합의 이념에 따라 장애인이 연령·능력·장애의 종류 및 정도에 따라 충분한 교육을 받을 수 있도록 교육 내용과 방법을 개선하는 등 필요한 정책을 강구하여야 한다(제20조 제1항).

### (5) 직업

국가와 지방자치단체는 장애인이 자신의 적성과 능력에 맞는 직업에 종사할 수 있도록 직업지도, 직업능력 평가, 직업적응 훈련, 직업훈련, 취업 알선, 고용 및 취업 후 지도 등 필요한 정책을 강구하여야 한다(제21조 제1항).

### (6) 정보에의 접근

국가와 지방자치단체는 장애인이 정보에 원활하게 접근하고 자신의 의사를 표시할 수 있도록 전기통신·방송시설 등을 개선하기 위하여 노력하여야 한다(제22조 제1항).

국가와 지방자치단체는 방송국의 장 등 민간 사업자에게 뉴스와 국가적 주요 사항의 중계 등 대통령령으로 정하는 방송 프로그램에 청각장애인을 위한 수화 또는 폐쇄자막과 시각장애인을 위한 화면해설 또는 자막해설 등을 방영하도록 요청하여야 한다(제22조 제2항). 국가와 지방자치단체는 국가적인 행사, 그 밖의 교육·집회 등 대통령령으로 정하는 행사를 개최하는 경우에는 청각장애인을 위한 한국수어통역 및 시각장애인을 위한 점자 및 인쇄물 접근성 바코드(음성 전환용 코드 등 대통령령으로 정하는 전자적 표지를 말한다)가 삽입된 자료 등을 제공하여야 하며 민간이 주최하는 행사의 경우에는 한국수어통역과 점자 및 인쇄물 접근성 바코드가 삽입된 자료 등을 제공하도록 요청할 수 있다(제22조 제3항).

또한 국가와 지방자치단체는 시각장애인이 정보에 쉽게 접근할 수 있도록 점자도서와 음성도서 등을 보급하기 위하여 노력하여야 하며(제22조 제5항), 장애인의 특성을 고려하여 정보통신망 및 정보통신기기의 접근이용에 필요한 지원 및 도구의 개발・보급 등 필요한 시책을 강구하여야 한다(제22조 제6항).

### (7) 편의시설

국가와 지방자치단체는 장애인이 공공시설과 교통수단 등을 안전하고 편리하게 이용할 수 있도록 편의시설의 설치와 운영에 필요한 정책을 강구하여야 하며(제23조 제1항), 공공시설 등 이용편의를 위하여 한국수어 통역・안내보조 등 인적서비스 제공에 관하여 시책을 강구하여야 한다(제23조 제2항).

### (8) 안전대책 강구

국가와 지방자치단체는 추락사고 등 장애로 인하여 일어날 수 있는 안전사고와 비상재해 등에 대비하여 시각・청각장애인과 이동이 불편한 장애인을 위하여 피난용 통로를 확보하고, 점자・음성・문자 안내판을 설치하며, 긴급통보체계를 마련하는 등 장애인의 특성을 배려한 안전대책 등 필요한 조치를 강구하여야 한다(제24조).

### (9) 사회적 인식개선

국가와 지방자치단체는 학생, 공무원, 근로자, 그 밖의 일반국민 등을 대상으로 장애인에 대한 인식개선을 위한 교육 및 공익광고 등 홍보사업을 실시하여야 한다(제25조 제1항). 국가기관 및 지방자치단체의 장, 영유아보육법에 따른 어린이집, 유아교육법・초・중등교육법・고등교육법에 따른 각급 학교의 장, 그 밖에 대통령령으로 정하는 교육기관 및 공공단체의 장은 소속 직원・학생을 대상으로 장애인에 대한 인식개선을 위한 교육을 실시하고, 그 결과를 보건복지부장관에게 제출하여야 한다(제25조 제2항). 국가는 초・중등교육법에 따른 학교에서 사용하는 교과용도서에 장애인에 대한 인식개선을 위한 내용이 포함되도록 하여야 한다(제25조 제3항).

### (10) 선거권 행사를 위한 편의 제공

국가와 지방자치단체는 장애인이 선거권을 행사하는 데에 불편함이 없도록 편의시설 · 설비를 설치하고, 선거권 행사에 관하여 홍보하며, 선거용 보조기구를 개발 · 보급하는 등 필요한 조치를 강구하여야 한다(제26조).

### (11) 주택 보급

국가와 지방자치단체는 공공주택 등 주택을 건설할 경우에는 장애인에게 장애 정도를 고려하여 우선 분양 또는 임대할 수 있도록 노력하여야 하며(제27조 제1항), 주택의 구입자금 · 임차자금 또는 개 · 보수비용의 지원 등 장애인의 일상생활에 적합한 주택의 보급 · 개선에 필요한 시책을 강구하여야 한다(제27조 제2항).

### (12) 문화환경 정비 등

국가와 지방자치단체는 장애인의 문화생활, 체육활동 및 관광활동에 대한 장애인의 접근을 보장하기 위하여 관련 시설 및 설비, 그 밖의 환경을 정비하고 문화생활, 체육활동 및 관광활동 등을 지원하도록 노력하여야 한다(제28조).

### (13) 복지 연구 등의 진흥

국가와 지방자치단체는 장애인복지의 종합적이고 체계적인 조사 · 연구 · 평가 및 장애인 체육활동 등 장애인정책 개발 등을 위하여 필요한 정책을 강구하여야 한다(제29조 제1항). 이에 따른 장애인 관련 조사 · 연구 및 정책개발 · 복지진흥 등을 위하여 한국장애인개발원을 설립한다(제29조 제2항).

### (14) 경제적 부담의 경감

국가와 지방자치단체, 「공공기관의 운영에 관한 법률」 제4조에 따른 공공기관, 지방공기업법에 따른 지방공사 또는 지방공단은 장애인과 장애인을 부양하는 자의 경제적 부담을 줄이고 장애인의 자립을 촉진하기 위하여 세제상의 조치, 공공시설 이용료 감면, 그 밖에 필요한 정책을 강구하여야 한다(제30조 제1항).

### (15) 장애인 가족 지원

국가와 지방자치단체는 장애인 가족의 삶의 질 향상 및 안정적인 가정생활 영위를 위하여 장애인 가족에 대한 인식개선 사업, 장애인 가족 돌봄 지원, 장애인 가족 휴식 지원, 장애인 가족 사례관리 지원, 장애인 가족 역량강화 지원, 장애인 가족 상담 지원, 그 밖에 보건복지부장관이 장애인 가족을 위하여 필요하다고 인정하는 지원 시책을 수립・시행하여야 한다(제30조의2 제1항).

## 2) 장애인 복지조치

### (1) 실태조사

보건복지부장관은 장애인 복지정책의 수립에 필요한 기초 자료로 활용하기 위하여 3년마다 장애실태조사를 실시하여야 한다(제31조 제1항).

### (2) 장애인 등록

장애인, 그 법정대리인 또는 대통령령이 정하는 보호자는 장애상태와 그 밖에 보건복지부령이 정하는 사항을 특별자치시장・특별자치도지사・시장・군수 또는 구청장에게 등록하여야 하며, 특별자치시장・특별자치도지사・시장・군수・구청장은 등록을 신청한 장애인이 제2조에 따른 기준에 맞으면 장애인등록증을 내주어야 한다(제32조 제1항). 이 등록증은 양도하거나 대여하지 못하며 등록증과 비슷한 명칭이나 표시를 사용하여서는 아니 된다(제32조 제5항).

특별자치시장・특별자치도지사・시장・군수・구청장은 등록증을 받은 장애인의 장애 상태의 변화에 따른 장애 정도 조정을 위하여 장애 진단을 받게 하는 등 장애인이나 법정대리인 등에게 필요한 조치를 할 수 있다(제32조 제3항).

특별자치시장・특별자치도지사・시장・군수・구청장은 장애인 등록 및 장애 상태의 변화에 따른 장애 정도를 조정함에 있어 장애인의 장애 인정과 장애 정도 사정이 적정한지를 확인하기 위하여 필요한 경우 대통령령으로 정하는 「공공기관의 운영에 관한 법률」 제4조에 따른 공공기관에 장애 정도에 관한 정밀심사를 의뢰할 수 있다(제32조 제6항).

재외동포 및 외국인 중 다음 각 호의 어느 하나에 해당하는 사람은 제32조에 따라 장애인 등록을 할 수 있다(제32조의2 제1항). 다만, 국가와 지방자치단체는 제1항에 따라 등록한 장애인에 대하여는 예산 등을 고려하여 장애인복지사업의 지원을 제한할 수 있다(제32조의2 제2항).

1. 「재외동포의 출입국과 법적 지위에 관한 법률」 제6조에 따라 국내거소신고를 한 사람
2. 주민등록법 제6조에 따라 재외국민으로 주민등록을 한 사람
3. 출입국관리법 제31조에 따라 외국인등록을 한 사람으로서 같은 법 제10조 제1항에 따른 체류자격 중 대한민국에 영주할 수 있는 체류자격을 가진 사람
4. 재한외국인 처우 기본법 제2조 제3호에 따른 결혼이민자
5. 「난민법」 제2조 제2호에 따른 난민인정자

### (3) 서비스 지원 종합조사

보건복지부장관 또는 특별자치시장·특별자치도지사·시장·군수·구청장은 「장애인활동 지원에 관한 법률」 제6조에 따른 활동지원급여 신청, 「장애인·노인 등을 위한 보조기기 지원 및 활용촉진에 관한 법률」 제8조에 따른 장애인 보조기기 교부 신청, 제60조의2에 따른 장애인 거주시설 이용 신청, 그 밖에 대통령령으로 정하는 서비스의 신청에 대하여 서비스의 수급자격, 양 및 내용 등의 결정에 필요한 서비스 지원 종합조사를 실시할 수 있다(제32조의4 제1항).

### (4) 복지서비스에 관한 장애인 지원사업

국가와 지방자치단체는 등록한 장애인에게 필요한 복지서비스가 적시에 제공될 수 있도록 다음의 장애인 지원 사업을 실시한다(제32조의6 제1항). 즉, 복지서비스에 관한 상담 및 정보 제공, 장애인학대 등 안전문제 또는 생계곤란 등 위기상황에 놓여있을 가능성이 높은 장애인에 대한 방문상담, 복지서비스

신청의 대행, 장애인 개인별로 필요한 욕구의 조사 및 복지서비스 제공 계획의 수립 지원, 장애인과 복지서비스 제공 기관·법인·단체·시설과의 연계, 복지서비스 등 복지자원의 발굴 및 데이터베이스 구축, 그 밖에 복지서비스의 제공에 필요한 사업이다.

### (5) 민관협력을 통한 사례관리

특별자치시장·특별자치도지사·시장·군수·구청장은 복지서비스가 필요한 장애인을 발굴하고 공공 및 민간의 복지서비스를 연계·제공하기 위하여 민관협력을 통한 사례관리를 실시할 수 있다(제37조의7 제1항).

### (6) 장애 정도가 변동된 장애인 등에 대한 정보 제공

특별자치시장·특별자치도지사·시장·군수·구청장은 장애인 등록 과정에서 장애 정도가 변동된 장애인, 장애의 기준에 맞지 아니하게 된 장애인과 장애인으로 등록되지 못한 신청인에게 장애 정도의 변동, 장애인 자격의 상실 등에 따른 지원의 변화에 대한 정보와 재활 및 자립에 필요한 각종 정보를 제공하여야 한다(제32조의8 제1항).

### (7) 재활상담 등의 조치

보건복지부장관, 특별시장·광역시장·특별자치시장·도지사·특별자치도지사 또는 시장·군수·구청장(장애인복지실시기관)은 장애인에 대한 검진 및 재활상담을 하고, 필요하다고 인정되면 다음 각 호의 조치를 하여야 한다(제34조 제1항).

1. 국·공립병원, 보건소, 보건지소, 그 밖의 의료기관에 의뢰하여 의료와 보건지도를 받게 하는 것
2. 국가 또는 지방자치단체가 설치한 장애인복지시설에서 주거편의·상담·치료·훈련 등의 필요한 서비스를 받도록 하는 것
3. 제59조에 따라 설치된 장애인복지시설에 위탁하여 그 시설에서 주거편의·상담·치료·훈련 등의 필요한 서비스를 받도록 하는 것

4. 공공직업능력개발훈련시설이나 사업장 내 직업훈련시설에서 하는 직업 훈련 또는 취업알선을 필요로 하는 자를 관련 시설이나 직업안정업무기관에 소개하는 것

장애인복지실시기관은 제1항의 재활 상담을 하는 데에 필요하다고 인정되면 장애인복지상담원(제33조)을 해당 장애인의 가정 또는 장애인이 주거편의·상담·치료·훈련 등의 서비스를 받는 시설이나 의료기관을 방문하여 상담하게 하거나 필요한 지도를 하게 할 수 있다(제34조 제2항).

### (8) 장애 유형·장애 정도별 재활 및 자립지원 서비스 제공 등

국가와 지방자치단체는 장애인의 일상생활을 편리하게 하고 사회활동 참여를 높이기 위하여 장애 유형·장애 정도별로 재활 및 자립지원 서비스를 제공하는 등 필요한 정책을 강구하여야 하며, 예산의 범위 안에서 지원할 수 있다(제35조).

### (9) 산후조리도우미 지원 등

국가 및 지방자치단체는 임산부인 여성장애인과 신생아의 건강관리를 위하여 경제적 부담능력 등을 감안하여 여성장애인의 가정을 방문하여 산전·산후조리를 돕는 도우미를 지원할 수 있다(제37조 제1항).

### (10) 자녀교육비 지급

장애인복지실시기관은 경제적 부담능력 등을 고려하여 장애인이 부양하는 자녀 또는 장애인인 자녀의 교육비를 지급할 수 있다(제38조 제1항).

### (11) 장애인이 사용하는 자동차 등에 대한 지원 등

국가와 지방자치단체, 그 밖의 공공단체는 장애인이 이동수단인 자동차 등을 편리하게 사용할 수 있도록 하고 경제적 부담을 줄여주기 위하여 조세감면 등 필요한 지원정책을 강구하여야 한다(제39조 제1항).

시장·군수·구청장은 장애인이 이용하는 자동차 등을 지원하는 데에 편

리하도록 장애인이 사용하는 자동차 등임을 알아볼 수 있는 표지를 발급하여야 한다(제39조 제2항). 장애인사용자동차등표지를 대여하거나 보건복지부령이 정하는 자 외의 자에게 양도하는 등 부당한 방법으로 사용하여서는 아니 되며, 이와 비슷한 표지·명칭 등을 사용하여서는 아니 된다(제39조 제3항).

### (12) 장애인 보조견의 훈련·보급 지원 등

국가와 지방자치단체는 장애인의 복지 향상을 위하여 장애인을 보조할 장애인 보조견의 훈련·보급을 지원하는 방안을 강구하여야 한다(제40조 제1항).

보건복지부장관은 장애인 보조견에 대하여 장애인 보조견표지를 발급할 수 있으며(제40조 제2항), 장애인 보조견의 훈련 보급을 위하여 전문훈련기관을 지정할 수 있다(제40조 제4항).

### (13) 자금 대여 등

국가와 지방자치단체는 장애인이 사업을 시작하거나 필요한 지식과 기능을 익히는 것 등을 지원하기 위하여 대통령령으로 정하는 바에 따라 자금을 대여할 수 있다(제41조).

### (14) 생업 지원

국가와 지방자치단체, 그 밖의 공공단체는 소관 공공시설 안에 식료품·사무용품·신문 등 일상생활용품의 판매를 위한 매점이나 자동판매기의 설치를 허가하거나 위탁할 때에는 장애인이 신청하면 우선적으로 반영하도록 노력하여야 한다(제42조 제1항).

### (15) 자립훈련비 지급

장애인복지실시기관은 제34조 제1항 제2호 또는 제3호에 따라 장애인복지시설에서 주거편의·상담·치료·훈련 등을 받도록 하거나 위탁한 장애인에 대하여 그 시설에서 훈련을 효과적으로 받는 데 필요하다고 인정되면 자립훈련비를 지급할 수 있으며, 특별한 사정이 있으면 훈련비 지급을 대신하여 물건을 지급할 수 있다(제43조 제1항).

### (16) 생산품 구매

국가, 지방자치단체 및 그 밖의 공공단체는 장애인복지시설과 장애인복지단체에서 생산한 물품의 우선 구매에 필요한 조치를 마련하여야 한다(제44조).

### (17) 고용의 촉진 및 장애인 응시자에 대한 편의제공

국가와 지방자치단체는 직접 경영하는 사업에 능력과 적성이 맞는 장애인을 고용하도록 노력하여야 하며, 장애인에게 적합한 사업을 경영하는 자에게 장애인의 능력과 적성에 따라 장애인을 고용하도록 권유할 수 있다(제46조).

### (18) 공공시설의 우선 이용

국가와 지방자치단체, 그 밖의 공공단체는 장애인의 자립을 지원하는 데에 필요하다고 인정되면 그 공공시설의 일부를 장애인이 우선 이용하게 할 수 있다(제47조).

### (19) 장애수당 등

① 장애수당

국가와 지방자치단체는 장애인의 장애 정도와 경제적 수준을 고려하여 장애로 인한 추가적 비용을 보전하게 하기 위하여 장애수당을 지급할 수 있다. 다만, 국민기초생활보장법에 따른 생계급여 또는 의료급여를 받는 장애인에게는 장애수당을 반드시 지급하여야 한다(제49조 제1항). 그러나 장애인연금법 제2조 제1호에 따른 중증장애인[12]에게는 장애수당을 지급하지 아니한다(제49조 제2항). 장애수당을 지급받을 수 있는 자는 18세 이상으로서 장애인으로 등록한 자 중 국민기초생활보장법에 따른 수급자 또는 차상위계층으로서 장애로 인한 추가적 비용 보전이 필요한 자로 한다. 다만, 장애아동수당을 지급받는 자

12 "중증장애인"이란 장애인복지법 제32조에 따라 등록한 장애인 중 근로능력이 상실되거나 현저하게 감소된 사람으로서 같은 법 제2조 제2항에 따라 제1급 및 제2급의 장애등급을 받은 사람과 제3급의 장애등급을 받은 사람 중 대통령령으로 정하는 사람을 말한다.

는 제외한다(시행령 제30조 제1항).

② 장애아동수당

국가와 지방자치단체는 장애아동에게 보호자의 경제적 생활수준 및 장애아동의 장애 정도를 고려하여 장애로 인한 추가적 비용보전을 위해 장애아동수당을 지급할 수 있다(제50조 제1항). 장애아동수당을 지급받을 수 있는 사람은 18세 미만(해당 장애인이 「초・중등교육법」 제2조에 따른 학교에 재학 중인 사람으로서 「장애인연금법」에 따른 수급자가 아닌 경우에는 20세 이하의 경우를 포함)이고, 장애인으로 등록하였고, 「국민기초생활보장법」에 따른 수급자 또는 차상위계층으로서 장애로 인한 추가적 비용 보전이 필요한 사람이다.

③ 보호수당

국가와 지방자치단체는 장애인을 보호하는 보호자에게 그의 경제적 생활수준과 장애인의 장애 정도를 고려하여 장애로 인한 추가적 비용을 보전하게 하기 위하여 보호수당을 지급할 수 있다(제50조 제2항). 보호수당을 지급받을 수 있는 사람은 국민기초생활보장법에 따른 수급자이고, 중증 장애로 다른 사람의 도움이 없이는 일상생활을 영위하기 어려운 18세 이상(해당 장애인이 20세 이하로서 초・중등교육법에 따른 고등학교와 이에 준하는 특수학교 또는 각종 학교에 재학 중인 경우는 제외한다)의 장애인을 보호하거나 부양하는 사람이다(시행령 제30조 제3항).

### 3) 자립생활지원

#### (1) 자립생활지원

국가와 지방자치단체는 중증장애인의 자기결정에 의한 자립생활을 위하여 활동지원사의 파견 등 활동보조서비스 또는 장애인보조기구의 제공, 그 밖의 각종 편의 및 정보제공 등 필요한 시책을 강구하여야 한다(제53조).

#### (2) 중증장애인자립생활지원센터를 통한 지원

국가와 지방자치단체는 중증장애인의 자립생활을 실현하기 위하여 중증장애인자립생활지원센터를 통하여 필요한 각종 지원서비스를 제공한다(제54조 제1항).

### (3) 활동지원급여의 지원[13]

국가와 지방자치단체는 중증장애인이 일상생활 또는 사회생활을 원활히 할 수 있도록 활동지원급여를 지원할 수 있다(제55조 제1항). 국가 및 지방자치단체는 임신 등으로 인하여 이동이 불편한 여성장애인에게 임신 및 출산과 관련한 진료 등을 위하여 경제적 부담능력 등을 감안하여 활동지원사의 파견 등 활동보조서비스를 지원할 수 있다(제55조 제2항).

### (4) 장애동료 간 상담

국가와 지방자치단체는 장애인이 장애를 극복하는 데 도움이 되도록 장애동료 간 상호 대화나 상담의 기회를 제공하도록 노력하여야 한다(제56조 제1항).

## 4) 성범죄자의 취업제한 등

법원은 성범죄(「성폭력범죄의 처벌 등에 관한 특례법」 제2조 제1항에 따른 성폭력범죄 또는 「아동·청소년의 성보호에 관한 법률」 제2조 제2호에 따른 아동·청소년대상 성범죄를 말한다)로 형 또는 치료감호를 선고하는 경우에는 판결(약식명령을 포함)로 그 형 또는 치료감호의 전부 또는 일부의 집행을 종료하거나 집행이 유예·면제된 날(벌금형을 선고받은 경우에는 그 형이 확정된 날을 말한다)부터 일정 기간 동안 장애인복지시설을 운영하거나 장애인복지시설에 취업 또는 사실상 노무를 제공할 수 없도록 하는 명령을 성범죄 사건의 판결과 동시에 선고(약식명령의 경우에는 고지를 말한다)하여야 한다. 다만, 재범의 위험성이 현저히 낮은 경우, 그 밖에 취업을 제한하여서는 아니 되는 특별한 사정이 있다고 판단하는 경우에는 그러하지 아니한다(제59조의3 제1항). 취업제한기간은 10년을 초과하지 못한다(제59조의3 제2항).

13 장애인 활동지원에 관하여는 「장애인활동지원에 관한 법률」이 독립적으로 제정(2011. 1. 4), 시행(2011. 10. 5)되고 있다.

### 5) 장애인 학대

#### (1) 장애인학대의 정의

“장애인학대”란 장애인에 대하여 신체적·정신적·정서적·언어적·성적 폭력이나 가혹행위, 경제적 착취, 유기 또는 방임을 하는 것을 말한다(제2조 제3항).

#### (2) 장애인학대 관련 금지행위

누구든지 다음 각 호의 어느 하나에 해당하는 행위를 하여서는 아니 된다(제59조의9).

1. 장애인에게 성적 수치심을 주는 성희롱·성폭력 등의 행위
2. 장애인의 신체에 폭행을 가하거나 상해를 입히는 행위

2의2. 장애인을 폭행, 협박, 감금, 그 밖에 정신상 또는 신체상의 자유를 부당하게 구속하는 수단으로써 장애인의 자유의사에 어긋나는 노동을 강요하는 행위

3. 자신의 보호·감독을 받는 장애인을 유기하거나 의식주를 포함한 기본적 보호 및 치료를 소홀히 하는 방임행위
4. 장애인에게 구걸을 하게 하거나 장애인을 이용하여 구걸하는 행위
5. 장애인을 체포 또는 감금하는 행위
6. 장애인의 정신건강 및 발달에 해를 끼치는 정서적 학대행위
7. 장애인을 위하여 증여 또는 급여된 금품을 그 목적 외의 용도에 사용하는 행위
8. 공중의 오락 또는 흥행을 목적으로 장애인의 건강 또는 안전에 유해한 곡예를 시키는 행위

#### (3) 장애인학대 및 장애인 대상 성범죄 신고의무와 절차

누구든지 장애인학대 및 장애인 대상 성범죄를 알게 된 때에는 중앙장애인권익옹호기관 또는 지역장애인권익옹호기관(장애인권익옹호기관)이나 수사기관에 신고할 수 있다(제59조의4 제1항).

다음 각 호의 어느 하나에 해당하는 사람은 그 직무상 장애인학대 및 장애인 대상 성범죄를 알게 된 경우에는 지체 없이 장애인권익옹호기관 또는 수사기관에 신고하여야 한다(제59조의4 제2항).

1. 사회복지사업법 제14조에 따른 사회복지 전담공무원 및 같은 법 제34조에 따른 사회복지시설의 장과 그 종사자
2. 「장애인활동 지원에 관한 법률」 제16조에 따른 활동지원인력 및 같은 법 제20조에 따른 활동지원기관의 장과 그 종사자
3. 의료법 제2조 제1항의 의료인 및 같은 법 제3조 제1항의 의료기관의 장
4. 「의료기사 등에 관한 법률」 제1조의2의 의료기사
5. 「응급의료에 관한 법률」 제36조의 응급구조사
6. 소방기본법 제34조에 따른 구급대의 대원
7. 「정신건강증진 및 정신질환자 복지서비스 지원에 관한 법률」 제3조 제3호에 따른 정신건강보건센터의 장과 그 종사자
8. 영유아보육법 제10조에 따른 어린이집의 원장 등 보육교직원
9. 유아교육법 제20조에 따른 교직원 및 같은 법 제23조에 따른 강사 등
10. 초·중등교육법 제19조에 따른 교직원, 같은 법 제19조의2에 따른 전문상담교사 등 및 같은 법 제22조에 따른 산학겸임교사 등
11. 「학원의 설립·운영 및 과외교습에 관한 법률」 제6조에 따른 학원의 운영자·강사·직원 및 같은 법 제14조에 따른 교습소의 교습자·직원
12. 「성폭력방지 및 피해자보호 등에 관한 법률」 제10조에 따른 성폭력피해상담소의 장과 그 종사자 및 같은 법 제12조에 따른 성폭력피해자보호시설의 장과 그 종사자
13. 「성매매방지 및 피해자보호 등에 관한 법률」 제9조에 따른 지원시설의 장과 그 종사자 및 같은 법 제17조에 따른 성매매피해상담소의 장과 그 종사자
14. 「가정폭력방지 및 피해자보호 등에 관한 법률」 제5조에 따른 가정폭력 관련 상담소의 장과 그 종사자 및 같은 법 제7조의2에 따른 가정폭력피

해자 보호시설의 장과 그 종사자

15. 건강가정기본법 제35조에 따른 건강가정지원센터의 장과 그 종사자
16. 다문화가족지원법 제12조에 따른 다문화가족지원센터의 장과 그 종사자
17. 아동복지법 제10조의2에 따른 아동권리보장원 및 같은 법 제48조에 따른 가정위탁지원센터의 장과 그 종사자
18. 한부모가족지원법 제19조의 한부모가족복지시설의 장과 그 종사자
19. 청소년 기본법 제3조 제6호의 청소년시설의 장과 그 종사자 및 같은 조 제8호의 청소년단체의 장과 그 종사자
20. 청소년 보호법 제35조에 따른 청소년 보호·재활센터의 장과 그 종사자
21. 노인장기요양보험법 제2조 제5호의 장기요양요원

제2항 각 호에 따른 소관 중앙행정기관의 장은 신고의무자의 자격 취득 과정이나 보수교육 과정에 장애인학대 및 장애인 대상 성범죄 예방 및 신고의무에 관한 교육 내용을 포함하도록 하여야 한다(제59조의4 제6항).

### (4) 불이익조치의 금지

누구든지 장애인학대 및 장애인 대상 성범죄 신고인에게 장애인학대범죄 신고 등을 이유로 다음 각 호의 불이익조치를 하여서는 아니 된다(제59조의5).

1. 파면, 해임, 해고, 그 밖에 이에 준하는 신분상실의 조치
2. 징계, 정직, 감봉, 강등, 승진 제한, 그 밖에 이에 준하는 부당한 인사조치
3. 전보, 전근, 직무 미부여, 직무 재배치, 그 밖에 이에 준하는 인사조치
4. 성과평가 또는 동료평가 등을 통한 임금, 상여금 등의 차별적 지급
5. 교육·훈련 등 자기계발 기회의 박탈 및 예산·인력 등에 대한 업무상 제한, 그 밖에 이에 준하는 근무 조건의 차별적 조치
6. 요주의 대상자 명단의 작성·공개, 집단 따돌림 및 폭행·폭언, 그 밖에 이에 준하는 정신적·신체적 위해 행위
7. 직무에 대한 부당한 감사, 조사 및 그 결과의 공표

### (5) 응급조치의무 등

장애인학대 신고를 접수한 장애인권익옹호기관의 직원이나 사법경찰관리는 지체 없이 장애인학대현장에 출동하여야 한다. 이 경우 장애인권익옹호기관의 장이나 수사기관의 장은 서로 동행하여 줄 것을 요청할 수 있으며, 그 요청을 받은 장애인권익옹호기관의 장이나 수사기관의 장은 정당한 사유가 없으면 소속 직원이나 사법경찰관리가 현장에 동행하도록 하여야 한다(제59조의7 제1항). 장애인학대현장에 출동한 자는 학대받은 장애인을 학대행위자로부터 분리하거나 치료가 필요하다고 인정할 때에는 장애인권익옹호기관 또는 의료기관에 인도하여야 한다(제59조의7 제2항).

### (6) 보조인의 선임 등

학대받은 장애인의 법정대리인, 직계친족, 형제자매, 장애인권익옹호기관의 상담원 또는 변호사는 장애인학대사건의 심리에 있어서 보조인이 될 수 있다. 다만, 변호사가 아닌 경우에는 법원의 허가를 받아야 한다(제59조의8 제1항).

### (7) 장애인학대의 예방과 방지 의무

국가와 지방자치단체는 장애인학대의 예방과 방지를 위하여 장애인학대의 예방과 방지를 위한 각종 정책의 수립 및 시행, 장애인학대의 예방과 방지를 위한 연구·교육·홍보와 장애인학대 현황 조사, 장애인학대에 관한 신고체계의 구축·운영, 장애인학대로 인하여 피해를 입은 장애인(피해장애인)의 보호 및 치료와 피해장애인의 가정에 대한 지원, 장애인학대 예방 관계 기관·법인·단체·시설 등에 대한 지원, 그 밖에 대통령령으로 정하는 장애인학대의 예방과 방지를 위한 조치를 취하여야 한다(제59조의10).

### (8) 사후관리 등

장애인권익옹호기관의 장은 장애인학대가 종료된 후에도 가정방문, 시설방문, 전화상담 등을 통하여 장애인학대의 재발 여부를 확인하여야 하며(제59조의12 제1항), 장애인학대가 종료된 후에도 피해장애인의 안전 확보, 장애인학대의 재발 방지, 건전한 가정기능의 유지 등을 위하여 피해장애인, 피해장애인의 보호자(친권자, 민법에 따른 후견인, 장애인을 보호·양육·교육하거나 그러한 의무가 있는 사람 또는 업무·고용 등의 관계로 사실상 장애인을 보호·감독하는 사람을 말한다)·가족에게 상담, 교육 및 의료적·심리적 치료 등의 지원을 하여야 한다(제59조의12 제2항).

#### (9) 피해장애인 쉼터

특별시장·광역시장·특별자치시장·도지사·특별자치도지사는 피해장애인의 임시 보호 및 사회복귀 지원을 위하여 장애인 쉼터를 설치·운영할 수 있다(제59조의13 제1항).

## 6. 전달체계

### 1) 장애인정책조정위원회

장애인 종합정책을 수립하고 관계부처 간의 의견을 조정하며 그 정책의 이행을 감독·평가하기 위하여 국무총리 소속하에 장애인정책조정위원회를 둔다(제11조 제1항). 이 위원회는 다음 각 호의 사항을 심의·조정한다(제11조 제2항).

1. 장애인복지정책의 기본 방향에 관한 사항
2. 장애인복지 향상을 위한 제도개선과 예산지원에 관한 사항
3. 중요한 특수교육정책의 조정에 관한 사항
4. 장애인 고용촉진정책의 중요한 조정에 관한 사항
5. 장애인 이동보장 정책조정에 관한 사항
6. 장애인정책 추진과 관련한 재원조달에 관한 사항
7. 장애인복지에 관한 관련 부처의 협조에 관한 사항
8. 그 밖에 장애인복지와 관련하여 대통령령으로 정하는 사항

### 2) 장애인정책책임관

중앙행정기관의 장은 해당기관의 장애인정책을 효율적으로 수립·시행하기

위하여 소속공무원 중에서 장애인정책책임관을 지정할 수 있다(제12조 제1항).

### 3) 장애인복지상담원

장애인 복지 향상을 위한 상담 및 지원 업무를 맡기기 위하여 시・군・구에 장애인복지상담원을 둔다(제33조 제1항).

### 4) 지방장애인복지위원회

장애인복지 관련 사업의 기획・조사・실시 등을 하는 데에 필요한 사항을 심의하기 위하여 지방자치단체에 지방장애인복지위원회를 둔다(제13조 제1항). 이 지방위원회를 조직・운영하는 데에 필요한 사항은 대통령령으로 정하는 기준에 따라 지방자치단체의 조례로 정한다(제13조 제2항).

### 5) 중앙 및 지역장애인권익옹호기관

국가는 지역 간의 연계체계를 구축하고 장애인학대를 예방하기 위하여 지역장애인권익옹호기관에 대한 지원, 장애인학대 예방 관련 연구 및 실태조사, 장애인학대 예방 관련 프로그램의 개발・보급, 장애인학대 예방 관련 교육 및 홍보, 장애인학대 예방 관련 전문인력의 양성 및 능력개발, 관계 기관・법인・단체・시설 간 협력체계의 구축 및 교류, 장애인학대 신고접수와 그 밖에 보건복지부령으로 정하는 장애인학대 예방과 관련된 업무를 담당하는 중앙장애인권익옹호기관을 설치・운영하여야 한다(제59조의11 제1항).

학대받은 장애인을 신속히 발견・보호・치료하고 장애인학대를 예방하기 위하여 장애인학대의 신고접수, 현장조사 및 응급보호, 피해장애인과 그 가족, 장애인학대행위자에 대한 상담 및 사후관리, 장애인학대 예방 관련 교육 및 홍보, 장애인학대사례판정위원회 설치・운영, 그 밖에 보건복지부령으로 정하는 장애인학대 예방과 관련된 업무를 담당하는 지역장애인권익옹호기관을 특별시・광역시・특별자치시・도・특별자치도에 둔다(제59조의11 제2항).

### 6) 장애인복지시설

#### (1) 장애인복지시설의 이용 등

국가와 지방자치단체는 장애인이 제58조에 따른 장애인복지시설의 이용을 통하여 기능회복과 사회적 향상을 도모할 수 있도록 필요한 정책을 강구하여야 하며(제57조 제1항), 장애인복지시설을 이용하는 장애인의 인권을 보호하기 위하여 필요한 정책을 마련하고 관련 프로그램을 실시할 수 있는 기반을 조성하여야 한다(제57조 제2항).

장애인복지실시기관은 장애인복지시설에 대한 장애인의 선택권을 최대한 보장하여야 하고(제57조 제3항), 장애인의 선택권을 보장하기 위하여 장애인복지시설을 이용하려는 장애인에게 시설의 선택에 필요한 정보를 충분히 제공하여야 한다(제57조 제4항).

#### (2) 장애인복지시설의 종류

장애인복지시설의 종류는 다음과 같다(제58조 제1항). 장애인복지시설의 구체적인 종류와 사업 등에 관한 사항은 보건복지부령으로 정한다(제58조 제2항).

1. **장애인 거주시설** : 거주공간을 활용하여 일반 가정에서 생활하기 어려운 장애인에게 일정 기간 동안 거주·요양·지원 등의 서비스를 제공하는 동시에 지역사회생활을 지원하는 시설
2. **장애인 지역사회재활시설** : 장애인을 전문적으로 상담·치료·훈련하거나 장애인의 일상생활, 여가활동 및 사회참여활동 등을 지원하는 시설
3. **장애인 직업재활시설** : 일반 작업환경에서는 일하기 어려운 장애인이 특별히 준비된 작업환경에서 직업훈련을 받거나 직업생활을 할 수 있도록 하는 시설
4. **장애인 의료재활시설** : 장애인을 입원 또는 통원하게 하여 상담, 진단·판정, 치료 등 의료재활서비스를 제공하는 시설
5. 그 밖에 대통령령으로 정하는 시설

### (3) 장애인복지시설의 설치

국가와 지방자치단체는 장애인복지시설을 설치할 수 있다(제59조 제1항). 그 외의 자가 장애인복지시설을 설치・운영하려면 해당 시설 소재지 관할 시장・군수・구청장에게 신고하여야 하며, 신고한 사항 중 보건복지부령으로 정하는 중요한 사항을 변경할 때에도 같다. 다만, 폐쇄명령(제62조)을 받고 1년이 지나지 아니한 자는 시설의 설치・운영 신고를 할 수 없다(제59조 제2항). 장애인 거주시설의 정원은 30명을 초과할 수 없다. 다만, 특수한 서비스를 위하여 일정 규모 이상이 필요한 시설 등 대통령령으로 정하는 경우에는 그러하지 아니하다(제59조 제4항). 의료재활시설의 설치는 의료법에 따른다(제59조 제5항).

### (4) 장애인복지시설 운영의 개시 등

장애인복지시설의 설치를 신고한 자는 지체 없이 시설운영을 시작하여야 한다(제60조 제1항). 시설운영자가 시설운영을 중단 또는 재개하거나 시설을 폐지하려는 때에는 보건복지부령이 정하는 바에 따라 미리 시장・군수・구청장에게 신고하여야 한다(제60조 제2항).

### (5) 장애인 거주시설 이용절차

장애인 거주시설을 이용하려는 자와 그 친족, 그 밖의 관계인은 보건복지부령으로 정하는 서류를 갖추어 시장・군수・구청장에게 장애인의 시설 이용을 신청하여야 한다(제60조의2 제1항). 시설 이용을 신청받은 시장・군수・구청장은 제32조의4에 따른 서비스 지원 종합조사 결과 등을 활용하여 이용 신청자의 시설 이용 적격성 여부를 심사하고 그 결과에 따라 시설 이용 여부를 결정하여야 한다(제60조의2 제2항).

### (6) 장애인 거주시설의 서비스 최저기준

보건복지부장관은 장애인 거주시설에서 제공하여야 하는 서비스의 최저기준을 마련하여야 하며, 장애인복지실시기관은 그 기준이 충족될 수 있도록 필요한 조치를 취하여야 하며(제60조의3 제1항) 시설 운영자는 서비스의 최저기준 이상으로 서비스의 수준을 유지하여야 한다(제60조의3 제2항).

### (7) 장애인 거주시설 운영자의 의무

시설 운영자는 시설 이용자의 인권을 보호하고, 인권이 침해된 경우에는 즉각적인 회복조치를 취하여야 한다(제60조의4 제1항). 시설 운영자는 시설 이용자의 거주, 요양, 생활지원, 지역사회생활 지원 등을 위하여 필요한 서비스를 제공하여야 한다(제60조의4 제2항). 시설 운영자는 시설 이용자의 사생활 및 자기결정권의 보장을 위하여 노력하여야 한다(제60조의4 제3항). 시설 운영자는 시설 이용자의 인권을 보호하기 위하여 장애인 거주시설에 시설 이용 장애인 인권지킴이단을 두어야 한다(제60조의4 제4항).

### (8) 감독

장애인복지실시기관은 장애인복지시설을 설치·운영하는 자의 소관업무 및 시설이용자의 인권실태 등을 지도·감독하며, 필요한 경우 그 시설에 관한 보고 또는 관련 서류의 제출을 명하거나 소속공무원에게 그 시설의 운영상황·장부, 그 밖의 서류를 조사·검사하거나 질문하게 할 수 있다(제61조 제1항).

### (9) 시설의 개선, 사업의 정지, 폐쇄

장애인복지실시기관은 장애인복지시설이 다음 각 호의 어느 하나에 해당하는 때에는 그 시설의 개선, 사업의 정지, 시설의 장의 교체를 명하거나 시설의 폐쇄를 명할 수 있다(제62조 제1항).

1. 시설기준(제59조 제6항)에 미치지 못한 때
2. 정당한 사유 없이 제61조에 따른 보고를 하지 아니하거나 거짓으로 보고한 때 또는 조사·검사 및 질문을 거부·방해하거나 기피한 때
3. 사회복지법인이나 비영리법인이 설치·운영하는 시설인 경우 그 사회복지법인이나 비영리법인의 설립허가가 취소된 때
4. 시설의 회계 부정이나 시설이용자에 대한 인권침해 등 불법행위, 그 밖의 부당행위 등이 발견된 때

5. 설치목적을 이루었거나 그 밖의 사유로 계속하여 운영할 필요가 없다고 인정되는 때
6. 장애인복지법 또는 장애인복지법에 따른 명령이나 처분을 위반한 경우

장애인복지실시기관은 제58조 제1항 제1호에 따른 장애인 거주시설이 제60조의3에 따른 서비스 최저기준을 유지하지 못할 때에는 그 시설의 개선, 사업의 정지, 시설의 장의 교체를 명하거나 해당 시설의 폐쇄를 명할 수 있다(제62조 제2항).

#### 7) 장애인복지단체의 보호·육성

국가와 지방자치단체는 장애인의 복지를 향상하고 자립을 돕기 위하여 장애인복지단체를 보호·육성하도록 노력하여야 하며(제63조 제1항), 예산의 범위 안에서 단체의 사업·활동 또는 운영이나 그 시설에 필요한 경비의 전부 또는 일부를 보조할 수 있다(제63조 제2항).

#### 8) 장애인복지 전문인력

국가와 지방자치단체, 그 밖의 공공단체는 의지·보조기 기사, 언어재활사, 장애인재활상담사, 수화통역사, 점역(點譯)·교정사 등 장애인복지 전문인력, 그 밖에 장애인복지에 관한 업무에 종사하는 자를 양성·훈련하는 데에 노력해야 한다(제71조 제1항).

### 7. 장애인보조기구[14]

보건복지부장관은 장애인의 일상생활의 편의증진 등을 위하여 다른 법률이 정하는 바에 따라 장애인보조기구의 지원 및 활용촉진 등에 관한 사업을 실시할 수 있다(제65조 제2항).

---

14 장애인보조기구란 장애인이 장애의 예방·보완과 기능 향상을 위하여 사용하는 의지(義肢)·보조기 및 그 밖에 보건복지부장관이 정하는 보장구와 일상생활의 편의 증진을 위하여 사용하는 생활용품을 말한다(제65조 제1항).

의지 · 보조기를 제조 · 개조 · 수리하거나 신체에 장착하는 사업을 하는 자는 그 제조업소를 개설한 후 7일 이내에 보건복지부령이 정하는 바에 따라 시장 · 군수 · 구청장에게 제조업소의 개설사실을 알려야 한다(제69조 제1항). 의지 · 보조기 제조업자는 의지 · 보조기 기사를 1명 이상 두어야 한다. 다만, 의지 · 보조기 제조업자 자신이 의지 · 보조기 기사인 경우에는 따로 기사를 두지 아니하여도 된다(제69조 제2항).

## 8. 재정(비용)

### 1) 비용 부담

제38조 제1항(자녀교육비 지급), 제43조 제1항(자립훈련비 지급), 제49조 제1항(장애수당 지급), 제50조 제1항 · 제2항(장애아동수당 및 보호수당 지급) 및 제55조 제1항(활동지원급여 지원)에 따른 조치와 제59조 제1항에 따른 장애인복지시설의 설치 · 운영에 드는 비용은 예산의 범위 안에서 대통령령으로 정하는 바에 따라 장애인복지실시기관이 부담하게 할 수 있다(제79조 제1항).

국가와 지방자치단체는 장애인이 제58조의 장애인복지시설을 이용하는 데 드는 비용의 전부 또는 일부를 부담할 수 있으며, 시설 이용자의 자산과 소득을 고려하여 본인부담금을 부과할 수 있다. 이 경우 본인부담금에 관한 사항은 대통령령으로 정한다(제79조 제2항).

### 2) 비용 수납

제34조 제1항 제1호에 따른 조치(국 · 공립병원, 보건소, 보건지소, 그 밖의 의료기관에 의뢰하여 의료와 보건지도를 받게 하는 것)에 필요한 비용을 부담한 장애인복지실시기관은 해당 장애인 또는 그 부양의무자로부터 대통령령으로 정하는 바에 따라 장애인복지실시기관이 부담한 비용의 전부 또는 일부를 받을 수 있다(제80조).

#### 3) 비용 보조

국가와 지방자치단체는 대통령령으로 정하는 바에 따라 장애인복지시설의 설치·운영에 필요한 비용의 전부 또는 일부를 보조할 수 있다(제81조).

#### 4) 조세 감면

장애인복지법에 따라 지급되는 금품, 장애인복지시설(제58조) 및 장애인복지단체(제63조)에서 장애인이 제작한 물품에는 조세특례제한법과 지방세법, 그 밖의 조세관계법령이 정하는 바에 따라 조세를 감면한다(제83조 제1항).

### 9. 권리보호

#### 1) 압류 금지

장애인복지법에 따라 장애인에게 지급되는 금품은 압류하지 못한다(제82조).

#### 2) 이의신청

장애인이나 법정대리인 등은 이 법에 따른 복지조치에 이의가 있으면 해당 장애인복지실시기관에 이의신청을 할 수 있다. 이의신청은 복지조치가 있음을 안 날부터 90일 이내에 문서로 하여야 한다. 다만, 정당한 사유로 인하여 그 기간 이내에 이의신청을 할 수 없었음을 증명한 때에는 그 사유가 소멸한 날부터 60일 이내에 이의신청을 할 수 있다. 장애인복지실시기관은 이의신청을 받은 때에는 30일 이내에 심사·결정하여 신청인에게 통보하여야 한다. 심사·결정에 이의가 있는 자는 「행정심판법」에 따라 행정심판을 제기할 수 있다(제84조 제1항~제4항).

# 제6절 한부모가족지원법

## 1. 의 의

현대사회는 배우자와 사별, 이혼, 유기, 별거 등의 사유로 배우자가 없거나, 배우자가 있어도 폐질·불구 등으로 장기간 근로능력을 상실하여 여성 또는 남성이 생계의 책임을 지는 한부모가족이 날로 증가하고 있다. 한부모가족은 부부가 함께 살아가는 가정에 비해 경제적 어려움, 가족이나 이웃과의 관계망의 단절, 자녀교육 등 여러 가지 문제에 노출되기 쉽다. 따라서 한부모가족지원법은 한부모가족이 안정적인 가족 기능을 유지하고 자립할 수 있도록 지원함으로써 한부모가족의 생활안정과 복지증진에 이바지함을 목적으로 한다(제1조).

## 2. 입법배경 및 연혁

### 1) 모자복지법의 제정

모자복지법 제정 이전의 모자가정에 대한 복지는 아동복지법과 생활보호법에 의하여 이루어졌다. 즉, 영세모자가정의 경우 생활보호법에 근거하여 거택, 자활, 의료보호를 받았으나, 수급범위가 한정되었고 모자가정에 대한 우선 조항이 없는 실정이었으며 모자보호시설은 아동복지법에 근거하여 입소혜택을 받고 있었다.

그런 가운데 모자가정을 위한 독자적인 입법 필요성에 대한 논의가 1980년대에 들어서면서 연구자들과 부녀보호사업 전국연합회나, 한국여성개발원 등의 여성단체를 중심으로 이루어져 오다가, 1989년 4월 1일 모자복지법이 제정되고 같은 해 7월 1일부터 시행되게 되었다.

### 2) 모 · 부자복지법, 한부모가족지원법으로의 변경

2002년 12월 18일 「모자복지법」이 보호대상인 모자가정에 대해서만 국가 등의 경제적 · 사회적 지원을 하도록 하고 있기 때문에 이를 확대하여 같은 조건의 남성이 세대주인 부자가정에 대해서도 지원하도록 하기 위해서 「모자복지법」을 「모 · 부자복지법」으로 변경하였다. 2007년 10월 17일 개정에서는 모 · 부자가정이라는 용어를 한부모가족으로 하고, 법의 제명을 「한부모가족지원법」으로 변경하였다. 아동이 취학 중인 경우 22세 미만까지 확대하여 지원하도록 하며, 65세 이상의 고령자들과 손자녀로 구성되어 있는 조손가정의 경우도 이 법에 따른 보호대상자로 정함으로써 조손가족의 생활안정과 복지증진을 도모하였다.

## 3. 국가 등의 책임

국가와 지방자치단체는 한부모가족의 복지를 증진할 책임을 지며(제2조 제1항), 한부모가족의 권익과 자립을 지원하기 위한 여건을 조성하고 이를 위한 시책을 수립 · 시행하여야 한다(제2조 제2항). 또한 국가와 지방자치단체는 한부모가족에 대한 사회적 편견과 차별을 예방하고, 사회구성원이 한부모가족을 이해하고 존중할 수 있도록 교육 및 홍보 등 필요한 조치를 하여야 한다(제2조 제3항). 국가와 지방자치단체는 청소년 한부모가족의 자립을 위하여 노력하여야 한다(제2조 제5항). 그리고 모든 국민은 한부모가족의 복지증진에 협력하여야 한다(제2조 제6항).

여성가족부장관은 한부모가족 지원을 위한 정책수립에 활용하기 위하여 3년마다 한부모가족에 대한 실태조사를 실시하고 그 결과를 공표하여야 한다(제6조 제1항).

한부모가족의 모 또는 부는 임신과 출산 및 양육을 사유로 합리적인 이유 없이 교육 · 고용 등에서 차별을 받지 아니한다(제3조 제1항). 한부모가족의 모 또는 부와 아동은 한부모가족관련 정책결정 과정에 참여할 권리가 있으며,

그가 가지고 있는 자산과 노동능력 등을 최대한으로 활용하여 자립과 생활 향상을 위하여 노력하여야 한다(제3조 제2항).

## 4. 적용대상

### 1) 지원대상자의 범위

이 법에 따른 지원대상자는 제4조 제1호(모 또는 부), 제1호의2(청소년 한부모), 제2호(한부모가족), 제3호(모자가족), 제4호(부자가족), 제5호(아동)까지의 규정에 해당하는 자로서 여성가족부령으로 정하는 자로 한다(제5조 제1항).

① "모" 또는 "부"란 다음 각 목의 어느 하나에 해당하는 자로서 아동인 자녀를 양육하는 자를 말한다(제4조 제1호).

가. 배우자와 사별 또는 이혼하거나 배우자로부터 유기(遺棄)된 자

나. 정신이나 신체의 장애로 장기간 노동능력을 상실한 배우자를 가진 자

다. 교정시설 · 치료감호시설에 입소한 배우자 또는 병역복무 중인 배우자를 가진 사람

라. 미혼자(사실혼관계에 있는 자는 제외한다)

마. 가목부터 라목까지에 규정된 자에 준하는 자로서 여성가족부령으로 정하는 자

② "청소년 한부모"란 24세 이하의 모 또는 부를 말한다(제4조 제1호의2).

③ "한부모가족"이란 모자가족 또는 부자가족을 말한다(제4조 제2호).

④ "모자가족"이란 모가 세대주(세대주가 아니더라도 세대원을 사실상 부양하는 자를 포함한다)인 가족을 말한다(제4조 제3호).

⑤ "부자가족"이란 부가 세대주(세대주가 아니더라도 세대원을 사실상 부양하는 자를 포함한다)인 가족을 말한다(제4조 제4호).

⑥ "아동"이란 18세 미만(취학 중인 경우에는 22세 미만을 말하되, 병역법에 따른 병역의무를 이행하고 취학 중인 경우에는 병역의무를 이행한 기간을 가산한 연령 미만을 말한다)의 자를 말한다(제4조 제5호).

이 법 시행규칙 제3조에는 "지원대상자의 범위는 여성가족부장관이 매년 「국민기초생활보장법」 제2조 제11호에 따른 기준 중위소득, 지원대상자의 소득수준 및 재산의 정도 등을 고려하여 보호의 종류별로 정하여 고시한다(시행규칙 제3조)"고 규정하고 있다. 제1항에 따른 지원대상자 중 아동의 연령을 초과하는 자녀가 있는 한부모가족의 경우 그 자녀를 제외한 나머지 가족구성원을 지원대상자로 한다(제5조 제2항).

### 2) 지원대상자의 범위의 특례

이 법은 지원대상자의 특례를 인정하고 있다. 즉, 혼인관계에 있지 아니한 자로서 출산 전 임신부와 출산 후 해당 아동을 양육하지 아니하는 모는 제5조에도 불구하고 미혼모자가족복지시설(제19조 제1항 제3호)을 이용할 때에는 이 법에 따른 지원대상자가 된다(제5조의2 제1항).

또한 ① 부모가 사망하거나 생사가 분명하지 아니한 아동, ② 부모가 정신 또는 신체의 장애·질병으로 장기간 노동능력을 상실한 아동, ③ 부모의 장기복역 등으로 부양을 받을 수 없는 아동, ④ 부모가 이혼하거나 유기하여 부양을 받을 수 없는 아동, ⑤ 제①호~제④호까지에 규정된 자에 준하는 자로서 여성가족부령으로 정하는 아동과 그 아동을 양육하는 조부 또는 조모로서 여성가족부령이 정하는 자는 이 법에 따른 지원대상자가 된다(제5조의2 제2항).

그리고 국내에 체류하고 있는 외국인 중 대한민국 국민과 혼인하여 대한민국 국적의 아동을 양육하고 있는 사람으로서 대통령령으로 정하는 사람이 제5조에 해당하면 이 법에 따른 지원대상자가 된다(제5조의2 제3항).

## 5. 급 여

### 1) 지원대상자의 조사 등

특별자치시장·특별자치도지사·시장·군수·구청장은 매년 1회 이상 관할 구역 지원대상자의 가족상황, 생활실태 등을 조사하여야 하며(제10조 제1항), 조사

결과를 대장으로 작성・비치하여야 한다. 다만, 사회복지사업법에 따른 정보시스템을 활용할 때에는 전자적으로 작성하여 관리할 수 있다(제10조 제2항).

2) **복지 급여의 신청 및 내용**

지원대상자 또는 그 친족이나 그 밖의 이해관계인은 관할 특별자치시장・특별자치도지사・시장・군수・구청장에게 복지 급여를 신청할 수 있다(제11조 제1항). 제1항에 따라 복지 급여 신청을 할 때에는 금융정보, 신용정보, 보험정보에 대한 자료 또는 정보의 제공에 대한 지원대상자의 동의 서면을 제출하여야 한다(제11조 제2항).

국가나 지방자치단체는 제11조에 따른 복지 급여의 신청이 있으면 생계비, 아동교육지원비, 아동양육비, 그 밖에 대통령령으로 정하는 비용의 복지 급여를 실시하여야 한다. 다만, 이 법에 따른 지원대상자가 국민기초생활보장법 등 다른 법령에 따라 지원을 받고 있는 경우에는 그 범위에서 이 법에 따른 급여를 하지 아니한다(제12조 제1항).

아동양육비를 지급할 때에 미혼모나 미혼부가 5세 이하의 아동을 양육하거나 청소년 한부모가 아동을 양육하면 예산의 범위에서 추가적인 복지 급여를 실시하여야 한다. 이 경우 모 또는 부의 직계존속이 5세 이하의 아동을 양육하는 경우에도 또한 같다(제12조 제2항). 그리고 국가나 지방자치단체는 이 법에 따른 지원대상자의 신청이 있는 경우에는 예산의 범위에서 직업훈련비와 훈련기간 중 생계비를 추가적으로 지급할 수 있다(제12조 제3항).

3) **복지 자금의 대여**

국가나 지방자치단체는 한부모가족의 생활안정과 자립을 촉진하기 위하여 ① 사업에 필요한 자금, ② 아동교육비, ③ 의료비, ④ 주택자금, ⑤ 그 밖에 대통령령으로 정하는 한부모가족의 복지를 위하여 필요한 자금을 대여할 수 있다(제13조 제1항).

### 4) 고용의 촉진과 고용지원 연계

국가 또는 지방자치단체는 한부모가족의 모 또는 부와 아동의 직업능력을 개발하기 위하여 능력 및 적성 등을 고려한 직업능력개발훈련을 실시하여야 하며(제14조 제1항), 한부모가족의 모 또는 부와 아동의 고용을 촉진하기 위하여 적합한 직업을 알선하고 각종 사업장에 모 또는 부와 아동이 우선 고용되도록 노력하여야 한다(제14조 제2항).

국가 및 지방자치단체는 한무모가족의 모 또는 부와 아동의 취업기회를 확대하기 위하여 한부모가족 관련 시설 및 기관과 직업안정법 제2조의2 제1호에 따른 직업안정기관 간 효율적인 연계를 도모하여야 한다(제14조의2 제1항).

고용노동부장관은 한부모가족의 모 또는 부와 아동을 위한 취업지원사업 등이 효율적으로 추진될 수 있도록 여성가족부장관과 긴밀히 협조하여야 한다(제14조의2 제2항).

### 5) 공공시설에 매점 및 시설 설치

국가나 지방자치단체가 운영하는 공공시설의 장은 그 공공시설에 각종 매점 및 시설의 설치를 허가하는 경우 이를 한부모가족 또는 한부모가족복지단체에 우선적으로 허가할 수 있다(제15조).

### 6) 시설의 우선 이용

국가 또는 지방자치단체는 한부모가족의 아동이 공공의 아동 편의시설과 그 밖의 공공시설을 우선적으로 이용할 수 있도록 노력하여야 한다(제16조).

### 7) 가족지원서비스

국가나 지방자치단체는 한부모가족에게 ① 아동의 양육 및 교육 서비스, ② 장애인, 노인, 만성질환자 등의 부양 서비스, ③ 취사, 청소, 세탁 등 가사 서비스, ④ 교육·상담 등 가족 관계 증진 서비스, ⑤ 인지청구 및 자녀양육비 청구 등을 위한 법률상담, 소송대리 등 법률구조서비스, ⑥ 그 밖에 대통령령으로 정하는 한부모가족에 대한 가족지원서비스를 제공하도록 노력하여야 한다(제17조).

### 8) 청소년 한부모에 대한 교육지원

국가나 지방자치단체는 청소년 한부모가 학업을 할 수 있도록 청소년 한부모의 선택에 따라 다음 각 호의 어느 하나에 해당하는 지원을 할 수 있다(제17조의2 제1항).

1. 「초·중등교육법」 제2조에 따른 학교에서의 학적 유지를 위한 지원 및 교육비 지원 또는 검정고시 지원
2. 「평생교육법」 제31조 제2항에 따른 학력인정 평생교육시설에 대한 교육비 지원
3. 「초·중등교육법」 제28조에 따른 교육 지원
4. 그 밖에 청소년 한부모의 교육지원을 위하여 여성가족부령으로 정하는 사항

제1항 제3호에 따른 교육지원을 위하여 특별시·광역시·특별자치시·도·특별자치도의 교육감은 제19조에 따른 한부모가족복지시설에 순회교육 실시를 위한 지원을 할 수 있다(제17조의2 제2항).

국가와 지방자치단체는 청소년 한부모의 학업과 양육의 병행을 위하여 그 자녀가 청소년 한부모가 속한 「고등교육법」 제2조에 따른 학교에 설치된 직장어린이집을 이용할 수 있도록 지원할 수 있다(제17조의2 제3항).

### 9) 청소년 한부모의 자립 지원

국가나 지방자치단체는 청소년 한부모가 주거마련 등 자립에 필요한 자산을 형성할 수 있도록 재정적인 지원을 할 수 있다(제17조의4 제1항). 제1항에 따른 지원으로 형성된 자산은 청소년 한부모가 이 법에 따른 지원대상자에 해당하는지 여부를 조사·확인할 때 이를 포함하지 아니한다(제17조의4 제2항).

### 10) 자녀양육비 이행지원

여성가족부장관은 자녀양육비 산정을 위한 자녀양육비 가이드라인을 마련하여 법원이 이혼 판결 시 적극 활용할 수 있도록 노력하여야 한다(제17조의3).

### 11) 아동 · 청소년 보육 · 교육

국가와 지방자치단체는 아동 · 청소년 보육 · 교육을 실시함에 있어서 한부모가족 구성원인 아동 · 청소년을 차별하여서는 아니 된다(제17조의7).

### 12) 청소년 한부모의 건강진단 및 미혼모 등의 건강관리 등 지원

국가와 지방자치단체는 청소년 한부모의 건강증진을 위하여 건강진단을 실시할 수 있다(제17조의5 제1항). 국가와 지방자치단체는 미혼모 또는 미혼부와 그 자녀가 건강하게 생활할 수 있도록 산전 · 분만 · 산후 관리, 질병의 예방 · 상담 · 치료, 영양 · 건강에 관한 교육 등 건강관리를 위한 지원을 할 수 있으며, 제19조 제1항 제3호 가목의 기본생활지원 미혼모자가족복지시설에 입소한 미혼모 등의 신청이 있는 경우에는 미혼모 등 본인 및 함께 생활하는 자녀에 대한 의료비를 추가적으로 지원할 수 있다(제17조의6 제1~2항).

### 13) 국민주택 분양 및 임대

국가나 지방자치단체는 주택법에서 정하는 바에 따라 국민주택을 분양하거나 임대할 때에는 한부모가족에게 일정 비율이 우선 분양될 수 있도록 노력하여야 한다(제18조).

## 6. 전달체계

### 1) 한부모가족복지시설

#### (1) 한부모가족복지시설의 종류

한부모가족복지시설은 다음 각 호의 시설로 한다(제19조 제1항).

1. 모자가족복지시설 : 모자가족에게 다음 각 목의 어느 하나 이상의 편의를 제공하는 시설
   가. 기본생활지원 : 생계가 어려운 모자가족에게 일정 기간 동안 주거와 생계를 지원
   나. 공동생활지원 : 독립적인 생활이 어려운 모자가족에게 일정 기간 동안 공동생활을 통하여 자립을 준비할 수 있도록 주거 등을 지원
   다. 자립생활지원 : 자립욕구가 강한 모자가족에게 일정 기간 동안 주거를 지원
2. 부자가족복지시설 : 부자가족에게 다음 각 목의 어느 하나 이상의 편의를 제공하는 시설
   가. 기본생활지원 : 생계가 어려운 부자가족에게 일정 기간 동안 주거와 생계를 지원
   나. 공동생활지원 : 독립적인 생활이 어려운 부자가족에게 일정 기간 동안 공동생활을 통하여 자립을 준비할 수 있도록 주거 등을 지원
   다. 자립생활지원 : 자립욕구가 강한 부자가족에게 일정 기간 동안 주거를 지원
3. 미혼모자가족복지시설 : 미혼모자가족과 출산 미혼모 등에게 다음 각 목의 어느 하나 이상의 편의를 제공하는 시설
   가. 기본생활지원 : 미혼 여성의 임신·출산 시 안전 분만 및 심신의 건강 회복과 출산 후의 아동의 양육 지원을 위하여 일정 기간 동안 주거와 생계를 지원
   나. 공동생활지원 : 출산 후 해당 아동을 양육하지 아니하는 미혼모 또는 미

혼모와 그 출산 아동으로 구성된 미혼모자가족에게 일정 기간 동안 공동생활을 통하여 자립을 준비할 수 있도록 주거 등을 지원

4. 일시지원복지시설 : 배우자(사실혼 관계에 있는 사람을 포함한다)가 있으나 배우자의 물리적·정신적 학대로 아동의 건전한 양육이나 모의 건강에 지장을 초래할 우려가 있을 경우 일시적 또는 일정 기간 동안 모와 아동 또는 모에게 주거와 생계를 지원하는 시설

5. 한부모가족복지상담소 : 한부모가족에 대한 위기·자립 상담 또는 문제해결 지원 등을 목적으로 하는 시설

### (2) 한부모가족복지시설의 설치

국가나 지방자치단체는 한부모가족복지시설을 설치할 수 있으며(제20조 제1항), 그 외의 자가 설치·운영하려면 특별자치시장·특별자치도지사·시장·군수·구청장에게 신고하여야 한다(제20조 제3항). 제19조에 따른 한부모가족복지시설의 장은 청소년 한부모가 입소를 요청하는 경우에는 우선 입소를 위한 조치를 취하여야 한다(제20조 제2항).

### (3) 한부모가족복지시설의 폐지, 중단 또는 폐쇄

한부모가족복지시설의 설치 신고를 한 자(제20조 제3항)가 그 시설을 폐지하거나 그 시설의 운영을 일시적으로 중단하려면 여성가족부령으로 정하는 바에 따라 미리 특별자치시장·특별자치도지사·시장·군수·구청장에게 신고하여야 한다(제21조).

특별자치시장·특별자치도지사·시장·군수·구청장은 한부모가족복지시설이 시설기준(제20조 제5항)에 미달하게 된 경우, 수탁의무(제22조) 규정에 위반한 경우, 정당한 이유 없이 제23조 제1항의 규정에 의한 보고를 하지 아니하거나 거짓으로 한 경우 또는 조사·검사를 거부하거나 기피한 경우 중 어느 하나에 해당되면 그 사업의 정지나 폐지를 명하거나 시설을 폐쇄할 수 있다(제24조).

## 7. 재정(비용)

국가나 지방자치단체는 대통령령으로 정하는 바에 따라 한부모가족복지사업에 드는 비용을 보조할 수 있다(제25조).

## 8. 권리보호

### 1) 양도·담보 및 압류 금지

이 법에 따라 지급된 복지급여와 이를 받을 권리는 다른 사람에게 양도하거나 담보로 제공할 수 없으며, 다른 사람은 이를 압류할 수 없다(제27조 제1항). 제12조의5 제1항에 따라 지정된 복지급여수급계좌의 예금에 관한 채권은 압류할 수 없다(제27조 제2항).

### 2) 심사청구

지원대상자 또는 그 친족이나 그 밖의 이해관계인은 이 법에 따른 복지급여 등에 대하여 이의가 있으면 그 결정을 통지받은 날로부터 90일 이내에 서면으로 해당 복지실시기관에 심사를 청구할 수 있다(제28조 제1항). 복지실시기관은 위의 심사청구를 받으면 30일 이내에 이를 심사·결정하여 청구인에게 통보하여야 한다(제28조 제2항).

# 제7절 영유아보육법

## 1. 의 의

우리 사회에서 자녀의 양육문제는 전통적인 가정의 기능으로 여겨져 왔으나, 도시화·산업화의 과정을 거치면서 자녀양육의 문제를 가정 내에서 해결하는 것이 어렵게 되었다. 또한 부모의 질병이나 장애로 인해 자녀를 보호하고 교육시키기 어려운 가정에 대한 국가적 차원에서의 접근을 확대하는 데 이 법의 의의가 있다.

영유아보육법은 제1조에서 "이 법은 영유아의 심신을 보호하고 건전하게 교육하여 건강한 사회구성원으로 육성함과 아울러 보호자의 경제적·사회적 활동이 원활하게 이루어지도록 함으로써 영유아 및 가정의 복지 증진에 이바지함을 목적으로 한다"라고 규정하고 있다.

영유아보육법은 보육의 이념을 다음과 같이 규정하고 있다. 보육은 영유아의 이익을 최우선적으로 고려하여 제공되어야 하며(제3조 제1항), 영유아가 안전하고 쾌적한 환경에서 건강하게 성장할 수 있도록 하여야 하며(제3조 제2항), 또한 영유아는 자신이나 보호자의 성, 연령, 종교, 사회적 신분, 재산, 장애, 인종 및 출생지역 등에 따른 어떠한 종류의 차별도 받지 아니하고 보육되어야 한다(제3조 제3항).

## 2. 입법배경 및 연혁

1980년대 후반으로 들어오면서 기혼여성의 취업률이 꾸준히 증가함에 따라 탁아 욕구가 급격하게 증가하게 되었고, 저소득층 아동 및 농촌지역 아동의 방치문제가 심각한 사회문제로 대두되면서 탁아시설에 대한 욕구는 더욱 증폭되었다. 1989년 9월 19일 아동복지법 시행령을 개정하여 탁아시설에 관한 법적 근거를 부활시켰고, 이에 1990년 1월 9일 탁아 관련 시행규칙을 개정하였으며, 1990년 1월 15일 보건사회부 훈령으로 탁아시설의 설치·운영 규정을 제정하여 이를 근거로 탁아시설 추진계획을 마련하였다. 탁아 욕구를 충족시킬 수 있는 현행법으로 아동복지법이 있었으나 사회복지시설은 국가 또는 지방자치단체와 사회복지법인, 기타 비영리법인만이 설립·운영할 수 있다는 사회복지사업법의 규정에 의해 급증하고 있는 탁아 욕구에 대응할 수 없었다. 뿐만 아니라 그 당시의 보육사업은 명칭과 관련법이 다양하며 관장부처 또한 다원화되어 있어 체계적이고 효율적인 보육사업을 추진하는 데 많은 문제점이 지적되어 왔다. 이러한 사회적 여론으로 정부는 1991년 1월 14일 영유아보육법을 제정·공포하게 되었다(박차상 외, 2005 : 567-568).

그 후 1997년 12월 24일 초등학교 취학 직전 1년 유아의 무상보육의 실시 근거를 마련한 일부개정, 1999년 2월 8일에는 보육시설 설치 절차를 신고제로 전환하고 보육료 한도를 시·도시사가 자율적으로 결정할 수 있게 한 일부개정이 있었다. 그리고 2004년 1월 29일에는 전면 개정하여 보육정책위원회 설치, 인가제로의 환원, 보육교사의 자격검정제 및 보육시설 평가인증 실시 등의 근거를 마련하였고, 같은 해 12월 31일에는 보육시설의 설치기준 및 보육시설 종사자의 배치기준에 있어 도시지역보다 완화된 기준을 적용받을 수 있는 지역에 도서벽지 이외에 새로이 농어촌 지역을 포함시켜 보육시설을 설치할 수 있도록 하였다.

2008년 1월 17일 개정에서는 영유아 보육시설의 원활한 공급을 위하여 지방자치단체가 각종 개발·정비·조성계획을 수립할 경우에 보육시설 또는 보육시설용지를 확보할 수 있도록 하고, 국·공립 보육시설 확충을 원활히 하기 위하여 해당 시설을 기부채납한 자 등에 대하여 공개경쟁 이외의 방법으로 최초 운영권을 위탁할 수 있도록 하는 등의 규정을 마련하였다. 같은 해 12월 19일 개정에서는 보육시설 미이용 아동의 양육비 지원을 위한 양육수당 제도, 보육시설 이용 부모의 편의를 증진하고 보육행정을 효율화하기 위한 보육서비스 이용권 제도 및 보육시설의 안전사고 예방과 보상의 제도화를 위한 보육시설 안전공제사업 제도의 도입근거를 마련하고, 보육비용 지원대상자 선정에 필요한 신청, 조사, 금융정보 조회 등과 관련된 근거 규정 등을 마련하였다.

2011년 6월 7일 개정에서는 보육시설 및 보육시설 종사자의 명칭을 어린이집 및 보육교직원으로 변경하고, 보육실태조사의 주기를 3년으로 단축하며 다문화가족의 자녀에게 국·공립 어린이집에 우선 입소와 무상보육의 특례를 부여하였다. 같은 해 8월 4일 개정에서는 어린이집 평가인증에 대한 정보를 제공하여 부모의 알 권리를 충족하고 실질적인 어린이집 선택권을 행사할 수 있도록 하며, 안전한 보육환경을 조성하기 위하여 안전공제회의 보상범위를 확대하고 어린이집은 안전공제회에 당연 가입토록 하였다. 2013년 6월 4일 개정에서는 현행의 보육정보센터 기능에 가정양육 지원 기능을 추가하여 종합적 보육지원시스템을 구축하고 그 명칭을 육아종합지원센터로 변경하며, 부모와 보육·보건전문가가 직접 어린이집의 보육환경을 모니터링하고 컨설팅할 수 있도록 부모모니터링단을 설치하고, 어린이집의 보육료 등 운영과 관련된 정보를 공시하도록 하여 시설 운영의 투명성을 높이고, 고의·상습적으로 법 위반행위를 하는 어린이집 및 원장·보육교사의 명단을 공표하여 부모의 알 권리와 실질적 보육시설 선택권을 보장하였다. 2013년 8월 13일 개정에서는 아동복지법 제17조에 따른 금지행위를 하여 벌금형 이상의 형을 선고받고 그 집행이 종료된 후 일정 기간이 지나지 아니한 자에게는 어린이집의 설치·운영 및 어린이집에서의 근무를 하지 못하도록 하고, 어린이집에서 보육료 외의 필요경비를 받는 경우 그 수납액 결정에 관한 사항은 어린이집 운영위원회에서 심의하도록 하며, 보육과정 외에 특별활동 프로그램을 실시할 경우 대체 프로그램을 마련하도록 하였다. 2014년 5월 20일 개정에서는 일정 규모 이상의 사업장으로 하여금 직장어린이집을 의무로 설치·운영하도록 하고 있으나, 어린이집을 설치할 수 없을 때에는 지역의 어린이집에 위탁하거나 근로자에게 보육수당을 지급하도록 하는 등 대체수단을 인정함으로써 직접 설치·운영하는 비율이 적어 이들 대체수단의 정비가 필요한 실정임에 보육수당의 지원에 관한 규정을 삭제하는 등 시설을 확충하도록 유도하고 의무 미이행 사업장에 대해 이행강제금 등을 부과할 수 있도록 하였다. 2015년 5월 18일 개정에서는 어린이집의 폐쇄회로 텔레비전(CCTV) 설치 의무화, 아동학대자에 대한 제재 및 보육교직원의 자격기준 강화, 보육교직원의 보수교육에 인성함양 과목 추가로 아동학대 예방조치를 강화하였고, 보육교직원의 처우개선을 위해 육아종합지원센터에 상담전문요원을 두도록 하는 한편, 보육교사의 업무 부담을 경감할 수 있도록 보조교사 및 대체교사를 배치하도록 하였다. 같은 해 12월 29일 개정에서는 어린이집의 휴원 명령에 대한 근거

규정을 두었고, 어린이집 원장과 보육교사에 대해 보건관리교육 등의 보수교육이 평소에 이루어지도록 하였다. 2019년 1월 15일 개정에서는 어린이집의 설치인가 시 해당 지역의 보육 수요를 고려하여 인가 여부를 결정하도록 하고, 표준보육비용의 결정 체계를 법률에 보다 명확히 규정하였다.

## 3. 보육에 대한 책임

### 1) 보육에 대한 책임

모든 국민은 영유아를 건전하게 보육할 책임을 진다(제4조 제1항). 여기서 "보육"이란 영유아를 건강하고 안전하게 보호·양육하고 영유아의 발달 특성에 맞는 교육을 제공하는 어린이집 및 가정양육 지원에 관한 사회복지서비스를 말한다(제2조 제2호).

국가와 지방자치단체는 보호자와 더불어 영유아를 건전하게 보육할 책임을 지며, 이에 필요한 재원을 안정적으로 확보하도록 노력하여야 한다(제4조 제2항). 특별자치도지사·시장·군수·구청장은 영유아의 보육을 위한 적정한 어린이집을 확보하여야 하며(제4조 제3항), 보육교직원의 양성 및 근로여건 개선을 위하여 노력하여야 한다(제4조 제4항). 국가와 지방자치단체는 영유아의 보호자에게 영유아의 성장·양육방법, 보호자의 역할, 영유아의 인권 등에 대한 교육을 실시할 수 있다(제9조의2 제1항).

보건복지부장관은 이 법의 적절한 시행을 위하여 보육실태조사를 3년마다 하여야 한다(제9조 제1항).

### 2) 보육계획의 수립 및 시행

보건복지부장관, 시·도지사 및 시장·군수·구청장은 보육사업을 원활하게 추진하기 위하여 보건복지부장관의 경우에는 중앙보육정책위원회, 그 밖의 경우에는 각 지방보육정책위원회의 심의를 거쳐 어린이집 수급계획 등을 포함한 보육계획을 수립·시행하여야 한다. 이 경우 보육계획에는 국공립어린이집의 공급에 관한 계획 및 목표가 포함되어야 한다(제11조 제1항).

## 4. 적용대상

이 법의 적용대상인 영유아란 6세 미만의 취학 전 아동을 말한다(제2조 제1호). 어린이집의 이용대상은 보육이 필요한 영유아를 원칙으로 하며, 다만 필요한 경우 어린이집의 원장은 만 12세까지 연장하여 보육할 수 있다(제27조).

## 5. 전달체계

### 1) 보육정책조정위원회

보육정책에 관한 관계 부처 간의 의견을 조정하기 위하여 국무총리 소속으로 보육정책조정위원회를 둔다(제5조 제1항). 위원회는 보육정책의 기본 방향에 관한 사항, 보육 관련 제도개선과 예산지원에 관한 사항, 보육에 관한 관계부처 간 협조 사항, 그 밖에 위원장이 회의에 부치는 사항을 심의·조정한다(제5조 제2항).

### 2) 보육정책위원회

보육에 관한 각종 정책·사업·보육지도 및 어린이집 평가에 관한 사항 등을 심의하기 위하여 보건복지부에 중앙보육정책위원회를, 특별시·광역시·도·특별자치도 및 시·군·구에 지방보육정책위원회를 둔다(제6조 제1항 본문).

### 3) 육아종합지원센터

영유아에게 제26조의2에 따른 시간제보육 서비스를 제공하거나 보육에 관한 정보의 수집·제공 및 상담을 위하여 보건복지부장관은 중앙육아종합지원센터를, 특별시장·광역시장·특별자치시장·도지사·특별자치도지사 및 시장·군수·구청장은 지방육아종합지원센터를 설치·운영하여야 한다. 이 경우 필요하다고 인정하는 경우에는 영아·장애아 보육 등에 관한 육아종합지원센터를 별도로 설치·운영할 수 있다(제7조 제1항).

### 4) 한국보육진흥원

보육서비스의 질 향상을 도모하고 보육정책을 체계적으로 지원하기 위하여 한국보육진흥원을 설립한다(제8조).

## 6. 어린이집

### 1) 어린이집의 종류

어린이집[15]의 종류는 다음 각 호와 같다(제10조).

1. 국공립어린이집 : 국가나 지방자치단체가 설치·운영하는 어린이집
2. 사회복지법인어린이집 : 사회복지사업법에 따른 사회복지법인이 설치·운영하는 어린이집
3. 법인·단체등 어린이집 : 각종 법인(사회복지법인을 제외한 비영리법인)이나 단체 등이 설치·운영하는 어린이집으로서 대통령령으로 정하는 어린이집
4. 직장어린이집 : 사업주가 사업장의 근로자를 위하여 설치·운영하는 어린이집(국가나 지방자치단체의 장이 소속 공무원을 위하여 설치·운영하는 어린이집을 포함한다)
5. 가정어린이집 : 개인이 가정이나 그에 준하는 곳에 설치·운영하는 어린이집
6. 협동어린이집 : 보호자 또는 보호자의 보육교직원이 조합(영리를 목적으로 하지 아니하는 조합에 한정)을 결성하여 설치·운영하는 어린이집
7. 민간어린이집 : 제1호부터 제6호까지의 규정에 해당하지 아니하는 어린이집

### 2) 어린이집의 설치

국가나 지방자치단체는 국공립어린이집을 설치·운영하여야 한다. 이 경우 국공립어린이집은 제11조의 보육계획에 따라 도시 저소득주민 밀집 주거지역 및 농어촌지역 등 취약지역, 「산업입지 및 개발에 관한 법률」 제2조 제8호에 따른 산업단지 지역에 우선적으로 설치하여야 한다(제12조). 국공립어린이집 외의 어린이집을 설치·운영하려는 자는 특별자치도지사·시장·군수·

15 "어린이집"이란 보호자의 위탁을 받아 영유아를 보육하는 기관을 말한다(제2조 제3호).

구청장의 인가를 받아야 한다. 인가받은 사항 중 중요 사항을 변경하려는 경우에도 또한 같다(제13조 제1항).

대통령령으로 정하는 일정 규모 이상의 사업장[16]의 사업주는 직장어린이집을 설치하여야 한다. 다만, 사업장의 사업주가 직장어린이집을 단독으로 설치할 수 없을 때에는 사업주 공동으로 직장어린이집을 설치 · 운영하거나, 지역의 어린이집과 위탁계약을 맺어 근로자 자녀의 보육을 지원(위탁보육)하여야 한다(제14조 제1항).

### 3) 어린이집의 설치기준

어린이집을 설치 · 운영하려는 자는 보건복지부령으로 정하는 설치기준을 갖추어야 한다. 다만, 놀이터, 비상재해대비시설 및 폐쇄회로 텔레비전의 설치와 관련된 사항은 각각 제15조의2부터 제15조의4까지에 따른다(제15조).

어린이집을 설치 · 운영하는 자는 아동학대 방지 등 영유아의 안전과 어린이집의 보안을 위하여 개인정보 보호법 및 관련 법령에 따른 폐쇄회로 텔레비전(폐쇄회로 텔레비전)을 설치 · 관리하여야 한다. 다만, 어린이집을 설치 · 운영하는 자가 보호자 전원의 동의를 받아 시장 · 군수 · 구청장에게 신고한 경우나 보호자 및 보육교직원 전원의 동의를 받아 개인정보 보호법 및 관련 법령에 따른 네트워크 카메라를 설치한 경우에는 그러하지 아니하다(제15조의4 제1항).

폐쇄회로 텔레비전을 설치 · 관리하는 자는 영유아 및 보육교직원 등 정보주체의 권리가 침해되지 아니하도록 다음 각 호의 사항을 준수하여야 한다(제15조의4 제2항).

1. 아동학대 방지 등 영유아의 안전과 어린이집의 보안을 위하여 최소한의 영상정보만을 적법하고 정당하게 수집하고, 목적 외의 용도로 활용하지 아니하도록 할 것

16 영유아보육법 제14조 제1항에 따라 사업주가 직장어린이집을 설치하여야 하는 사업장은 상시 여성근로자 300명 이상 또는 상시근로자 500명 이상을 고용하고 있는 사업장으로 한다(영유아보육법 시행령 제20조).

2. 영유아 및 보육교직원 등 정보주체의 권리가 침해받을 가능성과 그 위험 정도를 고려하여 영상정보를 안전하게 관리할 것
3. 영유아 및 보육교직원 등 정보주체의 사생활 침해를 최소화하는 방법으로 영상정보를 처리할 것

어린이집을 설치·운영하는 자는 폐쇄회로 텔레비전에 기록된 영상정보를 60일 이상 보관하여야 한다(제15조의4 제3항).

폐쇄회로 텔레비전을 설치·관리하는 자는 다음 각 호의 어느 하나에 해당하는 경우를 제외하고는 제15조의4 제1항의 영상정보를 열람하게 하여서는 아니 된다(제15조의5 제1항).

1. 보호자가 자녀 또는 보호아동의 안전을 확인할 목적으로 열람시기·절차 및 방법 등 보건복지부령으로 정하는 바에 따라 요청하는 경우
2. 개인정보 보호법 제2조 제6호 가목에 따른 공공기관이 제42조 또는 아동복지법 제66조 등 법령에서 정하는 영유아의 안전업무 수행을 위하여 요청하는 경우
3. 범죄의 수사와 공소의 제기 및 유지, 법원의 재판업무 수행을 위하여 필요한 경우
4. 그 밖에 보육 관련 안전업무를 수행하는 기관으로서 보건복지부령으로 정하는 자가 업무의 수행을 위하여 열람시기·절차 및 방법 등 보건복지부령으로 정하는 바에 따라 요청하는 경우

어린이집을 설치·운영하는 자는 다음 각 호의 어느 하나에 해당하는 행위를 하여서는 아니 된다(제15조의5 제2항).

1. 제15조의4 제1항의 설치 목적과 다른 목적으로 폐쇄회로 텔레비전을 임의로 조작하거나 다른 곳을 비추는 행위
2. 녹음기능을 사용하거나 보건복지부령으로 정하는 저장장치 이외의 장치 또는 기기에 영상정보를 저장하는 행위

국가 및 지방자치단체는 어린이집에 설치한 폐쇄회로 텔레비전의 설치·관리와 그 영상정보의 열람으로 영유아 및 보육교직원 등 정보주체의 권리가

침해되지 아니하도록 설치·관리 및 열람 실태를 보건복지부령으로 정하는 바에 따라 매년 1회 이상 조사·점검하여야 한다(제15조의5 제4항).

#### 4) 어린이집 설치·운영자의 결격사유

다음 각 호의 어느 하나에 해당하는 자는 어린이집을 설치·운영할 수 없다(제16조). 즉, ① 미성년자·피성년후견인 또는 피한정후견인, ② 「정신건강증진 및 정신질환의 복지서비스 지원에 관한 법률」 제3조 제1호의 정신질환자, ③ 「마약류 관리에 관한 법률」 제2조 제1호의 마약류에 중독된 자, ④ 파산선고를 받고 복권되지 아니한 자, ⑤ 금고 이상의 실형을 선고받고 그 집행이 종료(집행이 종료된 것으로 보는 경우를 포함한다)되거나 집행이 면제된 날부터 5년(아동복지법 제3조 제7호의2에 따른 아동학대 관련 범죄를 저지른 경우에는 20년)이 경과되지 아니한 자, ⑥ 금고 이상의 형의 집행유예를 선고받고 그 유예기간 중에 있는 사람. 다만, 「아동복지법」 제3조 제7호의2에 따른 아동학대 관련 범죄로 금고 이상의 형의 집행유예를 선고받은 경우에는 그 집행유예가 확정된 날부터 20년이 지나지 아니한 사람, ⑦ 제45조에 따라 어린이집의 폐쇄명령을 받고 5년이 경과되지 아니한 자, ⑧ 제54조에 따라 300만 원 이상의 벌금형이 확정된 날부터 2년이 지나지 아니한 사람 또는 아동복지법 제3조 제7호의2에 따른 아동학대 관련 범죄로 벌금형이 확정된 날부터 10년이 지나지 아니한 사람, ⑨ 제23조의3에 따른 교육명령을 이행하지 아니한 자이다.

#### 5) 보육교직원

"보육교직원"이란 어린이집 영유아의 보육, 건강관리 및 보호자와의 상담, 그 밖에 어린이집의 관리·운영 등의 업무를 담당하는 자로서 어린이집의 원장 및 보육교사와 그 밖의 직원을 말한다(제2조 제5호).

##### (1) 보육교직원의 배치 및 직무 등

어린이집에는 보육교직원을 두어야 한다(제17조 제1항). 어린이집에는 보육교사의 업무 부담을 경감할 수 있도록 보조교사 등을 둔다(제17조 제3항). 휴가 또는 보수교육 등으로 보육교사의 업무에 공백이 생기는 경우에는 이를 대체할 수 있는 대체교사를 배치한다(제17조 제4항). 어린이집의 원장은 어린이집을 총괄하고 보육교사와 그 밖의 직원을 지도·감독하며 영유아를 보육한다(제18조 제1항). 보육교사는 영유아를 보육하고 어린이집의 원장이 불가피한 사유로 직무를 수행할 수 없을 때에는 그 직무를 대행한다(제18조 제2항).

보육교직원은 영유아를 보육함에 있어 영유아에게 신체적 고통이나 고성·폭언 등의 정신적 고통을 가하여서는 아니 되며, 업무를 수행함에 있어 영유아의 생명·안전보호 및 위험방지를 위하여 주의의무를 다하여야 한다(제18조의2).

#### (2) 결격사유

다음 각 호의 어느 하나에 해당하는 자는 어린이집에 근무할 수 없다(제20조).

1. 제16조 각 호의 어느 하나에 해당하는 자
2. 제46조나 제47조에 따라 자격정지 중인 자
3. 제48조 제1항에 따라 자격이 취소된 후 같은 조 제2항에 따른 자격 재교부 기한이 경과되지 아니한 자

#### (3) 어린이집의 원장 또는 보육교사의 자격

어린이집의 원장은 대통령령으로 정하는 자격을 가진 자로서 보건복지부장관이 검정·수여하는 자격증을 받은 자이어야 한다(제21조 제1항). 보육교사 역시 보건복지부장관이 검정·수여하는 자격증을 받은 자이어야 한다(제21조 제2항). 보육교사의 등급은 1·2·3급으로 하고, 등급별 자격기준은 대통령령으로 정한다(제21조 제3항).

#### (4) 보수교육 및 교육명령

보건복지부장관은 어린이집 원장의 자질 향상을 위한 보수교육을 실시하여야 한다. 이 경우 보수교육은 집합교육을 원칙으로 하며(제23조 제1항), 사전직무교육과 직무교육으로 구분한다(제23조 제2항). 또한 보건복지부장관은 보육교

사의 자질 향상을 위한 보수교육을 실시하여야 하며, 직무교육과 승급교육으로 구분한다(제23조의2 제1항~제2항).

### 6) 어린이집의 운영

#### (1) 어린이집의 운영기준

어린이집을 설치·운영하는 자는 보건복지부령으로 정하는 운영기준에 따라 어린이집을 운영하여야 한다(제24조 제1항).

#### (2) 보육시간의 구분

어린이집은 다음 각 호와 같이 보육시간을 구분하여 운영할 수 있다(제24조의2 제1항).

1. 기본보육 : 어린이집을 이용하는 모든 영유아에게 필수적으로 제공되는 과정으로, 보건복지부령으로 정하는 시간 이하의 보육
2. 연장보육 : 기본보육을 초과하여 보호자의 욕구 등에 따라 제공되는 보육

#### (3) 어린이집의 운영위원회

어린이집의 원장은 어린이집 운영의 자율성과 투명성을 높이고 지역사회와의 연계를 강화하여 지역 실정과 특성에 맞는 보육을 실시하기 위하여 어린이집에 어린이집운영위원회를 설치·운영할 수 있다. 다만, 제26조에 따른 취약보육을 우선적으로 실시하여야 하는 어린이집과 대통령령으로 정하는 어린이집은 어린이집운영위원회를 설치·운영하여야 한다(제25조 제1항).

어린이집운영위원회는 그 어린이집의 원장, 보육교사 대표, 학부모 대표 및 지역사회 인사(직장어린이집의 경우에는 그 직장의 어린이집 업무 담당자로 한다)로 구성한다. 이 경우 학부모대표가 2분의 1 이상이 되도록 구성하여야 한다(제25조 제2항). 어린이집 운영위원회는 연간 4회 이상 개최하여야 한다(제25조 제5항).

#### (4) 부모모니터링단

시·도지사 또는 시장·군수·구청장은 어린이집 보육환경을 모니터링하

고 개선을 위한 컨설팅을 하기 위하여 부모, 보육·보건 전문가로 점검단(부모모니터링단)을 구성·운영할 수 있다(제25조의2 제1항). 부모모니터링단은 ① 어린이집 급식, 위생, 건강 및 안전관리 등 운영상황 모니터링, ② 어린이집 보육환경 개선을 위한 컨설팅, ③ 그 밖에 보육 관련 사항으로서 보건복지부령으로 정하는 사항의 직무를 수행한다(제25조의2 제2항).

### (5) 보호자의 어린이집 참관

보호자는 영유아의 보육환경·보육내용 등 어린이집의 운영실태를 확인하기 위하여 어린이집 원장에게 어린이집 참관을 요구할 수 있다. 이 경우 어린이집 원장은 특별한 사유가 없으면 이에 따라야 한다(제25조의3 제1항).

### (6) 취약보육의 우선 실시

국가나 지방자치단체, 사회복지법인, 그 밖의 비영리법인이 설치한 어린이집과 대통령령으로 정하는 어린이집의 원장은 영아·장애아·다문화가족의 아동 등에 대한 보육을 우선적으로 실시하여야 한다(제26조 제1항). 보건복지부장관, 시·도지사 및 시장·군수·구청장은 취약보육을 활성화하는 데에 필요한 각종 시책을 수립·시행하여야 한다(제26조 제2항).

### (7) 시간제보육 서비스

국가 또는 지방자치단체는 제34조에 따른 무상보육 및 「유아교육법」 제24조에 따른 무상교육 지원을 받지 아니하는 영유아에 대하여 필요한 경우 시간제보육 서비스를 지원할 수 있다. 이 경우 시간제보육 서비스의 종류, 지원대상, 지원방법, 그 밖에 시간제보육 서비스의 제공에 필요한 사항은 보건복지부령으로 정한다(제26조의2 제1항). 특별자치시장·특별자치도지사·시장·군수·구청장은 육아종합지원센터, 어린이집, 그 밖에 시간제보육 서비스의 제공이 가능한 시설로서 보건복지부령으로 정하는 시설 시간제보육 서비스를 제공하는 기관으로 지정할 수 있다(제26조의2 제2항).

### (8) 보육의 우선 제공

국가나 지방자치단체, 사회복지법인, 그 밖의 비영리법인이 설치한 어린이집과 대통령령으로 정하는 어린이집의 원장은 다음 각 호의 어느 하나에 해당하는 자가 우선적으로 어린이집을 이용할 수 있도록 하여야 한다. 다만, 고용정책 기본법 제40조 제2항에 따라 고용촉진시설의 설치·운영을 위탁받은 공공단체 또는 비영리법인이 설치·운영하는 어린이집의 원장은 근로자의 자녀가 우선적으로 어린이집을 이용하게 할 수 있다(제28조 제1항). 사업주는 사업장 근로자의 자녀가 우선적으로 직장어린이집을 이용할 수 있도록 하여야 한다(제28조 제2항).

1. 「국민기초생활 보장법」에 따른 수급자
2. 「한부모가족지원법」 제5조에 따른 보호대상자의 자녀
3. 「국민기초생활 보장법」 제24조에 따른 차상위계층의 자녀
4. 「장애인복지법」 제2조에 따른 장애인 중 보건복지부령으로 정하는 장애 정도에 해당하는 자의 자녀

4의2. 「장애인복지법」 제2조에 따른 장애인 중 보건복지부령으로 정하는 장애 정도에 해당하는 자가 형제자매인 영유아

5. 「다문화가족지원법」 제2조 제1호에 따른 다문화가족의 자녀
6. 「국가유공자 등 예우 및 지원에 관한 법률」 제4조 제1항에 따른 국가유공자 중 제3호의 전몰군경, 제4호·제6호·제12호·제15호·제17호의 상이자로서 보건복지부령으로 정하는 자, 제5호·제14호·제16호의 순직자의 자녀
7. 제1형 당뇨를 가진 경우로서 의학적 조치가 용이하고 일상생활이 가능하여 보육에 지장이 없는 영유아
8. 그 밖에 소득수준 및 보육수요 등을 고려하여 보건복지부령으로 정하는 자의 자녀

### (9) 보육과정

보육과정은 영유아의 신체·정서·언어·사회성 및 인지적 발달을 도모할 수 있는 내용을 포함하여야 한다(제29조 제1항). 보건복지부장관은 표준보육과정을 개발·보급하여야 하며 필요하면 그 내용을 검토하여 수정·보완하여야 한다(제29조 제2항). 어린이집의 원장은 제2항의 표준보육과정에 따라 영유아를 보육하도록 노력하여야 하며(제29조 제3항), 보호자의 동의를 받아 일정 연령 이상의 영유아에게 보건복지부령으로 정하는 특정한 시간대에 한정하여 보육과정 외에 어린이집 내외에서 이루어지는 특별활동 프로그램(특별활동)을 실시할 수 있다. 이 경우 어린이집의 원장은 특별활동에 참여하지 아니하는 영유아를 위하여 특별활동을 대체할 수 있는 프로그램을 함께 마련하여야 한다(제29조 제4항).

### (10) 어린이집 생활기록

어린이집의 원장은 영유아 생활지도 및 초등학교 교육과의 연계 지도에 활용할 수 있도록 영유아의 발달상황 등을 종합적으로 관찰·평가하여 보건복지부장관이 정하는 기준에 따라 생활기록부를 작성·관리하여야 한다(제29조의2).

### (11) 어린이집 평가

보건복지부장관은 영유아의 안전과 보육서비스의 질 향상을 위하여 어린이집의 보육환경, 보육과정 운영, 보육인력의 전문성 및 이용자 만족도 등에 대하여 정기적으로 평가를 실시하여야 하며(제30조 제1항). 평가 결과에 따라 어린이집 보육서비스의 관리, 보육사업에 대한 재정적·행정적 지원 등 필요한 조치를 할 수 있다(제30조 제2항).

## 7) 건강·영양 및 안전

### (1) 건강관리 및 응급조치

어린이집의 원장은 영유아와 보육교직원에 대하여 정기적으로 건강진단을 실시하고, 영유아의 건강진단실시여부를 어린이집 생활기록부에 기록하여 관리하는 등 건강관리를 하여야 하며(제31조 제1항), 영유아에게 질병·사고 또는 재해 등으로 인하여 위급 상태가 발생한 경우 즉시 응급의료기관에 이송하여야 한다(제31조 제2항).

### (2) 어린이집 안전공제사업

어린이집 상호 간의 협동조직을 통하여 어린이집의 안전사고를 예방하고 어린이집 안전사고로 인하여 생명·신체 또는 재산상의 피해를 입은 영유아 및 보육교직원 등에 대한 보상을 하기 위하여 보건복지부장관의 허가를 받아 어린이집 안전공제사업을 할 수 있다(제31조의2 제1항).

### (3) 예방접종 여부의 확인

어린이집의 원장은 영유아에 대하여 매년 정기적으로 「감염병의 예방 및 관리에 관한 법률」 제33조의2에 따른 예방접종통합관리시스템을 활용하여 영유아의 예방접종에 관한 사실을 확인하여야 한다. 다만, 영유아에 대하여 최초로 보육을 실시하는 경우에는 보육을 실시한 날부터 30일 이내에 확인하여야 한다(제31조의3 제1항).

### (4) 치료 및 예방조치

어린이집의 원장은 제31조에 따른 건강진단 결과 질병에 감염되었거나 감염될 우려가 있는 영유아에 대하여 그 보호자와 협의하여 질병의 치료와 예방에 필요한 조치를 하여야 하며(제32조 제1항), 제31조에 따른 건강진단의 결과나 그 밖의 의사의 진단 결과 감염병에 감염 또는 감염된 것으로 의심되거나 감염될 우려가 있는 영유아, 어린이집 거주자 및 보육교직원을 보건복지부령으로 정하는 바에 따라 어린이집으로부터 격리시키는 등 필요한 조치를 할 수 있다(제32조 제2항).

### (5) 급식 관리

어린이집의 원장은 영유아에게 보건복지부령으로 정하는 바에 따라 균형 있고 위생적이며 안전한 급식을 하여야 한다(제33조).

### (6) 어린이집 차량안전관리

어린이집의 원장은 영유아의 통학을 위하여 차량을 운영하는 경우 도로교통법 제52조에 따라 미리 어린이통학버스로 관할 경찰서장에게 신고하여야 한다(제33조의2).

## 7. 재정(비용)

### 1) 무상보육

국가와 지방자치단체는 영유아에 대한 보육을 무상으로 하되, 그 내용 및 범위는 대통령령으로 정한다(제34조 제1항). 국가와 지방자치단체는 장애아 및 다문화가족의 자녀의 무상보육에 대하여는 대통령령으로 정하는 바에 따라 그 대상의 여건과 특성을 고려하여 지원할 수 있다(제34조 제2항). 무상보육 실시에 드는 비용은 대통령령으로 정하는 바에 따라 국가나 지방자치단체가 부담하거나 보조하여야 한다(제34조 제3항). 보건복지부장관은 표준보육비용을 결정하기 위하여 필요한 조사를 3년마다 실시하며, 조사 결과를 바탕으로 중앙보육정책위원회의 심의를 거쳐 표준보육비용을 결정하여야 한다(제34조 제7항). 국가와 지방자치단체는 자녀가 2명 이상인 경우에 대하여 추가적으로 지원할 수 있다(제34조 제5항). 국가와 지방자치단체는 무상보육을 받으려는 영유아와 장애아 및 다문화가족의 자녀를 보육하기 위하여 필요한 어린이집을 설치·운영하여야 한다(제34조 제6항). 보건복지부장관은 표준보육비용을 결정하기 위하여 필요한 조사를 3년마다 실시하며, 조사 결과를 바탕으로 중앙보육정책위원회의 심의를 거쳐 표준보육비용을 결정하여야 한다(제34조 제7항).

### 2) 양육수당

국가와 지방자치단체는 어린이집이나 「유아교육법」 제2조에 따른 유치원을 이용하지 아니하는 영유아에 대하여 영유아의 연령을 고려하여 양육에 필요한 비용을 지원할 수 있다(제34조의2 제1항). 영유아가 시간제보육 서비스를 이용하는 경우에도 그 영유아에 대하여 양육에 필요한 비용을 지원할 수 있다(제34조의2 제2항).

#### 3) 보육서비스 이용권

국가와 지방자치단체는 무상보육 및 양육수당에 따른 비용 지원을 위하여 보육서비스 이용권을 영유아의 보호자에게 지급할 수 있다(제34조의3).

#### 4) 비용 지원의 신청

영유아의 보호자는 제34조 및 제34조의2에 따른 비용의 지원을 신청할 수 있다(제34조의4 제1항).

#### 5) 비용의 보조 등

국가나 지방자치단체는 대통령령으로 정하는 바에 따라 어린이집의 설치, 보육교사(대체교사를 포함)의 인건비, 초과보육에 드는 비용 등 운영 경비 또는 지방육아종합지원센터의 설치·운영, 보육교직원의 복지 증진, 취약보육의 실시 등 보육사업에 드는 비용, 폐쇄회로 텔레비전 설치비의 전부 또는 일부를 보조한다(제36조).

#### 6) 사업주의 비용 부담

직장어린이집(제14조)을 설치한 사업주는 대통령령으로 정하는 바에 따라 그 어린이집의 운영과 보육에 필요한 비용의 전부 또는 일부를 부담하여야 한다(제37조).

#### 7) 보육료 등의 수납

어린이집을 설치·운영하는 자는 그 어린이집의 소재지를 관할하는 시·

도지사가 정하는 범위에서 그 어린이집을 이용하는 자로부터 보육료와 그 밖의 필요경비 등을 받을 수 있다. 다만, 시 · 도지사는 필요시 어린이집 유형과 지역적 여건을 고려하여 그 기준을 다르게 정할 수 있다(제38조).

#### 8) 세제 지원

사업주가 직장어린이집을 설치 · 운영하는 데에 드는 비용과 보호자가 영유아의 보육을 위하여 지출한 보육료와 그 밖에 보육에 드는 비용에 관하여는 조세특례제한법에서 정하는 바에 따라 조세를 감면한다(제39조 제1항). 직장어린이집을 제외한 어린이집의 운영비에 대하여도 조세특례제한법에서 정하는 바에 따라 조세를 감면한다(제39조 제2항).

### 8. 지도 및 감독

#### 1) 지도와 명령

보건복지부장관, 시 · 도지사 및 시장 · 군수 · 구청장은 보육사업의 원활한 수행을 위하여 어린이집 설치 · 운영자 및 보육교직원에 대하여 필요한 지도와 명령을 할 수 있다(제41조).

#### 2) 보고와 검사

보건복지부장관, 시 · 도지사 또는 시장 · 군수 · 구청장은 어린이집을 설치 · 운영하는 자로 하여금 그 어린이집에 관하여 필요한 보고를 하게 하거나 관계 공무원으로 하여금 그 어린이집의 운영 상황을 조사하게 하거나 장부와 그 밖의 서류를 검사하게 할 수 있다(제42조 제1항).

#### 3) 시정 또는 변경 명령

보건복지부장관, 시 · 도지사 또는 시장 · 군수 · 구청장은 어린이집이 다음 각 호의 어느 하나에 해당하면 어린이집의 원장 또는 그 설치 · 운영자에게 기간을 정하여 그 시정 또는 변경을 명할 수 있다(제44조).

1. 제13조 제1항에 따른 변경인가를 받지 아니하고 어린이집을 운영하는 경우
2. 제15조, 제15조의2 및 제15조의3에 따른 어린이집의 설치기준을 위반한 경우

2의2. 제15조의4에 따른 폐쇄회로 텔레비전의 설치·관리 및 영상정보의 보관기준을 위반한 경우

3. 제17조 제5항에 따른 보육교직원의 배치기준을 위반한 경우

3의2. 제19조 제2항에 따른 보육교직원의 임면에 관한 사항을 보고하지 아니하거나 거짓으로 보고한 경우

4. 제24조 제1항에 따른 어린이집의 운영기준을 위반한 경우

4의2. 제25조 제1항 단서를 위반하여 어린이집운영위원회를 설치·운영하지 아니한 경우

4의3. 제29조 제4항 전단을 위반하여 영유아에게 특별활동을 제공한 경우

4의4. 제29조 제4항 후단을 위반하여 특별활동에 참여하지 아니하는 영유아에게 특별활동을 대체할 수 있는 프로그램을 제공하지 아니한 경우

4의5. 제29조의2에 따른 생활기록부를 작성·관리하지 아니한 경우

4의6. 정당한 이유 없이 제30조 제1항에 따른 평가 또는 같은 조 제5항에 따른 확인점검을 거부·방해 또는 기피하거나 거짓이나 그 밖의 부정한 방법으로 평가 또는 확인점검을 받은 경우

4의7. 제32조 제1항에 따른 질병의 치료와 예방조치를 하지 아니한 경우

4의8. 제33조에 따른 균형 있고 위생적이며 안전한 급식을 하지 아니한 경우

5. 제38조에 따른 보육료 등을 한도액을 초과하여 받은 경우
6. 제42조에 따른 보고를 하지 아니하거나 거짓으로 보고한 경우 또는 조사·검사를 거부하거나 기피한 경우
7. 제43조 제1항에 따른 신고를 하지 아니하고 어린이집을 폐지하거나 일정 기간 운영을 중단하거나 운영을 재개한 경우

7의2. 제43조의2 제2항을 위반하여 휴원하지 아니하거나 긴급보육수요에

대비한 조치를 하지 아니한 경우
8. 제49조의2에 따른 정보의 공시에 관한 사항을 위반한 경우

#### 4) 어린이집의 폐쇄 등

보건복지부장관, 시·도지사 및 시장·군수·구청장은 어린이집을 설치·운영하는 자(이하 이 조에서 "설치·운영자"라 한다)가 다음 각 호의 어느 하나에 해당하면 1년 이내의 어린이집 운영정지를 명하거나 어린이집의 폐쇄를 명할 수 있다. 이 경우 보육교직원 등 설치·운영자의 관리·감독하에 있는 자가 제4호에 해당하는 행위를 한 경우에는 설치·운영자가 한 행위로 본다(설치·운영자가 그 행위를 방지하기 위하여 상당한 주의와 감독을 게을리하지 아니한 경우에는 그러하지 아니하다)(제45조 제1항).

1. 거짓이나 그 밖의 부정한 방법으로 보조금을 교부받거나 보조금을 유용한 경우
2. 제40조에 따른 비용 또는 보조금의 반환명령을 받고 반환하지 아니한 경우
3. 제44조에 따른 시정 또는 변경 명령을 위반한 경우
4. 아동복지법 제3조 제7호에 따른 아동학대 행위를 한 경우
5. 도로교통법 제53조 제3항을 위반하여 어린이통학버스(제33조의2 및 도로교통법 제52조에 따른 신고를 하지 아니한 경우를 포함한다)에 보육교직원을 함께 태우지 아니한 채 어린이통학버스 운행 중 발생한 교통사고로 영유아가 사망하거나 신체에 보건복지부령으로 정하는 중상해를 입은 경우

특별자치시장·특별자치도지사·시장·군수·구청장은 설치·운영자 또는 보육교직원이 제1항 제4호에 따른 아동학대 행위를 한 것으로 의심되는 경우 즉시 제42조에 따른 보고를 받거나 조사·검사를 실시하여야 하며(제45조 제3항), 제3항에 따른 보고나 조사·검사를 실시한 후 지체 없이 「아동복지법」 제10조의2에 따른 아동권리보장원 또는 같은 법 제45조에 따른 아동보호전

문기관 등 관계 기관과 협의하여 제1항에 따른 행정처분 여부를 결정하여야 한다(제45조 제4항).

## 제8절 정신건강증진 및 정신질환자 복지서비스 지원에 관한 법률 (약칭 : 정신건강복지법)

### 1. 의 의

이 법은 정신질환의 예방·치료, 정신질환자의 재활·복지·권리보장과 정신건강 친화적인 환경 조성에 필요한 사항을 규정함으로써 국민의 정신건강증진 및 정신질환자의 인간다운 삶을 영위하는 데 이바지함을 목적으로 한다(제1조).

이 법의 기본이념은 제2조에서 다음과 같이 규정하고 있다.

① 모든 국민은 정신질환으로부터 보호받을 권리를 가진다.

② 모든 정신질환자는 인간으로서의 존엄과 가치를 보장받고, 최적의 치료를 받을 권리를 가진다.

③ 모든 정신질환자는 정신질환이 있다는 이유로 부당한 차별대우를 받지 아니한다.

④ 미성년자인 정신질환자는 특별히 치료, 보호 및 교육을 받을 권리를 가진다.

⑤ 정신질환자에 대해서는 입원 또는 입소(입원 등)가 최소화되도록 지역 사회 중심의 치료가 우선적으로 고려되어야 하며, 정신건강증진시설에 자신의 의지에 따른 입원 또는 입소(자의입원 등)가 권장되어야 한다.

⑥ 정신건강증진시설에 입원 등을 하고 있는 모든 사람은 가능한 한 자유로운 환경을 누릴 권리와 다른 사람들과 자유로이 의견교환을 할 수 있는 권리를 가진다.
⑦ 정신질환자는 원칙적으로 자신의 신체와 재산에 관한 사항에 대하여 스스로 판단하고 결정할 권리를 가진다. 특히 주거지, 의료행위에 대한 동의나 거부, 타인과의 교류, 복지서비스의 이용 여부와 복지서비스 종류의 선택 등을 스스로 결정할 수 있도록 자기결정권을 존중받는다.
⑧ 정신질환자는 자신에게 법률적·사실적 영향을 미치는 사안에 대하여 스스로 이해하여 자신의 자유로운 의사를 표현할 수 있도록 필요한 도움을 받을 권리를 가진다.
⑨ 정신질환자는 자신과 관련된 정책의 결정과정에 참여할 권리를 가진다.

## 2. 입법배경 및 연혁

우리나라에서 정신보건법에 대한 최초의 입법시도는 1968년 대한신경정신의학회에서 '정신위생법(안)' 제정을 정부에 건의한 데서 비롯되었다. 그러나 당시에는 정신보건에 대한 국민들의 인식이 부족한 상태였기 때문에 주목을 받지 못하였다(박석돈, 2001 : 744). 그 후 1984년에 '정신질환관리종합대책'이 수립되어 정신과의원, 보건소, 상담소를 1차 기관, 정신병원, 일반병원 정신과, 정신요양원을 2차 기관으로 지정하였으나 그 실시는 미흡하였다. 그 이후 1985년에 정신보건법 제정을 위해 정부안이 제출되었으나, 인권침해 등의 비판이 제기되어 입법화되지 못하였다. 그러다가 1990년에 들어 정신질환자의 범죄행위로 이에 대한 사회적 관심이 고조되면서 정부는 공청회를 통해 각계의 의견을 수렴하여 정신질환자의 인권에 대한 규정을 대폭 수정·보완하여 수정 정신보건법안을 제출하였고 마침내 1995년 12월 30일에 제정되었다.

이후 「정신보건법」은 1997년 12월 정신요양병원을 폐지하여 정신병상의 무분별한 증가를 억제하는 한편, 사회복지사업법에 의한 정신질환자 요양시설을 정신보건법에 규정하고 지역사회정신보건사업을 지원하는 정신의료기관의 범위를 정신과의원까지 확대하고 지역사회정신보건사업에 소요되는 비용을 국가와 지방자치단체가 지원할 수 있는 근거를 마련하였다. 또한 보호의무자에 의하여 입원된 환자에 대해 정신과 전문의가 퇴원할 수 있다고 판단하면 보호의무자의 퇴원신청이 없어도 즉시 퇴원시키도록 절차를 간소화함으로써 불필요한 장기 입원을 억제하고, 정신질환자의 인권보호를 강화하고자 개정되었다. 2004년 1월 29일에는 지역사회정신보건사업을 원활하게 추진하기 위하여 보건소 등에 정신보건센터를 설치하도록 하고, 정신의료기관이 법정기준에 위반하는 경우에는 허가를 취소하거나 폐쇄 또는 사업의 정지 등 행정처분을 할 수 있도록 개정하였다. 2008년 3월 21일 개정에서는 정신질환자의 입원요건을 강화하고, 신체적 제한 등에 대한 근거를 명확히 함으로써 정신질환자에 대한 인권침해를 예방하고 권익을 강화하였다. 주요 내용은 정신보건사업계획의 수립 · 시행, 인권교육 신설, 정신요양시설 등의 설치 · 개설 제한, 자의입원 환자에 대한 퇴원의사의 확인, 퇴원 등 사실의 정신보건센터 또는 보건소에의 통지의무, 외래치료명령 신설, 강제노동 금지 신설 및 입원환자 등에 대한 작업요법 신설 등이다. 2015년 1월 28일 개정에서는 정신보건사업계획에 성별 정신건강증진사업을 포함하도록 하고 정신보건시설에서의 인권침해를 예방함으로써 정신질환자의 인권을 보호하고 정신보건시설의 올바른 운영을 도모하기 위하여 정신보건시설의 장의 의무를 구체화하였다. 2016년 5월 29일에는 정신질환자의 범위를 중증정신질환자로 축소 정의하고, 전 국민 대상의 정신건강증진의 장을 신설하며, 비자의 입원 · 퇴원 제도를 개선하고, 정신질환자에 대한 복지서비스 제공을 추가하는 등 현행 법률상 미흡한 점을 개선 · 보완하여 「정신건강증진 및 정신질환자 복지서비스 지원에 관한 법률」로 명칭을 바꾸면서 전부 개정되어 2017년 5월 30일부터 시행되었다.

## 3. 국가 등의 의무

### 1) 국가와 지방자치단체의 책무

국가와 지방자치단체는 국민의 정신건강을 증진시키고, 정신질환을 예방·치료하며, 정신질환자의 재활 및 장애극복과 사회적응 촉진을 위한 연구·조사와 지도·상담 등 필요한 조치를 하여야 한다(제4조 제1항). 국가와 지방자치단체는 정신질환의 예방·치료와 정신질환자의 재활을 위하여 정신건강복지센터와 정신건강증진시설, 사회복지시설, 학교 및 사업장 등을 연계하는 정신건강서비스 전달체계를 확립하여야 한다(제4조 제2항).

### 2) 국민의 의무

모든 국민은 정신건강증진을 위하여 국가와 지방자치단체가 실시하는 조사 및 정신건강증진사업 등에 협력하여야 한다(제5조).

### 3) 정신건강증진시설의 장의 의무

정신건강증진시설의 장은 정신질환자 등이 입원 등을 하거나 사회적응을 위한 훈련을 받으려고 하는 때에는 지체 없이 정신질환자 등과 그 보호의무자에게 이 법 및 다른 법률에 따른 권리 및 권리행사 방법을 알리고, 그 권리행사에 필요한 각종 서류를 정신건강증진시설에 갖추어 두어야 한다(제6조 제1항). 정신건강증진시설의 장은 정신질환자 등의 치료, 보호 및 재활과정에서 정신질환자 등의 의견을 존중하여야 한다(제6조 제3항). 정신건강증진시설의 장은 입원등 또는 거주 중인 정신질환자 등이 인간으로서의 존엄과 가치를 보장받으며 자유롭게 생활할 수 있도록 노력하여야 한다(제6조 제4항).

## 4. 적용대상

이 법의 적용대상자가 되는 “정신질환자”라 함은 망상, 환각, 사고(思考)나

기분의 장애 등으로 인하여 독립적으로 일상생활을 영위하는 데 중대한 제약이 있는 사람을 말한다(제3조 제1호).

## 5. 정신건강증진 정책의 추진 등

### 1) 국가계획의 수립 등

보건복지부장관은 관계 행정기관의 장과 협의하여 5년마다 정신건강증진 및 정신질환자 복지서비스 지원에 관한 국가의 기본계획(국가계획)을 수립하여야 한다(제7조 제1항). 특별시장・광역시장・특별자치시장・도지사・특별자치도지사(시・도지사)는 국가계획에 따라 지역계획을 수립하여야 한다. 이 경우 해당 지역계획은 「지역보건법」 제7조에 따른 지역보건의료계획과 연계되도록 하여야 한다(제7조 제2항). 국가계획 및 지역계획을 수립할 때에는 「장애인복지법」 제10조의2에 따른 장애인정책종합계획과 연계되도록 하여야 한다(제7조 제5항).

보건복지부장관과 시・도지사는 각각 국가계획과 지역계획에 따라 매년 시행계획을 수립・시행하여야 하고, 시장・군수・구청장은 매년 관할 시・도의 지역계획에 따라 시행계획을 수립・시행하여야 한다(제8조 제1항).

### 2) 실태조사

보건복지부장관은 5년마다 정신질환자 관련 실태조사를 하여야 한다. 다만, 정신건강증진 정책을 수립하는 데 필요한 경우 수시로 실태조사를 할 수 있다(제10조).

### 3) 정신건강상 문제의 조기발견 등

보건복지부장관, 시・도지사 및 시장・군수・구청장은 정신질환의 원활한 치료와 만성화 방지를 위하여 정신건강복지센터, 정신건강증진시설 및 의료기관을 연계한 정신건강상 문제의 조기발견 체계를 구축하여야 한다(제11조 제1항).

#### 4) 학교 등에서의 정신건강증진사업 실시

다음 각 호에 해당하는 기관·단체·학교의 장 및 사업장의 사용자는 구성원의 정신건강에 관한 교육·상담과 정신질환 치료와의 연계 등의 정신건강증진사업을 실시하도록 노력하여야 한다(제13조 제1항).

1. 국가 및 지방자치단체의 기관 중 업무의 성질상 정신건강을 해칠 가능성이 높아 정신건강증진사업을 실시할 필요가 있는 기관으로서 대통령령으로 정하는 기관
2. 「초·중등교육법」 및 「고등교육법」에 따른 학교 중 대통령령으로 정하는 학교
3. 「근로기준법」에 따른 근로자 300명 이상을 사용하는 사업장
4. 그 밖에 업무의 성질이나 근무자 수 등을 고려하여 정신건강증진사업을 실시할 필요가 있는 기관·단체로서 대통령령으로 정하는 기관·단체

#### 5) 정신건강의 날

정신건강의 중요성을 환기하고 정신질환에 대한 편견을 해소하기 위하여 매년 10월 10일을 정신건강의 날로 하고, 정신건강의 날이 포함된 주를 정신건강주간으로 한다(제14조 제1항).

## 6. 급 여

### 1) 복지서비스의 제공

#### (1) 복지서비스의 개발

국가와 지방자치단체는 정신질환자가 정신질환에도 불구하고 잠재적인 능력을 최대한 계발할 수 있도록 정신질환자에게 적합한 서비스를 적극적으로 개발하기 위한 연구지원체계를 구축하기 위하여 노력하여야 한다(제33조 제1항).

### (2) 고용 및 직업재활 지원

국가와 지방자치단체는 정신질환자가 자신의 능력을 최대한 활용하여 직업생활을 영위할 수 있도록 일자리 창출, 창업지원 등 고용촉진에 필요한 조치를 강구하여야 한다(제34조 제1항). 보건복지부장관은 정신질환자의 능력과 특성에 적합한 직업훈련, 직업지도 등을 지원하기 위하여 필요한 조치를 강구하여야 한다(제34조 제2항).

### (3) 평생교육 지원

국가와 지방자치단체는 정신질환자에게 「교육기본법」 제3조 및 제4조에 따른 평생교육의 기회가 충분히 부여될 수 있도록 특별자치시장 · 특별자치도지사 · 시장 · 군수 · 구청장별로 평생교육기관을 지정하여 정신질환자를 위한 교육과정을 적절하게 운영하도록 조치하여야 한다(제35조 제1항).

### (4) 문화 · 예술 · 여가 · 체육활동 등 지원

국가와 지방자치단체는 이 법에서 정한 지원 외에 문화 · 예술 · 여가 · 체육활동 등의 영역에서 정신질환자에게 필요한 서비스가 지원되도록 최대한 노력하여야 한다(제36조 제1항).

### (5) 지역사회 거주 · 치료 · 재활 등 통합 지원

국가와 지방자치단체는 정신질환자의 지역사회 거주 및 치료를 위하여 필요한 시책을 강구하여야 한다(제37조 제1항). 국가와 지방자치단체는 정신건강증진시설에서의 퇴원 등이 필요한 정신질환자에 대한 지역사회 재활 지원 등 지역사회 통합 지원을 위하여 노력하여야 한다(제37조 제2항).

### (6) 가족에 대한 정보제공과 교육

국가와 지방자치단체는 정신질환자의 가족이 정신질환자의 적절한 회복과 자립을 지원하는 데 필요한 정보를 제공하거나 관련 교육을 실시할 수 있다(제38조 제1항).

### 2) 보호 및 치료

#### (1) 보호의무자 자격 및 의무

「민법」에 따른 후견인 또는 부양의무자는 정신질환자의 보호의무자가 된다. 다만, 피성년후견인 및 피한정후견인, 파산선고를 받고 복권되지 아니한 사람, 해당 정신질환자를 상대로 한 소송이 계속 중인 사람 또는 소송한 사실이 있었던 사람과 그 배우자, 미성년자, 행방불명자, 그 밖에 보건복지부령으로 정하는 부득이한 사유로 보호의무자로서의 의무를 이행할 수 없는 사람은 보호의무자가 될 수 없다(제39조 제1항).

보호의무자는 보호하고 있는 정신질환자가 적절한 치료 및 요양과 사회적응 훈련을 받을 수 있도록 노력하여야 하며(제40조 제1항), 보호의무자는 보호하고 있는 정신질환자가 자신이나 다른 사람을 해치지 아니하도록 유의하여야 하며, 정신질환자의 재산상의 이익 등 권리보호를 위하여 노력하여야 한다(제40조 제3항).

#### (2) 입원

① 자의입원 등

정신질환자나 그 밖에 정신건강상 문제가 있는 사람은 보건복지부령으로 정하는 입원 등 신청서를 정신의료기관 등의 장에게 제출함으로써 그 정신의료기관등에 자의입원 등을 할 수 있다(제41조 제1항).

② 동의입원 등

정신질환자는 보호의무자의 동의를 받아 보건복지부령으로 정하는 입원 등 신청서를 정신의료기관 등의 장에게 제출함으로써 그 정신의료기관 등에 입원 등을 할 수 있다(제42조 제1항). 정신의료기관 등의 장은 제1항에 따라 입원 등을 한 정신질환자가 퇴원 등을 신청한 경우에는 지체 없이 퇴원 등을 시켜야 한다. 다만, 정신질환자가 보호의무자의 동의를 받지 아니하고 퇴원 등을 신청한 경우에는 정신건강의학과전문의 진단 결과 환자의 치료와 보호 필요성이 있다고 인정되는 경우에 한정하여 정신의료기관 등의 장은 퇴원 등의 신청을 받은 때부터 72시간까지 퇴원 등을 거부할 수 있고, 퇴원 등을 거부하는 기간 동안 제43조 또는 제44조에 따른 입원 등으로 전환할 수 있다(제42조 제2항).

③ 보호의무자에 의한 입원 등

정신의료기관 등의 장은 정신질환자의 보호의무자 2명 이상(보호의무자 간 입원 등에 관하여 다툼이 있는 경우에는 제39조 제2항의 순위에 따른 선순위자 2명 이상을 말하며, 보호의무자가 1명만 있는 경우에는 1명으로 한다)이 신청한 경우로서 정신건강의학과전문의가 입원 등이 필요하다고 진단한 경우에만 해당 정신질환자를 입원 등을 시킬 수 있다(제43조 제1항).

④ 특별자치시장 · 특별자치도지사 · 시장 · 군수 · 구청장에 의한 입원

정신건강의학과전문의 또는 정신건강전문요원은 정신질환으로 자신의 건강 또는 안전이나 다른 사람에게 해를 끼칠 위험이 있다고 의심되는 사람을 발견하였을 때에는 특별자치시장 · 특별자치도지사 · 시장 · 군수 · 구청장에게 대통령령으로 정하는 바에 따라 그 사람에 대한 진단과 보호를 신청할 수 있다(제44조 제1항). 경찰관은 정신질환으로 자신의 건강 또는 안전이나 다른 사람에게 해를 끼칠 위험이 있다고 의심되는 사람을 발견한 경우 정신건강의학과전문의 또는 정신건강전문요원에게 그 사람에 대한 진단과 보호의 신청을 요청할 수 있다(제44조 제2항).

⑤ 응급입원

정신질환자로 추정되는 사람으로서 자신의 건강 또는 안전이나 다른 사람에게 해를 끼칠 위험이 큰 사람을 발견한 사람은 그 상황이 매우 급박하여 제41조부터 제44조까지의 규정에 따른 입원 등을 시킬 시간적 여유가 없을 때에는 의사와 경찰관의 동의를 받아 정신의료기관에 그 사람에 대한 응급입원을 의뢰할 수 있다(제50조 제1항).

특히 보호의무자에 의한 입원과 특별자치시장・특별자치도지사・시장・군수・구청장에 의한 입원의 경우에는 각 국립정신병원 및 대통령령으로 정하는 기관 안에 설치된 입원적합성심사위원회의 심사를 거쳐 입원의 적합성 여부를 검토하도록 하고 있다(제45조~제49조).

### 3) 퇴원 등의 청구 및 심사 등

#### (1) 정신건강심의위원회의 설치・운영

시・도지사와 시장・군수・구청장은 정신건강에 관한 중요한 사항을 심의 또는 심사하기 위하여 시・도지사 소속으로 광역정신건강심의위원회를 두고, 시장・군수・구청장 소속으로 기초정신건강심의위원회를 둔다. 다만, 정신의료기관 등이 없는 시・군・구에는 기초정신건강심의위원회를 두지 아니할 수 있다(제53조 제1항).

#### (2) 정신건강심사위원회의 설치・운영

정신건강심의위원회의 업무 중 심사와 관련된 업무를 전문적으로 수행하기 위하여 광역정신건강심의위원회 안에 광역정신건강심사위원회를 두고, 기초정신건강심의위원회 안에 기초정신건강심사위원회를 둔다(제54조 제1항).

#### (3) 퇴원 등 또는 처우개선 심사의 청구

정신의료기관 등에 입원 등을 하고 있는 사람 또는 그 보호의무자는 관할 특별자치시장・특별자치도지사・시장・군수・구청장에게 입원 등을 하고 있는 사람의 퇴원 등 또는 처우개선(제76조에 따른 작업치료의 적정성 여부를 포함한다)에 대한 심사를 청구할 수 있다(제66조 제1항).

#### (4) 정신건강심의위원회에의 회부

특별자치시장・특별자치도지사・시장・군수・구청장은 제43조 제6항 및 제55조 제1항에 따른 심사 청구를 받았을 때에는 지체 없이 그 청구 내용을 소관 정신건강심의위원회 회의에 회부하여야 한다(제56조 제1항).

### (5) 특별자치시장 · 특별자치도지사 · 시장 · 군수 · 구청장에 의한 입원의 해제

특별자치시장 · 특별자치도지사 · 시장 · 군수 · 구청장은 제44조 제7항에 따라 입원한 정신질환자에 대하여 최초로 입원을 한 날부터 3개월 이내에 입원을 해제하여야 하며, 입원의 해제 사실을 그 정신질환자가 입원하고 있는 정신의료기관의 장에게 서면으로 통지하여야 한다. 이 경우 그 정신의료기관의 장은 지체 없이 그 정신질환자를 퇴원시켜야 한다(제62조 제1항).

### (6) 임시 퇴원 등

제43조 또는 제44조에 따라 정신질환자를 입원 등을 시키고 있는 정신의료기관 등의 장은 2명 이상의 정신건강의학과전문의가 진단한 결과 정신질환자의 증상에 비추어 일시적으로 퇴원 등을 시켜 그 회복 경과를 관찰하는 것이 필요하다고 인정되는 경우에는 3개월의 범위에서 해당 정신질환자를 임시 퇴원 등을 시키고 그 사실을 보호의무자 또는 특별자치시장 · 특별자치도지사 · 시장 · 군수 · 구청장에게 통보하여야 한다(제63조 제1항).

### (7) 외래치료 지원 등

정신의료기관의 장은 제43조와 제44조에 따라 입원을 한 정신질환자 중 정신병적 증상으로 인하여 입원을 하기 전 자신 또는 다른 사람에게 해를 끼치는 행동(보건복지부령으로 정하는 행동을 말한다)을 한 사람에 대해서는 특별자치시장 · 특별자치도지사 · 시장 · 군수 · 구청장에게 외래치료 지원을 청구할 수 있다(제64조 제1항). 정신의료기관의 장 또는 정신건강복지센터의 장은 정신질환자 중 정신병적 증상으로 인하여 자신 또는 다른 사람에게 해를 끼치는 행동을 하여 정신의료기관에 입원한 사람 또는 외래치료를 받았던 사람으로서 치료를 중단한 사람을 발견한 때에는 특별자치시장 · 특별자치도지사 · 시장 · 군수 · 구청장에게 그 사람에 대한 외래치료의 지원을 청구할 수 있다(제64조 제2항). 특별자치시장 · 특별자치도지사 · 시장 · 군수 · 구청장은 제1항 및 제2항에 따른 외래치료 지원의 청구를 받았을 때에는 소관 정신건강심사위원회의 심사를 거쳐 1년의 범위에서 기간을 정하여 외래치료를 받도록 정신질환자를 지원할 수 있다(제64조 제3항). 특별자치시장・특별자치도지사・시장・군수・구청장은 제3항에 따라 외래치료 지원 결정을 받은 사람이 그 외래치료 지원 결정에 따르지 아니하고 치료를 중단한 때에는 그 사람이 자신의 건강 또는 안전이나 다른 사람에게 해를 끼칠 위험이 있는지를 평가하기 위하여 그 사람에게 지정정신의료기관에서 평가를 받도록 명령할 수 있다. 이 경우 해당 명령을 받은 사람은 명령을 받은 날부터 14일 이내에 지정정신의료기관에서 평가를 받아야 한다(제64조 제5항).

#### (8) 무단으로 퇴원 등을 한 사람에 대한 조치

정신의료기관등의 장은 입원 등을 하고 있는 정신질환자로서 자신의 건강 또는 안전이나 다른 사람에게 해를 끼칠 위험이 있는 사람이 무단으로 퇴원 등을 하여 그 행방을 알 수 없을 때에는 관할 경찰서장 또는 자치경찰기구를 설치한 제주특별자치도지사에게 퇴원 등을 한 사람의 성명・주소・성별 및 생년월일, 입원 등의 날짜・시간 및 퇴원 등의 날짜・시간, 증상의 개요 및 인상착의, 보호의무자 또는 보호를 하였던 사람의 성명・주소를 통지하여 탐색을 요청하여야 한다(제65조 제1항).

### 4) 권익보호 및 지원 등

#### (1) 입원 등의 금지 등

누구든지 응급입원의 경우를 제외하고는 정신건강의학과전문의의 대면 진단에 의하지 아니하고 정신질환자를 정신의료기관 등에 입원 등을 시키거나 입원 등의 기간을 연장할 수 없다(제68조 제1항).

#### (2) 권익보호

누구든지 정신질환자이거나 정신질환자였다는 이유로 그 사람에 대하여 교육, 고용, 시설이용의 기회를 제한 또는 박탈하거나 그 밖의 불공평한 대우를 하여서는 아니 된다(제69조 제1항). 누구든지 정신질환자, 그 보호의무자 또는 보호를 하고 있는 사람의 동의를 받지 아니하고 정신질환자에 대하여 녹음·녹화 또는 촬영하여서는 아니 된다(제69조 제2항). 정신건강증진시설의 장은 입원 등을 하거나 정신건강증진시설을 이용하는 정신질환자에게 정신건강의학과 전문의의 지시에 따른 치료 또는 재활의 목적이 아닌 노동을 강요하여서는 아니 된다(제69조 제3항).

### (3) 인권교육

정신건강증진시설의 장과 종사자는 인권에 관한 교육(이하 "인권교육"이라 한다)을 받아야 한다(제70조 제1항).

### (4) 비밀누설의 금지

정신질환자 또는 정신건강증진시설과 관련된 직무를 수행하고 있거나 수행하였던 사람은 그 직무의 수행과 관련하여 알게 된 다른 사람의 비밀을 누설하거나 공표하여서는 아니 된다(제71조).

### (5) 수용 및 가혹행위 등의 금지

누구든지 이 법 또는 다른 법령에 따라 정신질환자를 보호할 수 있는 시설 외의 장소에 정신질환자를 수용하여서는 아니 된다(제72조 제1항). 정신건강증진시설의 장이나 그 종사자는 정신건강증진시설에 입원 등을 하거나 시설을 이용하는 사람에게 폭행을 하거나 가혹행위를 하여서는 아니 된다(제72조 제2항).

### (6) 특수치료의 제한

정신의료기관에 입원을 한 사람에 대한 전기충격요법·인슐린혼수요법·마취하최면요법·정신외과요법, 그 밖에 대통령령으로 정하는 치료(이하 "특수치료"라 한다)는 그 정신의료기관이 구성하는 협의체에서 결정하되, 본인 또는 보호의무자에게 특수치료에 관하여 필요한 정보를 제공하고, 본인의 동의를 받아야 한다. 다만, 본인의 의사능력이 미흡한 경우에는 보호의무자의 동의를 받아야 한다(제73조 제1항).

### (7) 통신과 면회의 자유 제한의 금지

정신의료기관 등의 장은 입원 등을 한 사람에 대하여 치료 목적으로 정신건강의학과전문의의 지시에 따라 하는 경우가 아니면 통신과 면회의 자유를 제한할 수 없다(제74조 제1항).

### (8) 격리 등 제한의 금지

정신의료기관 등의 장은 입원등을 한 사람에 대하여 치료 또는 보호의 목적으로 정신건강의학과전문의의 지시에 따라 하는 경우가 아니면 격리시키거나 묶는 등의 신체적 제한을 할 수 없다(제75조 제1항).

### (9) 작업치료

정신의료기관 등의 장은 입원 등을 한 사람의 치료, 재활 및 사회적응에 도움이 된다고 인정되는 경우에는 그 사람의 건강상태와 위험성을 고려하여 보건복지부령으로 정하는 작업을 시킬 수 있다(제76조 제1항). 이 경우 작업은 입원 등을 한 사람 본인이 신청하거나 동의한 경우에만 정신건강의학과전문의가 지시하는 방법에 따라 시켜야 한다. 다만, 정신요양시설의 경우에는 정신건강의학과전문의의 지도를 받아 정신건강전문요원이 작업의 구체적인 방법을 지시할 수 있다(제76조 제2항).

### (10) 직업훈련 지원

국가 또는 지방자치단체는 정신질환으로부터 회복된 사람이 그 능력에 따라 적당한 직업훈련을 받을 수 있도록 노력하고, 이들에게 적절한 직종을 개발·보급하기 위하여 노력하여야 한다(제77조).

### (11) 경제적 부담의 경감 등

국가 또는 지방자치단체는 정신질환자와 그 보호의무자의 경제적 부담을 줄이고 정신질환자의 사회적응을 촉진하기 위하여 의료비의 경감·보조나 그 밖에 필요한 지원을 할 수 있다(제79조).

## 7. 전달체계

### 1) 정신건강복지센터

보건복지부장관은 필요한 지역에서의 소관 정신건강증진사업 등의 제공 및 연계 사업을 전문적으로 수행하게 하기 위하여 정신건강복지센터를 설치·운영할 수 있다(제15조 제1항). 시·도지사는 관할 구역에서의 정신건강증진사업 등의 제공 및 연계 사업을 전문적으로 수행하게 하기 위하여 광역정신건강복지센터를 설치·운영할 수 있다(제15조 제2항). 시장·군수·구청장은 관할 구역에서의 소관 정신건강증진사업 등의 제공 및 연계 사업을 전문적으로 수행하게 하기 위하여 보건소에 기초정신건강복지센터를 설치·운영할 수 있다(제15조 제3항).

### 2) 국가트라우마센터

보건복지부장관은 재난이나 그 밖의 사고로 정신적 충격을 받은 트라우마 환자의 심리적 안정과 사회 적응을 지원(심리지원)하기 위하여 국가트라우마센터를 설치·운영할 수 있다(제16조 제1항).

### 3) 정신건강증진시설

정신건강증진시설이란 정신의료기관, 정신요양시설 및 정신재활시설을 말한다(제3조).

#### (1) 정신의료기관의 개설 · 운영

정신의료기관의 개설은 「의료법」에 따른다. 이 경우 「의료법」 제36조에도 불구하고 정신의료기관의 시설·장비의 기준과 의료인 등 종사자의 수·자격에 관하여 필요한 사항은 정신의료기관의 규모 등을 고려하여 보건복지부령으로 따로 정한다(제19조 제1항).

### (2) 국립 공립 정신병원의 설치 운영

국가와 지방자치단체는 국립 또는 공립의 정신의료기관으로서 정신병원을 설치·운영하여야 한다(제21조 제1항). 국가와 지방자치단체가 정신병원을 설치하는 경우 그 병원이 지역적으로 균형 있게 분포되도록 하여야 하며, 정신질환자가 지역사회 중심으로 관리되도록 하여야 한다(제21조 제2항).

### (3) 정신요양시설의 설치·운영 등

국가와 지방자치단체는 정신요양시설을 설치·운영할 수 있다(제22조 제1항). 사회복지법인과 그 밖의 비영리법인이 정신요양시설을 설치·운영하려는 경우에는 해당 정신요양시설 소재지 관할 특별자치시장·특별자치도지사·시장·군수·구청장의 허가를 받아야 한다(제22조 제2항). 보건복지부장관, 시·도지사 및 시장·군수·구청장은 정신요양시설의 장에게 정신질환자의 요양생활에 지장이 없는 범위에서 지역주민·사회단체·언론사 등이 정신요양시설의 운영상황을 파악할 수 있도록 그 시설의 개방을 요구할 수 있다(제22조 제6항).

### (4) 정신재활시설의 설치·운영 및 종류

국가 또는 지방자치단체는 정신재활시설을 설치·운영할 수 있으며(제26조 제1항), 그 외의 자가 정신재활시설을 설치·운영하려면 해당 정신재활시설 소재지 관할 특별자치시장·특별자치도지사·시장·군수·구청장에게 신고하여야 한다(제26조 제2항). 정신재활시설의 종류는 생활시설(정신질환자 등이 생활할 수 있도록 주로 의식주 서비스를 제공하는 시설), 재활훈련시설(정신질환자 등이 지역사회에서 직업활동과 사회생활을 할 수 있도록 주로 상담·교육·취업·여가·문화·사회참여 등 각종 재활활동을 지원하는 시설), 그 밖에 대통령령으로 정하는 시설이 있다(제27조).

## 4) 정신건강전문요원

보건복지부장관은 정신건강 분야에 관한 전문지식과 기술을 갖추고 보건복지부령으로 정하는 수련기관에서 수련을 받은 사람에게 정신건강전문요원의 자격을 줄 수 있다(제17조 제1항). 정신건강전문요원은 그 전문분야에 따라 정신건강임상심리사, 정신건강간호사 및 정신건강사회복지사로 구분한다(제17조 제2항).

### 8. 재정(비용)

#### 1) 비용의 부담

국가와 지방자치단체는 제44조에 따른 진단과 치료에 드는 비용의 전부 또는 일부를 부담할 수 있다(제80조 제1항).

#### 2) 비용의 징수

정신요양시설과 정신재활시설의 설치·운영자는 그 시설을 이용하는 사람으로부터 보건복지부장관이 정하여 고시하는 비용징수 한도액의 범위에서 시설 이용에 드는 비용을 받을 수 있다(제81조).

## 제9절 가정폭력방지 및 피해자보호 등에 관한 법률

### 1. 의 의

가정폭력방지 및 피해자보호 등에 관한 법률은 가정폭력을 예방하고 가정폭력의 피해자를 보호·지원함을 목적으로 한다(제1조). 이 법은 가정폭력으로 인하여 직접적으로 피해를 입은 사람 및 그와 동반한 가정구성원(18세 미만의 아동)의 보호 및 지원을 주 목적으로 하는 사회복지서비스에 관한 법이다. 여기서 '가정폭력'이란 「가정폭력범죄의 처벌 등에 관한 특례법」 제2조 제1호에서 정의하고 있는데, 가정구성원 사이의 신체적·정신적 또는 재산상 피해를 수반하는 행위를 말한다(제2조).

이 법은 가정폭력피해에 대한 독자적인 서비스법으로서 이 법에 따른 긴급전화센터·상담소·보호시설 또는 교육훈련시설이 아니면 가정폭력 관련 긴급전화센터, 상담소, 가정폭력피해자 보호시설 또는 가정폭력 관련 상담원 교육훈련시설이나 그 밖에 이와 유사한 명칭을 사용하지 못한다(제17조).

## 2. 입법배경 및 연혁

전통적으로 우리 사회는 강한 가족주의의 영향으로 가정폭력문제를 가정 내의 문제로 간주하고, 사회적 문제로 인식하지 않았다. 그러나 가정폭력으로 인한 가족구성원 사이에 정신적 또는 재산상 피해를 수반하는 행위가 증가하게 됨에 따라 가정폭력 문제는 더 이상 한 가정의 문제가 아닌 국가적·사회적 문제로 인식됨에 따라 이 법이 제정되었다.

이 법의 입법추진은 한국여성의 전화를 비롯한 12개의 여성단체들이 1994년 5월 가정폭력방지법 제정을 추진하기 위한 전국연대회의를 결성하면서 시작되었다. 1995년 7월에는 가정폭력방지법 시안 마련을 위한 전문가 워크숍이 있었고, 1996년 5월에는 한국여성단체연합 차원에서 가정폭력방지법 제정추진특별위원회가 구성되었다. 동 위원회의 활발한 활동과 여성단체의 노력, 각 분야의 전문가의 협조로 1997년 12월 31일 동법이 입법되었고, 이듬해인 1998년 7월 1일을 기하여 시행을 보게 되었다. 이후 제도상의 미비점을 보완하기 위해 몇 차례의 개정을 거쳐 오늘에 이르게 되었다.

## 3. 복지시책

### 1) 국가 등의 책무

국가와 지방자치단체는 가정폭력의 예방·방지와 피해자의 보호·지원을 위하여 다음 각 호의 조치를 취하여야 하며(제4조 제1항), 아울러 이에 따른 책무를 다하기 위하여 재원을 확보하는 등 예산상의 조치를 취하여야 한다(제4조 제2항).

1. 가정폭력 신고체계의 구축 및 운영
2. 가정폭력의 예방과 방지를 위한 조사·연구·교육 및 홍보
3. 피해자를 보호·지원하기 위한 시설의 설치·운영
4. 임대주택의 우선 입주권 부여, 직업훈련 등 자립·자활을 위한 지원서비스 제공
5. 법률구조 및 그 밖에 피해자에 대한 지원서비스 제공
6. 피해자의 보호와 지원을 원활히 하기 위한 관련 기관 간의 협력 체계 구축 및 운영
7. 가정폭력의 예방·방지와 피해자의 보호·지원을 위한 관계 법령의 정비와 각종 정책의 수립·시행 및 평가
8. 피해자와 제4조의6에 따른 긴급전화센터, 제5조에 따른 가정폭력 관련 상담소, 제7조에 따른 가정폭력피해자 보호시설의 상담원 등 종사자의 신변보호를 위한 안전대책 마련
9. 가정폭력 피해의 특성을 고려한 피해자 신변노출 방지 및 보호·지원체계 구축
10. 가정폭력을 목격하거나 피해를 당한 아동의 신체적·정신적 회복을 위하여 필요한 상담·치료프로그램 제공

특별시·광역시·특별자치시·도·특별자치도 및 시·군·구에 가정폭력의 예방·방지 및 피해자의 보호·지원을 담당할 기구와 공무원을 두어야 한다(제4조 제3항).

### 2) 가정폭력 실태조사

여성가족부장관은 3년마다 가정폭력 실태조사를 실시하여 그 결과를 발표하고, 이를 가정폭력을 예방하기 위한 정책수립의 기초자료로 활용하여야 한다(제4조의2 제1항).

### 3) 가정폭력 예방교육 실시

국가기관, 지방자치단체 및 초·중등교육법에 따른 각급 학교의 장, 그 밖에 대통령령으로 정하는 공공단체의 장은 가정폭력의 예방과 방지를 위하여 필요한 교육을 실시하고, 그 결과를 여성가족부장관에게 제출하여야 한다(제4조의3 제1항). 제1항에 따른 예방교육을 실시하는 경우 「성폭력방지 및 피해자보호 등에 관한 법률」 제5조에 따른 성교육 및 성폭력 예방교육, 양성평등기본법 제31조에 따른 성희롱 예방교육 및 「성매매방지 및 피해자보호 등에 관한 법률」 제4조에 따른 성매매 예방교육 등을 성평등 관점에서 통합하여 실시할 수 있다(제4조의3 제2항).

### 4) 아동의 취학지원

국가 또는 지방자치단체는 피해자나 피해자가 동반한 가정구성원(「가정폭력범죄의 처벌 등에 관한 특례법」 제2조 제2호의 자 중 피해자의 보호나 양육을 받고 있는 자를 말한다)이 아동인 경우, 주소지 외의 지역에서 취학(입학·재입학·전학 및 편입학 포함)할 필요가 있을 때에는 그 취학이 원활히 이루어지도록 지원하여야 한다(제4조의4 제1항).

### 5) 피해자에 대한 불이익처분의 금지

가정폭력의 피해자는 사회적으로 취약한 대상이므로 이 법은 피해자를 고용하고 있는 자는 누구든지 「가정폭력범죄의 처벌 등에 관한 특례법」에 따른 가정폭력범죄와 관련하여 피해자를 해고하거나 그 밖의 불이익을 주어서는 아니 된다(제4조의5).

### 6) 긴급전화센터의 설치·운영 등

여성가족부장관 또는 시·도지사는 피해자의 신고접수 및 상담, 관련 기관·시설과의 연계, 피해자에 대한 긴급한 구조의 지원, 경찰관서 등으로부터 인도받은 피해자 및 피해자가 동반한 가정구성원의 임시보호 등을 수행하기 위하여 긴급전화센터를 설치·운영하여야 한다. 이 경우 외국어 서비스를 제공하는 긴급전화센터를 따로 설치·운영할 수 있다(제4조의6 제1항).

여성가족부장관 또는 시·도지사는 긴급전화센터의 설치·운영을 대통령령으로 정하는 기관 또는 단체에 위탁할 수 있으며(제4조의6 제2항), 긴급전화센터의 설치·운영을 위탁할 경우 그에 필요한 경비를 지원하여야 한다(제4조의6 제3항).

### 7) 가정폭력 추방 주간

가정폭력에 대한 사회적 경각심을 높이고 가정폭력을 예방하기 위하여 대통령령으로 정하는 바에 따라 1년 중 1주간을 가정폭력 추방 주간으로 한다(제4조의7 제1항). 국가와 지방자치단체는 가정폭력 추방 주간의 취지에 맞는 행사 등 사업을 시행하여야 한다. 이 경우 「성폭력방지 및 피해자보호 등에 관한 법률」 제6조에 따른 성폭력 추방 주간의 행사와 통합하여 시행할 수 있다(제4조의7 제2항).

## 4. 가정폭력 관련 시설의 종류

### 1) 가정폭력 관련 상담소

국가나 지방자치단체는 가정폭력 관련 상담소를 설치·운영할 수 있으며(제5조 제1항), 그 외의 자가 상담소를 설치·운영하려면 시장·군수·구청장에게 신고하여야 한다(제5조 제2항).

이 상담소는 다음과 같은 업무를 수행한다(제6조).

1. 가정폭력을 신고받거나 이에 관한 상담에 응하는 일
2. 가정폭력을 신고하거나 이에 관한 상담을 요청한 사람과 그 가족에 대한 상담
3. 가정폭력으로 정상적인 가정생활과 사회생활이 어렵거나 그 밖에 긴급히 보호를 필요로 하는 피해자 등을 임시로 보호하거나 의료기관 또는

가정폭력피해자 보호시설로 인도하는 일

4. 행위자에 대한 고발 등 법률적 사항에 관하여 자문하기 위한 대한변호사협회 또는 지방변호사회 및 법률구조법에 따른 법률구조법인 등에 필요한 협조와 지원의 요청
5. 경찰관서 등으로부터 인도받은 피해자 등의 임시보호
6. 가정폭력의 예방과 방지에 관한 교육 및 홍보
7. 그 밖에 가정폭력과 피해에 관한 조사·연구

### 2) 가정폭력피해자 보호시설

#### (1) 설치 및 운영

국가나 지방자치단체는 가정폭력피해자 보호시설(보호시설)을 설치·운영할 수 있다(제7조 제1항). 사회복지사업법에 따른 사회복지법인과 그 밖의 비영리법인은 시장·군수·구청장의 인가를 받아 보호시설을 설치·운영할 수 있다(제7조 제2항).

#### (2) 보호시설의 종류

가정폭력피해자 보호시설의 종류는 다음 각 호와 같다(제7조의2 제1항).

1. **단기보호시설** : 피해자 등을 6개월의 범위에서 보호하는 시설
2. **장기보호시설** : 피해자 등에 대하여 2년의 범위에서 자립을 위한 주거편의 등을 제공하는 시설
3. **외국인보호시설** : 외국인 피해자 등을 2년의 범위에서 보호하는 시설
4. **장애인보호시설** : 「장애인복지법」의 적용을 받는 장애인인 피해자 등을 2년의 범위에서 보호하는 시설

단기보호시설의 장은 그 단기보호시설에 입소한 피해자 등에 대한 보호기간을 여성가족부령으로 정하는 바에 따라 3개월의 범위에서 한 차례만 연장할 수 있다(제7조의2 제2항).

### (3) 보호시설의 입소대상 등

보호시설의 입소대상은 피해자 등으로서 다음 각 호의 어느 하나에 해당하는 경우로 한다(제7조의3 제1항). 인가받은 보호시설의 장은 보호시설에 입소한 입소자의 인적사항 및 입소 사유 등을 시장·군수·구청장에게 지체 없이 보고하여야 하며, 제1항 제3호에 해당하는 자를 입소시킨 경우에는 지체 없이 관할 시장·군수·구청장의 승인을 받아야 한다(제7조의3 제2항).

1. 본인이 입소를 희망하거나 입소에 동의하는 경우
2. 장애인복지법에 따른 지적장애인이나 정신장애인, 그 밖에 의사능력이 불완전한 자로서 가정폭력행위자가 아닌 보호자가 입소에 동의하는 경우
3. 장애인복지법에 따른 지적장애인이나 정신장애인, 그 밖에 의사능력이 불완전한 자로서 상담원의 상담 결과 입소가 필요하나 보호자의 입소 동의를 받는 것이 적절하지 못하다고 인정되는 경우

### (4) 보호시설의 퇴소

보호시설에 입소한 자는 본인의 의사 또는 입소 동의를 한 보호자의 요청에 따라 보호시설을 퇴소할 수 있으며, 보호시설의 장은 입소한 자가 다음 각 호의 어느 하나에 해당하는 경우에는 퇴소를 명할 수 있다(제7조의4).

1. 보호의 목적이 달성된 경우
2. 보호기간이 끝난 경우
3. 입소자가 거짓이나 그 밖의 부정한 방법으로 입소한 경우
4. 보호시설 안에서 현저한 질서문란 행위를 한 경우

### (5) 보호시설에 대한 보호비용 지원

국가나 지방자치단체는 보호시설에 입소한 피해자나 피해자가 동반한 가정 구성원의 보호를 위하여 필요한 경우 생계비, 아동교육지원비, 아동양육비, 직업훈련비, 퇴소 시 자립지원금, 그 밖에 대통령령으로 정하는 비용을 보호시설의 장 또는 피해자에게 지원할 수 있다. 다만, 보호시설에 입소한 피

해자나 피해자가 동반한 가정 구성원이 「국민기초생활 보장법」 등 다른 법령에 따라 보호를 받고 있는 경우에는 그 범위에서 이 법에 따른 지원을 하지 아니한다(제7조의5 제1항).

### (6) 보호시설의 업무

보호시설은 피해자 등에 대하여 ① 숙식의 제공, ② 심리적 안정과 사회적응을 위한 상담 및 치료, ③ 질병치료와 건강관리(입소 후 1개월 이내의 건강검진을 포함한다)를 위한 의료기관에의 인도 등 의료지원, ④ 수사・재판과정에 필요한 협조와 지원의 요청, ⑤ 법률구조기관 등에 필요한 협조와 지원의 요청, ⑥ 자립자활교육의 실시와 취업정보의 제공, ⑦ 다른 법률에 따라 보호시설에 위탁된 사항, ⑧ 그 밖에 피해자 등의 보호를 위하여 필요한 일 등의 업무를 행한다(제8조 제1항). 보호시설은 다만, 피해자가 동반한 가정구성원에게는 숙식의 제공 외의 업무 일부를 하지 아니할 수 있고, 장기보호시설은 피해자 등에 대하여 위 ①호부터 ⑤호까지에 규정된 업무(주거편의를 제공하는 업무는 제외)를 하지 아니할 수 있다(제8조 제1항 단서).

장애인보호시설을 설치・운영하는 자가 제1항 각 호의 업무를 할 때에는 장애인의 특성을 고려하여 적절하게 지원할 수 있도록 하여야 한다(제8조 제2항).

## 5. 가정폭력피해자 관련 시설의 감독 및 인가의 취소

### 1) 감 독

여성가족부장관 또는 시장・군수・구청장은 상담소・보호시설 또는 교육훈련시설의 장에게 그 시설에 관하여 필요한 보고를 하게 할 수 있으며, 관계 공무원으로 하여금 그 시설의 운영상황을 조사하게 하거나 장부나 그 밖의 서류를 검사하게 할 수 있다(제11조 제1항).

### 2) 인가의 취소 등

시장・군수・구청장은 상담소・보호시설 또는 교육훈련시설이 다음 각 호의 어느 하나에 해당하면 시설의 폐쇄, 업무의 폐지 또는 6개월의 범위에서 업무의 정지를 명하거나 인가를 취소할 수 있다(제12조 제1항). 이 경우 청문을 실시하여야 한다(제12조의2).

1. 제5조 제3항, 제7조 제4항 또는 제8조의3 제3항에 따른 설치기준이나 운영기준에 미달하게 된 경우
2. 제5조 제3항, 제7조 제4항, 제8조의2 또는 제8조의3 제3항에 따른 상담원이나 강사의 수가 부족하거나 자격이 없는 자를 채용한 경우
3. 정당한 사유 없이 제11조 제1항에 따른 보고를 하지 아니하거나 거짓으로 보고를 한 경우 또는 관계 공무원의 조사・검사를 거부하거나 기피한 경우
4. 제15조를 위반하여 영리를 목적으로 상담소・보호시설 또는 교육 훈련시설을 설치・운영한 경우

## 6. 치료보호

의료기관은 피해자 본인, 가족, 친지나 긴급전화센터, 상담소 또는 보호시설의 장 등이 요청하면 피해자에 대하여 다음 각 호의 치료보호를 실시하여야 한다(제18조 제1항).

1. 보건에 관한 상담 및 지도
2. 신체적・정신적 피해에 대한 치료
3. 그 밖에 대통령령으로 정하는 의료에 관한 사항

이 치료보호에 필요한 일체의 비용은 일차적으로 가정폭력행위자가 부담하지만(제18조 제2항), 피해자가 치료보호비를 신청하는 경우에는 국가나 지방자치단체는 가정폭력행위자를 대신하여 이 치료보호에 필요한 비용을 의료기관에 지급하여야 한다(제18조 제3항). 국가나 지방자치단체가 제3항에 따라 비용을

지급한 경우에는 가정폭력행위자에 대하여 구상권을 행사할 수 있다. 다만, 피해자가 보호시설 입소 중에 제1항의 치료보호를 받은 경우나 가정폭력행위자가 국민기초생활보장법 제2조에 따른 수급자이거나 장애인복지법 제32조에 따라 등록된 장애인인 경우에는 그러하지 아니하다(제18조 제4항).

## 7. 재정(비용보조)

### 1) 보호시설에 대한 보호비용 지원

국가나 지방자치단체는 보호시설에 입소한 피해자나 피해자가 동반한 가정구성원의 보호를 위하여 필요한 경우 다음 각 호의 보호비용을 보호시설의 장 또는 피해자에게 지원할 수 있다. 다만, 보호시설에 입소한 피해자나 피해자가 동반한 가정구성원이 국민기초생활보장법 등 다른 법령에 따라 보호를 받고 있는 경우에는 그 범위에서 이 법에 따른 지원을 하지 아니한다(제7조의5 제1항).

1. 생계비
2. 아동교육지원비
3. 아동양육비
4. 직업훈련비
5. 그 밖에 대통령령으로 정하는 비용

제1항에 따른 보호비용의 지원 방법 및 절차 등에 필요한 사항은 여성가족부령으로 정한다(제7조의5 제2항).

### 2) 경비의 보조

국가나 지방자치단체는 제5조 제2항 또는 제7조 제2항에 따른 상담소나 보호시설의 설치·운영에 드는 경비의 일부를 보조할 수 있다(제13조 제1항). 국가나 지방자치단체는 장애인보호시설이 여성가족부장관이 정하는 기준에 맞는 시설과 설비를 설치할 수 있도록 그 비용을 지원하여야 한다(제13조 제2항).

# 제10절 사회복지공동모금회법

## 1. 의 의

사회복지공동모금회법은 사회복지공동모금회의 공동모금을 통하여 국민이 사회복지를 이해하고 참여하도록 함과 아울러 국민의 자발적인 성금으로 조성된 재원을 효율적이고 공정하게 관리·운용함으로써 사회복지증진에 이바지함을 목적으로 한다(제1조). 즉, 이 법은 과거의 관 주도의 성금모금 관리·운영을 지양하고 민간단체의 자율적인 사회복지공동모금[17]을 통하여 국민의 사회복지참여를 활성화시키고 민간 사회복지재원을 확충하고자 하는 데 그 의의가 있다.

## 2. 연 혁

1970년 1월 1일 사회복지사업법에 법인인 공동모금회를 설립할 수 있는 근거를 마련하였고, 1971년 11월 12일에는 사회복지법인 한국사회복지공동모금회를 설립하여 1972년까지 모금활동을 폈으나 활동이 미미하여 조항에서 삭제되었다. 그리고 1992년에는 경제계, 언론계, 사회단체 등을 중심으로 이웃돕기운동추진협의회를 결성하였다. 1997년 3월 27일에는 사회복지공동모금법을 제정하여 관 주도의 성금모금 및 관리·운영을 지양하고 민간단체가 이웃돕기성금을 직접 모금·배분 및 관리하도록 함으로써 이웃돕기운동의 자율성을 보장하며 민간의 참여를 활성화하였다.

1999년 3월 31일에는 사회복지공동모금회법을 제정하여 국민의 자발적인 성금으로 공동모금된 재원을 효율적으로 관리·운용함으로써 국민의 사회복지참여를 확대하고, 민간 사회복지재원의 확대를 꾀하기 위하여 공동모금의

17 '사회복지공동모금'이라 함은 사회복지사업 기타 사회복지활동의 지원에 필요한 재원을 조성하기 위하여 이 법에 의하여 기부금품을 모집하는 것을 말한다(제2조 제2호).

적용범위를 사회복지사업 기타 사회복지활동으로 확대하는 등 현행 규정의 운영상 나타난 일부 미비점을 개선·보완하였다. 그 후 여러 차례 개정이 있었는데, 2001년 5월 24일 개정에서는 기부문화의 활성화 및 사회복지공동모금사업 재원의 안정적 확보를 통한 민간 복지지원체계의 발전을 도모하기 위하여 사회복지공동모금회로 하여금 복권을 발행할 수 있는 법률적 근거를 마련하였고, 2002년 12월 5일 개정에서는 사회복지공동모금회의 회계연도를 정부의 회계연도와 일치시켜 지금까지 야기된 결산상 자료의 혼란 등을 방지하고, 각 회계연도에 조성된 공동모금재원 중 다음 회계연도에 이월하여 지출할 필요성이 있거나 당해 회계연도에 지출할 수 없는 부득이한 사유가 있을 경우 다음 회계연도에 이월하여 지출할 수 있도록 함으로써 지출의 합리성 및 신축성을 도모하였다. 2004년 1월 29일 개정에서는 복권 및 복권기금법 개정에 따라 복권의 통합적인 관리를 위하여 주택법, 산림법 등에 근거하여 10개의 기관으로 분산되어 있는 복권발행기관을 국무총리 소속하에 독립위원회로 설치한 복권위원회로 일원화하고, 복권기금을 신설하여 이를 공익목적에 사용하도록 하고, 그 사용내역을 국민에게 공개하도록 함으로써 복권수익금 사용의 효율성과 투명성을 제고하는 한편, 복권판매의 제한, 광고규제 등 과도한 사행성을 방지하기 위한 장치를 마련함으로써 복권사업의 건전한 발전을 도모하였다. 2008년 3월 21일 개정에서는 국민의 자발적인 성금으로 조성된 재원을 효율적이고 전문적이며, 공정·투명하게 배분·관리하기 위하여 세입·세출결산서에 회계법인의 감사보고서를 첨부하도록 하고, 기부금품의 접수사실을 장부에 기재하고 영수증을 교부하도록 하며, 우리나라 경제규모에 걸맞은 해외 원조 수준을 제고하기 위하여 사용용도가 지정되지 않은 기부금품의 일정 비율을 개발도상국 및 북한의 지원사업에 사용할 수 있도록 하는 등 현행 제도의 운영과정에서 나타난 일부 미비점을 개선·보완하였다.

## 3. 기본 원칙

이 법에서 규정하고 있는 기본 원칙은 다음과 같다.

① 기부하는 자의 의사에 반하여 기부금품을 모집하여서는 아니 된다(제3조 제1항).

② 조성된 재원(공동모금재원)은 지역·단체·대상자 및 사업별로 복지수요가 공정하게 충족되도록 배분하여야 하고, 제1조의 목적 및 제25조에 따른 용도에 맞도록 공정하게 관리·운용하여야 한다(제3조 제2항).

③ 공동모금재원의 배분은 객관적인 기준에 따라 효율적으로 이루어지도록 하고, 그 결과를 공개하여야 한다(제3조 제3항).

## 4. 사회복지공동모금회

### 1) 설 립

사회복지공동모금사업을 관장하도록 하기 위하여 사회복지공동모금회(모금회)를 둔다(제4조 제1항). 모금회는 사회복지사업법 제2조 제3호에 따른 사회복지법인으로 하며(제4조 제2항), 정관을 작성하여 보건복지부장관의 인가를 받아 등기함으로써 설립된다(제4조 제3항). 모금회가 아닌 자는 사회복지공동모금 또는 이와 유사한 명칭을 사용하지 못한다(제29조).

### 2) 주요 사업

모금회는 다음 각 호의 사업을 수행한다(제5조).

1. 사회복지공동모금사업
2. 공동모금재원의 배분
3. 공동모금재원의 운용 및 관리
4. 사회복지공동모금에 관한 조사·연구·홍보 및 교육·훈련
5. 제14조에 따른 사회복지공동모금지회의 운영

6. 사회복지공동모금과 관련된 국제교류 및 협력증진사업
7. 다른 기부금품 모집자와의 협력사업
8. 그 밖에 모금회의 목적달성에 필요한 사업

### 3) 정 관

모금회의 정관에는 ① 목적, ② 명칭, ③ 주된 사무소의 소재지, ④ 사업에 관한 사항, ⑤ 임원 및 직원에 관한 사항, ⑥ 이사회에 관한 사항, ⑦ 지회의 구성 및 운영 등에 관한 사항, ⑧ 재산 및 회계에 관한 사항, ⑨ 공고에 관한 사항, ⑩ 정관의 변경에 관한 사항이 포함되어야 한다(제6조). 또한 모금회의 조직·운영 등에 관하여 이 법에서 규정하고 있는 사항 외에 필요한 사항은 정관으로 정한다(제16조).

### 4) 임원과 이사회

모금회는 임원으로 회장 1인, 부회장 3인, 이사(회장·부회장 및 사무총장을 포함) 15인 이상 20인 이하 및 감사 2인을 둔다(제7조 제1항). 임원의 임기는 3년으로 하며, 한 차례만 연임할 수 있다(제7조 제2항). 부득이한 사유로 후임임원이 선임되지 못하여 모금회의 업무수행에 지장이 있는 경우에는 후임임원이 선임될 때까지 임기가 만료된 임원이 그 업무를 수행한다(제7조 제3항).

모금회는 정관으로 정하는 중요사항을 의결하기 위하여 제7조 제1항 제3호의 이사로 구성된 이사회를 둔다(제8조 제1항) 회장은 이사회를 소집하고 그 의장이 된다(제8조 제2항).

이사회는 다음 각 호의 어느 하나에 해당하는 사람 중에서 이사를 선임하여야 한다. 이 경우 제1호부터 제3호까지의 규정에 해당하는 사람이 각각 4명 이상 포함되어야 한다(제9조 제1항).

1. 경제계·언론계·법조계·의료계에 종사하는 사람
2. 노동계·종교계·시민단체에 종사하는 사람
3. 사회복지 관련 학계에 종사하는 사람 등 사회복지전문가

4. 그 밖에 학식과 덕망이 있는 사람

임원의 선임방법 및 자격요건에 필요한 사항은 모금회의 정관으로 정한다(제9조 제2항). 사회복지사업법 제7조 제3항 각 호의 어느 하나에 해당하는 사람과 이 법에 따라 임원에서 해임된 날부터 5년이 지나지 아니한 사람은 모금회의 임원이 될 수 없다(제11조).

## 5. 재원의 조성

모금회는 사업에 필요한 경비를 ① 사회복지공동모금에 의한 기부금품, ② 법인이나 단체가 출연하는 현금·물품 또는 그 밖의 재산, ③ 복권 및 복권기금법 제23조 제1항에 따라 배분받은 복권수익금, ④ 그 밖의 수입금으로 조성한다(제17조).

### 1) 기부금품의 모집

모금회는 사회복지사업이나 그 밖의 사회복지활동을 지원하기 위하여 연중 기부금품을 모집·접수할 수 있다(제18조 제1항). 모금회는 효율적인 모금을 위하여 기간을 정하여 집중모금을 실시할 수 있으며(제18조 제4항), 집중모금을 하려면 그 모집일부터 15일 전에 그 내용을 보건복지부장관에게 보고하여야 하며, 그 모집을 종료하였을 때에는 모집종료일부터 1개월 이내에 그 결과를 보건복지부장관에게 보고하여야 한다(제18조 제5항).

모금회는 기부금품을 모집·접수한 경우 기부금품 접수 사실을 장부에 기록하고, 그 기부자에게 영수증을 내주어야 한다. 다만, 기부자가 성명을 밝히지 아니한 경우 등 기부자를 알 수 없는 경우에는 모금회에 영수증을 보관하여야 한다(제18조 제2항). 모금회는 제2항에 따른 영수증에 기부금품의 금액과 그 금액에 대하여 세금혜택이 있다는 문구를 적고 일련번호를 표시하여야 한다(제18조 제3항).

### 2) 복권의 발행

모금회는 사회복지사업 그 밖의 사회복지활동 등을 지원하기 위한 재원을 조성하기 위한 복권을 발행할 수 있다(제18조의2 제1항). 복권을 발행하려면 그 종류·조건·금액 및 방법 등에 관하여 미리 보건복지부장관의 승인을 받아야 한다(제18조의2 제2항). 복권의 당첨금을 받을 권리는 그 지급일부터 3개월간 행사하지 아니하면 소멸시효가 완성되며, 소멸시효가 완성된 당첨금은 공동모금재원에 귀속된다(제18조의2 제3항). 이 법에 따른 복권의 발행에 관하여는 「사행행위 등 규제 및 처벌 특례법」을 적용하지 아니한다(제18조의2 제4항).

### 3) 모금창구의 지정

모금회는 기부금품의 접수를 효율적이고 공정하게 하기 위하여 언론기관을 모금창구로 지정하고, 지정된 언론기관의 명의로 모금계좌를 개설할 수 있다(제19조).

## 6. 재원의 사용

공동모금재원은 사회복지사업이나 그 밖의 사회복지활동에 사용한다(제25조 제1항). 매 회계연도에 조성된 공동모금재원은 해당 회계연도에 지출하는 것을 원칙으로 한다. 다만, 재난구호 및 긴급구호 등 긴급히 지원할 필요가 있는 때를 대비하여 매 회계연도의 공동모금재원 일부를 적립하는 경우에는 그러하지 아니하다(제25조 제2항). 또한 다음 각 호의 어느 하나에 해당하는 경우에는 매 회계연도에 조성된 공동모금재원의 일부를 이사회 의결을 거쳐 다음 회계연도에 이월하여 지출할 수 있다(제25조 제3항).

1. 제27조 제1항에 따라 사용용도 등이 지정되어 기부된 공동모금재원으로서 모금목적사업의 특성상 해당 회계연도에 지출을 완료하기 어려운 경우
2. 공동모금재원의 배분에 대한 계획이 2 회계연도 이상에 걸쳐 있는 경우로서 사업의 성격상 다음 회계연도에 이월하여 지출하는 것이 필요하다

고 인정되는 경우

3. 해당 회계연도 말에 집중 조성된 공동모금재원으로서 부득이한 사유로 그 회계연도에 지출하기 어려운 경우

기부금품 모집과 모금회의 관리·운영에 필요한 비용은 바로 앞 회계연도 모금총액의 100분의 10의 범위에서 이사회의 의결을 거쳐 사용할 수 있다(제25조 제4항). 공동모금재원의 관리·운용 방법 및 예산·회계 등에 필요한 사항은 정관으로 정한다(제25조 제5항).

지회에서 조성한 공동모금재원은 당해 시·도의 배분대상자에게 배분하는 것을 원칙으로 한다(제15조 제3항).

## 7. 기부금품의 지정사용

기부금품의 기부자는 배분지역, 배분대상자 또는 사용 용도를 지정할 수 있다(제27조 제1항). 모금회는 제1항에 따른 지정 취지가 이 법의 목적·취지나 공직선거법을 위반하는 경우 그 사실을 기부자에게 설명하고 이 법의 목적·취지와 공직선거법을 위반하지 아니하도록 지정할 것을 요구하거나 그 지정을 철회할 것을 요구하여야 한다. 기부자가 이에 따르지 아니하는 경우에는 기부금품을 접수하지 아니하여야 한다(제27조 제2항).

모금회는 제1항 및 제2항에 따른 지정이 있는 경우 그 지정 취지에 따라 기부금품을 사용하여야 한다(제27조 제3항). 모금회는 이사회의 의결을 거쳐 제1항에 따른 지정 및 그 사용방법에 필요한 사항을 정할 수 있다(제27조 제4항).

## 8. 배 분

### 1) 배분기준

모금회는 매년 8월 31일까지 다음 각 호의 사항이 포함된 다음 회계연도의 공동모금재원의 배분기준을 정하여 이를 공고하여야 한다(제20조 제1항).

1. 공동모금재원의 배분대상
2. 배분한도액
3. 배분신청기간 및 배분신청서 제출장소
4. 배분심사기준
5. 배분재원의 과부족 시 조정방법
6. 배분신청 시 제출할 서류
7. 그 밖에 공동모금재원의 배분에 필요한 사항

모금회는 재난구호 및 긴급구호 등 긴급히 지원하여야 할 필요가 있는 경우에는 제1항에 준하여 별도의 배분기준에 따라 지원할 수 있다(제20조 제2항).

### 2) 국제보건의료지원사업에 대한 배분

모금회는 지정되지 아니한 기부금품의 100분의 10의 범위에서 이사회 의결로 정하는 비율을 「한국국제보건의료재단법」 제7조 제1호에 따라 시행하는 개발도상국가를 비롯한 외국 및 군사분계선 이북지역의 보건의료수준의 향상을 위한 사업 및 주요 감염병 퇴치 등에 대한 사업에 사용되도록 배분할 수 있다(제20조의2).

### 3) 배분자의 표시

모금회는 공동모금재원을 배분하는 경우 모금회가 배분하는 것임을 표시하여야 한다(제20조의3).

### 4) 배분신청과 심사

모금회에 배분신청을 하려는 자는 모금회의 공고에 따라 배분신청서를 제출하여야 한다(제21조 제1항). 제20조의2에 따른 국제보건의료지원사업을 하는 자는 배분신청서를 제출할 때 정관으로 정하는 바에 따라 사업계획서를 작성하여 함께 제출하여야 한다(제21조 제2항). 제출된 배분신청서는 해당 회계연도에만 효력이 있다(제21조 제3항).

모금회는 접수한 배분신청서를 배분분과실행위원회에 회부하여 배분금액, 배분순위 및 배분시기 등을 심의하도록 하여야 하며(제22조 제1항), 심의결과에 기초하여 배분계획을 수립하여야 한다(제22조 제2항). 배분계획은 공동모금재원이 분기별로 균형 있게 배분되도록 하여야 한다. 다만, 사업의 성격상 한꺼번에 지원할 필요가 있는 경우에는 그러하지 아니하다(제22조 제3항).

#### 5) 배분사업의 평가

모금회(지회를 포함한다)는 매년 공동모금재원의 배분결과를 평가하고 그 평가결과를 이사회에 보고하여야 한다(제23조의2 제1항).

#### 6) 배분결과의 공고 등

모금회는 각 회계연도의 공동모금재원 배분을 종료한 날부터 3개월 이내에 전국적으로 배포되는 1개 이상의 일간신문에 그 배분결과를 공고하여야 하며(제24조 제1항), 제1항에 따른 공고 외에 다양한 방법과 매체를 통하여 그 배분결과를 알려야 한다(제24조 제2항).

### 9. 운영과 지도 · 감독

#### 1) 사업계획의 제출 등

모금회는 매 회계연도의 사업계획 및 예산안을 회계연도가 시작되기 1개월 전에 보건복지부장관에게 제출하여야 한다(제26조 제1항). 모금회가 예산안을 작성할 때에는 제22조 제2항에 따른 배분계획과 모금경비 및 모금회의 운영비 등을 포함하여야 한다(제26조 제2항). 모금회는 매 회계연도 종료 후 3개월 이내에 세입 · 세출 결산서를 작성하여 보건복지부장관에게 제출하여야 한다. 이 경우 공인회계사법에 따른 회계법인의 감사보고서를 붙여야 한다(제26조 제3항).

### 2) 보조금 등

국가 또는 지방자치단체는 모금회에 기부금품의 모집에 필요한 비용과 모금회의 관리 · 운영에 필요한 비용을 보조할 수 있으며(제33조 제1항), 이 보조금은 그 목적 외의 용도에 사용할 수 없다(제33조 제2항).

국가나 지방자치단체는 모금회가 사업목적 외의 용도에 보조금을 사용하였을 때, 거짓이나 그 밖의 부정한 방법으로 보조금을 받았을 때, 이 법 또는 이 법에 따른 명령을 위반하였을 때 중 어느 하나에 해당할 때에는 이미 지급한 보조금의 전부 또는 일부의 반환을 명할 수 있다(제33조 제3항).

### 3) 벌칙 적용 시의 공무원 의제

모금회의 임직원 및 이 법에 따른 기부금품 모집 업무에 종사하는 사람은 형법 제129조부터 제132조까지의 규정을 적용할 때에는 공무원으로 본다(제30조).

### 4) 지도 · 감독

보건복지부장관은 모금회의 업무에 관하여 지도 · 감독을 하며, 필요하다고 인정할 때에는 관계 서류의 제출을 명하거나 소속 공무원으로 하여금 그 운영상황을 조사하게 하거나 장부나 그 밖의 서류를 검사하게 할 수 있다(제31조 제1항).

### 5) 시정명령

보건복지부장관은 모금회의 운영이 이 법 또는 정관을 위반한다고 인정되는 경우에는 사회복지사업법 제22조(임원의 해임명령) 및 동법 제26조(법인의 설립허가 취소 등)를 준용하여 필요한 조치를 할 수 있다(제32조).

### 6) 다른 법률과의 관계

이 법 또는 모금회의 정관으로 규정하지 아니한 사항은 민법 중 재단법인에 관한 규정을 준용한다(제34조).

# 제11절 다문화가족지원법

## 1. 의 의

이 법은 다문화가족 구성원이 안정적인 가족생활을 영위하고 사회구성원으로서의 역할과 책임을 다할 수 있도록 함으로써 이들의 삶의 질 향상과 사회통합에 이바지함을 목적으로 한다(제1조).

## 2. 입법배경 및 연혁

결혼이민자 및 그 자녀 등으로 구성되는 다문화가족은 언어 및 문화적 차이로 인하여 사회부적응과 가족구성원 간 갈등 및 자녀교육에 어려움을 겪고 있음에 따라, 다문화가족의 구성원이 우리 사회의 구성원으로 순조롭게 통합되어 안정적인 가족생활을 영위할 수 있도록 하기 위한 가족상담 · 부부교육 · 부모교육 및 가족생활교육 등을 추진하고, 문화의 차이 등을 고려한 언어통역, 법률상담 및 행정지원 등의 전문적인 서비스를 제공하도록 하는 등 다문화가족에 대한 지원정책의 제도적인 틀을 마련하려고 2008년 3월 21일 제정되고, 2008년 9월 22일 시행되었다.

그러나 그 후 다문화가족의 수가 급속히 증가함에도 다문화가족의 범위가 지나치게 좁아 지원이 필요한 다양한 형태의 다문화가족을 포괄하지 못하고, 다문화가족에 대한 지원정책이 각 부처 간에 중복되거나 업무 간 연계체계가 미비하다는 비판에 따라 2011년 4월 4일 일부개정되었다. 즉, 다문화가족의 범위를 확대하고, 다문화가족 지원을 위한 기본계획 및 연도별 시행계획 등을 수립하며, 다문화가족 구성원인 결혼이민자 등에게 한국어교육 지원을 통하여 사회적 적응을 잘할 수 있게 하고, 다문화가족 내 가정폭력 예방과 가정폭력 피해자의 보호 · 지원, 의료 및 건강관리를 위한 지원 등을 함으로써 다문화가족 구성원의 삶의 질 향상과 사회통합을 도모하였다. 또한 2012년 2월 1일 개정에서는 국가와 지방자치단체가 다문화가족지원센터를 설치 · 운영할 수 있는 근거를 법률에 명확히 규정하고, 다문화가족지원센터에 두는 전문인력의 자질과 능력 향상을 위하여 보수교육을 의무적으로 실시하도록 하며, 전문인력 양성기관을 지정 · 지원할 수 있도록 하는 한편, 여성가족부장관 또는 지방자치단체의 장은 다문화가족 지원을 위하여 필요한 정보인 결혼이민자의 외국인등록 정보 및 귀화허가 신청정보를 법무부장관에게 요청할 수 있는 근거를 마련하여 결혼이민자를 보다 효과적으로 지원할 수 있는 여건을 마련하였다. 2015월 12월 22일 개정에서는 다문화사회가 진전됨에 따른 결혼이민자의 경제 · 사회활동 참여 욕구가 증가하고 자녀세대가 성장하는 등 다문화가족정책의 환경이 변화함에 따라 이주 초기 단계에 지원이 집중되어 있는 기존의 정책에서 다문화가족 구성원이 정치 · 경제 · 사회 · 문화의 모든 영역에서 사회구성원으로서의 역할과 책임을 다할 수 있도록 다문화가족정책 패러다임을 전환하려는 개정이 이루어졌다.

### 3. 국가와 지방자치단체의 책무

국가와 지방자치단체는 다문화가족 구성원이 안정적인 가족생활을 영위하고 경제 · 사회 · 문화 등 각 분야에서 사회구성원으로서의 역할과 책임을 다할 수 있도록 필요한 제도와 여건을 조성하고 이를 위한 시책을 수립 · 시행하여야 한다(제3조 제1항). 특별시 · 광역시 · 도 · 특별자치도 및 시 · 군 · 구에는 다문화가족 지원을 담당할 기구와 공무원을 두어야 한다(제3조 제2항).

### 4. 적용대상

#### 1) 다문화가족

이 법의 적용을 받는 "다문화가족"이란 다음 각 목의 어느 하나에 해당하는 가족을 말한다(제2조 제1호).

가. 「재한외국인 처우 기본법」 제2조 제3호의 결혼이민자와 「국적법」 제2조부터 제4조까지의 규정에 따라 대한민국 국적을 취득한 자로 이루어진 가족

나. 「국적법」 제3조 및 제4조에 따라 대한민국 국적을 취득한 자와 같은 법 제2조부터 제4조까지의 규정에 따라 대한민국 국적을 취득한 자로 이루어진 가족

#### 2) 사실혼 배우자 및 자녀

제5조부터 제12조까지의 규정은 대한민국 국민과 사실혼 관계에서 출생한 자녀를 양육하고 있는 다문화가족 구성원에 대하여 준용한다(제14조).

#### 3) 다문화가족 자녀에 대한 적용특례

다문화가족이 이혼 등의 사유로 해체된 경우에도 그 구성원이었던 자녀에 대하여는 이 법을 적용한다(제14조의2).

### 5. 급 여

#### 1) 다문화가족 지원을 위한 기본계획의 수립

여성가족부장관은 다문화가족 지원을 위하여 5년마다 다문화가족정책에 관한 기본계획(기본계획)을 수립하여야 한다(제3조의2 제1항). 여성가족부장관은 기본계획을 수립할 때에는 미리 관계 중앙행정기관의 장과 협의하여야 하며(제3조의2 제3항), 기본계획은 제3조의4에 따른 다문화가족정책위원회의 심의를 거쳐 확정한다. 기본계획에는 다음 각 호의 사항을 포함하여야 한다(제3조의2 제2항).

1. 다문화가족 지원 정책의 기본 방향
2. 다문화가족 지원을 위한 분야별 발전시책과 평가에 관한 사항
3. 다문화가족 지원을 위한 제도 개선에 관한 사항

3의2. 다문화가족 구성원의 경제・사회・문화 등 각 분야에서 활동증진에 관한 사항

4. 다문화가족 지원을 위한 재원 확보 및 배분에 관한 사항
5. 그 밖에 다문화가족 지원을 위하여 필요한 사항

#### 2) 연도별 시행계획의 수립 · 시행

여성가족부장관, 관계 중앙행정기관의 장과 시 · 도지사는 매년 기본계획에 따라 다문화가족정책에 관한 시행계획을 수립 · 시행하여야 한다(제3조의3 제1항). 관계 중앙행정기관의 장과 시 · 도지사는 전년도의 시행계획에 따른 추진실적 및 다음 연도의 시행계획을 대통령령으로 정하는 바에 따라 매년 여성가족부장관에게 제출하여야 한다(제3조의3 제2항).

#### 3) 실태조사 등

여성가족부장관은 다문화가족의 현황 및 실태를 파악하고 다문화가족 지원을 위한 정책수립에 활용하기 위하여 3년마다 다문화가족에 대한 실태조사를 실시하고 그 결과를 공표하여야 한다(제4조 제1항).

#### 4) 보호 및 지원 서비스

##### (1) 다문화가족에 대한 이해증진

국가와 지방자치단체는 다문화가족에 대한 사회적 차별 및 편견을 예방하고 사회구성원이 문화적 다양성을 인정하고 존중할 수 있도록 다문화 이해교육을 실시하고 홍보 등 필요한 조치를 하여야 한다(제5조 제1항). 여성가족부장관은 제1항에 따른 조치를 함에 있어 홍보영상을 제작하여 방송법 제2조 제3호에 따른 방송사업자에게 배포하여야 하며(제5조 제2항), 방송법 제2조 제3호 가목의 지상파방송사업자에게 같은 법 제73조 제4항에 따라 대통령령으로 정하는 비상업적 공익광고 편성비율의 범위에서 제2항의 홍보영상을 채널별로 송출하도록 요청할 수 있다(제5조 제3항). 지상파방송사업자는 제2항의 홍보영상 외에 독자적으로 홍보영상을 제작하여 송출할 수 있다. 이 경우 여성가족부장관에게 필요한 협조 및 지원을 요청할 수 있다(제5조 제4항). 교육부장관과

특별시 · 광역시 · 특별자치시 · 도 · 특별자치도의 교육감은 유아교육법 제2조, 초 · 중등교육법 제2조 또는 고등교육법 제2조에 따른 학교에서 다문화가족에 대한 이해를 돕는 교육을 실시하기 위한 시책을 수립 · 시행하여야 한다(제5조 제5항).

### (2) 생활정보 제공 및 교육 지원

국가와 지방자치단체는 결혼이민자 등이 대한민국에서 생활하는 데 필요한 기본적 정보를 제공하고, 사회적응교육과 직업교육 · 훈련 및 언어소통 능력 향상을 위한 한국어교육 등을 받을 수 있도록 필요한 지원을 할 수 있다(제6조 제1항). 국가와 지방자치단체는 제1항에 따른 교육을 실시함에 있어 거주지 및 가정환경 등으로 인하여 서비스에서 소외되는 결혼이민자 등이 없도록 방문교육이나 원격교육 등 다양한 방법으로 교육을 지원하고, 교재와 강사 등의 전문성을 강화하기 위한 시책을 수립 · 시행하여야 한다(제6조 제2항). 국가와 지방자치단체는 제2항의 방문교육의 비용을 결혼이민자 등의 가구 소득수준, 교육의 종류 등 여성가족부장관이 정하여 고시하는 기준에 따라 차등지원할 수 있으며(제6조 제3항), 비용을 지원함에 있어 비용 지원의 신청, 금융정보 등의 제공, 조사 · 질문 등은 아이돌봄지원법 제22조부터 제25조까지의 규정을 준용한다(제6조 제4항). 결혼이민자 등의 배우자 등 다문화가족 구성원은 결혼이민자 등이 한국어교육 등 사회적응에 필요한 다양한 교육을 받을 수 있도록 노력하여야 한다(제6조 제5항).

### (3) 평등한 가족관계의 유지를 위한 조치

국가와 지방자치단체는 다문화가족이 민주적이고 양성평등한 가족관계를 누릴 수 있도록 가족상담, 부부교육, 부모교육, 가족생활교육 등을 추진하여야 한다. 이 경우 문화의 차이 등을 고려한 전문적인 서비스가 제공될 수 있도록 노력하여야 한다(제7조).

### (4) 가정폭력 피해자에 대한 보호 · 지원

국가와 지방자치단체는 「가정폭력방지 및 피해자보호 등에 관한 법률」에 따라 다문화가족 내 가정폭력을 예방하기 위하여 노력하여야 한다(제8조 제1항). 또한 국가와 지방자치단체는 가정폭력으로 피해를 입은 결혼이민자 등을 보호 · 지원할 수 있으며(제8조 제2항), 보호 및 지원을 위하여 외국어 통역 서비스를 갖춘 가정폭력 상담소 및 보호시설의 설치를 확대하도록 노력하여야 한다(제8조 제3항).

그리고 국가와 지방자치단체는 결혼이민자 등이 가정폭력으로 혼인관계를 종료하는 경우 의사소통의 어려움과 법률체계 등에 관한 정보의 부족 등으로 불리한 입장에 놓이지 아니하도록 의견진술 및 사실확인 등에 있어서 언어통역, 법률상담 및 행정지원 등 필요한 서비스를 제공할 수 있다(제8조 제4항).

### (5) 의료 및 건강관리를 위한 지원

국가와 지방자치단체는 결혼이민자 등이 건강하게 생활할 수 있도록 영양 · 건강에 대한 교육, 산전 · 산후 도우미 파견, 건강검진 등의 의료서비스를 지원할 수 있으며(제9조 제1항), 결혼이민자 등이 제1항에 따른 의료서비스를 제공받을 경우 외국어 통역 서비스를 제공할 수 있다(제9조 제2항).

### (6) 아동 · 청소년 보육 · 교육

국가와 지방자치단체는 아동 · 청소년 보육 · 교육을 실시함에 있어서 다문화가족 구성원인 아동 · 청소년을 차별하여서는 아니 된다(제10조 제1항). 국가와 지방자치단체는 다문화가족 구성원인 아동 · 청소년이 학교생활에 신속히 적응할 수 있도록 교육지원대책을 마련하여야 하고, 특별시 · 광역시 · 특별자치시 · 도 · 특별자치도의 교육감은 다문화가족 구성원인 아동 · 청소년에 대하여 학과 외 또는 방과 후 교육 프로그램 등을 지원할 수 있다(제10조 제2항). 그리고 국가와 지방자치단체는 다문화가족 구성원인 18세 미만인 사람의 초등학교 취학 전 보육 및 교육 지원을 위하여 노력하고, 그 구성원의 언어발달을 위하여 국어 및 결혼이민자 등인 부 또는 모의 모국어 교육을 위한 교재지원 및 학습지원 등 언어능력 제고를 위하여 필요한 지원을 할 수 있다(제10조 제3항).

영유아보육법 제10조에 따른 어린이집의 원장, 유아교육법 제7조에 따른 유치원의 장, 초·중등교육법 제2조에 따른 각급 학교의 장, 그 밖에 대통령령으로 정하는 기관의 장은 아동·청소년 보육·교육을 실시함에 있어 다문화가족 구성원인 아동·청소년이 차별을 받지 아니하도록 필요한 조치를 하여야 한다(제10조 제4항).

### (7) 다국어에 의한 서비스 제공

국가와 지방자치단체는 제5조부터 제10조까지의 규정에 따른 지원정책을 추진함에 있어서 결혼이민자 등의 의사소통의 어려움을 해소하고 서비스 접근성을 제고하기 위하여 다국어에 의한 서비스 제공이 이루어지도록 노력하여야 한다(제11조).

### (8) 다문화가족 종합정보 전화센터의 설치·운영 등

여성가족부장관은 다국어에 의한 상담·통역 서비스 등을 결혼이민자 등에게 제공하기 위하여 다문화가족 종합정보 전화센터(이하 "전화센터"라 한다)를 설치·운영할 수 있다. 이 경우 「가정폭력방지 및 피해자보호 등에 관한 법률」 제4조의6 제1항 후단에 따른 외국어 서비스를 제공하는 긴급전화센터와 통합하여 운영할 수 있다(제11조의2 제1항).

## 6. 전달체계

### 1) 다문화가족정책위원회

다문화가족의 삶의 질 향상과 사회통합에 관한 중요 사항을 심의·조정하기 위하여 국무총리 소속으로 다문화가족정책위원회(정책위원회)를 둔다(제3조의4 제1항). 정책위원회는 다음 각 호의 사항을 심의·조정한다(제3조의4 제2항).

1. 다문화가족정책에 관한 기본계획의 수립 및 추진에 관한 사항
2. 다문화가족정책의 시행계획의 수립, 추진실적 점검 및 평가에 관한 사항
3. 다문화가족과 관련된 각종 조사, 연구 및 정책의 분석·평가에 관한 사항

4. 각종 다문화가족 지원 관련 사업의 조정 및 협력에 관한 사항
5. 다문화가족정책과 관련된 국가 간 협력에 관한 사항
6. 그 밖에 다문화가족의 사회통합에 관한 중요 사항으로 위원장이 필요하다고 인정하는 사항

정책위원회는 위원장 1명을 포함한 20명 이내의 위원으로 구성하고, 위원장은 국무총리가 된다(제3조의4 제3항).

### 2) 다문화가족지원센터

국가와 지방자치단체는 다문화가족지원센터(지원센터)를 설치・운영할 수 있다(제12조 제1항). 국가 또는 지방자치단체 아닌 자가 지원센터를 설치・운영하고자 할 때에는 미리 시・도지사 또는 시장・군수・구청장의 지정을 받아야 한다(제12조 제3항). 지원센터는 다문화가족을 위한 교육・상담 등 지원사업의 실시, 결혼이민자 등에 대한 한국어교육, 다문화가족 지원서비스 정보제공 및 홍보, 다문화가족 지원 관련 기관・단체와의 서비스 연계, 일자리에 관한 정보제공 및 일자리의 알선, 다문화가족을 위한 통역・번역 지원사업, 그 밖에 다문화가족 지원을 위하여 필요한 사업을 수행한다(제12조 제4항). 지원센터에는 다문화가족에 대한 교육・상담 등의 업무를 수행하기 위하여 관련 분야에 대한 학식과 경험을 가진 전문인력을 두어야 한다(제12조 제5항).

이 법에 따른 지원센터가 아니면 다문화가족지원센터 또는 이와 유사한 명칭을 사용하지 못한다(제12조의3).

## 7. 재정(비용)

국가와 지방자치단체는 다문화가족 지원 사업을 수행하는 단체나 개인에 대하여 필요한 비용의 전부 또는 일부를 보조하거나 그 업무수행에 필요한 행정적 지원을 할 수 있다(제16조 제1항). 또한 국가와 지방자치단체는 결혼이민자 등이 상부상조하기 위한 단체의 구성・운영 등을 지원할 수 있다(제16조 제2항).

## 8. 벌 칙

제12조의3을 위반한 자에게는 300만원 이하의 과태료를 부과한다(제17조).

# 참고문헌

관계부처합동(2014). 제1차 사회보장 기본계획(2014~2018). 서울 : 관계부처합동.

구자헌(1970). 한국사회복지사. 한국사회복지연구소.

구종회(1999). 한국의 사회복지발달사. 선진국 사회복지발달사. 서울 : 홍익재.

권영성(1986, 1994, 2006). 헌법학원론. 서울 : 법문사.

김기원(2002, 2009). 사회복지법제론. 서울 : 나눔의집.

김덕준 외(1977). 신사회사업개론. 서울 : 한국사회복지연구소.

김도창(1985). 행정법론(상). 서울 : 청운사.

김동국(1994). 서양사회복지사론. 서울 : 유풍출판사.

김만두 · 한혜경(2000). 현대 사회복지개론. 서울 : 홍익재.

김수정(2019). 사회복지법제와 실천. 서울 : 학지사.

김치선(1992). 노동법강의. 서울 : 박영사.

김태성 · 김진수(2001, 2005). 사회보장론. 서울 : 청목출판사.

김 훈(2004). 사회복지법제론. 서울 : 학지사.

남기민(2004, 2010, 2015). 사회복지정책론. 서울 : 학지사.

______(2005). 현대 사회복지학. 경기 : 양서원.

______(2011). 사회복지학 개론. 경기 : 양서원.

남기민 · 조흥식(1984). 사회정책의 제 이론적 관점에서 본 한국사회복지제도의 전개 과정. 사회과학논총, 2, 265-284.

남세진 · 조흥식(1995). 한국사회복지론. 서울 : 나남출판.

남찬섭(2012a). 사회보장기본법의 주요 개정 내용과 평가. 복지동향, 162, 37-45.

______(2012b). 개정 사회보장기본법의 사회서비스의 의미와 개념적 긴장. 한국사회

복지학, 64(3), 79-100.
노시평 외(2002). 사회복지정책론. 대전 : 도서출판 대경.
박광준(2002). 사회복지의 사상과 역사. 서울 : 양서원.
박석돈(2002). 사회보장론. 서울 : 양서원.
_____(2003). 사회복지서비스법. 서울 : 삼영사.
박송규(2003). 사회복지법제론. 서울 : 법문사.
박종삼(2002). 사회복지학개론. 서울 : 학지사.
박차상 외(2006). 사회복지법제론. 서울 : 학지사.
박차상 외(2007). 한국사회복지법 강의. 서울 : 학지사.
법제처(2018). 2019년 법제업무편람
석재은(2015). 기초연금 도입과 세대 간 이전의 공평성. 보건사회연구, 35(2), 64-99.
신섭중 외(1999). 한국사회복지법제 개설. 서울 : 대학출판사.
신섭중 외(2001). 사회복지법제. 서울 : 대학출판사.
안종범(2010). 사회보장기본법 개정의 주요 내용과 기대효과. 사회보장기본법 전부개정을 위한 공청회 자료집.
오규석(1994). 사회복지권의 법리에 관한 연구. 동의대학교 대학원 박사학위논문.
윤찬영(1998, 2001). 사회복지법제론. 서울 : 나남출판.
이광재(2007). 노인요양보험제도의 이해. 경기 : 공동체.
이상광(1988, 2002). 사회법. 서울 : 박영사.
이순민(2016). 사회복지 윤리와 철학. 서울 : 학지사.
이인재 외(1999, 2006). 사회보장론. 서울 : 나남출판.
원종욱 외(2014). 기초연금도입과 노후생활안정효과 분석. 한국보건사회연구원.
장동일(2001, 2003, 2006). 한국사회복지법의 이해. 서울 : 학문사.
장인협(1986). 사회복지개론. 서울 : 서울대학교출판부.
장재식(1990). 조세론. 서울 : 서울대학교출판부.
정진경(2019). 사회복지법제와 실천. 경기 : 공동체.
조선대학교 법학연구소 편(2009). 법학개론. 서울 : 형설출판사.
조원탁 외(2006). 사회복지법제론. 서울 : 양서원.
최정섭(2010). 사회복지법제론. 서울 : 법문사.
하상락(1989). 한국 사회복지사의 흐름. 한국사회복지사론. 서울 : 박영사.
현외성(2001, 2005). 한국사회복지법제론. 서울 : 양서원.

홍성찬(2002). 법학개론. 서울 : 박영사.

황인옥 외(2005). 사회복지법제론. 경기 : 학현사.

小川政亮(1973). 權利として 社會保障. 勁草書房.

Beveridge, W.(1958). *Social Insurance and Allied Services*. London : Her Majesty's Stationery Office.

Burry, L. C., Shdaimah, S. C., Richardson, L., & Rice, K.(2011). Child Welfare in the Court : A Collaboration Between Social Work and Law Faculty to Prepare Social Work Students for Work With the Courts. *Journal of Public Child Welfare*, 5, 426-444.

Friedlander, Walter A., & Apte, Robert Z.(1980). *Introduction to Social Welfare*. Englewood Cliffs, New Jersey : Prentice-Hall, Inc.

Kirst-Ashman, K. K., & Hull, Jr., G. H.(2009). *Understanding Generalist Practice*(5th ed.). Belmont, CA : Brooks/Cole.

OECD(2013). Pensions at a Glance 2013.

Pierce, C. T., Gleasonwynn, P., & Vernon, S.(1998). Working together in social work law. *Journal of Social Welfare and Family Law*, 20(2), 137-150.

Radburch, G. Der Mench im Recht. 손지열・황우려 공역(1981). 법에 있어서의 인간. 서울 : 육법사.

Stein, J. T.(2004). *The Role of Law in Social Work Practice and Administration*. Columbia University Press. USA.

Wilensky, H., & Lebeaux, C. N.(1965). *Industrial Society and Social Welfare*. New York : Free press.

Zajac, T.(2012). Social Work and Legal Services Integrating Disciplines : Lessons from the Field Legal Aid Association of California. Retrieved from : www.calegaladvocates.org/library/attachment.205765

Zastrow, C.(1990). *Introduction to Social Welfare : Social Problems, Service and Current Issues*(4th ed.). Belmont, CA : Wadsworth Publishing Company.

국민건강보험공단. http://www.nhis.or.kr

국민연금공단. http://www.nps.or.kr

근로복지공단. http://www.kcomwel.or.kr
고용노동부. http://www.moel.go.kr
노인장기요양보험. http://www.longtermcare.or.kr
대한민국 국회. http://www.assembly.go.kr
법제처. http://www.moleg.go.kr
보건복지부. http://www.mohw.go.kr
한국보건사회연구원. http://www.kihasa.re.kr

# 찾아보기

저/자/약/력


■ **남기민(南基旻)**

서울대학교 사회복지학과(문학사)
서울대학교 행정대학원 행정학과(행정학석사)
서울대학교 대학원 사회복지학과(문학박사)
미국 미시간대학교, 위스콘신대학교(메디슨) 방문교수
캐나다 브리티시컬럼비아대학교 방문교수
행정고등고시위원 및 국가 5급 고시위원
충청북도 도정자문위원, 청주시 지역사회복지대표협의체 민간위원장
충북사회복지연구소장, (사)충청노인복지개발회 회장
한국사회복지학회 회장, 한국사회복지행정학회 회장
청주복지재단 이사장
현재, 청주대학교 명예교수
E-mail : km0128@hanmail.net


〈주요 저서 및 논문〉
사회복지학개론, 사회복지정책론, 사회복지행정론(공저),
사회복지조직과 리더십, 현대노인복지연구(편저),
평생학습사회와 노인교육(공저), 한국의 사회복지행정(공저),
현대노인교육론(공저), 고령화사회와 노인복지(공저),
사회복지관프로그램 사례연구(공저), 충북복지론(공저),
기타 사회복지 관련 저서 및 논문 다수


■ **홍성로(洪性魯)**

고려대학교 법과대학(법학사)
중앙대학교 사회개발대학원 사회복지학과(행정학석사)
평택대학교 대학원 사회복지학과 박사과정 수료
강남대학교 사회복지대학 겸임교수
청주대, 상지대, 서원대, 장안대, 수원과학대, 수원여자대 외 강사
강남대학교 평생교육원 강사
국민건강보험공단 본부 급여관리실장, 용인지사장 외
용인시 사회복지협의회장
용인시 지역사회복지협의체 대표협의체 위원
용인시 지역보건의료심의위원회 위원
용인시 장기요양등급판정위원회 위원
용인시 치매관리센터 자문위원
용인신문사 편집자문위원
용인시재가장기요양기관협회 회장
사회복지법인 연꽃마을 이사
현재, 홍박약손노인복지센터 대표
　　용인시사회복지협의회 명예회장
　　국민건강보험공단 용인서부지사 자문위원
E-mail : snhong5419@naver.com


〈주요 저서〉
노인복지론(공저)

# 사회복지법제와 실천 【제7판】


**|공저자|** 남기민 · 홍성로

**|1판 1쇄|** 발행 2007년 2월 28일
**|2판 1쇄|** 발행 2008년 2월 28일
**|2판 6쇄|** 발행 2010년 7월 15일
**|3판 1쇄|** 발행 2011년 4월 10일
**|3판 3쇄|** 발행 2012년 8월 30일
**|4판 1쇄|** 발행 2013년 3월 5일
**|4판 2쇄|** 발행 2013년 8월 30일
**|5판 1쇄|** 발행 2014년 2월 28일
**|5판 4쇄|** 발행 2015년 7월 15일
**|6판 1쇄|** 발행 2016년 2월 29일
**|6판 8쇄|** 발행 2020년 2월 14일
**|7판 1쇄|** 발행 2020년 8월 31일
**|7판 5쇄|** 발행 2024년 2월 26일
**|7판 6쇄|** 발행 2025년 1월 15일

**|발행인|** 김동훈
**|발행처|** 공동체

**|주소|** 경기도 고양시 일산동구 호수로 358-39 동문타워 I 905호(백석동)
**|전화|** 031) 814-3000(대표)
**|팩스|** 031) 814-3100
**|홈페이지|** http://www.compub.co.kr
**|전자우편|** compub@naver.com
**|출판등록|** 2005년 10월 6일
**|등록번호|** 제396-2005-36호

**|ISBN|** 979-11-6105-776-7
정가 24,000원